日本精神史（下）

長谷川　宏

講談社学術文庫

日本精神史（下）

長谷川 宏

講談社学術文庫

目次

日本精神史（下）

目次　日本精神史（上）

凡例

一、引用文については末尾の（　）内に引用文献の書名・出版社・該当ページを示した。
一、引用文は、その多くを、依拠した文献の原文ではなく、著者（長谷川）による現代語訳で掲出した。
一、長歌、短歌、俳句については原文のまま引用し、必要に応じて著者の現代語訳を付した。
一、引用文中、〔　〕内に記した語句は、文意の理解を助けるために著者が加えた説明である。
一、原文のままの引用に際しては、漢字・仮名の表記、改行のしかた、ルビの有無など、類書・研究書を参考にしつつ著者の判断により改めている場合がある。
一、参考文献の詳細は、下巻巻末に各章ごとにまとめて示した。

日本精神史（下）

第十九章　『新古今和歌集』と『愚管抄』——乱世を生きる貴族の誇り

法然《ほうねん》、親鸞《しんらん》、道元《どうげん》、と鎌倉新仏教の三人の開祖の宗教思想の特質を、激動の時代と関連させつつ明らかにしようとしたのが、本書上巻の最後の二章だった。三人は、旧来の特権階層とは距離を置いたところで、普通の人びとと結びつき、普通の人びとと信仰を共にしようとした仏の徒だった。

では、特権階層は激動の時代をどう生きようとしたのか。下巻の始まりをなすこの章ではそこに光を当てて時代の精神のありようを見ていきたい。

1

『新古今和歌集』は、旧来の特権を維持しがたくなった貴族階層が、六〇〇年にわたって歌いつがれてきた和歌の世界に、自尊心の満足を得る最後の精神の場を見出そうとした試みに思える。旧来の社会秩序と価値意識を容赦なく突き崩していく時代の趨勢《すうせい》を思えば、和歌の世界で自尊心の満足を得ようとするのは引かれ者の小唄と評したくもなるのだが、歌という虚構の世界でその美的感覚と美的表現を力の限り磨《と》ぎすまそうとする歌人たちの奮闘ぶりを見ると、そこには滅びゆく者たちの精神の輝きとでもいうべきものが見てとれるように思う。時代から置きざりにされようとする者たちの精神の輝きではあるけれど、時代とともに歩もうとする精神史にとって、そのような精神のありようもまた逆説的な意味で時代を映す鏡たりうるのだ。

激動の時代に編まれたこの歌集を、歌人たちの内面に分けいって論じた風巻景次郎『中世の文学伝統』は、『新古今和歌集』の作歌のありさまを「彫心鏤骨《ちょうしんるこつ》」の名で呼んでいる。

彫心鏤骨は『新古今集』の歌にふさわしい言葉である。そして欠陥も実はその点にある。しかしそのことは、実は和歌文学が「詩」をまもるために如何《いか》に超剋《ちょうこく》すべく困難な時代へ乗りかけてきていたかということを物語るものなのである。単に野放図《のほうず》や遊戯的態度からしては、『新古今集』を性格づけるような声調は彫《きざ》み出されては来ないのである。そこには意志の緊張が要《い》る。彫り出すものの像をたえず虚空に見つめ得る眼が要る。自分がはじめて浮べ得た夢想を具体的に描き出しうるために、人は永久に覚めていねばならぬ。

(『中世の文学伝統』岩波文庫、八六―八七ページ)

彫心鏤骨のさまを想像するのは容易ではないし、彫心鏤骨の末に彫り出されてきた歌の一つ一つも分かりやすいものではない。『新古今和歌集』の歌群から受ける第一の印象は、想念のたゆたいのとらえにくさだ。たとえば、巻第一二「恋歌 二」に出てくる次の五首、

権中納言俊忠《ごんのちゅうなごんとしただ》

なき名のみ　立田の山に立つ雲の　ゆくへもしらぬ詠《なが》めをぞする

惟明親王《これあきらのみこ》

あふ事のむなしき空のうき雲は　身をしる雨の便りなりけり

右衛門督通具《うゑもんのかみみちとも》

我が恋はあふをかぎりの憑《たの》みだに　ゆくへもしらぬ空の浮雲

皇太后宮大夫俊成女《こうたいごうぐうだいぶとしなりのむすめ》

おもかげのかすめる月ぞやどりける　春や昔の袖の涙に

定家朝臣《さだいえあそん》

床の霜　枕のこほり消え侘びぬ　むすびもおかぬ人の契りに

（岩波・日本古典文学大系『新古今和歌集』二四二―二四三ページ）

恋の歌といっても、特定のだれかに自分の思いを伝えるための歌ではない。何人かの歌人が集まった場で、「名の立つ恋（噂の立った恋）」とか「恋の心を」とか「春の恋」とか「冬の恋」とかの題をあたえられて、それに応えて詠んだのがこれらの歌だ。歌人が左と右に分かれて歌の優劣を争うこともよくあったから、人を感心させるような巧みな歌を作ることは歌人として名をなす必須の条件だった。右の五首もその条件を満たしていると認定されてここに収録されているわけで、狭い世界とはいえ、同時代の和歌の世界の嗜好《しこう》と価値観にかなう歌だということができる。

その歌がいまのわたしたちから見ると、つかまえにくく感じられる。まったくわけが分からぬというのではないが、しっかりつかもうとすると指の隙間をするりとぬけていくように感じられる。

つかみどころのなさを追跡する、というのはいよいよ無明《むみょう》の深みにはまる結果になりかねないが、第三首——右衛門督通具の「我が恋はあふをかぎりの憑みだに　ゆくへもしらぬ空の浮雲」——について追跡を試みてみよう。

前の歌でもその前の歌でも恋のむなしさ、はかなさが歌われているから、「我が恋は」で始まるこの歌でも、恋は成就されないだろうと予想される。予想は裏切られない。「憑《たの》みだに」「ゆくへもしらぬ」「空の浮雲」といった措辞《そじ》は、いずれも恋のむなしさやはかなさをいうものだ。が、「あふをかぎりの憑《たの》み」とはどういうことか。ことば通りに解すれば、逢えさえすればそれでよい、それを頼みとする、ということだろうが、となるとここでの「あふ」は「一目見る」といったごく軽い意味になる。恋にまつわる「あふ」は「一目見る」から「結婚する」までをふくむ広い意味をもつはずだが、狭く軽い意味に取ると歌までが狭く軽いものにならないか。が、そうした疑念は、この歌が本歌取りの歌で、本歌が「我恋は行方も知らず果もなし逢ふを限りと思ふばかりぞ」だと分かると、ものの見事に解消する。本歌を背後に置くと「あふ」に切実な思いがこもるからだ。それはいいとして、しかし、四句

「ゆくへもしらぬ」は上の句とのつながりが悪い。一句「我が恋は」とは自然につながるが、以下の「あふをかぎりの憑みだに」とのつながりはぎくしゃくする。ために「憑みだに」という厳しいいいかたがやや厳しさを殺《そ》がれる。それはこの歌の弱点といえるのではないか。「ゆくへもしらぬ空の浮雲」という四句五句は、恋のはかなさを、意味的にも音声的にも、無理なく無駄なく表現したものといえるけれども。

歌の意味は「一目逢うだけでいいと思うけれども、わたしの恋はその頼みまでが空のかなたに消えゆく雲のように当てにはならない」というところだろうか。

五・七・五・七・七をそのようにたどった上で、改めてつかみどころのなさについていうと、上三句と「ゆくへもしらぬ」の坐りの悪さもさることながら、技巧を凝らして恋を歌う作者がそもそも恋をどのようなものと考えているのか、それが三十一文字《みそひともじ》から浮かび上がってこないのがもどかしさの根本原因だ。歌の世界において伝統美の極致に至ろうとする、特権的な歌人集団の意欲が、個々の歌人をそういう表現領域へと駆りたてたといえようが、恋の歌にしても四季の歌にしても、技巧上の彫心鏤骨が素直な恋心や自然な季節感を離れて非現実的な想念の世界に浮遊する結果になるのは、それはそれでやむをえないのかもしれない。いや、もっと積極的に、非現実的な想念の世界にたゆたうのをよしとするのが『新古今和歌集』の美学だというべきかもしれない。さきに引用した五首の歌からも感じられるところだが、『新古今和歌集』の歌人たちには、巧緻な表現を駆使してそのつど非現実の想念世界に参入し、束の間そこにたゆたうことをもって喜びとするふうがあった。

そういう非現実のたゆたいが歌人たち共同の営みであり喜びであることを端的に示すのが、『新古今和歌集』でいやというほど多用される本歌取りの技法だ。右衛門督通具の「我が恋は……」の本歌取りについてはさきに触れたが、以下、『古今和歌集』巻第三「五月まつ花橘《はなたちばな》の香をかげば昔の人の袖の香ぞする」を本歌とする歌を『新古今和歌集』巻第三から四つばかり引く。いずれ劣らぬ名歌ぞろいだ。

皇太后宮大夫俊成

誰か又　花橘におもひいでん　われも昔の人となりなば
（わたしが死んで昔の人になったなら、だれかが花橘の香をかいでわたしのことを思い出してくれるだろうか）

右衛門督通具

行末にたれ忍べとて　吹く風に契りかおかん　宿のたち花
（わが家の橘に風が吹いているが、死んだわたしをだれに思い出してほしいと風に約束したらいいのか）

式子内親王《しょくしないしんのう》

帰りこぬ昔をいまと思ひねの　夢の枕ににほふたち花
（過ぎ去った昔をいまのごとくに思って寝ていると、夢みるわたしの枕もとに橘の香がただよってくる）

前大納言忠良《さきのだいなごんただよし》

橘の花ちる軒の忍ぶ草　昔をかけて露ぞこぼるる
（橘が散る軒に忍ぶ草が生えている。見ていると昔のことが思い出されて涙の
露がこぼれてくる）　（同右、七九—八〇ページ）

橘のかおりに嗅覚を磨《と》ぎすますことや、昔の人の思い出に心を浸すことよりも、本歌のことばをどう利用し、本歌とどうつながり、どう距離を置き、どう切れるかに、歌人たちの関心は向けられている。引用の四首はこのままの順序で歌集に連続して掲載され、そのあとにもいくつか同じ歌を本歌とする歌が続くが、こうまで「橘」や「香」や「昔」や「袖」といった語を見せつけられると、読み手としても、それらの語を縁とした目の前の歌と本歌との関係、さらには目の前の歌同士の関係に思いが行かざるをえない。歌とそこに詠《よ》みこまれた橘や昔の人や袖の香との関係よりも、歌と歌との関係のほうが関心を引きつける。読者をも巻きこむ形で、本歌取りの技法を媒介にした共同の作為的な想念世界が出来上がっているのだ。ひとたびその世界に身を置けば、現実とはいったん切れたところでことばとことばが微妙に交錯するそのさまが、五・七・五・七・七の音数律と相俟《あいま》って、ことばの象徴的な美しさの一典型を示しているのだと深く納得される。

本歌取りの技法の多用は、歌人たちを技法の反省へと向かわせずにはいなかった。
一二〇五年に一往の成立を見た『新古今和歌集』より一五年ほど後に書かれたものだが、

鎌倉初期の代表的歌人で、『新古今和歌集』の撰者の一人でもある藤原定家の歌論『毎月《まいげつ》抄《しょう》』に、次のような一節がある。（現代語に訳して引用する）

花を詠んだ歌を本歌としてそのまま花の歌を詠んだり、月の歌を本歌としてそのまま月を詠んだりするのは、練達の人のすることだ。並の人は春の歌を秋や冬の歌に詠みかえ、恋の歌を雑歌《ぞうか》や四季の歌に詠みかえて、しかも本歌はこれだと分かるように詠むのがよい。本歌の詞《ことば》をあまりたくさん取るのはよくない。これぞと思う詞を二つほど取って、上の句と下の句に分けて置くのがよい。たとえば「夕暮は雲のはたてに物ぞ思ふ天《あま》つ空《そら》なる人をこふとて」という歌を本歌とする場合、「雲のはたて」と「物思ふ」という詞を取って上下の句に置き、恋歌ではなく雑歌や季節歌として詠むのがよい。近頃はこの歌を本歌として「夕暮」という詞も取って詠んだものもあるが、「夕暮」は副次的な詞だからであろうか、悪い感じはしない。目新しい肝心な詞をたくさん取るのが悪いのだ。また、取りかたが弱すぎてこれが本歌だと分からないようでは、本歌取りの意味がないわけで、そこは十分な配慮が必要だ。（岩波・日本古典文学大系『歌論集　能楽論集』一三二―一三三ページ）

全体が曖昧さにつきまとわれた『毎月抄』のなかでは、異例なまでに明快なのが右の一段落だ。歌の内実に踏みこまず、形式面に限って技法を指南するにとどめたことが幸いしたのだと思われる。定家自身が、自分の歌にたいしても他人の歌にたいしても、きわめて自覚的であったことが知られる一節でもある。奥書《おくがき》には「或る人への返報」として『毎月抄』が書かれたとあるから、歌人たちの世界では歌作りの方法論が話題になるほどに歌への意識が高まっていたと考えられる。

が、歌への意識の高まりは、形式的な技術論を別とすれば、意識の明晰さへと向かうものではなかった。定家ほどの自覚的な歌人にあっても、論が歌の内実にかかわったとなると、曖昧さにつきまとわれるのはどうしようもなかった。定家は「有心体《うしんたい》」こそが歌の最高の形だと考えたが、いま、その有心体を論じた箇所を現代語に訳して抜萃引用する。

　心を歌に集中して、歌がすべてだという境地に入ってこそ、うまく行けば有心体の歌を詠むことができる。つまり、いい歌というのは、一つ一つの歌が心の深いことをいうのだ。とはいっても、深く心を入れようとしていじくりすぎた歌は、凝りすぎたひねくり歌といって、堅実な風体の歌ではなくなり、そうなると、心のない歌よりも劣った、見苦しいものになる。どこまで心を入れるか、その境目が大事であって、よくよく考慮すべき点だ。

　歌道にたずさわる人は、執着心をもたずに、いい加減に詠みすてててはいけない。形の整わぬ歌を詠んで人に非難されるようでは、歌を詠む気力も衰え、歌道が廃《すた》れることにもなろう。……歌会用に前もって作る歌でも当日の即興の歌でも、心をこめて詠吟して提出すべきだ。急いでいい加減に作ると後難をまぬがれない。心有る歌を詠むようつねに心がけられたい。ただ、どうしてもそういう歌が詠めないときがあるので、心が暗く乱れた状態の場合、どう思案しても有心体はできない。そんなとき、なんとか詠もうと努力すると、いよいよ性根が弱って無様《ぶざま》なことになってしまう。そんなときは、景色を歌うような、すがたと詞が浮き浮きした歌を歌うのがよく、心はこもらなくても歌様《うたざま》を整えて詠むべきだ。(同右、一二八—一二九ページ)

読んでいて、歌作りとはなんと気骨《きぼね》の折れる作業であるかと思う。自分の作歌体験を踏まえての指南・提言にちがいなかろうが、なんとも息の苦しくなるような文章だ。

定家がもっともすぐれた歌の形だとする有心体とはどういうものか。肝心のそこのところが一向に明らかではない。明らかでないままに、その有心体の歌が容易には出来上がらないことがいわれる。容易に出来上がらないから、雑念を排してひたむきに歌の道へと向かい、努力に努力を重ねることが大切だという。信仰にも似た和歌への強い思い入れと、有心体なるもののすがたが一向に明らかにならぬちぐはぐさは、乱世にあって歌の道に生きようとする歌人の位置の困難さと危うさに見合うもののように思われる。

歌人たちにとって歌は、世上の混乱や飢餓や破壊をぬけ出した、高貴にして優美なものでなければならなかった。貴族階級の美意識を支えに保たれてきた高貴かつ優美な伝統を維持しつつ、さらなる高みへと向かうものでなければならなかった。地方の有力農民や武士の抬頭によって貴族の社会的地位や特権が危うくなればなるほど、歌の高貴さと優美さへの執着は強まらざるをえなかった。歌の観念的な高貴さや優美さが社会的な地位や特権の衰微を補うものでないことは分かっていても、社会的な実力を回復する有効な手立てがないとなれば、自尊の念をもちつづけるのに観念的な高貴さと優美さを拠りどころとするのは、ありうる選択だった。

有心体とはなにかと問うて、はかばかしい答えは得られなかったが、難解な歌体をめざして歌を作ること、心を集中し技巧を尽くして作った歌を披露し合い批評し合うこと、そのことが俗事をはるかにぬけ出した高尚な営みであることは定家の強く確信するところだったし、その確信は定家の周辺の歌人たちにもまちがいなく共有されていた。その意味で『毎月抄』はまさしく時代の書であった。社会的に追いつめられた歌人の、時代にたいする観念的抵抗のさまを示す書にほかならなかった。虚構の世界へと高く舞い上がる技巧の歌は、曖昧さを多分にふくむものだったが、そういう作歌の営みが現実の社会の動きを大きく超え出たものだという高踏の気負いと、俗なる社会との隔たりを守りぬこうとする緊張感は、歌人が歌人として生きていくための必須の条件として強く意識されていた。その意識を歌論の形で表現しえた定家は、歌の困難な乱世にあって歌に執着しつづける、まさしく時代の人というにふさわしい人物だった。

そういう歌人にとって乱世が歌の危機の時代に見えたのは思えば当然のことで、危機意識は定家一九歳の『明月記《めいげつき》』の有名な一節、

世上乱逆追討雖満耳不注之、紅旗征戎非吾事、(『明月記 第一』国書刊行会、六ページ)

(世の中は乱逆や追討の噂がうるさく飛び交っているが、ここではいちいち取り上げない。軍旗を掲げた戦闘はわたしのかかわることではない)

のうちにすでに明瞭にあらわれている。乱逆・追討・戦闘などおれの知ったことか、と啖呵《たんか》を切るように書きつけたとき、おれのこと(原文「吾事」)として意識されていたのはむろん、歌作りの仕事だった。見てとれるのは、専門歌人の誇りの高さだ。脈々と続く和歌の伝統を引き継ぎ、さらなる高みに至らんとする誇りの高さだ。一九歳にして、世上の戦乱を意識の外へと追いやってまで歌一筋に生きようとする自己意識は、当時にあっても別格のものとしなければならないが、歌を誇りとする気風は多くの歌人たちの共有するところだった。歌人たちの集《つど》う歌合《うたあわせ》では、現実を離れた高踏の世界で技を競い、情趣を確かめ合うことが参会者の誇りとなっていたし、そういう誇りを維持するためにも歌合はくりかえし催されねばならなかった。『新古今和歌集』の詞書《ことばがき》には、歌合の記事が執拗《しつよう》なまでに出てくる。

さて、定家にかかわって『毎月抄』や『明月記』にまで足を延ばしたわたしたちは、ここで『新古今和歌集』に還っていかねばならない。歌を詠むことに誇らしさを感じる歌人たちが、表現の技巧においておしなべて一定の高水準に達しているのを見るためだ。どの巻のどの部分から数首を引いてきても、それなりの出来のよい歌が並ぶと思われるが、ここでは巻第四「秋歌 上」から、有名な三夕《さんせき》の歌をふくむ五首を引用する。

前大僧正慈円《さきのだいそうじょうじえん》
み山ぢや　いつより秋の色ならん　みざりし雲の夕暮のそら

寂蓮法師
さびしさはその色としもなかりけり　まき立つ山の秋の夕暮

西行法師
心なき身にもあはれはしられけり　鴫《しぎ》立つ沢の秋の夕暮

藤原定家朝臣
み渡せば　花ももみぢもなかりけり　浦の苫屋の秋の夕ぐれ

藤原雅経《ふじわらのまさつね》
たへてやは　思ひありともいかがせん　むぐらの宿の秋の夕ぐれ

（岩波・日本古典文学大系『新古今和歌集』一〇〇—一〇一ページ）

第一首と第五首を除く中の三首が三夕の歌だが、聞きなれた歌という点では第一首と第五首は中の三首に遠く及ばないものの、第一首は、秋の季節感がふと胸にせまってくるさまを「秋の色」「みざりし雲」と強く表現している点で、そして第五首は、上三句がむぐらの宿

（雑草の生い茂る家）の住人の、恋に踏み切れぬ中途半端な心を秋の夕暮れの寂しさと重ね合わせた歌として、中三首にさほどに劣るものではない。『新古今和歌集』が一往の成立を見た年の三年前に、歌合史上空前絶後の千五百番歌合（判者一〇人）がおこなわれているほどだから、三夕の歌をふくむ右の五首についても、さまざまな批判や批評がなされたと考えられるが、時代を隔てて『新古今和歌集』を繙《ひもと》くわたしたちの目には、歌人たちの競い合いが、一つ一つの歌を高い水準に押し上げていることを思わざるをえない。社会的な勢力としては往時の栄華は望むべくもない宮廷貴族たちだったが、歌を詠むという高踏な観念世界においては、文芸集団として巧緻な美の境地に到達することができていたのである。

その境地を示す歌として、巻第一「春歌 上」から藤原定家の秀歌四首を引用する。これまでの歌の引用は『新古今和歌集』に連続して採録された歌をそのままの順序で写しとったのだったが、今度だけは多数の歌のなかから定家の歌を拾い出してきての引用である。

春の夜の夢の浮橋《うきはし》とだえして　嶺《みね》にわかるる横雲の空

大空は梅のにほひに霞みつつ　くもりもはてぬ春の夜の月

梅の花にほひをうつす袖の上《うへ》に　軒もる月の影ぞあらそふ

霜まよふ　空にしをれし雁がねの　帰るつばさに春雨ぞ降る

（同右、四五—五〇ページ）

簡単に注記しておく。

第一首——春の夜の夢が浮橋のとだえるようにとだえて目が覚める。見ると、横雲が山の峰を離れようとしている。「夢の浮橋」は『源氏物語』の最終帖の題名を取りこんだ工夫の措辞《そじ》で、おかげで恋のはかなさが余情として添うことになった。春、夜、夢、嶺、空と常套《じょうとう》の語を多用しながら、想念の展開はさわやかだし、声調は耳に快い。一般に新古今調の見本のようにいわれるが、彫心鏤骨《ちょうしんるこつ》が見事に実を結んだ一首である。

第二首——本歌は大江千里《おおえのちさと》の「照りもせず曇りもはてぬ春の夜の朧月夜《おぼろづくよ》にしくものぞなき」。定家の歌は「大空は」と視野を大きく取り、「梅のにほひに霞みつつ」と、春霞と梅の香を重ねることによってたっぷりと艶《つや》のある歌になった。下の句「くもりもはてぬ」は月を形容する語にもなって、いつまでも月をながめる作者の心が歌に織りこまれることになった。声調のなめらかさは第一首「春の夜の……」に劣らない。

第三首——梅の香のただよう月明かりの夜、一人の女が縁先でもの思いにふけっているといった情景が浮かぶ。袖にこと寄せてその情景を歌ったのがこの歌だ。梅の匂いと月の影が袖の上で争っている、と。「うつす」「あらそふ」といった措辞は、一見、情景に動きをあたえるかに見えるが、全体としてはむしろ春の夜の静けさが印象づけられる。梅と月は恋心を連想させるが、それも淡く穏やかな恋心だ。

第四首――下の句「帰るつばさに春雨ぞ降る」は分かりやすい。春になって北国へ帰る雁のつばさに春雨が降る、というのだから。上の句は「霜まよふ」と「空に……」とのつながりが悩ましい。つなげて読めば霜が空に乱れてあることになるし、「霜まよふ」で切って読めば、地面に霜の置き乱れた寒さ厳しい空に、雁がやつれたすがたで飛んでいることになる。どちらに読んでも春雨との対比は鮮やかである。

以上四首、定家三〇代後半の名歌についてことばを連ねてきたが、歌が作る側にも鑑賞する側にも繊細微妙な感受性を要求するものであることを改めて感じる。むろん、それは定家の歌だけの特質ではなく、鎌倉初期の歌人たちの、集団によって培われた歌の境地だった。

2

特権階級が乱世をいかに生き、いかに考えたか。次に、慈円《じえん》の『愚管抄《ぐかんしょう》』を手がかりにそのところを見ていきたい。

『新古今和歌集』が、現実離れを承知の上で、三十一文字《みそひともじ》に技巧を凝らし、余情の漂う幽玄な虚構の世界を作り上げようとする集団の試みだったとすれば、『愚管抄』は、政治支配層に属する一知識人が、現実政治の動向に広く目配りをし、過去の時代にも遠くさかのぼって、世の中を動かす普遍的な「道理」を見出そうとする、現実認識の試みだった。

慈円は一一五五年、関白・藤原忠通《ただみち》の子として生まれた。異母兄の基実《もとざね》、基房《もとふさ》、同母兄の兼実《かねざね》の三人が摂政・関白に任じられるという名門中の名門の生まれだ。みずからは天台座主《てんだいざす》という比叡山統括の栄職に就き、後鳥羽天皇の護持僧として朝廷や公家の祈禱《きとう》をしばしば司《つかさど》った。歌もよくし、『新古今和歌集』には九二首の歌が入選している。西行に次ぐ第二位の多さだ。『愚管抄』は慈円のそのような地位と身分と人間関係が色濃く反映した歴史書である。慈円の政治的・社会的位置について大隅和雄『愚管抄を読む』はこう述べている。

慈円は歴史をたどるに際して豊富な材料に恵まれていた。摂関家を中心とする宮廷社会の動向は手にとるようにわかり、また僧侶として顕要の地位にあったから、摂関家の枠をこえてさまざまな人と接することもできた。そして慈円の本拠であった比叡山は当時の社会の縮図でもあったのである。慈円はおそらく当時としては、もっとも多量で多彩な情報を集めることができる立場に立っている人であった。慈円は先行の史書以外にもさまざまな素材をもとにして歴史の推移を見きわめようとした。例えば、鳥羽上皇崩御《ほうぎょ》の折に起こった一つの出来事についての親範《ちかのり》の談話、頼長《よりなが》の最期をめぐる重定《しげさだ》や仲行《なかゆき》の子の話というような、当事者からの聞きとりともいうべきものが『愚管抄』の中には数多く記され、慈円はそれらによって事の真相を明らかにしようとしている。また後鳥羽上皇の側近であった忠綱《ただつな》についての記述や、頼朝死後の鎌倉の動静の説明などのように、対象が同時代になれば、その叙述のほとんどは慈円独自の判断と選択による素材で構成されているといえるのであり、このような素材の豊富さが『愚管抄』の特徴の一つであろう。(『愚管抄を読む』講談社学術文庫、九九―一〇〇ページ)

豊富な素材が身近にあることは歴史を書く上でまことに有利な条件だが、とはいえ、豊富な素材さえあれば実のある歴史が書けるというものではない。引用文中にも「歴史の推移を見きわめようとした」とか、「事の真相を明らかにしようとしている」とかのことばがあるが、素材はあくまで素材だ。その軽重や質の高低を判断し、取捨選択し、たがいに関連づけ、そうやって歴史の筋道や事の真相にせまるのでなければならない。それが歴史を書くということだ。歴史の筋道や事の真相に当たるものが、『愚管抄』では大きく「道理」ということばで括《くく》られるが、大小・広狭・遠近・強弱さまざまな「道理」を追求しようとする慈円は、生粋《きっすい》の歴史家であり、『愚管抄』は乱世にあらわれたまぎれもない歴史の書であった。

『愚管抄』は七巻からなるが、巻第一・巻第二はメモ風に整理された神武天皇から今上《きんじょう》(後堀河)天皇に至る皇帝年代記で、巻第三から本格的な歴史の記述が始まる。その巻第三の冒頭で慈円は、歴史を書くおのれの行為を次のように見定めている。(現代語に訳して引用する)

年とともに日とともに物の道理ばかりを考えつづけて、年寄りの夜の寝ざめの慰めとしてきたが、だんだん一生の終わりが近づいて世の経験も長くなると、古来の世の移りゆく道理も心に染みて感じられてくる。神の代のことは分からないが、人の代となって神武天皇ののち一〇〇代まで続くという。それがすでに八四代も過ぎ、残り少なくなっている。そんななかで、保元の乱ののちのことや『大鏡』の続きを書いた人はいない。少しはあると聞いているが、見たことはない。というのも、だれもいいことだけを書こうとするわけで、保元以後は、乱世になって悪いことだらけなために書く気がしないのだろうと思える。が、それでは困るので、世の中が一方的に衰退の道をたどるありさまを筋道立てて述べようと思いを凝らしていると、すべてのことに道理のあることが分かってくる。ところが、世間一般はそのように考えず、道理に反することばかりするので、いよいよ乱れた不穏な世になっていくわけで、そんな世のことを考えつづける自分の心を安らかにしようと思って以下のことを書くのだ。（岩波・日本古典文学大系『愚管抄』一二九ページ）

分かりやすくはないが、道理の追求に賭ける慈円の熱い思いはひしひしと伝わってくる。文中にある保元の乱が起こったのが一一五六年で、慈円が生まれたのがその一年前の一一五五年。保元の乱以後が乱世だとすれば、慈円は乱世に生まれ落ち、乱世を生きつづけて老いを迎えたことになる。その乱世が衰退への道をたどっていることは慈円の目にはっきり見えていた。けれども、慈円は乱れにも衰えにも目をふさがない。乱れ衰えゆく現実に目を凝らし、それについて考えつづけ、そこに道理を見つけ出そうとする。夜、ふと目覚めたときにも思いはそこへ行く。

『愚管抄』には、人が歴史へと赴く初心のようなものがあらわれている。文をつづる慈円は、名門に生まれて栄達の道を歩み、社会的・政治的経験も積んで知識と判断力の具わった老成の人だが、ひたむきに道理を追い求めるその姿勢には、歴史へと向かう純朴な好奇心が蠢《うごめ》いている。

慈円の純朴な好奇心は歴史に向かって広く開かれている。おもしろそうなものならなんでも飛びつこうと身構えている。おもしろさに惹《ひ》かれて出来事の内部に分けいるうちに、しだいに事柄の全体が見えてくるといった按配《あんばい》だ。藤原氏の摂関政治を述べるあたりから筆が興に乗り、保元・平治の乱を経て同時代の歴史を述べるくだりでは、好奇心が大きく躍動する。

記述が熱を帯びるさまを示す例として、藤原頼通が関白を辞任し、代わって弟の教通《のりみち》が関白となり、頼通の子・師実《もろざね》が左大臣として宮廷に仕えていたときの記事を引く。頼通の教えを守って毎日欠かさず内裏《だいり》に参上する師実の精勤ぶりに、後三条天皇が心動かされ、あなたの娘の賢子《けんし》を東宮《とうぐう》(のちの白河天皇)の妃に迎えようといってくれた、そのすぐあとの情景の描写だ。(現代語訳で引用)

天皇のもとを辞した師実は、先行き不安だったのだが、これで一族も安泰だと、そのことを急いで父・頼通に報告しようと思い、夜更けに内裏からそのまま宇治に向かった。……宇治の頼通は小松殿にいたのだが、なんとなく目が覚めて「胸騒ぎがする」といって灯をともし、「京の方面になにか起こったのだろうか」とおっしゃる。そのときまで宇治のあたりには人の群れる様子もなく、木幡《こはた》や岡屋《おかのや》までずっと見わたせたのだが、家来がやってきて「京のほうにたくさん火が見えます」と言う。不思議に思って「よく見よ」と命じると、「どんどん多くなって、それが宇治のほうにやって来ます」と言うので、「左府〔師実〕などが来るのだろうか。夜なかになにごとだろうか」と言い、「きちんと聞き、しっかり見てこい」とおっしゃる。やがて護衛の舎人《とねり》の先払いの声がかすかに聞こえたので、その旨を伝えると、やはりそうか、とお思いになって「灯を明るく掲げよ」と命じられる。……さて、到着した師実の様子をご覧になると、正装して目の前に出てきたので、なにか重大事があるのだろうと察して、「一体どうしたのだ」とおっしゃると、「いつもの教えを守って参内日《さんだいび》に欠かさず出仕していましたところ、本日の夕刻『天皇がお呼びです』と蔵人が来ていうので御前にうかがうと、あれこれお話があったあとに『娘がいるのなら、急ぎ東宮に参上させるように』との勅命を目の前で受けましたので、急いでやって来ました」と言う。聞いた頼通は、その場ではらはらと涙を落とし、「先行き不安だったのに、やはりこの天皇は立派なお方であった。すぐにも支度して参上させるように」といって、準備おさおさ怠りなく東宮の女御に差し上げられたのだった。東宮が天皇になると、賢子は中宮となり、やがて皇后に立った。堀河《ほりかわ》天皇の母がこの人である。（同右、一九七—一九九ページ）

長い引用から、歴史の事実に向き合う慈円の好奇心の開かれかたを感じとってもらえただろうか。物語の一場面でも読むように、人物たちの生き生きとした動きと、打てば響く応接のさまが描かれるが、同時に、一つ一つのことばや行動のもつ歴史的な意味や陰影が文面から浮かび上がることも見逃すわけにはいかない。慈円は「道理」という硬いことばを使うが、慈円の追求する「道理」は、人物たちの生き生きとした言動を活写する文学的表現のうちにも、その歴史的な意味や陰影を追いかける抽象的表現のうちにも、ともども働き、ともども見出されねばならないものだった。

が、純朴な好奇心の発露のしからしむるところとはいえ、「道理」がそんなにも大小さまざまな意味のふくらみをもつことは、『愚管抄』の読者を当惑させるだけでなく、書き手・慈円にとっても厄介なことだった。追求目標たる「道理」の輪郭が曖昧だとなれば、歴史の記述そのものが方向性を見失いかねないからだ。そういうなかで、慈円は改めて道理とはなにかと自問し、反省する。『愚管抄』における「道理」ということばの頻出は、慈円の道理へのこだわりの証《あか》しであるとともに、明確な答えを求めて得られぬ慈円の煩悶《はんもん》の証しでもあった。道理の追求は、歴史家の初心に見合う課題でありつつも、求められる道理が複雑多様な形を取ってあらわれるに及んで、それはもはや純朴な好奇心の自然な発露を許さぬものとなる。

こうして、道理の追求と具体的な歴史記述とのあいだに裂け目が生じる。

歴史の記述は事柄のすべてが道理の導くところだと頭から決めてかかれるようなら、それはそれでなんとかやっていけるかもしれない。が、たとえば、人の代の始まりをなす神武の時代から当代の後堀河の時代までを大きくつらぬく道理と、慈円の属する藤原一族の誇りの根幹ともいうべき道理――藤原良房《よしふさ》・基経《もとつね》父子の時代（平安前期）に藤原氏が摂政・関白の位に就き、以後この地位を藤原氏が代々受け継いでいくという道理――とは、同列に扱えるものではない。自覚的に道理を追求する慈円に、そうした道理の次元のちがいが見えていなかったはずはなく、慈円は、高い次元の道理と低い次元の道理とを橋渡しする論理を、これまた一つの道理として構想せざるをえなかった。

が、そのように道理が複雑になり、多様化し、つかまえにくくなるのは、歴史の動きのしからしむるところだった。そして、保元の乱以後その傾向がいよいよ強まる、というのが慈円のとらえた同時代像だった。乱世といい、末法の世という。飢餓と破壊と悲惨と不幸が次々と襲いくるのが乱世であり、仏の教えがすたれ、悟りを得るのも、極楽に往生するのもいよいよむずかしくなるのが末法の世だ。慈円の目には、その乱世が――末法の世が――同時に、道理の混乱した世、道理のつかまえにくくなった世と見えていた。歴史には道理がある、というのが慈円の大前提だったが、乱世となった同時代は、道理そのものを混乱させる歴史として慈円の前にあった。

そういう乱世のただなかを生きつつ、慈円は混乱に身をまかせるのではなく、なおも歴史の道理を見きわめようとした。世の中全体に乱れが広がるように見えるなか、歴史への純朴な好奇心は失われず、混乱のなかに道理を見出そうとする情熱が消えることがなかった。いや、世上の乱れは慈円の歴史への好奇心をいっそうかきたてたもののようだった。乱世の始まりをなす保元の乱について『愚管抄』はこう書き出す。

さて大治《だいじ》から久寿《きゅうじゅ》にかけては〔一一二九—一一五六年〕、鳥羽上皇が白河上皇の後を継いで院政をおこなったが、保元元年〔一一五六年〕七月二日に鳥羽上皇が亡くなったあと、日本国に叛乱が起こり、その後は武士の世になったのだった。そうなった道理こそはこの本を書く眼目だといってよい。実際、都城の外で起こった叛乱や合戦は数多い。……が、まさしく国王や臣下が都城のなかで乱を起こすというのは、鳥羽上皇のときまではなかったことだ。畏れ多く、胸にこたえる。乱の起こりは、後三条院が宇治殿・頼通と反《そ》りが合わなかったところにまでさかのぼる。(同右、二〇六—二〇七ページ)

乱世が現出するに至った道理こそが『愚管抄』を書く眼目だというのは、歴史に向き合う慈円の凜乎《りんこ》とした姿勢を端的に示すことばだ。

目の前には、どこから来てどこへ行くのか定かならぬ、乱れに乱れた世の中がある。かつての風習も、しきたりも、約束事も、価値観も、もはやそのままでは通用しない。人びとは上下を問わず右往左往している。賢く生きようとしても先が読めない。一年先はおろか、一月先のこと、一〇日先のことすら判然としない。どうしたらいいのか。

途方にくれて多くの人びとがさしあたっての要事をこなして日々をやり過ごしたり、小さな趣味の世界に生き甲斐を見出したり、あの世に救いを求めたりするなかで、慈円は乱れた世に正面から向き合い、そのありさまを筋道立てて理解しようとする。時代をぬきん出た知的態度といわねばならない。わたしたちはすでに法然の専修念仏《せんじゅねんぶつ》の思想や、親鸞の他力本願の思想や、道元の身心脱落の思想に同時代の知性の頂きを見てきたが、歴史に向き合って思索を重ねる慈円のうちにも、並ならぬ知性の働きを認めることができる。が、歴史に正面から向き合ってその道理を明らかにする作業は、慈円の並ならぬ知性をもってしても容易なことではなかった。法然と親鸞は万人救済の論理を求めて悪戦苦闘し、道元は時空を超えた存在の理法を求めて悪戦苦闘したのだったが、慈円は混沌《こんとん》たる乱世の現実を前に、それを連綿と続く人の代の長い流れのなかに位置づけ、流れを動かす大小さまざまの道理を見つけ出そうと悪戦苦闘しなければならなかった。慈円の歴史意識は時代とのそのような思想的格闘のなかで鍛え上げられ、『愚管抄』のうちに定着されていった。

悪戦苦闘を助ける手引きとしては、中国の史書や経書の知識、『古事記』『日本書紀』を始めとする国史や『大鏡』その他の歴史物語から得た知見、仏教的なもののとらえかた、慈円の生まれ育った藤原家に伝わるさまざまな伝承や渦中にあった人の体験談、等々を挙げることができるけれども、そのような幅広い知見とゆたかな情報がそのまま道理の解明につながらないのが、歴史のむずかしいところであり、おもしろいところだ。名著『愚管抄』にしても、幅広い知見とゆたかな情報を駆使して乱世の政治のゆくえを追う実証的な歴史書という一面をもつとともに、高度な知見や身近な情報の外に広がるむきだしの粗野な現実にまでは十分に目が行きとどかず、その意味で著者の歴史のとらえかたの偏《かたよ》り、ないし、狭さを印象づける歴史書という一面をもつ。

偏り、ないし、狭さはたとえば次のような形であらわれる。

乱世の始まりとなる保元の乱は日本史上に初めて起こった都城での叛乱であり、以後、世は武士の世になった、というのが同時代にかんする慈円の基本認識だった。それまで天皇家と摂関家を中心に動いてきた政治に、第三の勢力として武士が登場してきたこと、そこに時代の新しさがあると、慈円は考えた。堅実な認識だ。平氏や源氏の動静を身近に見聞した経験にもとづく認識でもあったであろう。武士の手強《てごわ》さと放埒《ほうらつ》さは慈円のしたたかに経験したところだった。

ところで、新しい武士勢力とは、地方の豪族が力を蓄え、中央の政治へと乗り出してきたもので、背後には大小の武士団や無数の農民の動きが控えていた。生産力の向上にともなう農村共同体の構造の変化が、各地に大小の武士団を生み、武士団のあいだのさまざまな離合集散の動きが武士勢力を中央の政界に押し出すほどの力に発展していった。新しい政治勢力の登場は社会の地殻変動によって呼び起こされたものだった。

が、慈円の歴史眼は地殻変動にまではとどかない。武士の登場が乱世をもたらしたというとき、武士の背後にある人びとの動きや、社会全体の構造の変化が、おぼろげながらにせよイメージされていなかったはずはないが、慈円はそちらに踏みこんで現実を見定めようとはしなかった。新しい勢力の新しさをとらえてことばにするのではなく、これまで権勢を揮《ふる》ってきた天皇家や摂関家のありかたをもとに新興の政治勢力をもとらえようとした。だから、武力の荒々しさや、政治闘争と殺傷行為が強く結びつくさまや、武力闘争がもたらす物質的な破壊や精神的な疲弊が、それとしてリアルに対象化されず、世の乱れ、世の衰え、世の退化といったことばで漠然とイメージされるにとどまった。その点では、第十四章で取り上げた『今昔物語集』や絵巻物のとらえた武士像・庶民像の具体性には遠く及ばなかった。慈円は武士のなかで源頼朝に飛びぬけて高い評価をあたえているが、それも、武家の棟梁《とうりょう》としての頼朝の実績と政治的識見と洞察力にたいする評価ではない。天皇や上皇や摂政・関白にたいする頼朝の対応が、旧来の政治的構図を一往の前提とし、そこに働く力関係を巧みに利用しつつおのれの権力を確立するものだったがゆえの評価だ。慈円の目には、頼朝のふるまいは、過去の政治的枠組を解体・変革するものではなく、修正し補強するものと見えた。慈円は、多くの特権貴族とちがって、当面する現実の荒廃と疲弊に目をふさぐことはなかったが、現実政治の動向を大きくとらえようとするとき、底辺から新しく登場してきた力に新しい世界の開拓を期待することはできず、新しい力を旧来の政治的図式のなかにおさめる形でしか危機からの脱出を展望できなかった。その意味で『愚管抄』は貴族層に根を下ろし、貴族的な知に条件づけられた歴史の書であった。

慈円が本の眼目だという保元の乱をめぐる記述には、貴族層の政治意識がとりわけ強くおもてに出てくる。たとえば、次のような一節。（現代語に訳して引用する）

鳥羽上皇は、亡くなった近衛天皇の後継ぎをどうしようかと悩んでいた。四宮《しのみや》（第四皇子）で、母が待賢門院《たいけんもんいん》の後白河は、新院（崇徳上皇）と同居していたが、評判になるほどの遊び人で、帝位に即《つ》く器ではないと考えていた。で、近衛天皇の姉を女帝に据えるか、崇徳上皇の長男を天皇にするか、後白河の子の幼い守仁《もりひと》親王を位に即《つ》けるか、と、あれこれ考え、藤原忠実《ただざね》・頼長のほうではなく、もっぱら忠通のほうに相談した。忠通の返事はいつも、「そもそも帝位は人臣の決めることではありません。院のお考えで」というものだったが、四度目に「とにかく決めてくれ。あなたの返事を伊勢大神宮の託宣と考えるから」ときつく言われた。忠通が「院の命令となれば申し上げます。四宮は親王で二九歳です。そんな方がいらっしゃるのですから、この方を位に即けた上でその先を考えられたらいいでしょう」と言うと、「それでよい。そのように事を進めよ」とおっしゃった。そこで、近衛天皇のことは悲しく思いつつも、先例にならい、雅仁《まさひと》親王（後白河）が新院の御所にいらっしゃるのを迎えて、東三条南の高松殿で譲位の儀がめでたく執りおこなわれた。そういう次第で、世を治める上皇と、摂政・忠通の親である忠実とは、ともに兄を憎み弟を贔屓《ひいき》する形で世の中の一番大切な事柄をおこなったわけで、これも世の末はこうなると運が定められていたのだった。鳥羽上皇と忠実とはしばらくは心を一つにして世を治めたのだったが、結局は、保元の乱という巨害が世の中をこんな乱世にしてしまったのだった。鳥羽上皇の在世中は内乱や合戦はなかったのだけれど。（同右、二一六―二一七ページ）

こういう記述が延々と続く。

激動の時代に王朝の経済基盤が弱体化し、政権の中枢にまでその影響が及んで、政争が日常化する。不安と動揺のなかで天皇家や摂関家の権力者たちがあれこれ策をめぐらし、ときに近づき、ときに離れ、裏と表を使いわけ、権力の階段を昇ったり失脚したりするさまは、歴史のドラマとしてなかなかに興味深い。書き手の慈円が摂関家の生まれで細かい事情に通じているとなればなおさらだ。慈円自身、大小のゆたかな情報を巧みに按配して、事態の推移を事実に即して生き生きと浮かび上がらせようとしている。

が、ドラマへの興味はそれとして、天皇家や摂関家を舞台とする内紛が歴史の本筋であり、それをたどることが歴史を書くことだ、という慈円の姿勢には大きな疑問符がつく。権力中枢の内紛などをはるかに超えて、支配層・非支配層を大きく包みこむ一時代の全体を対象とするのが本来の歴史だ、という近代的な歴史観を引き合いに出してそういうのではない。同時代の書たる『方丈記』や『平家物語』の、時代の動向を見る目に比べても、『愚管抄』のそれは、天皇家と摂関家を中心とする政権中枢の動きに視野が固定されすぎている。世の移りゆきのうちに道理を追求するという方法的自覚において、『愚管抄』はまちがいなく歴史的知性のきらめく書といえるのだが、その知性は、残念ながら、保元の乱以後の同時代史の具体的記述のうちに十分に生かされているとはいえない。生かされていれば、乱世の道理を追求する書は、乱世の激動に導かれて、それまでの国史や歴史物語とは類を異にする政治と社会の構造を映し出すことになったろうが、『愚管抄』の同時代史は旧来の歴史記述の手法をそれほど超えるものではなく、天皇家と摂関家に将軍家を加えた支配層の動向を追う以上にはほとんど出なかった。

人の代の始まりから現在に至る世の推移のさまを大きくながめわたし、そこに横たわる道理を追求しようとする試みは、この世を乱れた末法の世だと自覚する慈円にとって、そこになおも生き甲斐を見出そうとするぎりぎりの知的選択だった。時代が強いてくる絶望感や無力感に負けまいとし、知と論理によって立とうとする知的エリートの必死の思想性をそこに見てとることができる。が、慈円の道理の追求は、特権貴族というおのれの階層の下方に大きく広がる、特権とは縁の薄い人びとの動きに目を据えることがなかった。『愚管抄』には庶民のすがたがあらわれることがほとんどない。さきの引用に見られるように、時代を見通す上でなにより目を注がれるのは、天皇の皇位継承の次第であり、摂関職の相続の経緯であって、そこを基軸に政治がなりたち、その政治が世の中を動かしているとされる。限られた支配層には通用する歴史観かもしれないが、時代が大きく変わろうとする乱世の激動に見合う歴史観ではない。激動の乱世にあって、現実にたいする歴史的好奇心は生き生きと働いていた慈円だったが、知的に見出された道理は、激動の主体たる武士や農民の動きを対象化し、論理化するものではなく、激動のなかにあってなお旧来の支配の構図を守りぬこうとする意志で固められた道理だった。慈円の見出した道理には支配層の自己肯定という影がつねにつきまとっていた。自己肯定にもせよ、それを道理として——歴史に内在する論理として

──表現するのは容易なことではない。容易ならざる試みへと乗り出し、明確さと客観性を保って進むその論述は知性の高さの証しだ。が、その知性をもってしても、特権貴族としてのみずからの階級意識を批判的に対象化することはむずかしかった。が、その対象化の作業なしには、時代に拮抗《きっこう》する歴史意識は形成されようがなかった。時代の変動は階級意識の批判的対象化を求めるほどに深刻だった。

第二十章　『平家物語』――戦乱と滅びの文学

『新古今和歌集』の歌人たちは、和歌という観念世界においてことばの技巧を尽くし、超現実の余情・幽玄の美を作り出すことによって、足元をゆるがす変革の時間とは別の時間を生きようとした。『愚管抄』の慈円は、移りゆく世のうちに道理を見出すことによって精神の安定を得ようとし、時代に対処する政治的指針を示そうとした。二つながら、乱世を危機ととらえた上流階層が、陰に陽に、乱世以前の王朝の精神と文化に危機脱出の希望を託そうとする試みだった。

が、乱世の激動は乱世以前の精神と文化への愛惜と思慕を打ちくだいて前へと進む。時代の変動は観念的な余情・幽玄の美学をも、人の代の始まりから連綿と続いてきた道理をも呑みこむようにして前へと進む。そういう時代の動きをリアルにとらえれば、過去の精神と文化への愛惜と思慕は、精神と文化の滅びの意識としてあらわれざるをえない。『新古今和歌集』の歌人たちにも、『愚管抄』の慈円にも、滅びの予感があったにちがいないが、かれらはその予感をもちつつ、あえて過去の精神と文化に希望を託そうとした。それはそれで乱世の一つの生きかたであり、『新古今和歌集』と『愚管抄』はその生きかたの生んだ成果だといえる。

が、その一方、滅びの予感にこだわり、その予感を基調に激動の時代と向き合うのも、これまた乱世の生きかたの一つだ。そして、その生きかたの生んだ見事な成果が『平家物語』だった。

1

乱世のさまざまな出来事を滅びの相において見るという姿勢は、『平家物語』一二巻をつらぬく変わることのない姿勢だということができる。巻第一の冒頭で、仏教的なもの言いを借りてその姿勢が明確に打ち出される。広く知られた文言だから、原文のまま引用する。

祇園精舎《ぎをんしやうじや》の鐘の声、諸行無常《しよぎやうむじやう》の響《ひびき》あり。娑羅双樹《しやらさうじゆ》の花の色、盛者必衰《じやうしやひつすい》のことはりをあらはす。おごれる人も久しからず、ただ春の夜の夢のごとし。たけき者も遂にはほろびぬ、偏《ひとへ》に風の前の塵《ちり》に同じ。（岩波・日本古典文学大系『平家物語　上』八三ページ）

「祇園精舎」は、須達《しゆだつ》長者が釈迦のために建てたインドの寺の名であり、「娑羅双樹」は、釈迦涅槃《ねはん》の臥所《ふしど》の四方に二本ずつ立っていた木の名だ。そして、「諸行無常」と「盛者必衰」は世の常ならぬことをいいあらわす仏教語だ。「諸行」とは因縁によって造られた一切のもののことで、その一切がつねに変化しているというのが「諸行無常」だ。「盛者必衰」

とは、勢いのあるものは必ず衰えるということ。そんな耳なれないことばが琵琶の声色と七五調のリズムに乗って朗々と語り出される。聞く人びとは、ことばのさし示す当の対象や思想内容を明確に理解することはできなくとも、語りを導くのがこの世を大きく包みこむ高遠な思想らしきものであることは感じとれたかと思う。

が、難解な漢語の混じる高踏な文言はそこまでで、「おごれる人も」以下は外来語を和語に解きほぐすような文が続く。耳に親しいとまではいいにくいが、語り手が高みから下のほうに降りて来つつあることは分かる。聴衆を引きつけるうまい技巧だ。が、技巧よりずっと重要なのが、仏教思想から滅びの時代観へと移っていく、ものの見かたの転換だ。そこには『平家物語』の全体にかかわる問題が早くも露出している。

どういうことか。

さきの引用文をもう一度読み返してみる。「諸行無常」「盛者必衰」「おごれる人も久しからず」「たけき者も遂にはほろびぬ」と続く文言は、一見したところ、なだらかな意味の流れを作り出しているように思える。そして、その流れに沿って、「おごれる人」「たけき者」の衰え滅んだ例として中国の趙高《ちょうこう》その他の権臣や、日本の将門《まさかど》その他の乱臣、逆臣が挙げられ、最後に「六波羅《ろくはら》の入道前《にゅうどうさきの》　太政《だいじょう》　大臣《だいじん》　平《たいらの》　朝臣《あそん》清盛公《きよもりこう》」が最大の実例として挙げられるのも、無理のない語りの進行のように思える。そうだろうか。仏教的な無常観と清盛の――延《ひ》いては平家一門の――栄枯盛衰とはそのように自然につながるものなのだろうか。

「諸行無常」は、「諸法無我《しょほうむが》」「涅槃寂静《ねはんじゃくじょう》」と並んで三法印《さんぼういん》（仏教の三つの旗印）とされることからしても、仏教の根本をなすことばだといえる。世の中の一切はつねに変化し生成消滅していて永遠不変のものはない、というほどの意味だ。この世の一切を移ろいゆくものとしてとらえるのは、仏教の根本的立場だ。

「盛者必衰」はどうか。

仏教の根本をなすことばとはいえない。勢いの盛んな者は必ず衰える、というのだが、宗教のことばというには政治社会に踏みこみすぎたもの言いだ。政治社会の真実をいい当てたことばだとはいえるかもしれないが、宗教のことばとしてはやや生臭い。「諸行無常」と並列され、「娑羅双樹の花の色」と関係づけられることによって、文章表現上は生臭さはなんとか消し去られているけれども。

仏教とのつながりという点では「盛者必衰」は「諸行無常」の一小局面に光を当てたものにすぎない。「諸行無常」が自然界をも人間世界をもふくむ一切の変化・生滅——天体や天候・気象の変化、山川草木の変化・生滅、人間の生老病死、家の変容、村の変化、社会の盛衰、時代の進歩・後退などなど——を見すえて、それを一つの抽象的な原理へと昇華したことばだとすれば、「盛者必衰」はその原理を政治的な支配層という一場面に当てはめ、勢いあるもののたえざる衰亡を、仏教の世界観と結びつけて提示することばだ。そして、その後にくる「おごれる人も久しからず……」以下の文は、宗教と政治をつなぐ四字の漢語「盛者必衰」を政治のほうに引き寄せて分かりやすく解説したものにほかならない。

このように、仏教的な理念と政治世界における権力の興亡とのあいだに橋が掛けられた上で、具体的な政治上の出来事に話が移り、まずは中国の反逆者たちが、次いで日本の反逆者たちの名が挙げられ、最後に嘱目《しょくもく》の平清盛とその一族が登場する。登場したとなると、『平家物語』の名の通り、物語は平家一門の話へとまっすぐに向かう。以前は律令制下の一地方官にすぎなかった一門が、清盛の父・忠盛《ただもり》のときに昇殿を許され、さらに清盛の代になっていよいよ栄華の道を歩む次第が語られる。物語が政治の世界を舞台としつつ、そこに華々しく登場して栄華をきわめ、そののち急速に衰退し滅亡していく平家一門の運命を主題とすることはまぎれもない。

ならば、物語の冒頭になぜ「諸行無常」という仏教的な原理がもちだされたのか。仏教的な無常観と平家一門の政治的な興亡とはどう関係するのか。そこのところが改めて問われねばならない。

わたしたちはさきに、「諸行無常」の原理がそれを本流とすればその一支流ともいうべき「盛者必衰」の方向へと流しこまれ、そこから反逆と滅びの権力政治へと道がつけられる次第を見てきた。『平家物語』の作者には「諸行無常」を仏教のことばとして突きつめる気はなかったし、そもそも仏教と思想的に向き合う構えがなかった。仏教的な無常観は物語の全体を包むものとしてあるのだが、それは物語を宗教のほうへと引っぱっていくものではなく、物語に文学的な統一性をあたえるための思想的情調といったものだ。真剣な仏信仰ないし仏道修行の立場からすれば、仏教思想が文学上の方便とされているようにも見えようが、時物語の組み立てという点からすれば、仏教の無常観をもって物語を大きく包みこむのは、代の思潮に呼応する独創的な構想といえた。

思えば、仏教の無常観は日本の文学的な心性によくなじむものであった。『万葉集』は仏教とのかかわりが稀薄で、仏教思想を多少とも意識したものとしては大伴旅人《おおとものたびと》の歌のいくつかが挙げられる程度だが、とはいえ、歌集のなかにあって内容的に大きな位置を占める四季の歌、相聞歌《そんもんか》、挽歌《ばんか》は、それぞれに、季節の移りゆき、恋の喜びと切なさ、死の悲しみを表現の主題とする点で、仏教的な無常観と相性の悪いものではなかった。『万葉集』と仏教のかかわりの稀薄さは相性の悪さによるというより、当時の仏教が造寺・造仏の事業や写経の営みを活動の主体とし、思想としては鎮護国家の観念を出るものではなく、文学的表現のうちに取りこむに足る情動性をそこに見出しにくかったためと考えられる。

平安初期の最澄、空海の仏教思想も文学との距離をさほどに縮めるものではなかったし、『日本霊異記《にほんりょういき》』の説く現世利益《げんせりやく》も、話の種は広がるが文学の質を高める力はもたなかった。けれども、そんな形を通してであれ、仏教が時とともに国家仏教とはちがう、個人の利害・生死とかかわりをもつ理念ないし思想として社会に広がっていったのは事実で、平安中期にすがたをあらわす浄土思想はその勢いの高まりを示すものだった。

仮名文字の成立とともに大きく開花した平安朝文学は、和歌においても物語においても日記においても、仏教思想とのかかわりをしだいに深めていった。浄土思想は、建築や彫刻や絵画に生かされて豪華で優美な数々の名品を生むとともに、文学の世界においても、たとえば『源氏物語』の六条院の春夏秋冬の設《しつら》えとして物語に典雅な彩《いろど》りを添えることになった。

浄土思想と比べると、仏教の無常観は王朝文学の情緒とさらに深く通い合うところがあった。貴族世界の雅びは、おもて向きは華やかで晴れやかで堂々たる構えを示してはいても、その裏面には必ずといっていいほど寂しさと悲しさと暗さを纏《まと》いつかせていたし、雅びの美学は寂しさや悲しさや暗さに目を凝らし、そこに深く入りこむことによって美意識に磨きをかけようとするものだった。『万葉集』から『古今和歌集』を経て、平安中期の私家集や勅撰和歌集へと向かうなかで、四季の歌にしても恋の歌にしても、季節の移ろいの寂しさや恋心のままならなさを歌う方向へと抒情《じょじょう》の質が深化していくし、『伊勢物語』と『源氏物語』を並べてみれば、ともに恋の切なさと恋心のふしぎさを主題としつつ、『伊勢物語』が軽快で明るい雰囲気を保持しているのにたいして、『源氏物語』が暗く重苦しい気配に包まれているのはまぎれもない。『源氏物語』には「あはれ」「はかなし」といった語が頻繁に出てくるが、そうした形容語に底流する心情は、仏教の無常観とさほど隔たるものではない。もっといえば、仏教が、仏寺・仏像・仏画や、現世利益をもたらす呪法・祈禱や、浄土往生の儀式や、民間の説話などを通じてしだいに社会に浸透していくなかで、その無常観が末法観とともに人びとの心に入りこみ、「あはれ」「はかなし」の心情に宗教的なふくらみをあたえたといえるかもしれない。『源氏物語』は『伊勢物語』その他の先行する物語類に比べれば、宗教性が作品の全体に及んだ物語といってよく、「あはれ」「はかなし」の心情は、雅びの美学と仏教的な無常観とが相接するところで深化・発展していったということができる。

そういう伝統を踏まえ、それを明確に対象化し、文学の方法として意識的に活用しようとしたのが、『平家物語』の冒頭の一節であり、無常観を基調とする作品全体の構想だったと考えられる。

もう一度、『平家物語』の冒頭に還る。インドの「祇園精舎の鐘」が「諸行無常の響《ひびき》」を響かせ、「娑羅双樹の花」が「盛者必衰のことわり」を示しているという。インドの仏教説話ではその鐘は特別の神秘的な鐘であり、花は特別の神秘的な花だと説かれるが、『平家物語』の聞き手にとっては、「祇園精舎の鐘」といわれ、「娑羅双樹の花」といわれるとき、その鐘と花は、仏教説話に説くような、病僧の命が終わるときにひとりでに鳴る、とか、釈迦涅槃のときに色が変わった、とかが特別なのではなく、はるか遠くの、仏教発祥の地の鐘であり花であるから特別だと思われたはずだ。ありがたい異国の鐘と異国の花が、身近に耳にする鐘の音や、身近に目にする花と同じように世の無常を訴えて鳴り、栄光のむなしさを告げて変色していく。冒頭の対句をそのように受けとめたとき、仏教的な無常観は王朝的な「あはれ」「はかなし」の情緒とごく自然に溶融・合体し、とともに、その溶融・合体した無常の思いは、遠くインドの地をも覆うような広大無辺の情調だと感じられたにちがいない。「諸行無常」という仏教的原理は、宗教的ないし思想的にその内実が問われ、論理が研《と》ぎすまされ、意味が深められるのではなく、伝統的な美意識と結びつくことによって現実世界を広く統合する文学的情調として登場することになったのである。

宗教的理念と王朝的美意識の融合によって生じた独特の無常観が、現実を統合する文学的情調として力を発揮するには、いうまでもなく、現実そのものが無常の世界としてあらわれてこなければならなかった。明朗で、幸せで、生命力あふれる世界は無常観にはなじまない。『平家物語』が語ろうとするのは乱世といわれ、末法の世といわれる時代の出来事だ。無常観を文学的情調として物語を紡《つむ》ぐにはお誂《あつら》え向きの時代といってよい。乱世ゆえに、末法の世ゆえに、無常観が人びとの心をとらえ、社会に底流する情感となってきたのだ。

その乱世は、とりわけ武士の活躍のめだつ時代だった。すでに『今昔物語集』のうちに、目新しい武士のふるまいや武家社会の人間関係に注目する説話がいくつも採録されていたが、保元・平治の乱を契機に、武士の力は世の中を動かす政治勢力として人びとの前に大きく立ちあらわれ、それから二〇年後の源平の合戦では、二大勢力による武力闘争の勝敗が歴史の行くすえを決定するほどの社会的影響力をもつに至ったのである。

その戦いと、戦いにまつわるもろもろの出来事を、平家の滅亡の物語として語ったのが『平家物語』だ。戦闘の場面はあちこちにあり、そこでは大小の武将のめざましい活躍ぶりが活写されるが、語りの主眼はそこにはない。命を賭けた力戦や、血《ち》腥《なまぐさ》い殺害や、ほっと気の休まるエピソードを交えつつ、全体は平家一門の滅亡に向かって大きく流れていく。無常観を軸とする文学的構想は、合戦と、合戦にまつわるもろもろをそのような構図のもとにとらえる。それでこそ、武士の存在と行動は乱世の、末法の世の、典型たりえたし、滅びゆくそのすがたが世の無常のすがたの象徴たりえたのだった。

2

平家繁栄の絶頂期に従一位太政大臣《じゅいちいだいじょうだいじん》として、また皇室の外戚として独裁的な権力を揮った平清盛は、巻第六で次のように死んでいく。平家が滅亡へと向かう第一歩である。（現代語訳で引用）

普段は気丈な入道相国《にゅうどうしょうこく》清盛が、苦しげに息たえだえの様子でこう言った。「わたしは保元・平治の乱以来、そのつど朝敵を倒し、身に余る褒美を受け、天皇の祖父となり太政大臣となって、栄華は子孫にまで及んでいる。これ以上に望むことなどはない。ただ思い残すこととしては、伊豆に流した頼朝の首を見ることがなかったのが悔やまれる。わたしの死後に堂塔を立てたり、供養したりする必要はない。すぐに討手《うって》を派遣して頼朝の首をはね、墓の前に懸《か》けるがよい。それがなによりの供養だ」と。なんとも罪深いことばだ。

閏《うるう》二月四日、熱病がひどくなり、せめてもと板に水を流してその上に寝転がったけれども、もうどうにもならず、悶《もだ》え苦しんで地に倒れ、跳ねまわって死んでしまった。弔問の車や馬が押しよせ、天に響き、大地を揺《ゆ》るがすほどだった。……死体《なきがら》をそのままにしておくわけにもいかないので、同月七日、愛宕《おたぎ》において火葬に付し、遺骨は円実法眼《えんじつほうげん》が首にかけて摂津の国に赴き、経《きょう》の島《しま》〔経を記した石で作った神戸港の島〕に納めた。日本全土に名を挙げ、権勢を擅《ほしいまま》にした人だったけれども、死体はひとときの煙となって都の空に立ちのぼり、骸骨《がいこつ》はしばらくとどまって浜の砂《まさご》と戯れたのち、形をとどめぬ土くれとなっていった。（同右、四〇九―四一〇ページ）

どこまで事実に沿っているかは分からない。突然の死に衝撃を受けた身近な人の実見譚《じっけんたん》に尾鰭《おひれ》がつき、噂となって広がったものが書きとどめられたのであろう。生霊《いきりょう》や死霊《しりょう》の祟《たた》りが広く信じられた時代だ。清盛の異常な死には畏怖心や悪意をも交じえた、さまざまな迷信めく噂がまつわりついたものであろう。

それはそれとして、事実と噂をともども取りこんだ叙述は、一門の総帥《そうすい》の死を語るものとして、さらには文学的な無常の表現として、緩急自在を得た、間然するところのない文の流れを作り出している。

栄耀栄華《えいようえいが》をきわめた清盛が臨終の床で、権力も地位も名誉も、望めるほどのものはすべて手中にできた。ただ心残りは頼朝の首を取らなかったことだ。自分の墓には頼朝の首をはねて置いてくれ、と言う。貴族の階段を頂上まで登りつめた清盛だが、臨終に際しても武士の気骨はしっかり生きている。一門と一門との争いは敵方の大将の首をはねることによって決着をつける、というのが武士の作法であり、清盛は死ぬまで、いや死んだあとまでも、その作法に生きようとする。墓の前に敵方の大将の生首が置かれるという図は、想像するだに生《なま》臭《ぐさ》い。が、その生臭さをくぐりぬけるところに武士の生き甲斐はあり、清盛は臨終の場でも生臭さを避けようとはしない。避けることなく、あくまで武力による敵の打倒をめざすこと、そこにこそ一門の総帥の面目があるといわんばかりだ。

　その清盛も病には勝てず、熱病であっけなく死んでしまう。そして、死んだとなると弔問の車や馬が続々と押しよせる。清盛の、平家一門の、権勢の強大さを示す事実だ。弔問にかけつけた人びとは、清盛や平家一門に不満や怒りや怨みを懐くこともなくはなかったろうが、一門の力を認め、そのもとで生きていこうとした人びとだ。そういう人びとに支えられての清盛の権勢であり、一門の権勢だった。

　死の三日後には遺体が火葬に付される。そこにもたくさんの人びとが参列したかもしれないが、それについては言及されない。遺骨を運んだ僧として円実法眼の名が出てくるだけだ。天に響き、大地を揺るがす弔問のにぎわいから、寂しく煙の立ちのぼる火葬の光景へ、――鮮やかな場面の転換だ。一門や周辺の人びととのつながりを断たれて、死せる清盛は浜の砂《まさご》と戯むれ、土くれとなっていかねばならない。「おごれる人も久しからず、ただ春の夜の夢のごとし。たけき者も遂にはほろびぬ、偏に風の前の塵に同じ」という物語冒頭のことばを具体的な情景としてくっきりと浮かび上がらせる描写だ。ここに清盛の一生は終わる。冷たい無常の風の吹く最期だ。

　以降、巻を追って平家は滅亡への道をたどり、物語は無常の色を濃くしていく。なかで、無常の文学的表現としてひときわ調子の高まるのが、巻第七の末尾、平家一族が福原（いまの神戸市）の内裏《だいり》に火を放って、瀬戸内海へと逃げ落ちていく場面だ。七五調を主体とした音数律や対句表現が聞き手の心を揺さぶる場面だから、現代語訳は最初の二文にとどめ、以下は原文のまま引用する。声に出して読みたくなる件《くだり》だ。

夜が明けると福原の内裏に火を放ち、天皇を初めとして皆が舟に乗った。都を発《た》ったときほどではないけれど、やはり名残りおしい福原落ちだった。〔以下原文のまま〕海人《あま》のたく藻《も》の夕煙《ゆふけぶり》、尾上《おのへ》の鹿の暁《あかつき》のこゑ、渚々《なぎさなぎさ》によする浪の音、袖に宿かる月の影、千草《ちくさ》にすだく蟋蟀《しつそつ》のきりぎりす、すべて目に見え耳にふるる事、一《ひとつ》として哀《あはれ》をもよほし、心をいたましめずといふ事なし。昨日《きのふ》は東関の麓《ふもと》にくつばみをならべて十万余騎、今日《けふ》は西海《さいかい》の浪に纜《ともづな》をといて七千余人、雲海沈々《うんかいちんちん》として、青天既にくれなんとす。孤島《こたう》に夕霧《せきむ》隔て、月海上《かいしやう》にうかべり。極浦《きよくほ》の浪をわけ、塩にひかれて行舟《ゆくふね》は、半天《なかぞら》の雲にさかのぼる。日かずふれば、都は既に山川《さんせん》程を隔て、雲居《くもゐ》のよそにぞなりにける。はるばる来《き》ぬとおもふにも、ただつきせぬ物は涙なり。浪の上に白き鳥のむれゐるを見給ひては、かれならん、在原《ありはら》のなにがしの、隅田川にてこととひけん、名もむつまじき都鳥にやと哀なり。寿《じゅ》永《えい》二年七月廿五日に平家都を落《おち》はてぬ。（岩波・日本古典文学大系『平家物語 下』一一六—一一七ページ）

末尾近くの「在原のなにがし」は、いうまでもなく在原業平《なりひら》だ。『伊勢物語』の旅愁を呼び出すことで、落ちていく平家一門に王朝風の雅びをまといつかせ、無常観に哀切さを添えようとする修辞法だ。音数律と対句表現も、無常の事実にふさわしい情調を響かせようとして選びとられたものだ。滅びが美しいものであってほしいという願いは、語り手と聞き手がともどもに抱く感懐だった。

福原落ち以降も平家は滅亡への道を歩み、武将が次々と倒れ、清盛嫡系最後の人物たる六《ろく》代《だい》が殺されて一族は全滅する。そして、平家の全滅をもって『平家物語』全一二巻も終わる。巻一二の末尾には以下の文が来る。（現代語訳で引用）

六代は三位禅師《さんみのぜんじ》と号して高雄《たかお》で修行に励んでいたけれども、「あれの子で、あれの弟子に当たる。頭を剃《そ》ってはいても心までは剃ってはいまい」と鎌倉のほうからしきりに催促されるので、判官の安藤資兼《あんどうすけかね》に命令して逮捕させ、関東に送った。途中、駿河《するが》国の住人・岡部権守泰綱《おかべのごんのかみやすつな》に命じて田越河《たごしがわ》で切り殺させた。一二歳で最初に捕えられたあと三十余歳まで生きながらえたのは、ひとえに長谷《はせ》観音のご利益《りやく》によるという。こうして平家の子孫は永久に断絶したのだった。（同右、四二一ページ）

平家の一族が一人の子孫も残すことなく徹底的に滅び去り、そのことの確認をもって物語の全体が幕を下ろす。内容からしても表現形式からしても、無常の世界観にこれほどふさわしい終わりかたがあろうか。あとには、諸行無常の響きがいつまでも耳朶《じだ》に残るかに思われる。

外来の仏教的無常観と、日本古来の自然や人事の受けとめかたに見られる情緒的無常観とが融け合った、独特の無常観こそが『平家物語』を大きく包みこむ統一的な情調をなすのだが、語られる事件や異変や行動や人物像や人間関係は、けっして無常に偏したものではない。前節では平家一門の滅びに焦点を合わせて論を進めたから、引用文も無常を強調する詠嘆調の語りに傾くことになったが、『平家物語』の語りは、全体として、事柄を生き生きと、具体的に、写実的に表現する叙事的な語りだ。とくに武士の行動や心情や人間関係を叙述する場面で、その特色が際立つ。無常の情調に抗《あらが》うかのように、武士たちが積極果敢に行動し、ときには死をものともしない豪胆さを示す。無常観に大きく包まれつつも、その無常観を突き破るようにして人びとが随所で行動し、策をめぐらし、ぶつかり合うのが『平家物語』だ。

3

見やすい例として巻第八の「妹尾最期《せのおさいご》」の戦闘を取り上げる。

備中《びっちゅう》（いまの岡山県西部）の住人・妹尾太郎《せのおのたろう》は平家方の武士だったが、北国の戦いで源氏方に生け捕りにされ、いまは木曽義仲《きそよしなか》の家来・倉光三郎《くらみつのさぶろう》に仕えている。が、平家への忠誠心を失わず、なんとか平家方に立って戦おうと思っている折しも、義仲が山陽道に赴く際の道案内役として生国・備中に向かう機会を得る。妹尾太郎は息子の小太郎と謀《はか》って、倉光三郎ほか三十余人の先発隊を皆殺しにし、近隣の雑兵《ぞうひょう》を集め、城郭を構えて義仲軍に立ちむかう。が、源氏方の猛攻に城郭は破られ、妹尾太郎は敗走を余儀なくされる。追うは、妹尾に寝首を掻かれた倉光三郎の兄・倉光次郎である。（現代語訳で引用）

妹尾太郎はわずか主従三騎となって板倉川のほとりに着き、みどろ山のほうに落ちていく。かつて北国で妹尾を生け捕りにした倉光次郎は、弟が討たれた仕返しに「許してはおけぬ。妹尾だけはもう一度生け捕りにする」といって真っ先に追いかける。一町ほどの距離にせまると、「妹尾殿、敵にうしろを見せるのは見苦しいぞ。返せ返せ」という。妹尾が西へ流れる板倉川のなかで待っていると、倉光がやってくる。二人は馬上でむんずと組み合い、どうと川に落ちた。たがいに劣らぬ大力、強力だから、上になり下になりして転がるうちに、川岸の淵に転げ落ちた。倉光は水に不慣れなのに、妹尾は水泳の達人だったから、水の底で倉光を取りおさえ、鎧《よろい》の草摺《くさずり》を引き上げ、力の限り刀を刺したり突いたりして首を取った。さて自分の馬はけがしているので、倉光の馬に乗って落ちていくのだが、息子の小太郎は馬に乗らず、もう一人の仲間と徒歩で行く。息子は二十二、三歳だが、太りすぎて一町も走ることができず、甲冑《かっちゅう》を脱ぎすてて歩こうとするが歩くこともできない。太郎はそれを捨ておいて一〇町ほど逃げていく。が、そこで、ついてきた郎等に言う。「おれは千万の敵と戦うときは気が晴れ晴れするが、いまは小太郎を捨てて行くためなのか、目の前が暗くてなにも見えない。生きながらえてもう一度平家のもとに行っても、仲間たちから、六〇歳も過ぎた妹尾がどこまで命を惜しんで一人子を捨ててきたのか、と言われるのがみっともない」と。郎等が、「そうですよ。いっしょに最期を迎えなさいと申したではありませんか。引き返してください」と言うと、「そうだな」と引き返した。小太郎は足をすっかり腫《は》らして横になっていた。「お前が追いついてこないから、いっしょに討死にしようと引き返してきた。具合はどうだ」というと、小太郎ははらはらと涙を流して、「わたしは駄目な男ですから自害するのが当然です。なのに、父上がわたしのために命を失われるのは五逆罪〔父殺しの罪〕に当たります。急いで逃げてくださ い」と言う。が、父は「覚悟を決めたんだから」と言って二人で休んでいると、源氏方は今井四郎を先頭に五〇騎ばかりが声を上げて近づいてくる。妹尾太郎は七、八本の残り矢を次々に射かける。死んだかどうかは分からないが、五、六人がばたばたと落馬する。そのあと太郎は刀をぬき、まずは小太郎の首を打ちおとし、次いで敵陣に割って入り、激しく戦って敵の首をいくつも打ちとり、ついに討死にした。郎等も太郎に劣らぬ奮戦ぶりだったが、たくさんの痛手を蒙《こう》むり、戦いつかれ自害しようとしたところで、生け捕りにされた。が、なか一日おいて死んだ。主従三人の首は備中国の鷺《さぎ》が森《もり》にさらした。それを見て木曽義仲は「あっぱれな勇者だった。これこそ一騎当千の兵《つわもの》だ。生かしておきたかったな」と言った。（同右、一四七―一四九ページ）

すでに『今昔物語集』において、武士の戦闘場面が生き生きと具体的に描写されているのを、わたしたちは見てきた。とはいえ、『今昔物語集』の編集された一二世紀前半にあっては、武士は社会的にそれほど大きな存在ではなく、戦闘も散発的なものにとどまっていた。それが、保元・平治の乱以降、戦闘の頻度も規模もぐっと大きくなっていく。そして、その勢いが頂点に達したのが一一八〇年から一一八五年に及ぶ源平の争乱だった。五年近く続いた戦いは、東は関東・中部地方から、西は中国・四国地方に及び、騎兵や歩兵、鎧や兜《かぶと》、弓矢、刀、槍は中央・地方を問わず人びとが日常的に目にするものとなった。『平家物語』が形を整えるのは、争乱から四〇年ほど後のこととされるが、人びとのあいだでは争乱の直後から身近に見聞した大小さまざまの戦闘場面が――めざましくもあり、凄惨《せいさん》・残酷でもある戦闘場面が――語られ、伝えられてきたにちがいない。『平家物語』はそういう語りや伝承を集大成するものとしてあった。

巻第八の「妹尾最期」と題された章の妹尾太郎の動きは、単純なものではない。その心理も行動も一直線に進むのではなく、あちこちで屈折し、ジグザグの線を描く。源氏のためにあれこれ心を尽くしているかに見せかけて、土壇場で平家に寝返ったり、逃げ足の遅い息子を置いてきぼりにして自分だけ先を急ぎながら、途中で思い直して引き返したり、と、陰影のある動きを見せる。その一方、生け捕りの境遇から解放されたときの戦いぶりは並外れた勇猛果敢さだ。そのような複雑な武士像を物語のうちに表現しうるためには、戦闘場面での武士の種々相が身近なものとして人びとの目や耳に触れていなければならなかったし、また、そういう人物のありさまをことばによって浮かび上がらせるほどに語りの手法が高度になっていなければならなかった。『今昔物語集』の成立と『平家物語』の成立とのあいだに横たわる一〇〇年の歳月は、武士をめぐる人びとの現実経験と、武士像を造形する語り手たちの表現技法とを、格段に高度化していく時の流れだったと考えられる。

さきの引用文からも、人びとが武士の戦いぶりに強い好奇の目を向け、そのありさまを丁寧に、具体的に表現していく様子がはっきりと見てとれる。かつては妹尾太郎を生け捕りにした倉光次郎が、今度は反対に妹尾に殺される。水泳の技倆《ぎりょう》の差が逆転の原因だ。当時、川や海での戦いも珍しくはなく、人びとの目にもよくとまっていたのであろう。水中戦も武芸の心得の一つとされ、敵を川や海へ誘うといった戦術が考案されてもいたのだろうか。「鎧の草摺《くさずり》を引き上げ」といった具体的な描写がそんなことをも思わせる。

また、妹尾太郎と小太郎との父子関係も、短かい文章のうちにその特異さがくっきりと表現されて感銘深い。老齢の父が練達の武者で、年若い息子が肥満体で鈍重な足手まとい。ありそうな構図だが、それがユーモアまで漂わせて巧みに表現されている。離れた所からながめていては二人の武者が父子《おやこ》かどうかの見分けもつきにくいはずだ。こういう父子の話は、ともに戦った武士が生き残って、記憶に残るおもしろい話として人びとに語り、それがさまざまな類話を呼びおこしつつ伝えられていったのでもあろうか。厄介な足手まといでも息子は息子だ。一旦は捨てておいて自分だけ逃げた父が、思い直して引き返してくる。戦闘の最中にも親子の情が生きていることに聞き手はほっと安心し、武士の世界をやや身近なものに感じたかもしれない。そんな関係のなかで、しかし最後の最後、父が子の首を打ち落とした上で討死《うちじ》にする。戦いの非日常的な凄惨《せいさん》さを端的に示す場面だ。

その少し前、息子のもとに引き返す父が、「千万の敵と戦うときは気が晴れ晴れするが、いまは小太郎を捨てて行くためなのか、目の前が暗くてなにも見えない」という。文学的というにふさわしい表現だ。これまで伝えられてきた和歌や物語や説話の文学性が『平家物語』に流れこみ、戦闘の描写をも文学的にゆたかなものたらしめている。人びとは、武士が実際にこんなせりふを口にするかどうかを問う前に、武士であり父である一人の男の心理に見合う、切なく美しい表現としてこれを受け容《い》れたにちがいない。

郎等については、文中、一個の人格として言及されることはほとんどないが、妹尾太郎が息子の所に引き返そうかと立ちどまったとき、引き返すのがよいと明言する場面は印象的だ。ともに生死を賭けて戦う者として、戦場では主従の関係を超えた人間と人間とのつながりが生まれたことを感じさせる場面だ。それは妹尾太郎と郎等との間柄に限ってあらわれるものではなく、『平家物語』の随所に見られる関係だ。乱世にあって、上下・主従の秩序に揺れが生じ、個と個の関係が複雑な様相を呈してくる。その一つが、ここに見るような戦闘集団の同志的結合というべきもので、新しい支配層の動きとして、そのつながりが人びとの注目するところとなっていたのだ。

最後に、壮烈な死を遂げた敵方の勇者にたいする木曽義仲の評言にも注目しておきたい。殺し合いを事とする武士が「生かしておきたかったな」と言う。武士のあいだに敵・味方を超えた共同の世界がなりたち、武士たちが独自の倫理を共有するに至ったことを示す事実だ。武勇に秀でていることに自信と自負をもつ者が、敵方の武者の武勇をも誉《ほ》めたたえる。武芸にすぐれていること、強い身体能力をもつこと、勇気のあることが、武士たちのあいだで広くその価値を認められるに至ったところから出てくるせりふだ。いや、「妹尾最期」の章がこのせりふをもって終わることからすれば、武士の武芸、強さ、勇気をよしとする価値観は、武家の世界を超えて貴族層や庶民層にまで及びつつあって、だからこそ『平家物語』の作者もこのせりふをもって妹尾の勇猛な最期を飾る結びのことばとすることができたと考えられる。

さて、戦闘場面に見てとれる機敏さや強さや勇気は、武士一人一人の能力ないし資質として発揮される。武芸に励むのは個人であり、強いのは個人が強いのであり、勇気があるかないかは個人の資質だ。戦闘においては、個人の能力ないし資質が明確なすがたを取る。だから、戦場での武士の行動と心意気を、生きた具体的なすがたで語ろうとすれば、武士を個としてとらえ、個として表現する試みへと向かわざるをえない。個としての武士がどう考え、どう動き、どう戦ったかを語らなければ、戦闘の場面は具体的な像を結ばないのだ。当然、軍記物といわれる『保元物語』や『平治物語』にも武士の個人名が数多く登場するが、対象とする合戦の規模が圧倒的に肥大化し、戦闘の様相も複雑多岐にわたる『平家物語』は、個を個としてとらえ浮かび上がらせるその観察力と表現力において、平安時代の王朝文学や説話文学はもちろん、同じく戦乱を主題とする先行の軍記物をもはるかに凌《しの》ぐ高みに達していた。『平家物語』の文学的成熟は人間を個としてとらえる視点の深化と並行して進むものだった。

個の視点は、たとえば次のような文章のつらなりにも生きている。（原文のまま引用する）

さる程に、荻《おぎ》の上風《うはかぜ》もやうやう身にしみ、萩《はぎ》の下露《したつゆ》もいよいよしげく、うらむる虫の声々に、稲葉うちそよぎ、もの思はざらんだにも、ふけゆく秋の旅の空はかなしかるべし。まして平家の人々の心のうち、さこそはおはしけめとおしはかられてあはれなり。むかしは九重《ここのえ》〔宮廷〕のうちにて、春の花をもてあそび、今は八島《やしま》の浦にして、秋の月にかなしむ。……左馬頭行盛《さまのかみゆきもり》かうぞおもひつづけ給ふ。

君すめばここも雲居《くもゐ》の月なれど
なほ恋しきは都なりけり

同《おなじき》九月十二日、三河守範頼《みかはのかみのりより》、平家追討のために西国へ発向《はっかう》す。相ひ伴ふ人々、足利蔵人義兼・鏡美小次郎長清・北条小四郎義時・斎院次官親義、侍大将には、土肥次郎実平・子息弥太郎遠平・三浦介義澄・子息平六義村・畠山庄司次郎重忠・同《おなじく》長野三郎重清・稲毛三郎重成・榛谷四郎重朝・同《おなじく》五郎行重・小山小四郎朝政・同《おなじく》長沼五郎宗政・土屋三郎宗遠・佐々木三郎盛綱・八田四郎武者朝家・安西三郎秋益・大胡三郎実秀・天野藤内遠景・比企藤内朝宗・同《おなじく》藤四郎能員・中条藤次家長・一品房章玄・土佐房昌俊、此等を初《はじめ》として都合その勢三万余騎、宮こを発《た》つて播磨の室《むろ》にぞつきにける。（同右、二九二—二九三ページ）

引用文の前半は、屋島に落ちてきた平家一族の哀しさを秋の寂しさに重ねて詠嘆する王朝風の抒情文だ。左馬頭行盛の和歌も、うまくはないが、王朝風の文化が武士にも多少なりとも受け容れられていたことを告げるものだ。

その和歌のあと、文体が一転して源範頼配下の武将の名が次々と列挙される。はるか後代のわたしたちにとってはあまり意味のない人名の羅列と見えるが、同時代の読み手(あるいは語りの聞き手)にとってはそうではあるまい。鎧甲《よろいかぶと》に身を固めた騎馬武者が名前とともに眼前に浮かび上がり、その周辺や背後に多数の武士の居並ぶさまが想像されたにちがいない。平安末期から鎌倉時代にかけて、武士なるものが登場し、社会に位置を占めるということは、人びとにとって、なによりもまずそのような個として、また個を単位とする集団として登場することだった。武士は個として陣営のなかに位置を占め、陣営にあって個として殊勲を立てようとする行動者だった。

そういう個と集団の存在が、「あはれ」や「はかなし」を基調とする王朝的抒情とはまったく異質なものであることを、右の引用文は文体の鮮やかな転換によって示唆《しさ》しているといえよう。

4

武士たちの勇敢で生き生きとした力強い心理と行動は、そのつど『平家物語』の基調をなす無常観を押しのけるようにして舞台の前面に出てくるが、それによって無常観が吹き飛ばされるようなことはない。平氏の滅亡という枠組は物語の統一性を支えるものとして消えることなく全体を覆《おお》い、武士の心理と行動は滅びの無常観に大きく包まれつつ、それに矛盾し対立するという形でかえってその生命力と強さが輝くように描かれる。見かたを変えれば、それはこうもいうことができる。乱世に登場し、武力の行使によって世の中をいっそうの混迷と錯乱に導く武士の存在と心理と行動が、最終的に滅亡を運命づけられていることによって、苛烈とも残虐とも凄惨ともいえる武士の世界が文学的無常観のうちに大きく包摂され、限られた戦闘場面での心理と行動が力強く生き生きしたものとして肯定的に受けとめられる、と。

武力をもって支配階層の一角をなすに至った武士は、現実世界においても扱いのむずかしい厄介な存在だったが、文学の世界においても、どう叙述すれば物語としてのまとまりが得られるのかを問わずにはいられぬ、厄介な存在だったのだ。そのとき、無常観をもって物語全体の基調にするという文学的構想は、武士にたいする嫌厭《けんえん》の情と熾烈《しれつ》な好奇心が渦巻く世情にあって、これ以上のものは望めないほどのすぐれた構想だった。この構想があったからこそ『平家物語』はスケールの大きい叙事文学として実を結ぶことができたし、後世の詩歌や散文や舞台芸術に数多くの素材を提供することができたのだった。

無常観は、乱世の現実と、新興武士たちの興亡と、琵琶法師の語る物語世界とを、三つながら刺しつらぬくものとしてある。四方に遠く広がる外面の世界にも、人びとの胸に広がる内面の世界にも、滅びの実感と予感が行きわたっているというのが、時代の精神のありさまだった。目立たぬ地方豪族にすぎなかった平氏が、時を得て中央政界に進出し、保元・平治の乱の軍功によって権力の中枢に昇りつめ、初めての武家政権を樹立しながら、一門の栄耀栄華は長く続かず、源氏との争乱において敗勢を余儀なくされ、壇の浦の戦いによって一族が全滅する。苛烈さと虚無を合わせもつ平家の栄枯盛衰は、乱世の時代精神を象徴するものであり、『平家物語』は、その栄枯盛衰に物語の形をあたえることによって時代精神の文学的形象化に成功したのだった。

源平の争乱は身近な生活にまで累《るい》の及ぶものだったから、人びとは知らぬふりを決めこむわけにはいかなかったし、また、おもしろがって見物するだけでは済まなかった。つねに殺《さつ》戮《りく》や破壊をともなう戦闘は、人びとの生活にも危害を及ぼさずにはいなかった。せまりくる危険や破壊にたいしては相応に対処しつつ、人びとはそこに時代の動きを感じとり、目に見、耳に聞く戦闘の一つ一つに警戒心や恐怖心を抱くとともに、戦う者の勇姿や心意気に好奇心をかきたてられずにはいられなかった。

時ならずして、その時代経験が物語として人びとの前に提示される。平氏一族の滅びの物語として。もっと視野を広げれば、人の世の無常の物語として。

勇猛果敢とも壮烈凄絶とも残虐非道ともいえる武士たちの争乱。弓と矢と刀と槍を武器として戦闘がくりかえされ、敗軍にも勝軍にも多くの死傷者を出し、さらには周辺にも大小さまざまな破壊と損害をもたらした五年の日々。その血腥《ちなまぐさ》い激動の日々を平氏の滅亡の物語として語ることは、出来事を現実の歴史として経験した人びとの心事によくかなっていた。平氏の滅亡を軸とすることは、作り手にとっては、武士の栄光と悲惨、戦闘の華々しさと残酷さ、時代の新しさと耐えがたさをともども表現しうる秀逸な文学的構想だったが、受け手にとっては、激動の時代の複雑にして多岐にわたる出来事が、まとまりのある一つの流れとして提示されることであり、それを受け容《い》れることは、歴史の内面化へと歩を進めることだった。次に引用するのは、壇の浦で敗れた平家一族のうち、生け捕りにされた武将たちが京都に連れてこられる場面だが、敗れた平氏への京の人びとの共感と同情は、『平家物語』の聞き手の、物語にたいする共感・同情と隔たるものではなかったはずだ。（現代語に訳して引用する）

見物人は都の人だけでなく、遠国・近国から、山々寺々から、老いも若きも集まってきた。鳥羽離宮の南門や作り道や四塚《よつづか》のほうまで、何千何万という数の人でぎっしりと埋まった。うしろを振り返ることも、車を回すこともできない。治承《じしょう》・養和《ようわ》の飢饉《ききん》や東西の戦いでたくさんの人が死んだけれども、生き残った人も少なくなかったのだ。平家が都を出たのが二年前、ごく間近のことだったから、過去の栄華のさまも忘れられない。かつて人びとがその権勢に恐れおののいた当人たちが、いまは捕虜の身、見る人は夢なのかとも思う。ものの分からぬ下賤《げせん》な男女に至るまで、涙を流して泣かぬ者はなかった。まして近くにあって慣れ親しんだ人びとの思いは一体どれほどなのか。長くさまざまな恩恵に与《あずか》ったり、父祖の代から仕えていた人たちといえども、やはりわが身を捨てるわけにはいかず、多くの人が源氏の側についたのだったが、昔の恩はすぐに忘れられるものではないのだから、悲しみもなまなかではない。袖で顔を隠したまま目を上げようとしない人も多かった。(同右、三五〇―三五一ページ)

都大路を埋めつくした万余の人びとが、滅びゆく平家の武将たちを涙ながらに迎えいれる。権力の一角をなす武士と普通の人びととの関係性を鮮やかに照らし出す場面だ。滅びゆく平氏だからこそ人びとは心置きなく迎えることができたのであり、平家の滅亡を涙ながらに受け容れるという形で、自分たちが乱世を生きているという実感をも手にすることができた。それが乱世を生きる人びとの心に広がる無常観であり、『平家物語』の基調をなす無常観だった。

5

その無常観ゆえに人物の造形に立体的なふくらみが増し、武士という身分を超えて人間的にゆたかなすがたを取るに至った例として、たとえば、処刑に至る平重衡《たいらのしげひら》の一連の動きがある。

重衡は平清盛の五男。平家軍が南都を攻撃したときは大将として興福寺、東大寺の焼打ちを命じ、それから三年後、一の谷の合戦で生け捕りにされ、鎌倉に送られる。壇の浦での平氏滅亡ののち、興福寺・東大寺の衆徒の要求で南都に連行され、南都焼打ちの報復として処刑される。連行の途中、重衡は一の谷で別れ別れになった妻との面会を許される。（現代語訳で引用）

北の方〔妻〕は目もくらみ心もつぶれて、しばらくは声も出ない。重衡は簾《すだれ》を上げて泣く泣くいう。「去年の春、一の谷で討死《うちじ》にすべきところを、よくよくの大罪の報いなのか、生け捕りにされて引き立てられ、京・鎌倉に恥をさらしたばかりか、ついには奈良の僧徒に引きわたされて斬り殺される旅の途上です。ぜひもう一度あなたに会いたいと思っていましたから、会えたいまはもう思い残すことはありません。出家し、髪を剃って形見に差し上げられるといいのですが、それは許されないのです」といって、額《ひたい》の髪を少し引っ張り、口のとどく所で食い切り、これを形見に、と差し出した。北の方は夫の安否を気づかって暮らしてきた日々よりも悲しさが深くなった。「お別れしたあとは平 通盛《たいらのみちもり》さまの北の方のように、後を追って身投げしようとも思ったのですが、確かに亡くなられたとも聞かなかったので、もう一度生きて会うことができるかもしれないと、つらい身を長らえてきました。なのに、今日が最後とは悲しい。いままでわたしが生きてきたのは、もしやあなたが許されるかと思ったからですのに」といって、昔のこと、今のことを言いかわすにつけても、涙がとまることはない。北の方が、「あまりにみすぼらしいおすがたです。これに着替えてください」といって、小袖（下着）と白い狩衣《かりぎぬ》を差し出すと、着替えた重衡は着ていた服を形見にとそこに置く。北の方は、「服も形見にはなりますが、書き残したものこそ末長き形見です」といって硯《すずり》を出してくる。重衡が泣く泣く詠んだ歌は、

せきかねて涙のかかる唐衣《からごろも》
のちの形見に脱ぎぞかへぬる
（とまらぬ涙が服にかかるが、その服を着替えて残しておきます）

間をおかぬ妻の返歌は、

脱ぎかふる衣もいまはなにかせん
今日をかぎりの形見と思へば
（脱ぎ替えた衣を形見にもらってもどうなるというのでしょう、あなたの命は今日限りなのですから）

重衡は「縁があったら来世できっと会いましょう。極楽で同じ蓮の上に生まれるようにと祈って下さい。日も傾きました。奈良までは遠く、武士たちの待っているのも気にかかります」といって出ていく。北の方は袖にすがって、「もう少し待って」と引きとめる。重衡は「こちらの気持ちを分かって下さい。所詮は死ぬべき身です。来世でお会いしましょう」と出ていったが、実際、この世で会うのはこれきりだから、もう一度引き返したくは思うものの、そんなに意志が弱くてはだめだと覚悟を決めて出ていった。北の方は簾の

端に身を横たえて泣きさけぶ。その声は門の外までずっと聞こえるので、重衡は馬を速めることができない。涙にくれて前方も見えないありさまで、かえって未練の残る対面だったなあ、と、悔《く》いる気持ちになった。北の方はそのまま走ってついていきたく思ったが、そういうわけにはいかず、衣をかぶって泣きふしていた。（同右、三七三―三七五ページ）

最後の出会いと別れにおける重衡と北の方のこの情の深さは、のちの浄瑠璃や歌舞伎の一場面を思わせる。が、文章で読むかぎり、後世の芝居に見る口説《くど》きのしつこさはない。情の深い二人だが、情に溺れてはいない。とくに重衡は、北の方への思いが涙となって溢《あふ》れ出はするものの、その一方で、平家の武将としての過去の所業や現在の境遇を忘れてはいない。情の深さに知的な節度が加わって、状況に流されない自立した個性をそこに見てとることができる。また、和歌の応答には、武士ながら貴族の風《ふう》に染まった平家一族の面影が浮かび上がってもいる。物語の作り手が重衡を個としてとらえ、個として表現しようとしているのが分かる行動と心理の展開だ。興福寺・東大寺の焼打ちを命じ、一の谷で自害できずに生け捕られたその重衡が、ここでは、死を間近にして長く親しんだ妻に再会し、相手をいたわるとともに自分のいまを見すえて最後のひとときを過ごす。気丈で内省的なそのすがたには、一人の人間としての魅力が具わっている。

重衡の人物像が人間的な魅力を具えて造形されていることは、場面が無常観の漂う滅びの場面であることと無関係ではない。滅びゆく場面であるからこそ作者は重衡をありのまま受け容れ、場面に人間的な共感を寄せ、人間らしい最期を迎えさせようとしたのだ。重衡に向かい合う北の方のほうも、情に流されつつも重衡の気丈さに見合う健気《けなげ》さをどうにか保ちえている。

北の方と別れた重衡は身柄を南都の僧徒に引きわたされ、僧徒たちの協議の結果、木津川《きづがわ》のほとりで首を切られることになる。無数の見物人の見守るなか、まさに首切られんとするときに、古くからの家来が馬で馳せ参じ、重衡はその家来に仏を拝んで死にたいと言う。家来がどこかから阿弥陀仏を見つけて来、重衡は仏に向かって極楽往生の祈りを捧げる。祈りのことばの途中から章末までを現代語訳で引用する。

「……この重衡は悪逆の重罪を犯したけれど、それは自分の発意によることではなく、世間のしきたりに従ったまでだ。この世に生きる者はだれ一人、王の命令を無視したり、父の命令に背いたりできないはずだ。どちらの命令も従わないわけにはいかない。理か非かは仏陀《ぶっだ》が決めてくださるだろう。罪の報いはすぐにあらわれ、死の運命は身近にある。千万の後悔でも足りないほどだ。とはいえ、仏の世界は慈悲を根本とし、救いの手はどこからでもやって来る。……どうか地獄への道が極楽への道になり、この最後の念仏によって浄土に往生できますように」といい、声を高めて南無阿弥陀仏と十ぺん唱えながら、首を差し出して切らせた。これまでの悪行は悪行として、目の前の最期のさまを見るにつけ、数千人の僧徒も守護の武士もみな涙を流した。その首は般若寺《はんにゃじ》の大鳥居の前に釘付けされた。治承の合戦のとき、重衡がここで指揮して伽藍《がらん》を焼打ちにしたからだ。

北の方は、首の切られた死骸を引きとって供養しようと、迎えの車を送り出した。予想通り死骸が捨てられていたので、車に乗せ日野まで運んだ。車を待ちうけて死骸を見た北の方の心のうちはどんなだったか。きのうまでは立派だったが、暑い時候のこととて、すぐにも形が崩れていった。そのままにしておくわけにはいかず、法界寺《ほうかいじ》という近所の寺で、位のある僧に大勢来てもらって供養をした。首は、大仏造営に尽力した俊乗《しゅんじょう》房《ぼう》重源《ちょうげん》に事情を話し、僧徒を説得して日野に送るよう計らってもらった。首も死骸も火葬にし、骨は高野山に送り、墓は日野に建てた。北の方は剃髪《ていはつ》し、重衡の菩提を弔う日々を送った。哀れなことだ。（同右、三七七—三七八ページ）

死を前にして仏に向かって極楽往生を願い、朗々と念仏を唱えて首を打ち落とされる。そのさまをまわりの人びとが涙ながらに見守る。遺体は縁の深かった人が引きとって手厚く埋葬し、菩提を弔う。——のちのちの文学や演劇において一つの様式としてくりかえされる情景だが、その様式が様式として一人歩きする前の段階にあるのが右の叙述だ。重衡はおのれの最期を武士らしく生きようと力を傾け、家来も北の方も、それぞれに心を尽くして大切な人の死に寄りそっている。様式がまずあって、人物がそれに当てはめられるのではなく、一人一人がその場を生き、場を生きる人物の力こそが魅力の源泉をなしている。人びとが、寺を焼き打ちにされた「数千人の僧徒も」涙を流したという記述が心に残る。

敵・味方の構図を超えて、人間として死に向き合うさまを素直に浮かび上がらせる文言だからだ。死にゆく重衡と死を見とる人びととのあいだに、人間的な心が通っていたことが思われる。

武士は、――とりわけ大軍を率いる武将は、――生死を賭けた壮烈な戦いで潔《いさぎよ》く死ぬというだけでは足りない。勇敢さや武勲に執着する武士は、死に際しても個としての完結性ないしは厳粛さを求める。その欲求が仏教的・情緒的な無常観と結びつき、武人にふさわしい最期の形がしだいに出来上がり、それが人びとの共感をも誘う。おびただしい殺戮や破壊や死に直面せざるをえない激動の乱世にあって、無常観に包まれた死は凄惨な死を受け容れるための宗教的ないしは文学的な作法といえるものだった。そして、受け容れられた死の場面が文学表現として人の心を打つものとなるには、死にゆく人とそれを見守る人びとが、血の通う生きた個としてその場に存在しなければならなかった。

武力を背景に新たに社会の前面に登場してきた武士が、全体として、身近な死をどう考え、死にどう対処したかは分からない。潔い死から臆病な死、未練の死まで、死の位相は区々《まちまち》だったろうが、身近なこととしてたえず死を意識せざるをえないとなれば、共同の心理は死を受け容れる方向へと動いていったと考えられる。そのかぎりで、仏教の無常観ないし乱世の無常観は、武士にとってそう遠いものではなかった。無常の情調を媒介にして武士は時代とつながっていた。

『平家物語』はそのつながりに着目しつつ、時代のなかに武士を位置づけ、武士とその世界を描くことによって時代を描くことに成功した作品だということができる。もとより、人は他人の死を死ぬことはできない。死を前にして人は否応なく自分に突き返される。滅びゆく平氏一族を、したがってまた死にゆく平家の武将たちを、重要な主題とする『平家物語』は、死の描写において個として生きる人間の造形に新しい表現の可能性を見出すに至った。『平家物語』における死にゆく個のすがたは、戦闘や男女関係や政治的策謀の場面での個のもつ人間的魅力に匹敵するだけの、彩《いろど》りゆたかな、深みのある文学的表現となった。

重源や、運慶や、法然や、親鸞や、道元は、個として立ち、個として行動し、制作し、思索する、個性的な人間たちだったが、『平家物語』に登場する人物たちにも、濃淡の差はあれ、同じような個性が刻印されていた。『平家物語』は無常観を基本情調としつつ、個としての人間の存在を文学的に造形しうる水準にまで達していた。

第二十一章　御成敗式目——新興武士の合理性

『平家物語』の作者は武士ではない。武士の動向に関心をもつ京都の貴族のだれかが、武士の生きかたと行動に共感しつつ、滅亡に至るまでの平家の運命を書き記したものだ。そこには、やや離れた位置から見た武士の像が定着されている。

平家を倒し、鎌倉に幕府を開いた武家政権は、やがて、みずからの思想信条や政治方針や施策や行動を表現し、記録する文書をもつに至る。代表的なものとして『吾妻鏡《あずまかがみ》』があり、御成敗式目がある。

この章では、御成敗式目のうちに鎌倉政権の自己意識ないし自己表現を探りたい。王朝政治の対立者として登場した武家政権が、みずから支配の方針を表明した文書のうちに、新興階層としての武士の精神のありようを見とどけたい。

御成敗式目は一二三二年、執権・北条泰時が評定衆の協力を得て作成し公表した五一ヵ条の法典である。従来の王朝支配の法典たる律令の向こうを張って出されたものだが、一五〇〇条に及ぶ律令に比べると、形式的にも内容的にも段ちがいに簡略なものだった。作成者の泰時自身が弟宛《あ》ての書状で（現代語訳）、「京都あたりでは、無知な田舎者が書きあつめたものだと冷笑する向きもあろうかと思われもして、恥ずかしくはあるが……」（岩波・日本思想大系『中世政治社会思想 上』三九ページ）と言っているほどだ。

が、言っていることを額面通りに受けとるわけにはいかない。明法道《みょうぼうどう》の目安《めやす》（箇条書きにした文書）を見ることを日課としていた泰時のこと、御成敗式目が、その体系性や綿密さにおいて、律令に遠く及ばないことをよく承知してはいたろうが、その一方で、自分たちの作り上げた新しい法典が、旧来の律令とは方向性のまったく異なる合理的で実践的な法令であり、それこそが武士の世にふさわしいものだという確信があったことは疑えない。以下に引くのは、同じく弟の重時に宛てた別の書状の一節だ。（現代語に訳して引用する）

　この式目を作るに当たって、一体なにを典拠としてこんな条文が出来たのか、と非難する人もきっといるはずだ。これこそが典拠だといえるものはなく、ただ道理だと思えるところを記したまでだ。そのように前もって制定されていないと、ものごとの理非を問わないで当事者の力の強弱をもとに裁決がなされたり、判決済みの案件が素知らぬふりして再び裁決の場にもち出されたりすることにもなる。それでは困るので、裁判の基本を定め、身分の上下にかかわりなく、依怙贔屓《えこひいき》もなく裁決がなされるように、と、一条一条書きとどめておいたのだ。（同右、四〇—四一ページ）

「道理」と「理非」は泰時自身が使っていることばだ。「当事者の力の強弱」や「身分の上下」や「依怙贔屓」と対立する語として用いられているのはいうまでもない。一二三二年の時点では将軍はもう名ばかりの存在で、執権が最高の権力者だが、その執権を務める泰時が、力の強弱や身分の上下に左右されない、「道理」にかなう、「理非」をわきまえた成敗（裁判）を願い、そのためにみずから式目を制定する。武家政権の革新性と合理性を示す、注目すべき事実だ。乱世の無秩序は合理性に根ざした秩序の形成を促す側面も備えていたのだった。

さて、御成敗式目五一ヵ条はどのような内容をもつのか。佐藤進一『日本の中世国家』は、全体を次のように七項目にまとめている。

1条　　神社の事
2条　　仏寺の事
3〜6条　　幕府と朝廷・本所との関係
7・8条　　裁判上の二大原則
9〜11、32〜34、12〜17条　　刑事法関係
18〜27条　　家族法関係
28〜31、35条　　訴訟法関係
（36条〜51条は後年の追加部分）（『日本の中世国家』岩波書店、一一二ページ）

1条、2条は幕府支配下の国々や庄園において神社・仏寺を崇敬し、破損の修理に務める

ことを命じている。これまで朝廷の支配下にあった神社と仏寺を東国においては幕府の支配下に置くこと、もって幕府が朝廷と並び立つ権力たることを明文化した条文である。地域共同体の統合のシンボルである神社や仏寺を支配下に置くことは、統治権を確立する上できわめて重要な事項だった。

3・4・5条は、幕府の任命した守護・地頭の権限を規定するもの、6条は国司・領家の訴訟に幕府が関与しないことを示したもので、これまた一定の範囲内での幕府の統治権の自立を表明する条文にほかならない。長く朝廷や貴族に付随し従属する位置にあった武士階層が、独立の権力たらんとする意志を内外に宣明するに至った条文である。

以上、1条から6条までは、既存の王朝権力との関係において武家権力たる幕府の統治権のありかたを規定するものだ。自他双方の権力の存在をそれとして認めつつ、その及ぶ範囲を明確に規定していくところに、法にもとづいて東国の支配を確立しようとする武家権力の合理的思考を見てとることができる。が、ここまでは、いうならば幕府の統治の理念を大づかみに述べた条章が並ぶから、合理性も観念的合理性の傾きが強い。

さて、7条以下が御成敗式目——裁判の基準を定めた法規——の実質的な部分である。まずは7条と8条で裁判の二大原則が提示される。

7条では、頼朝から政子の時代までに将軍からあたえられた所領は、それ以前の所有者があらわれて返還を求めても返還することはない、と定めている。頼朝から政子に至る時代は泰時にとって理想の時代であり、その時代に御家人が勲功によって将軍からあたえられた所領は、十分な法的根拠をもつ所有地と見なされる。この7条を「不易《ふえき》の法」という。

次の8条では、一定の土地を二〇年以上継続して支配し、年貢を取り立てているならば、書類上の権利いかんにかかわらず知行権を認める、と定めている。現場にあって農地経営に実績を挙げている者こそがその土地の正当な所有者だということだ。これを「知行年紀法」という。

以上の二つ——「不易の法」と「知行年紀法」——が裁判の二大原則である。ということは、裁判が領地をめぐる裁判だということだ。9条以下を見ると、殺害や刃傷《にんじょう》や悪口《あっこう》などの犯罪にたいする刑罰を定めた条項もなくはないが、条項の大半は領地の帰属や没収にかんするもので、裁判の主体が領地をめぐるものであったことはそこからも知られる。武家政権による東国支配の要《かなめ》が御家人の領地の安堵《あんど》にあったことは、裁判のありさまからしても証拠立てられる。

御成敗式目の7条「不易の法」と8条「知行年紀法」は、統治の要となる領地の所有について、御家人が現に支配している土地の所有を法的権利として認めようとするものだ。それをもって裁判の、延《ひ》いては社会秩序の、大原則にしようとするものだ。この大原則は、既存の公家法にも本所法にもなく、むしろ既存の法を侵しつつおこなわれてきた武士の土地所有に、そうと知りつつ法的正当性を認めようとするものだ。御成敗式目が武士の生活現実に根を下ろした、武士独自の法であるという歴史的意義は、式目の7条と8条の規定のうちにもっとも鮮明にあらわれている。

武士階層の頂点に位置する幕府が、公家法や本所法に対抗する独自の法典を作成しようとするのは、武士階層の政治的・社会的な自信のほどを示す事実だが、自信の背景とも支えともなったのは、鎌倉政権の東国における統治の着実な前進と、承久《じょうきゅう》の乱での王権にたいする決定的な勝利だった。京都に王権があり、鎌倉に武家政権があるという二重権力状況は、承久の乱ののちには、鎌倉政権の比重が格段に大きくなり、武家政権の東国支配がしだいに西国にも及ぶ勢いを見せていた。御成敗式目五一ヵ条の制定は、その承久の乱の一一年後のことだ。

東国における統治の前進も、承久の乱における勝利も、武力を頼みとするところが大きかったが、御成敗式目の制定は武力の単純な延長線上にあるものではない。すでに触れたように、この法典について泰時は「道理だと思えるところを記した」という。が、「道理」は武力のその先に自然にあらわれてくるものではない。武力を大きな助けとして生み出された現実に根ざしながら、その現実を人びとの現に生きる場としてとらえ直し、そこに一定の秩序と規範を見出し、その秩序と規範を守るべきものとして明文化する知の働き、——泰時の「道理」とはそういうものだ。武力の行使を否定はしないが、武力を大きく包むものとして秩序があり、武力を限定するものとして法がある、とするのが道理の立場だ。武力にたいする警戒心と批判を内包する立場で、それが武力を本位とし、誇りとする武士政権のなかから打ち出されているのが興味深い。武士階層の政治的成熟を示す出来事だ。

その政治的成熟が現実への丁寧な目配りと合理的な思考のうちに見てとれる例として、以

下に承久の乱で京都方についた武士の没収地にかかわる16条、17条を引用する。16条の全文はこうだ。（現代語訳で引用）

京都方に味方した、との情報によって所領を没収された者について、味方してはいないという明確な証拠がある場合には、没収地を恩給として受けとった御家人には代替地をあたえ、当の所領はもとの領主に返すべきだ。代替地をあたえるのは承久の乱の勲功に報いるためだ。

次に、関東の御家人なのに京都方に味方して戦った者の罪科はとくに重い。ために当人は死刑に処せられ、所領は没収された。なのに、運よく関東の追及の手を逃れた御家人がいて、近年その事情が明らかになった場合、もう時機を失していることだから、寛大な措置として所領の五分の一を没収するにとどめる。ただし、御家人以外の下司《げし》庄官については、京都方に味方した罪が明らかになっても改めて処断しないとの議定が去年なされた。それに従う。

次に、乱で没収された土地について、没収された者のさらにその前の領主だったと称して訴え出る者がいる。乱当時の領主が京都方に味方した罪で領地を没収され、それが勲功のあった御家人に恩給としてあたえられたのに、当時の領主は正当な領主ではなく、自分こそが土地の正当な権利者だと言って土地の返却を要求する例がたくさんある。が、乱後において、土地の所有権のすべてが没収された。その没収地を所有する現在の領主をさしおいて、過去の権利関係にさかのぼって所有を問題にする必要がどこにあろうか。今後、そんなまちがった望みをもつことは許さない。（岩波・日本思想大系『中世政治社会思想上』一七—一八ページ）

条文だけからも、領地をめぐる訴訟の煩雑《はんざつ》さが想像できる。多くの複雑な事例を裁く基準をどう設定するか。式目の作成者に課せられたのは高度な知的作業だった。

次の17条は、武士の父と子について、一方が京都方に味方した罪を他方にも及ぼすべきかどうかを定めたものだ。（以下すべて現代語訳で引用）

父が京都方に味方したのに子は関東方に参加し、子が京都方に味方したのに父は関東方に参加した、という場合、一方を賞し他方を罰することがすでに原則としてある以上、一方の罪を他方に及ぼすことなどありえない。とはいえ、西国の住人の場合は、父と子は別だといっても、どちらかが京都方に参加すれば、国に残った父または子は京都方参戦の罪をまぬがれない。同道はしなかったが同心はしたからだ。ただし、父子の居所が遠く隔たって音信が通じにくく、相手のことがよく分からない場合は、罪を及ぼされることはない。（同右、一八ページ）

承久の乱における武士の動きをリアルにとらえ、賞罰の決定もリアルな現実を踏まえて合理的に下そうとする姿勢がはっきり見てとれる条文である。合わせて、京都方に味方する者の多かった西国武士にたいする鎌倉政権の強い不信の念が文面から伝わってくる。にもかかわらず、西国にあっても父子が離れて住んでいれば同心したと断定はできない、という配慮が働く。そうやって多くの人びとの納得できる裁判基準を提示することが、北条泰時のいう「道理」の立場にほかならなかった。

有職故実《ゆうそくこじつ》を尊重し、旧習墨守《きゅうしゅうぼくしゅ》に傾く貴族社会にたいして、時代の流れに寄りそい、流れをさらに前へと進めるのが新興武士の新興たるゆえんだったが、変わりつつある現実の動向に目を凝らし、そこに新しい正当性の基準を探し求め、それを軸に社会秩序の安定を図ろうとする御成敗式目は、時代とかかわる武士の新しさと積極性をよく示す文書だった。現実に分け入り、現実から法の正当性を汲《く》みとろうとする式目の条文は、逆にいえば、新鮮な目のとらえた現実のリアルなすがたが肯定的に映し出されている条文だということができる。さきの17条にも東西の武士の動きのちがいがリアルにとらえられていたが、21条では、女性の所領にかんして、離婚した正妻や側妻の所領の扱いをこう規定している。

妻が重い罪を犯したために夫のもとを離れる場合は、夫からの譲状《ゆずりじょう》があったとしても、その所領を自分のものとはできない。他方、妻が役目を果たして罪を犯さず、夫が新妻を迎えるために旧妻を離縁した場合は、旧妻に譲渡した所領を夫が奪い返すことはできない。（同右、二一〇―二一一ページ）

また、女性が養子を迎えることの可否を述べた23条、

律令では女性が養子を迎えることは許されないが、頼朝の治世から今日まで、子のいない女性が養子を迎え、その養子に所領を譲渡するのを認めた例は数えきれないほどある。のみならず、一般にもそうしたことが広くおこなわれている。女性の養子をよしとする評議の内容は十分に信用できる。（同右、二二一─二二一ページ）

もう一つ、夫の死後再婚した寡婦の所領について述べた24条、

後家となった妻が夫の所領を譲り受けたなら、ほかのことは差しおいて亡夫の冥福のため仏事を営むべきであって、その理に背く場合には罪を問わないわけにはいかない。なのに、夫の死後すぐに貞節な心を忘れて再婚するような場合、譲り受けた領地は亡夫の息子たちにあたえるのがよい。息子がいない場合は別の処置を考えるべきだ。（同右、二二二ページ）

中世から近世にかけて武士の政治支配権が確立し深化するとともに、女子の財産相続は認められなくなり、とくに支配層のあいだでは男尊女卑の風《ふう》が強まっていくが、鎌倉幕府が京

都の王権を抑えて武家支配の網を全国に広げようとするこの時期には、女性にも領地の相続権が認められ、養子を取ってそれに領地を譲ることも認められていた。御成敗式目は、そうした慣行が現に存在することを確認した上で、その慣行をよしとし、それを裁判上の基準にすると明記している。農村における男女の共同生活という土着の生活実感が、法の制定に当たってもリアルな実感として生きていることを示す条文だといえよう。現実に根ざす道理の健全さと平明さが、法の厳《いかめ》しさからほど遠い、なだらかな文体を作り出している。女性を劣ったものと決めつけることのない自然な感性が、24条では、夫を亡くした妻に亡夫の冥福を祈る仏事を営むよう義務づけている。

女性を法的人格として認める右の三ヵ条とは趣意を異にするが、もう一つ、やはり女性にかかわるものとして、他人の妻との密通の罪を扱った34条の前半部分を引いておきたい。

強姦《ごうかん》か和姦《わかん》かを問わず人妻を抱きしめた者は、所領の半分を没収され、出仕を禁じられる。所領のない場合は遠流《おんる》の刑に処せられる。女の所領も半分を没収される。所領のない場合は配流《はいる》の刑となる。（同右、二一七ページ）

この条文も武家社会の一般的な考えを下敷きにしていると考えてよかろう。強姦はともかく、和姦にまで言及し、それを明確に罪と規定していることが注目される。女の所領没収や流刑《るけい》は和姦の場合に限っての罰であろう。

注目すべきは、男女の交情にかんする貴族社会の考えかたとはまったくちがう考えにもとづいて、右の規定が作られていることだ。

王朝の貴族社会においては、色好みは美しいものの典型とされ、季節の移りゆきの美しさとともに雅びの美学の中核を形作ってきた。色好みは男の美質として表現されることが多いが、女にも当然のこと色好みはあり、夫以外の男に通じることが罪とされることはなかった。色を好む男や女がいつも楽しく仕合わせであるわけはなく、色好みゆえの悩みや苦しみもけっして小さくはなかったろうが、悩みや苦しみに心が傷つき痛むことをふくめて、色好みは美しいものだった。色好みの心情と行動は物語の世界に、また歌の世界に、典雅な、また深みのある複雑微妙な彩《いろど》りをあたえ、逆に、物語に語られ、歌に歌われることによってその美学は洗練の度を深めていった。

人妻との密通を罪とし、所領の半分を没収すると定める御成敗式目の規定は、色好みの美学とはかけ離れたものの見かたに立つものといってよい。色好みが美しいか美しくないか、色好みにどんな喜びがあり、どんな悩みや苦しみがあるか、そんなことはもう問うところではない。人妻との密通は家の安定を揺《ゆ》るがし、社会の秩序にひびを入れる。である以上、それを放置しておくわけにはいかない。そう考えるのが武家社会の道理だった。

ここには、王朝の雅びの美意識とははっきりちがう男女関係のとらえかたが、美意識というよりは倫理意識として登場している。一対一の男女の結合によって夫婦関係が生まれ、二人のあいだに子どもが生まれることによって家がなりたち、その家が維持されることが社会の安定と発展のもとになるという倫理意識だ。その倫理意識はご恩（領地の支給・安堵）と奉公（軍役・番役）を軸とする封建的な武家社会の倫理意識であるとともに、武士がかつてそこに住み、いまも多くが住みつづける農村社会の倫理意識でもあった。そういう土着の倫理意識が上層貴族の雅びの美意識を押しのけるようにして自己を主張し、自己を表現するに至ったもの、――それが御成敗式目34条の規定にほかならない。その意味で、この条文は、これまでの支配階層とはちがう階層の共同意識に支えられた、新しい法の登場を端的に示すものだ。『平家物語』では、そのふるまいや考えかたや人間関係が無常観に大きく包まれて表現された新興の武士階層が、ここでは、みずから新しい倫理を主張するという主体的な形を取ってあらわれている。

武士の主体性は男女間の新しい倫理の主張のうちに表明されているだけではない。この章の初めに引用した、北条泰時の、弟・重時に宛てた手紙に見える「道理」の重視が、遠慮したもの言いながら、これまた主体的な意志の表明なのだ。「道理」とは武家社会の習慣と常識と道徳を踏まえて、正を正とし、邪を邪とする誠実な態度をつらぬくことだったのだから。

思えば、自己の判断にもとづく行動という意味での主体性は、すでに『平家物語』において随所に発揮されていた。武士たちは、とりわけ戦闘の場面では、彼我の兵力をどう見積るか、前に進むか退くか、退路をどう確保するか、敵の動きをどう察知するか、敗北が決定的になったとき最期をどう迎えるか、といった決断をその場その場で求められ、各自がおのれの決断にもとづいて行動していた。そういう主体性に支えられていたがゆえに、武士の行動は大胆でもあり、潔《いさぎよ》くもあった。そのすがたは、乱世に抬頭してきた武士の新しさと生命力を示す重要な一面であって、武士の行動をやや離れた位置で客観的にながめる『平家物語』の語り手にも確実に見えていたものだった。

その主体性が、その場その場の主体性というより、道理を踏まえた知的・持続的な主体性として存在し発揮されねばならないのが、判決を下す合議の場だった。泰時を初めとする鎌倉幕府の権力者たちは、そのことに自覚的であり、みずからそういう主体性を作り出そうとしていた。御成敗式目には五一ヵ条の条文のあとに「起請《きしょう》」なるものが付されている。そこで、北条泰時以下一三人の評定衆が、以下のように公平な裁判をおこなうことを神仏に誓っている。

暗愚の身だから考えが足りなくて間違った意見を述べることもあろうが、それは悪意から出たものではない。それとは別に、だれかに味方して、それが道理だと分かっていながら理に反すると強弁したり、根拠のない訴えを証拠ありと主張したり、人の欠点を隠蔽するために、事情に通じていながらそれを口にしなかったりすれば、ことばと本心とが相違し、後に非難を招くことになろう。評定の場にあっては、訴訟当事者にたいする親疎や好悪によって理非を判断してはならない。もっぱら道理に従い、心に思うことを、同僚に遠慮せず、権門を恐れることなく、しっかり発言すべきだ。ひとたび判決が下されたとなれば、それが道理にかなっている場合には一同が理にかなっていたことを意味し、根拠のない判決の場合には一同が法を犯したことを意味する。(同右、三六ページ)

右の文で「道理」と訳した語は原文もそのまま「道理」の語が使われている。宣誓の前半に当たるこの短かい文に「道理」が三回も出てくるのは、裁判において道理をつらぬこうとする為政者の強い意志のあらわれであるとともに、親疎・好悪に引きずられることなく道理をつらぬくことが、けっして生易しくはないことをあらわしてもいよう。泰時を中心とする評定衆たちは、困難を承知の上で、困難に耐えて新しい法と秩序の形成に向かおうとしていた。

興味深いのは、評定の場で各人が道理をつらぬくことが、議論を経て共通認識らしきものを生み出すと考えられていることだ。評定の結果たる判決が当否いずれの場合にも、原文でいうと「一同之憲法」「一同之越度《おっと》」(傍点はいずれも筆者による)とされていることがそう推論させる。道理は各人のそれぞれの思考や判断のうちに生きているだけでなく、一人一人の思考と判断を相互に結びつける力でもあると考えられている。その考えは、道理としての法が現実のうちにあり、現実から汲《く》みとられ、式目として条文化された、とする考えと見事に符合する。道理が現実の社会のうちに存在するとなれば、それは人と人とをつなぐものとして生きているにちがいなく、それを手がかりとして思考を進め、判断を下すなら、おのれ一個の思考と判断はどこかで他人の思考や判断とつながりうるはずだからだ。そこでは、道理を信頼することが他人を信頼することであり、さらには社会を信頼することである、という等式がなりたつはずだ。鎌倉の武士たちは、そういう信頼の上に立とうとした。

歴史上、権力は、どのような権力であれ、おのれを強化し維持し拡大しようとする傾向をもつ。大きな支配権を獲得した権力ほどその傾向が著しい。鎌倉の武家政権とて例外ではない。承久の乱で京都の宮廷・貴族の権力を打倒して間もない時期のこと、政権内部に権力意志は燃え上がっていたにちがいない。

そうした状況下で政権みずからが道理にもとづく法の制定に乗り出し、現実に生きる道理に即して新しい社会秩序を作り出し、維持していこうとする。土着の農村社会を基盤としつつ、浮華《ふか》と頽廃《たいはい》の色濃い既成の権力に抗《あらが》って登場してきた新興の武家権力が、その支持勢力たる下層農民や有力農民といまだ太い絆で結ばれていることを示す事実だ。乱世にあっても既成の特権と権威を守ることに汲々とする宮廷・貴族の権力層に比べると、現実をリアルに見つめ、そこに生きる道理を汲みとることによって秩序の安定を図り、みずからの権力も維持しようとする武家政権の素朴さ、瑞々《みずみず》しさは、一段と印象的だ。幕府の最上層部において作成され、上からの一方的な通達として人びとに伝えられるものである以上、御成敗式目も権力の文書たるをまぬがれないが、とはいえ、それは可能なかぎり現実に、人びとの世界に、近づこうとする文書だった。

そのことと関連するものとして、北条泰時の書簡の一節を最後に引用しておきたい。

関東の御家人や守護所や地頭に広く公開して、式目の趣旨を分かってもらいたい。また、内容を書き写して守護所や地頭の一人一人に配付し、国中の地頭や御家人に徹底させてほしい。五一ヵ条にもれたものがあれば、のちに追加法として書き足すことにしたい。

（同右、四〇ページ）

御成敗式目が社会に広く行きわたることを求めることばだが、ねらいは権力の強制力の浸透にあるというより、道理にもとづく裁判の徹底にあると考えるべきだろう。道理への信頼が御家人や守護所や地頭への信頼と重なるところが、武家政権の若さであり、素直さだ。引用末尾の追加法への言及についても同じことがいえる。幕府の定めた法も、法を定めた権力も、およそ絶対的なものなどではない。必要があれば、必要に応じて追加すればよい。追加するのがよい。権力者自身がそう考えるところに、新興権力と御家人および農民との近さが感じとれる。泰時にとって法はそのようにして現実に生きるのであり、そのように法を生かすのが道理をつらぬくことにほかならなかった。

御成敗式目は日本精神史上まれに見る高度な知性と合理性を具えた法思想の表現であり、政治思想の表現だった。

第二十二章　「一遍聖絵」と「蒙古襲来絵詞」――遊行と死と戦闘

わたしたちは「第十四章『今昔物語集』と絵巻物」において、一二世紀後半に制作された代表的な二つの絵巻――「伴大納言絵詞《ばんだいなごんえことば》」と「信貴山縁起絵巻《しぎさんえんぎえまき》」――を取り上げた。二つながら画面の躍動感と、登場する老若男女の生き生きとしたすがたが、見る者の目を引きつけてやまぬ大和絵《やまとえ》の名品だった。

鎌倉時代に入って絵巻物は多量に多様に制作される。合戦絵巻、社寺縁起絵巻、高僧伝絵巻、六道絵巻《ろくどうえまき》など、人びとの目を楽しませつつ、ものを教えたり、未知の世界や新来の文物を図解したり、信仰に導いたりする絵巻が数多く作られた。この章では時代の精神史と深くかかわる作品として、「一遍聖絵《いっぺんひじりえ》」と「蒙古襲来絵詞《もうこしゅうらいえことば》」を取り上げる。

1

「一遍聖絵」は時宗《じしゅう》の祖・一遍《いっぺん》の死のわずか一〇年後に出来上がった絵巻である。全一二巻。一遍の弟で、もっとも身近な弟子でもあった聖戒《しょうかい》が詞書《ことばがき》を担当し、絵は法眼円伊《ほうげんえんい》が描いた。遊行上人《ゆぎょうしょうにん》と呼ばれる一遍は、生涯、南は九州大隅国（いまの鹿児島県）から北は奥州江ている。

刺（いまの岩手県奥州市）に至る全国各地を旅して歩いたが、聖戒と円伊は、一遍の歩いた跡を自分たちの足でたどった上で絵巻の作成に当たったった。詞書にも絵にも一遍への深い尊崇の念と、遊行の生涯を正確に跡づけようとするリアリズムが、相補いながらともども息づいている。

第一巻は、一三歳の一遍が僧・善入《ぜんにゅう》に連れられて伊予（現・愛媛県）の生家を離れ、九州へと仏道修行の旅に出るところから始まる。頭を丸め、法衣《ほうえ》をまとった少年のすがたが頼りなげだ。旅立ちを見送る父親や、下男下女や、近隣の人びとも心配そうだ。

頼りなげな少年のすがたが広大な風景のなかに小さくぽつんと描かれる。それが数メートルにわたって続く巻頭の画面の情趣だ。現地に足を運んだ画家の強みが、自然描写にも建物や町並みの描写にも十分に生かされ、春浅い田園の風景が旅につれて変化するさまが、巻頭の画面にしっかり描きこまれている。

樹木についていえば、まず白梅が、次いで紅梅が川辺に咲きにおい、生家の脇には松と杉が高く伸び、旅先の海浜には十数本の磯馴松《そなれまつ》がそびえ、さらに旅が九州にまで進むと、山桜が近くに遠くに満開の花をつけている。

下方に目をやると、道端に川が流れ、小さな舟が浮かぶ場面から、波が岩を打つ海辺へと場面が転換し、やがて粗末な板屋の小集落が見えたかと思うと、その先には一面に田んぼの広がる場面が描かれる。むこうには小高い山がつらなり、青い草地と所々に松林が見える。柵で囲った田んぼには鳴子《なるこ》が仕掛けられている。なつかしい田園風景だ。

そうした風景のなかに数少ない大小の家がぽつんぽつんと描かれる。一遍の生家は草葺《くさぶ》き寄棟《よせむね》造りの堂々たる田舎家だ。それに比べれば、行く先々の家はいずれも小さくて質素だ。海辺の松林のかなたにある檜皮葺《ひわだぶ》き入母屋《いりもや》造りの二軒の僧房、小集落と向かい合って並ぶ粗末な板屋群、柵をめぐらし門に注連縄《しめなわ》を張ったやや立派な家、そして、板葺きの築地《ついじ》のなかにある方三間の入母屋造りの僧房、などなど。

一遍聖絵　第１巻第１段
一遍上人出家の場面［国立国会図書館デジタルコレクション］

　人家も少ないが、人の数も少ない。故郷を離れて旅する少年僧一遍の孤独が、閑散とした風景のうちに反映しているのかもしれない。その点、風景が大きく少年僧を包んでいることはまちがいないが、その悠々たる風景を温かいと形容するのは憚《はばか》られる。旅立ちの場面と、もう一ヵ所、板葺き築地のなかの僧房（師・聖達《しょうたつ》の住居）に一遍が帰参する場面に、一〇人前後の人数の賑《にぎ》わいが見られるが、その賑わいとて一遍からやや離れた地点での賑わいで、一遍はその輪のなかには入れない。

一遍聖絵　第２巻第１段
岩屋寺参詣の場面［国立国会図書館デジタルコレクション］

にもかかわらず、ゆったりと広がる風景は冷たくも厳しくもない。なつかしい穏やかな風景として絵を見る者の心に入りこんでくる。風土に慣れ親しんだ画家の技量に加えて、画家円伊の一遍にたいする敬愛の念が風景に格調のある美しさをあたえていると思う。一遍の足跡を追って聖戒とともに全国をめぐり歩いた円伊は、一遍の求道《ぐどう》の苦労と喜びを風景のうちに感じとったのではなかろうか。伊予から鎮西へと続く巻頭の風景をゆっくりながめていくと、そこに展開する風景の美しさは、たんなる視覚上の美しさにとどまらず、一遍の心の清らかさに呼応するような、精神的な美しさをも具えているように思える。

　そのことがとくに強く感じられるのが、第二巻冒頭の菅生《すごう》の岩山の風景だ。詞書《ことばがき》によると、伊予の山奥のこの地はいくつもの奇瑞譚《きずいたん》の伝わる、観音影現《かんのんようげん》の霊地だというが、高さのちがう三つの奇岩怪石の頂上に、赤白の彩《いろど》り鮮やかな鎮守の祠《ほこら》の建つ風景は、ただの風景とはいい難い神秘の雰囲気を湛《たた》えている。右端の岩山には長い梯子《はしご》がかかり、いましも二人の僧が、一人はずっと上方を、もう一人は地面から七、八段の所を、祠に向かって登りつつあるが、その危うげな手つき足つきが風景の異様さを増幅する。こんな風景が本当に画家の前にあったものかどうか。確かなのは、三十余歳の一遍が参籠《さんろう》して霊夢を受けたこの地が、超自然の霊性を具えた風景として画家の前にあらわれたことだ。岩山のたたずまいが中国山水の神秘性に通い合うことからすると、画家は宋画の様式に学ぶところがあったかもしれない。

菅生の岩山のあとに来るのが、二度目に一遍が伊予を旅立つ場面だ。ここの一遍はもう、最初の旅立ちの頼りなげな少年僧ではまったくない。墨染めの頭巾をかぶり、墨染めの衣に袈裟《けさ》をかけ、膝から下はむき出しの足に白い鼻緒の下駄をはく。念仏遊行僧の通例の装いだが、体つきと表情には遊行に賭ける一遍の決意がみなぎっている。口を固く結んで目はしっかりと前方を見すえ、衣から突き出た左手はぎゅっと握られ、左足を前、右足をうしろに構えた両足はゆるぎなく大地を踏みしめている。うしろに続くのは二人の尼と一人の僧、それにおなじみの聖戒だが、この四人には、毅然たる一遍とは対照的に、連れられて行く者の気安さが見てとれる。離れた後方に、旅立ちを見送る一遍の親族五人の、別離を悲しむすがたが見られるが、それとこれとを対比すると、決意みなぎる一遍の姿勢は、恩愛の絆を断つつらさを合わせふくむものであることが納得される。

旅立つ五人の前方と上方には、刈田に降り立とうとする白鷺《しらさぎ》の群れが描かれる。緑と茶の山や田んぼや霧と、数十羽の白い点の対照が美しい。

田園風景の続く画面を左へと進んでいくと、二人の僧が庵室《あんしつ》で対話する場面のその先に、さきほどとよく似た一遍の一行がもう一度出てくる。ちがうのは、最後尾にいた聖戒が前の四人と離れて反対方向に歩きつつ、別れを惜しんでうしろを振り返っていることだ。一遍は前場と同じく、決意みなぎる毅然たる姿勢を保ち、つき従う三人も決意が強まったかに見受けられる。とはいえ、同じ場面の再出は絵としては芸のない話で、画家のねらいは別れる聖戒を描くことにあったはずだ。が、見る者の目は聖戒のもとにとどまれず、そこから一遍の一行へと還っていく。背筋を伸ばして前へと向かう力強い四人の行列が、見る者の視線をしっかりと受けとめる。五人が四人に減って、旅に賭ける思いはかえって強度を増したように感じられる。

さて、今度の旅立ちは、右手に一杯に花開いた山桜が風に吹かれて花を散らすなかでの旅立ちだ。前方を見つめる一行四人の決意は固いが、かれらは決意を固めてどこへ行こうというのか。

絵巻を先へと進んでいくと、かれらはまず摂津（現・大阪府）の四天王寺を訪れ、次いで高野山に分け入り、さらに南下して熊野神社へと向かう。四天王寺といい、高野山といい、熊野神社といい、それぞれにその自然、その設《しつら》えに目を引くに足る鮮明な特色があって、画家は俯瞰《ふかん》する位置からその特徴をとらえ、画面に定着している。しかし、四天王寺も高野山も熊野神社も旅の終着点ではなく、たどり着けば次なる目的地に向かう旅が始まる。その意味では旅の通過地点にすぎない。めざすべき終着点などなく、通過地点を次々と通過していくのが一遍とその仲間の旅だ。

江戸時代あたりから庶民のあいだにも盛んになる物見遊山《ものみゆさん》の旅も、目ぼしい場所を次々と通過していく旅だ。が、物見遊山の旅はもとの住処《すみか》に帰ってくることが予定されていて、そこが一遍の旅と決定的にちがう。一遍の旅は行きつくべき終着点も帰りつくべき家郷もない、不安定きわまる旅なのだ。どこでどうなるのか皆目見当がつかない、という意味でも前途茫々《ぜんとぼうぼう》というほかない旅だ。一遍はそういう不安定・不確定な旅に踏み出し、みずから遊行僧となって生きることによって、人びとを仏の道へ導こうとしたのだった。

旅に出た一遍はさまざまな風景に出会い、さまざまな人びとに出会う。風景のなかに入りこみ、人びととの交わりを深めていく。それが粗末な法衣に身を包んで各地をめぐり歩く一遍の旅のすがただ。四天王寺では、西門の前に十数人の男女が集まり、一遍の話に耳を傾けている。熊野本宮では、小袖を着流した一〇人ほどの裸足《はだし》の子どもたちに、一遍が南無阿弥陀仏の札を手渡している。どちらの一遍も構えることなく和やかに人びとに向き合っている。四天王寺西門も熊野本宮もそのたたずまいは厳しく堂々たるものだが、一遍と人びととのつきあいの輪は、そのたたずまいとは異質な親密感に包まれている。一遍は、仏道に身を捧げるというその選択においては、けっして庶民的ではなかったが、人びととのつきあいのなかでは十分に庶民的であり、庶民とともにあることを楽しんでいた。

庶民的といえば、描かれる生活情景の庶民性も見のがせない。

もともと一遍は、小袖の上に法衣を着、その上に袈裟をかけ、足は裸足か下駄ばきという質素のすがたで、人びとに混じって旅を続けるのだから、旅そのものが庶民の世界を動きまわることだ。泊まる場所も寺や神社の境内の粗末な小屋が多く、雨露は防げるが夜は寒そうだし、食べものも十分だとは思えない。一遍の生きた時代の庶民の暮らしは、粗末な家に住み、あり合わせの服を着、なんとか腹の足しになるものを食べてよしとするものだったろうから、行く先々で人の世話になりながら旅を続ける一遍とその仲間に、それ以上の暮らしは望めなかった。実際、画面のそこここから庶民の暮らしの貧しさ、みすぼらしさが立ちのぼる。

たとえば、絵巻全体を通じて数多くの物乞《ものご》いが描かれる。数が多いのは、むろん当時人目につくほど多くの物乞いがいたからだが、描かれかたを見ると、画家が興味をもって注意深く観察していることが分かる。物乞いはぽつんと一人でいるよりも、掘立て小屋の並ぶなかに群れをなして住んでいることが多い。第六巻には、鎌倉の近く、片瀬《かたせ》の浜の掘立て小屋が描かれる。遠景には小高い山、松並木、葦原が半ば霧にかすんで見える。右手には檜皮葺《ひわだぶ》きの屋根の四方に板庇《いたびさし》の伸びたお堂があって、堂のなかにも回りにも大勢の人がいて見守るなか、上総《かずさ》（現・千葉県）からやってきた生阿《しょう》弥陀仏と一遍が対座している。その堂からやや離れた左下に、向かいに五つ、手前に六つの掘立て小屋が並ぶ。小屋はどれもこれも掘立て柱六本に草屋根か板屋根かを取りつけた貧相なものだ。藁《わら》のむしろに坐る者もいれば、地面に直《じか》に坐る者もいる。向かいの右端の小屋には黒っぽく変色した死体が両膝を曲げ、左腕は頭上に、右腕は横に伸ばす形で、背中を丸めて横たわっている。死後何日が経過したのだろうか。死体の足元には木の食器が置かれている。隣の小屋では、母子二人が石のかまどに載せた鍋を温めようと、かまどの火に息を吹きかけている。この小屋は通り道に面したところが半分だけ菰葺《こもぶき》の壁で覆われ、壁の脇に黒い犬が坐って鍋の煮えるのを見ている。その隣では天狗《てんぐ》鼻《ばな》の女が地面に置いた食器から食べものを手でつかみとりながら、もう一つ隣の物乞いとことばを交わしている。こちらは食器を手にもって食べているが、身につけているものといえば、腰まわりに青っぽい布が巻かれているだけであとはむき出しだ。左端の家には二人の男女がいて、それぞれ作業をしている。男は足の親指を使って藁を編んでいる。手前の六つの小屋は、屋根の陰になって中の様子は分からない。

ほかの場面での物乞いたちの描かれかたも、同じように絵に力がこもり、小屋の造りにしても、物乞いたちの服装や立居振舞にしても、その一つ一つを丁寧に追ってみたくなるほどに丹念に描かれている。貧しく、汚なく、みすぼらしい世界ではあるが、画家はその世界を貧しいなりに活動的な世界として描こうとしていて、だから、その世界がほかの世界から隔離されたり排除されたりすることはない。いまの片瀬の場面でも、向かいあって掘立て小屋が並ぶ物乞いの世界は、その右上の、道俗を交じえた大勢の老若男女の集まる賑やかなお堂の内外の世界と、ごく自然につながっている。物乞いたちがその集まりに遠慮するふうはないし、お堂の内外の人びとも近くに並ぶ掘立て小屋に違和感を抱いているようには見えない。さらにいえば、横に伸びる掘立て小屋は、絵の構図としては、同じく横に伸びる遠方の松並木および葦原の風景と呼応する関係にあって、それにお堂の場面を加えた三つが、ここでは自然なつながりを保って有機的に構成されている。

そういう物乞いの世界が長い絵巻のあちこちにあらわれる。一遍の旅が庶民の世界のただなかで、庶民との交わりを深める旅であったことを如実に示す場景だ。画家円伊にとって、一遍は庶民世界を超え出た人ではなかった。

一遍の旅の庶民性を示す絵柄として、もう一つ、犬の多さを挙げていいかもしれない。さきほどの片瀬の掘立て小屋にも犬がいたが、民家にも、道端にも、神社仏閣の周辺にも、ふと見ると犬がいる。馬や牛とちがって、なにかの役に立つものとして人間世界に組みこまれてはいないが、といって、追いたてられるわけではなく、なんとなく人間の暮らしに入りこんでいるといった趣きだ。当時の庶民の生活に余裕といえるほどのものはほとんどなかったろうが、暮らしに寄り添う犬のすがたには、余裕らしきものがわずかに漂って、心がなごむ。犬を描くことは画家にとってもちょっぴり心の安まることではなかったろうか。

さて、そこらにいつも犬を見かけ、人の集まる所では物乞いがたむろし、あちこちに掘立て小屋が並ぶというのが、一遍の旅ゆく世間だった。その世界に一遍はずかずかと入りこんでいく。法然や親鸞と同様、普通の人びとと交わり、普通の人びとを浄土に往生させることこそが一遍の志すところだった。

しかし、一遍には法然の専修念仏の理論や親鸞の悪人正機説のような、観念的に鍛え上げられた独自の宗教思想はなかった。一遍は、経典や義疏《ぎしょ》に取り組んで筋道の通った宗教理論を築き上げるといった類の宗教思想家ではない。和讃《わさん》や偈頌《げじゅ》に見てとれるその宗教思想は、天台宗、真言宗、浄土宗、禅宗などの教説が流れこんだ雑然たる思想だ。思想としての鋭さや整合性は一遍の求めるところではなく、仏の教えを携《たずさ》えて人びとのなかに入りこみ、人びととの交わりを深めることこそが遊行の眼目だった。

さらにいえば、仏法とは対立するはずの神社にも一遍は進んで参詣する。庶民が神と仏を明確に分かつことなく、神社にも仏寺にも同じように手を合わせるのを、人びとの素朴な信仰心の発露と考え、みずからもそれを見習おうとするかのように。

一遍自身の信仰心と庶民の信仰心との近さを示す典型的な事例が、熊野権現の神託にもとづいて始められた賦算《ふさん》――札配り――の活動だ。話はこうだ。熊野の山中で行きあった僧に一遍が「南無阿弥陀仏」と書いた札を差し出し、念仏を称《とな》えて札を受けとるようにと言う。僧は、いまは信仰心が起こらないから札は受けとれない、と言う。が、僧が受けとらないとほかの人も受けとらないので、一遍は僧に札を押しつける。それが正しかったかどうかを疑問に思った一遍が、熊野本宮に冥慮《めいりょ》を仰ぐと、熊野権現から「人びとの信・不信を問わず賦算すべし」と告げられ、以後、賦算が時宗の布教活動の重要な一環になったという。

仏法の当否を神社に向かって問う、事のよしあしを仏典に当たって確かめる代わりに神託に判断を仰ぐ、札のやりとりによって信仰への道を開こうとする、――どれをとっても、庶民の素朴な信仰によく見られる心の動きだ。強い決意と粘り強い行動力によって人びとを導き、時宗という信仰集団を結成するに至った一遍だが、その心のうちには、素朴きわまる信仰心が息づいていた。鎌倉新仏教の祖師たちは、いずれも高みに立って教えを垂れるのでは

一遍聖絵　第4巻第5段
小田切の里 踊り念仏の場面
[国立国会図書館デジタルコレクション]

なく、庶民の世界へと下りていき、庶民のあいだで庶民とともに生きることによって新しい仏の道を歩もうとしたのだったが、なかでも一遍はその心情においてもっとも庶民的だった。仏と神をともども信仰し礼拝することも、夢に権現さまがあらわれて託宣することも、南無阿弥陀仏と書いた板札に霊威がこもることも、一遍の心には違和感なく受け容れられることだった。

　時宗の布教に大きな力を発揮した「踊り念仏」も、一遍の信仰の庶民性と深くかかわるものだった。

「一遍聖絵」では踊り念仏は第四巻に最初に登場する。信濃の善光寺に参詣したあと、同じ信濃の小田切《おたぎり》の里で一遍が踊りはじめた、と詞書にある。絵を見ると、一遍は館の縁先で手にもった鉢《はち》をたたき、外の庭で二〇人ほどの男女が丸く輪になって踊っている。大きく口を開けて声を発し、手拍子・足拍子を取って踊る道俗の男女はいかにも楽しそうだ。のちに描かれる踊り念仏が、踊り用の仮小屋を設営し、皆が形を整えて踊っているのに比べると、この最初の踊りは、その場の勢いでつい体が動きはじめ、いつのまにか集団の踊りになったという、即興のおもしろさがある。興にまかせて声を張り上げ体を動かす、解放感にあふれた絵だ。

この絵のすぐ前に、一遍の一行十数人とたまたま近くを通りかかった人びとが、いっしょになって西の空にあらわれた紫雲を見上げ、手を合わせる場面がある。そして、小田切の里での初めての踊り念仏の場面が来て、そのあと、短かい詞書をはさんで、別の里での踊り念仏を終え、ぞろぞろと次なる場所へ歩いていく二〇人ほどの一行が描かれる。踊り念仏と集団遊行との切っても切れない関係を示唆する絵の展開だ。

さかのぼっていえば、聖戒と別れ、超一・超二・念仏房を連れての一遍の旅は、さきにいう紫雲を拝む場面以前は同行者が増えるということがない。どころか、超一・超二・念仏房も描かれないことが多く、実際、熊野の新宮あたりでその三人とも別れたと詞書にある。時に応じて従者らしきものや世話する人はいたろうが、基本は一人旅だ。それが、踊り念仏の始まる前後にいきなり十数人の集団が形成され、以後、その集団が一遍の死に至るまで持続する。集団あっての踊り念仏であり、逆に、集団は踊り念仏によって活気をあたえられるような運動体だった。

集団は法衣に身を包んだ僧の一団だが、威儀を正したところや押しつけがましいところのまったくない、くつろいだ集団だ。ごく普通の人びとがなにかのきっかけで仏道を志し、遊行の仲間に加わったといったふうで、かれらは、その気になればいつでもまた庶民の生活にもどれそうだ。みずからが出家・還俗《げんぞく》・再出家の経歴をもつ一遍は、まわりの僧たちの気張らない生きかたに共感していたにちがいない。素姓も覚悟のほども知れぬ僧たちと行をともにしながら、一遍はその集団に自然に身を置いているように見える。踊り念仏の場では仲間といっしょに踊りに熱中しているし、一団の先頭に立って道を歩くときも、仲間を統率するというより仲間といっしょに歩く風《ふう》だし、雨宿りや野外での共食の場面では、どれが一遍なのか見つけるのがむずかしいほど、目立たぬ存在に描かれている。

そういう集団にとって、踊り念仏は、極楽往生の教えを広める上で有効な手段であっただけでなく、それ以上に、自分たちの集団としての存在を全身で実感できる重要な身体行動だった。庶民の素朴な信仰心に寄り添い、神と仏の区別にこだわらず、観念的な思想体系の構築には関心を示さず、庶民とともに仏の道を尋ね、死後の極楽往生を願う一遍とその仲間にとって、言語に表現された体系立った宗教理論ないし宗教思想の共有は望ましいことでも望むべくことでもなく、踊り念仏によって——体を動かし声を発することによって——各自の思いを表現・確認し、集団としての一体感を経験することのほうがずっと自然なことだった。絵巻を見ると、最初の小田切の里の踊り念仏は、その場にいた僧も尼も農民男女も武士もいっしょになって踊っているが、その後の踊り念仏では、踊るのは僧侶だけで、僧以外の老若男女は踊りの場には加わらず、まわりで見物したり、手を合わせて拝んだりしている。踊りに打ちこむ僧の熱気と一体感が、俗人の参入を許さぬほどの昂揚《こうよう》を示していたのではなかろうか。

とはいっても、踊り念仏は俗人を排除するものではなく、まさしく俗人に見せ、俗人を仏の道へと導くためのものであった。人の集まる所に木の柱と板で仮の舞台を作り、そこに上がって板の床を踏みならしながら鉦《かね》を打ち、大声で唱和しながら飛び歩くのが踊り念仏だったのだから。京都の空也上人《くうやしょうにん》の遺跡に小屋掛けした踊り念仏は、とくに盛大な興行のさまを示すが、まわりには桟敷《さじき》が設けられ、板屋のすぐ近くには牛車がひしめき、立烏帽子《たてえぼし》の貴族のすがたもあちこちに見える。高床の板屋の床下には貫柱《ぬきばしら》に登って遊ぶ子どものすがたが見えるし、賑わいからやや離れた所には掘立て小屋が立ちならび、肌も露わな物乞いが思い思いの恰好で坐ったり寝ころんだりしている。踊りを見つめる物乞いもいる。目の前に広がるのはさながら祭りの一場の賑わいで、踊る僧たちの熱気と一体感が、板屋の狭い空間を超えて外へと広がるさまが、見物人の楽しげな表情や体の動きに映し出されている。心の奥底に庶民の素朴な信仰心を宿す一遍にとって、全身全霊を解放する激しい踊りによって仲間の僧たちとの一体感に浸ること、そして、その一体感と宗教的熱狂がこの世を生きる貴賤上下の老若男女に伝わることは、まこと意にかなうことだったにちがいない。踊り念仏に興じているとき、一遍は説教の場でも瞑想の場でももちえなかった充実感と幸福感を味わっていたのかもしれない。

踊り念仏の場では一遍は見物人の側に身を置くことがなかったが、「一遍聖絵」第一〇巻では備後国《びんごのくに》（現・広島県）の吉備津《きびつ》神社と厳島《いつくしま》神社で二つの舞いを見物する機会に恵まれている。二つながら舞人が唐の衣裳を着て舞う華麗な舞いで、一遍は正面に坐って見物している。熱狂的な踊り念仏とちがって、朱色の目立つ神社での舞いは儀式的な雰囲気が漂うが、自分たちの集団的な宗教活動の一つの頂点として踊り念仏に到達した一遍は、他人の舞いを見物するという経験のなかで、全身の動きが内面の観念や心情を表現する不思議さを目にしていたのではなかろうか。鉦《かね》や太鼓に合わせて体を動かす舞人と、坐ってそれを見物する観客とは、その位置がまったくちがう。しかし、舞人のリズムに乗った動きは、伴奏の音の響きとともに、観客の体に直接やってきて五感をゆさぶる。そこに、体と体の響き合う一体感が生まれる。踊り念仏の踊り手として感受していたその不思議な一体感を、一遍はここでは観客として感受していたのではなかろうか。踊りや舞いの触発する一体感や昂揚感は、場合によっては集団を異常な狂乱や逸脱へと導きかねないが、一遍はそこに人と人とをつなぐもっとも基本的な共同の感覚を見出し、それをもって宗教的な共同性の一つの典型と見ていたように思われる。人びとの世界に入りこみ、人びとと交わり、人びととともに仏への道を歩もうとする一遍の遊行は、体と体の響き合いのうちに宗教の共同性を見出す地点にまで到達したのだった。

そういう遊行に終わりはない。人びとがそこにいて、人びとと交わる意志が遊行者にあるかぎり、旅は続く。

終わりは、あるとすれば、遊行者の死による終わりだ。生の終わりが旅の終わりとなる。この世に生きる者にとって死は避けがたいから、旅の終わりは、必ず来る。

一遍聖絵　第11巻第1段
阿波国大島の里の場面［国立国会図書館デジタルコレクション］

「一遍聖絵」は生の終わりが旅の終わりであることを、これ以上に力強く完璧に描き切ることは不可能だと思えるほど見事に表現している。全一二巻のうち、最後の二巻が一遍の死への道行きに当てられている。

第一一巻の冒頭に、「生涯いくばくならず死期ちかきにあり」という一遍のことばがあって、絵巻を手にする者はいやでも一遍の死を、旅の終わりを、意識させられる。絵は、瀬戸内海を船出する一行を描くところから始まる。三《さん》艘《そう》の船に一行が一〇人ぐらいずつ分乗している。先頭を行く船の舳《へ》先《さき》に坐るのが一遍だ。小高い山のせまる海辺には、細かい筆で何千本という線が丹念に引かれて、小さな波や少し大きな波が次々と打ち寄せるさまが示される。波のうねりと、左右の山々のゆったりと上下する稜《りょう》線《せん》が穏やかな調和を作り出して、見る者の心に安らぎをあたえる。薄緑色の基調が柔和な雰囲気を作り出し、山肌のくすんだ茶や紅葉の赤が控え目なアクセントとなっている。一遍の死を意識しつつ海の情景をながめると、この海は極楽へと通じているようにも見え、船上で両手を合わせ念仏を唱える一行のしぐさが、その場にぴったりのものだと思える。絵巻のなかにこれまで何度か海辺の光景は出てきたが、これほどに悠久を感じさせるものはなかった。死の近さが風景の聖化へと画家を導いたかのごとくだ。

瀬戸内海を阿波国《あわ》（現・徳島県）から淡路島へと渡ったところで、一遍最後の踊り念仏が描かれる。これまでの踊り念仏に比べると、大きな自然のなかにやや小さく、おとなしく描かれるが、風景とよくなじみ、島のあちこちからやってくる人びとの心とも通い合う踊りだ。見物人の上衣の白と、踊る僧たちの法衣からのぞく小袖の裾の白が、緑と茶を基調とする画面を引きしめている。

死期が近いと感じていても、体の動くかぎり遊行は続く。それが一遍の生きかただ。淡路島にはしばし逗留《とうりゅう》し、天神宮にも参詣するが、狭い島では結縁《けちえん》に集まってくる人も少ない。やがて、一遍は島を出て明石の浦へと向かい、さらに海岸沿いに船で兵庫へと向かう。明石から兵庫へと三艘の船が水手《かこ》に曳かれていく情景は、せまりくる死を感じさせる不穏な絵だ。悠久を感じさせる阿波から淡路島に向かう船旅とはまるでちがう、急迫と荒涼が画面を支配している。一番船の先頭に坐す一遍が——一遍だけが——蒼白の顔に描かれる。浜辺のむこうに見える岩山は二ヵ所ほど大きく鋭く削られて深い谷となっている。左の谷からは川が急流となって船の前方へと注いでいる。船の後方の浜辺に見える磯馴松《そなれまつ》は強風に枝がしなっている。峻厳な風景に、船上の旅人一行を包む安らかさはない。三艘の船を数人ひとかたまりで曳く水手の動きも、死に抗《あらが》い、自然に抗うかのような激しさをもっている。その動きが、かえって、一遍の死を動かしがたいものに感じさせる。

が、詞書をはさんでそのあとに来る兵庫の観音堂の場面は、道行く三人の男女、檜皮葺の小堂、池、白い五重塔、と、穏やかな風景が続き、その先に、道俗の男女の大勢集まる観音堂とその周辺のありさまが描かれる。折しも、一遍は最後の法話の最中だ。顔には血の色がもどり、目はしっかり前方を見つめ、声も人びとのところにとどいている。最後の法話はいつものように一遍とまわりの人びととをつなぐものとしてあり、一遍もまわりの人びとも一体感に安らっている。法話を聞く人ばかりではない。塀の外で休息する人びとやおなじみの物乞いたちまでが同じ一体感を共有しているように見える。画家は一遍の最後の法話がそのように遠く広く伝わることを願わないではいられなかったもののようだ。

この絵をもって「一遍聖絵」第一一巻は終わり第一二巻に入るが、最終巻の冒頭の絵は、同じく観音堂で一遍が大勢の人びとに囲まれている絵だ。変わらずそばに居続ける人も、新たに入った人もいたろうが、一遍が大勢の人びとのなかで死を迎えつつあることは変わらない。それが一遍にもっともふさわしい死の形であり、いうならば、しあわせな死の形であると絵が語っているようだ。人びとは悲しげではあるが、悲しみつつもそうやって集《つど》うことが安らぎであるような、落ち着いた雰囲気が全体を覆《おお》っている。

しかし、このとき死は訪れない。絵の場面としては、西宮《にしのみや》神社の神主に十念を授ける小さな儀式があって、そのあとに一遍の死が描かれる。

観音堂で両手を胸の上に合わせて静かに横たわる一遍のまわりには、前の二つの群衆の絵にも増して多くの人びとが詰めかけている。貴族らしき人物もいなくはないが、大多数は粗末な法衣の僧侶たちと無名の庶民たちだ。そういう人びとと交わり、そういう人びととともに仏の道を歩もうとして旅を続けた一遍は、旅の終わりにおいてもそういう人びととともにあった。集まってきた道俗男女は、悲しみのしぐさも表情も各人各様だが、死にゆく一遍のそばにいて悲しみを共にすることが、一遍へのこの上ない供養だと一様に感じていたのではなかろうか。人びとのなかに入り、人びととともに時を過ごすことが一遍の終生の願いだったのだから。

人、人、人のなかで死んでいく右の場面からもとにもどって、そこに至る一遍の死への道行きを振り返ると、第一一巻から第一二巻へと続く絵のつらなりが、内容ゆたかな、堂々たる死の表現になっていることに改めて心打たれる。

いまのわたしたちよりずっと自然に近いところで生きていた一遍には、自分にとっての自然にほかならぬ肉体の衰えも、自然の過程としての死への道行きも、ずっと明確に意識されていたはずだ。「死期ちかきにあり」という一遍のことばは悲しみとともにまわりの人びとにしっかり受けとめられ、人びとはその死に寄りそおうとする。遊行のなかで人びとに出会い、人びとと交わることを喜びとも楽しみともしていた一遍であってみれば、死も人びととの交わりのなかでの死こそがもっともふさわしいものに思えたのだ。

絵巻を描くために一遍の旅の跡をたどった画家円伊は、新しい土地に足を運ぶたびに目の前に開ける自然の風景が、人びととの出会いに劣らず旅の喜びであり楽しみであることを感じとっていたはずだ。

人びととの交流と風景との交流――その二つの交流を、一遍の肉体の衰えと死にゆったりと大らかに重ね合わせて描くのが、円伊の切なる願いだった。風景としては、旅の途上で一遍が出会ったさまざまな風景の二つの極を象徴するかのように、悠久の海景色と峻厳な岩山が配される。悠久も峻厳も一遍の旅のすがたそのものだった。そして、人びととの交流としては、三度くりかえされる観音堂の群衆場面が、人びととともにあった一遍の生涯を集大成するがごとき温かさをもって描き出されている。死ですらが人びととの交流を妨げるのではなく、交流をさらに深めるものとしてある、と、そう画家は信じていたように思われる。一遍への純粋無垢な尊敬の念がそのまま絵の気品と格調に転じたかに思える「一遍聖絵」は、全体をしめくくる第一一巻、第一二巻において、絵画作品として類のない人間性ゆたかな死への道行きを提示しえたのだった。

2

「蒙古襲来絵詞」は、名の通り蒙古襲来という鎌倉時代後期の一大事件に取材した絵巻物だが、「一遍聖絵」に比べると、見る人をずっと少人数に限定して描かれた絵物語である。いまは、文永・弘安の役の第一級の史料として中学校の教科書にも載るほどだけれども、もと

蒙古襲来絵詞　前巻　第23～24紙（部分）
馬上の季長と蒙古軍［宮内庁三の丸尚蔵館］

はといえば、元の来襲を迎え撃った肥後（現・熊本県）の御家人・竹崎季長《たけざきすえなが》がみずからの武勲を神に感謝し、合わせて子々孫々に手柄を伝えるべく制作を思い立った絵巻物である。「竹崎季長絵詞」の別名があるのはそのためで、蒙古襲来を絵画化したといっても、合戦の全体を視野の下に置いて描かれたものではなく、竹崎季長を中心に置き、二度の合戦における当人のあっぱれな武者ぶりを描こうとするものだ。上巻が文永の役（一二七四年）を、下巻が弘安の役（一二八一年）を題材とする。

　上巻は、蒙古軍の博多上陸の知らせに、近隣の武士が鎧兜《よろいかぶと》に身を固め、弓矢・刀・槍を携え、あるいは馬に乗り、あるいは徒歩で次々と集まる場面の描写をもって始まる。松並木を行く華麗な武者姿が、戦闘の晴れがましさを予告している。左へ左へと進む軍団のなかに主人公の季長の乗馬姿が二度にわたってあらわれる。絵の上部に「季長」の文字があって、それが当人だと知れる。手勢は数騎だが、栗毛《くりげ》の馬に乗り、萌黄縅《もえぎおどし》の大鎧に黒の星兜、赤の鞠《しころ》を身につけ、漆塗《うるしぬ》りの弓を手にしたすがたは、まわりの武将に引けを取らない。手柄を立てようと勇む心意気が伝わってくる出立《いでた》ちだ。

出陣場面のすぐあとに、早くも戦闘の場面が来る。この場面、ひとつながりの絵巻として見るには欠損や錯簡が多く、時間の流れに沿って戦闘の推移を見ていくのはむずかしいが、場面場面は闘いの要所を押さえ、武者の動きの激しさと緊迫感をよくとらえ、向かい合う敵味方の攻防のリズムが画面に生かされて、目が離せない。画家の名は知られないが、構図といい、デッサン力といい、色使いといい、その実力は並一通《なみひととお》りのものではない。

なかで、もっとも目を引くのが、季長の馬に敵の矢が刺さり、馬が後ろ足を大きく跳ね上げ、ふるい落とされそうな季長が必死で手綱《たづな》を握る場面だ。馬の腹から幾筋もの血が流れ、地面を赤く染めている。窮地に追いこまれた季長だが、目はしっかと前方を見つめ、体の動きにも張りがあって、武士としての心意気と威厳を失っていない。馬も勢いを失ってはいない。

季長の頭の上を何本もの敵の矢が飛び、なかに白い刃のつく漆塗りの長槍が交じる。矢や槍は近くの松の木をかすめて飛ぶが、この松の緑が馬の黒、血の赤と見事な対照をなす。戦闘とは直接にかかわりのないところにも画家の造形感覚が発揮されている。

馬上でつんのめりそうな季長の前方には、弓や槍を放つ蒙古の軍兵が三人、そのうしろには退却する蒙古の軍兵が描かれる。季長に向き合う三人の蒙古兵は、頭には盔《かい》（かぶと）をつけるが鎧はなく、ざっくりしたマント風の軍衣を着ている。ひげ面の顔が一人はこちら向き、一人は真横、一人は斜めこちら向き、と三者三様に描かれる。軍服の色もとりどりだ。

退却する軍兵やその後方で応戦する軍兵は、やや形式化された雑な描きかただが、前方の三人の描写には力がこもっている。

そして、その三人と馬上の季長とのあいだの、引っこんだ位置に描かれるのが、「てつぱう」と文字書きされた蒙古軍の武器だ。「鉄砲」といっても、細長い管の先から弾丸が飛び出すのではなく、陶器で出来た球形の容器に黒色火薬を詰め、火薬の爆発する音と光で馬にショックをあたえるものだという。絵は、容器が壊れ、右上方に火と煙が飛びちるさまを描いて、なかなかに迫力がある。日本の武士にとっても見物衆にとっても、これまでに見たこともない武器だったろうが、初めて見た驚きが絵に定着されているかに思える印象的な描きかただ。

初見の驚きといえば、蒙古軍そのものがその存在といい戦いぶりといい、初めて見る驚きをあたえるものだったにちがいない。戦闘場面の最後には、木で作った戸板のようなものをずらっと横に並べて防護柵とし、そのうしろに数多くの歩兵や騎兵の立ちならぶ軍団が描かれるが、多彩な軍衣や、林立する長槍や、鳴りひびく銅鑼《どら》と太鼓や、さまざまな顔立ちや手の動きを描き分ける画家は、好奇心にあふれる目をもって異国の兵をながめ、目に鮮やかなその光景を画面に定着しようと力を尽くしている。

そうした蒙古の軍団のありさまを丁寧に追ったあと、戦闘場面の初めにもどって「白石六郎《しろいしろくろう》通泰《みちやす》／其勢百余騎／後陣よりか〔描〕く」と説明される武者群像を見ると、全力疾走の馬上で一斉に弓を射る騎馬武者たちの動きには、蒙古軍とは異質の戦意と勇猛さと一体感が見てとれる。その群像を顔の見えない後方から描く（「後陣よりかく」）というのも、そこに画家の工夫があったにちがいなく、うしろ姿なるがゆえに敵に向かう一体感がいっそう強く見る者にせまってくる。

さて、欠損と錯簡の多い戦闘の画巻が一通り終わると、後に来るのは、自分の戦功を思い通りに認めてもらえなかった季長が、二人の下男を連れてはるばる鎌倉まで恩賞申請の旅に出かけていく話だ。

蒙古軍襲来の知らせを聞いて季長はただちに博多の浜に馳せ参じた。手勢も数騎にすぎぬ地方武士のこと、名を揚げるには先駆《さきが》けしかないと心に決めて、一気に敵陣へと躍りこんだ。が、現地の指揮官がそのことを幕府に上申せず、季長は十分な恩賞に与《あずか》らなかった。ならば、と、季長はみずから幕府に出向し、先駆けの武勲を申し立て、しかるべき恩賞に与《あずか》ろうというのだ。

命がけの先駆けといい、幕府への直訴といい、直情径行を地《じ》で行く話だ。鎌倉武士がいかに単純で質朴で行動的だといっても、季長の行動力は並外れたものといってよい。現に、郷里で季長の鎌倉行きを見送る人はいないし、幕府の役人たちも季長の訴えに耳を貸そうとしない。それでも季長は役人のもとに粘り強く足を運び、ついに御恩奉行《ごおんぶぎょう》・安達泰盛《あだちやすもり》との面会がかなう。そして、長い問答のすえ、おのれの先駆けの功名を御恩奉行に認めさせることに成功する。

詞書《ことばがき》には、肥後国を出発するところから、鎌倉に着き、御恩奉行・泰盛に会うまでが順を追って簡潔に述べられ、そのあと泰盛と季長の問答が直接話法を交じえて詳しく述べられるが、絵は、いきなり泰盛の邸の前の描写に始まり、邸内の様子が連続する画面としてゆったりと示されたあと、そのどんづまりに泰盛と対面する季長が描かれる。たがいに相手をしっかりと見すえ、一歩も引かぬ構えでことばを交わし合う緊張の場面だ。それまではのんびりと流れていた泰盛邸内の空気が、ここに来てぴりっと引き締まる。緩急の対照が鮮やかだ。

ここでの季長は、詞書の理路整然たる問答からしても、泰盛と堂々とわたり合う絵姿からしても、直情径行の人ではない。理の人だ。先駆けの勲功をなしたことに自信をもち、その事情をことばできちんと表現できると確信し、事情が正確に伝われば相手が納得し、恩賞をあたえてくれるにちがいないと確信している理の人だ。身分からすれば自分よりずっと上位の御恩奉行に、理をもって対等に張り合おうとするその姿勢が爽快だ。異国の軍隊と対決するときの武張った心意気とは別種の心意気が感じとれる。

とはいえ、直情径行の人と理の人とは同一人物のうちに容易に同居できるものではない。容易ならざる同居を可能にしたのはなんだったか。そう問うとき、可能にした重要な条件の一つとして時代の状況を考えざるをえない。武士の支配権の拡大・深化が直情径行の人であるとともに理の人でもあるという特異な人物像を作り上げたのだ、と。

思い合わされるのは、前章で取り上げた御成敗式目だ。道理を重んじ、討議を重んじ、しかも、道理と討議が現実に力を発揮することを求めるのが御成敗式目の精神だった。旧習や故実や権威にこだわる貴族文化にたいして、理と行動を重んじ、理と行動を結びつけようとするのが武士の精神の基調だった。その精神を、やや極端な形ながら一人格の言動のうちに体現しているのが、「蒙古襲来絵詞」の季長だったといえるのではないか。一つ一つのふるまいには首をかしげたくなるものもふくまれるにせよ、季長の生きかたは全体として時代の精神にかなうものであったと思われる。このような絵巻物が作られ、そこに当の武人が魅力的な人物として造形されていることが、御家人・季長と時代との相性のよさのなによりの証《あか》しだと思える。

上巻の最終場面は、上訴が功を奏し、所領安堵の下文《くだしぶみ》と馬を賜《たま》わった季長が、立派な鞍《くら》と鞦《しりがい》と轡《くつわ》のついた黒栗毛《くろくりげ》の手綱を取るところで終わっている。

下巻は弘安の役の合戦に終始する。季長の勲功もさることながら、陸上と船上の敵味方の軍団の華麗なすがたが一際目を引く。楽しい合戦絵巻にしたいという思いが、前巻にも増して強くおもてに出ている絵の列《つら》なりだ。

第一の見せ場は、巻頭近く、文永の役で名を揚げた菊池武房の大軍勢が石築地《いしついじ》の上にずらっと並んで坐るなかを、季長の騎馬の一行が通過していく場面だ。色とりどりの鎧兜に身を固めた武者たちが列をなす壮麗な光景は、合戦絵巻の得意とする絵柄の一つであって、東京国立博物館所蔵の「平治物語絵詞」六波羅行幸巻《ろくはらぎょうこうのまき》に、むこう側に二列、こちら側に二列と斜めに向かい合う、息を呑むような美しい整列場面があるけれども、「蒙古襲来絵詞」のこの

蒙古襲来絵詞　後巻　第６～８紙（左頁も）
菊池武房軍の前の季長［宮内庁三の丸尚蔵館］

場面もそれに劣らぬ名画面だ。左に向かって繰り延べていく横長の絵巻の特徴を生かして、石築地が二・五メートルの長さにわたって延々と続き、その石垣の上に菊池武房配下の鎧武者が端から端までびっしりと居並ぶ。白っぽい無機的な石垣と、赤・青・緑・黒・白の色鮮やかな武者姿との対比が見事だ。石垣上の武者たちは、さきにいう六波羅行幸巻の清盛邸門前の武者たちほどには整然とした隊列をなさず、顔があっちを向き、こっちを向き、また口も開いて賑やかにことばが飛びかっている模様だが、顔つきにも動きにも戦場の緊張感と昂揚感は失われていない。

　その前を通過する季長の一行は、先頭に旗指物《はたさしもの》を高く掲げる騎馬武者が一騎、そのうしろに大熊手をかつぐ歩兵と薙刀《なぎなた》をかざす歩兵が二人、そして赤糸縅《あかいとおどし》の派手な大鎧を着けた季長が一段と大きく描かれ、そのうしろに四騎の騎馬武者が描かれるといった構図だ。上巻において、博多の浜で先駆けをなし、はるばる鎌倉に赴いてみずからの勲功を認めさせた季長は、武士としての貫禄が備わってここに登場している。見かたを

変えれば、上巻を描くことによって武者の群像の造形に自信を得た画家が、闊達自在《かったつじざい》に絵筆を揮《ふる》うことによって、上巻以上に堂々たる季長像が現出したともいえようか。いずれにせよ、名も知れぬ地方の画家が、これだけの雄壮華麗な画面を作り出したことには驚きを禁じえない。

　さて、弘安の役での季長の戦いは船の上での戦いに場を移す。詞書によると、慣れぬ海戦のこととて、手配した船が間に合わなかったり、いざ戦う段になって兜が手元になく、脛当《すねあて》を外して結び合わせ兜の代わりにしたりと、ままならぬことも多い。しかも、その詞書は当の季長が草案を作成している。おのれの軍功を子孫に伝えようとする絵巻に、そんな不手際や不都合を隠さずに書き記すのは、これまた理の人の合理性のあらわれといえよう。季長にとって蒙古軍との戦《いく》さは一世一代の晴れがましい戦いだ。思いがけぬ細部がかえってくっきりと記憶に残っていて、絵巻を作製するに当たっても捨てるに惜しい気がしたのでもあろう。

絵の流れは、水手《かこ》の漕ぐ幾艘もの小船に乗った鎧兜の武者たちが、蒙古軍の大きな軍船に急行する場面が続き、やがて、季長の乗った一艘が、敵船の舷側《げんそく》に接近し、武者たちが勢いこんで敵船に乗りうつり、敵兵に襲いかかる場面へと転じる。蒙古船に乗り移った武士が敵兵の首を切る場面と、そのあとに続く、蒙古兵が豪華な軍船で弓矢をもって応戦する場面までは動きの激しい力のこもった展開だ。が、そのあとに続く何艘かの蒙古船の描写は、それまでの動の流れが失速し、絵巻としての統一を欠くものとなっている。上巻同様、下巻にも欠損や錯簡があるようで、それが災いしているのは否めないが、ともに、季長を主人公にしてその軍功を表現するという課題と、日本船とは段ちがいの偉容を誇る蒙古の軍船を図像化したいという画家の野心との矛盾が、そこに露呈してもいるかもしれない。

下巻の最後に来るのは、肥後国の守護・城次郎盛宗《じょうじろうもりむね》に向かって季長がみずからの軍功を報告している場面だ。手前に黒い直垂《ひたたれ》を着た男が左手に巻紙をもち、筆と硯《すずり》を地面右方に置いて坐っている。報告の内容を書きとめる記録係だ。そのむこう、対坐する季長と盛宗とを結ぶ中間点に、やや上向きの生首が二つ置かれている。「するながぶんどりのくび」（季長分捕りの首）と説明書きにある。頭のてっぺんは剃り上げられ、後頭部の長い髪は地面に垂れ、首のまわりは血の色に描かれて、禍々《まがまが》しい。蒙古兵の首級だ。思い起こせば、季長が蒙古船に乗りこんだ場面で、二人の蒙古兵が船上で血を流して倒れ、季長はそのうちの一人の首をいましもかき切ろうとしていたのだった。

わたしたちには禍々しく見える生首を、季長と盛宗は、そして手前の記録係は、どのような思いで見ていたものか。絵に見るかぎり、二つの生首がかれらのうちになんらか特別の反応を呼び起こしているようには見えない。くりかえされる合戦のなかで、当然のごとくに敵味方に多数の死者が出、さらには敵の武将の首級を挙げることが名誉と恩賞に直結もするような武士の世にあっては、生首が怖れや禍々しさと結びつく心理は容易に育たないのかもしれない。絵巻物のなかにも、「平治物語絵詞」信西巻《しんぜいのまき》のように、要所要所に藤原信西の生首が形を変えて何度か描かれ、それを軸に話が展開していく物語絵もあるほどだ。

とはいえ、そう思い直しても、「蒙古襲来絵詞」の最後の絵がわたしたちに呼び起こす不吉な違和感は、消えてなくならない。人を殺すこと、人が殺されることは、殺すほうにも殺されるほうにも、不幸の暗い影を落とさないではいないからだ。武士の世界では、一方の死が他方の勲功を意味するところまで、その不幸が尖鋭化《せんえいか》している。生首がその尖鋭化を象徴するものである以上、生首のまわりには消そうとしても消せない暗さと不条理が纏《まと》いつく。その不吉な生首が武士の世と切っても切れない関係にあるだけに、画面の暗い影には時代の重さがつきまとう。そこには、時代の精神史の忘れてはならない一齣《ひとこま》がある。

第二十三章　『徒然草』――内省と明察と無常観

『徒然草』は二四四篇の短かい文章を寄せ集めた書物である。各段それぞれの扱う題材は多岐にわたり、表明される意見や感懐や思想は大きな広がりと変化を示す。ときに前後で正反対の立言がなされたりもする。作者の吉田兼好《よしだけんこう》がこれらの文章群をどういうつもりで書き残したかは明らかでないが、いつの頃からか随筆の部に分類されるようになった。一般に、『枕草子』と並ぶ日本文学史上の代表的な古典随筆とされる。

文章と思考が寄りそい、自在に行き来しながら進むのが『徒然草』だ。現代語訳による引用を重ねながら、その自由闊達な精神のありようを見ていきたい。

第三段

万事にすぐれていても、色恋に興味のない男はなんとももの足りなく、玉の杯《さかずき》の底がないような気がする。

夜露にぬれてあちこちをさまよい歩き、親の小言や世間の非難をたえず気にかけ、あれこれ思って心が乱れ、結局は独り寝のことが多く、うとうとすることもできない、というのが好ましい。

とはいっても、ただただ色恋に耽《ふけ》っているというのではなく、女に与《くみ》し易いと思われないのが望ましい。

第四段

死後の世界のことをつねに心にかけ、仏の道に無関心ではないのが、奥ゆかしい生きかただ。

第五段

不幸ゆえに深い悲しみに沈んでいる人が、軽々しく頭を丸めて出家するのではなく、ひっそりと門を閉ざし、なにかを期待するふうもなく静かに暮らしているのは、それはそれで望ましい。

顕基《あきもと》中納言が「流刑地の月を罪なくして見たいものだ」と言ったというが、その気持ちはよく分かる。（岩波・日本古典文学大系『方丈記　徒然草』九二―九三ページ）

色好みをよしとする第三段は兼好の王朝趣味のあらわれだ。『徒然草』は年代からすると鎌倉末ないし室町初めの作で、王朝の時代は二〇〇年以上も前のことだが、京都を中心に王朝趣味は根強く残り、兼好はその美意識に共感するところが小さくなかった。

が、時代はもはや色好みを頭からよしとはしない。武士の世界でも仏法の世界でも、色好みに――男女の交情に――人間の喜怒哀楽の本質があらわれ出るとはもはや考えない。そういう時代になおも色好みを強く肯定する兼好は、肯定するゆえんを内省し、自他に向かって明らかにしなければならない。それが王朝趣味に引かれる兼好の、時代にたいする位置であり、兼好の頭脳は、求められる内省と明察に十分に耐えうる思考の実力を具えていた。

色を好む男は自分の恋心に振り回され、あちこちうろつき回る。首尾よくいくこともあるが、うまくいかないことも多い。独り寝の床でまんじりともせず一夜を明かすことだって少なくはない。が、色を好む以上、そうした不如意は避けられない。避けるのではなく、不如意をもおもしろく思うのが本当の色好みなのだ。さらにいえば、色を好みながら恋に溺れず、女から手強《てごわ》いと思われるのが理想的だ。……

これが、色好みをめぐる内省と明察の一端だ。内省と明察はこれで終わりということがないから、以後も折にふれて色好み考のたぐいが顔を出すが、第三段の短かい文章を読むだけでも兼好が冷静に客観的にものごとを見つめようとしていることが分かる。第三段の最後で「色恋に耽《ふけ》っている」ことに疑問が呈されているが、それにこと寄せていえば、兼好はおのれの思考に耽るということのないもの書きだった。

色好みをよしとする第三段から、一転、後世への気づかいや仏道への関心をよしとする第四段への変化も、おのれの思考に拘束されない身軽さのあらわれだ。そして、そこからまたちょっと身をずらして、第五段、不幸を悲しんで性急に剃髪《ていはつ》・出家するのではなく、人づきあいを避けてひっそり暮らすのをよしとする考えの提示。こういう軽やかな思考のリズムこそが『徒然草』の生命力だ。

次に、少し飛んで、第一五段以下の数段を引用する。

第一五段

どこであろうと、しばらく旅に出ていると新鮮な気持ちになる。あたりをあちこち歩いていると、田舎ふうの所や山里などは、珍しく思えるものばかりだ。ついであって都に便りするのに、「例のあのことは忘れないでやっておいてくれ」などと言いやるのがおもしろい。旅先だとかえって万事に気がまわる。自分の家具・調度も立派に思えるし、芸のある人や美しい人はいつもより輝いて見える。寺や神社などにひっそりお籠《こも》りするのもおもしろい。

第一六段

宮中の神楽《かぐら》は優雅で、おもしろい。一般に、楽器の音としては笛と篳篥《ひちりき》がよい。いつでも聞きたいのは琵琶と和琴《わごん》だ。

第一七段

山寺にお籠《こも》りして、み仏にお仕えするのこそ、退屈することもなく、心の濁りも清められるような気がする。

第一八段

人は生活をつつましくし、贅沢《ぜいたく》を退け、財産をもたず、欲張ることをしないのが立派な生きかただ。昔から、賢い人でお金持ちという例は少ない。

中国の許由《きょゆう》という名の人は、身のまわりになんの貯《たくわ》えもなく、水も手ですくって飲んでいるのを見て、だれかが瓢簞《ひょうたん》をくれたのだったが、あるとき、木の枝にかけておいたのが鳴ったのを、うるさく思って捨ててしまった。そして、以前のように手ですくって水を飲んだという。心のうちはさぞ涼しかったことだろう。孫晨《そんしん》は冬季に夜具がなかったので、そばにあった一束の藁の上に寝て、朝になると取りかたづけたという。

中国の人はそれを立派なことだと思ったから記録して後の世に伝えたのだろうが、この国の人は語り伝えたりはしそうもない。

第一九段

季節の移り変わるさまは、なにごとにつけ趣き深いものがある。

「もののあはれは秋が一番だ」とだれもが言うようだが、それはそうとして、なおいっそう心が浮き立つのは春を迎えたときのようだ。鳥のさえずる声も特別に春らしくなり、のどかな日の光の下、垣根の草が芽を出す頃から、しだいに春が深まり、一面に霞がかかり、桜の花が咲きそめるちょうどその頃、雨の日、風の日が続いて気ぜわしく散ってしまう。青葉になるまでは、なにかにつけ気がかりなことばかりだ。橘《たちばな》の花の香は昔を思い出させるよすがとして有名だが、やはり梅の香の匂うときこそ、昔のこともありありと恋しく思い出される。山吹が清楚に咲き、藤の花が長く垂れてぼうっとしているさまなど、どれもこれも捨てがたい味がある。

……

七夕の祭りはなんとも優雅だ。だんだんと夜寒《よさむ》になり、雁《かり》が鳴いて渡って来、萩の下葉が色づき、早稲田《わさだ》を刈って干す、といったように、いろんなことが重なるのは秋が一番だ。台風のやって来た翌朝のさまも風情がある。こんなふうに言いつづけると、『源氏物語』や『枕草子』などで言いふるされたことばかりだが、わたしは同じことをいまさら言うまいと思っているわけではない。思っていることを言わないのは腹がふくれるような気がするから、筆にまかせて書いて、ちょっとした慰みにするのだ。書いたらすぐに破りすてるようなもので、人の見る価値などはないのだから。

……（同右、一〇二―一〇六ページ）

引用文の最後のところで兼好みずからが『源氏物語』と『枕草子』の名を挙げているが、若書きとされるこのあたりの章段は、読者としては、共通点・相違点をふくめて王朝文学を引き合いに出して考えたくなるような筆の運びとなっている。

まず、第一六段。優美な宮廷雅楽の称揚といい、具体物の名を列挙するだけで、そのよさを説明することはほとんどしない物尽くしの論法といい、そのまま『枕草子』のどこかにはめこんでも違和感のない一段だ。そして、そのつながりで直後の第一七段を読むと、これまた王朝風の章段といえなくない。山寺に籠って仏に仕えるというのは社会の外に出ていくことだが、その修道生活を「心の濁りも清められる」日々としてよきものに思うのは、いかにも王朝風の雅びな心の動きだ。

が、そのあとに古代中国の賢人の清貧ぶりを称賛する章段が来るのを見ると、心情に寄りそって文を進めるのは、兼好の本意ではなく、客観的な対象をも主観的な心情をも突き放して見るのが、『徒然草』の文章作法だと思える。思考の軽やかさは、心情にこだわることとは対極に位置する精神の姿勢なのだ。許由と孫晨の故事に兼好は知的に共鳴してはいるが、二人に心情的なつながりを感じてはいない。感じていないことによって、許由も孫晨もかえって輪郭のはっきりした爽やかな像を結ぶことになった。

しかし、心情にこだわらないことは心情を拒否することではない。『徒然草』の知的な軽やかさは心情の拒否によって生まれたものではない。心情の動きに引きずられることなく、距離を保って見つめるのが、『徒然草』の思考の流儀だ。

前にもどって、旅の楽しさを述べた第一五段は、その流儀のお手本のような文章だ。机に向かい筆を手に執って兼好は旅の楽しさについてあれこれ思いをめぐらす。かつて経験した旅を思い起こし、見なれぬ「田舎ふうの所や山里など」が目に新鮮だったことを改めて思う。が、新鮮な旅の風景を喜ぶ心情に深入りすることはなく、思いは、旅にあって都を気づかう心理へと向かう。さりげない視点の転換が、旅先と長年住みなれたわが家とのつながりをふわっと浮かび上がらせる。旅の新鮮さが、親しんできた故郷の家具・調度や友人・知人にまで投影される。心情と即《つ》かず離れずの関係にある思考が、思いがけぬ角度から暮らしの機微に光を当てるに至った見事な例だ。

旅先の心情は兼好のうちに深く根を張るものではなかったろうから、視点の転換もさりげなくおこなわれたが、王朝の雅びな心情となると、それに距離を置くのは容易なことではなかった。第一九段はそのむずかしさと兼好の苦労が、さながらに見てとれる章段だ。

第一九段は「季節の移り変わるさまは、」と書き出され、そのことば通り、春、夏、秋、冬の順に四季の趣き深い風物について書きつづった章だ。すでに見たように、『源氏物語』『枕草子』のみならず、王朝の歌集や日記においても、四季の情趣を楽しみ、それをことばに表現し、もってたがいの感覚や美意識を洗練していくことは貴族社会の重要な嗜《たしな》みだったが、その伝統を、はるかな時を隔てて兼好が受け継いでいることは、夏と冬の部分を省略した引用文からも十分に読みとってもらえよう。四季それぞれの――引用文では春と秋の――風物を兼好は新鮮な目で楽しげに受けとめ、その一つ一つに目を凝らし、そのおもしろさを流暢《りゅうちょう》なことばで表現していく。「もののあはれは秋こそまされ」や「灌仏《くゎんぶつ》の比《ころ》、祭の比、若葉の梢《こずゑ》涼しげに茂りゆくほどこそ、世のあはれも、人の恋しさもまされ」といった他人のことばの引用も適切で自然で、話題が兼好の得意とするところであるのは疑うべくもない。

が、だからこそ、兼好は、文章が過度に情緒的になることを警戒しなければならなかった。冷静さを失うほどに雅びの心情に耽ることのないよう、自戒する必要があった。『源氏物語』と『枕草子』の名が出てくるのも、自戒の念が呼び出した面のあることを否定できない。

その証拠に、王朝の名作二点の名が挙がったあとの文章は、趣き深い秋の風物の列挙から打って変わって言訳《いいわけ》めいた行文《こうぶん》となる。――こうやって書いていくと『源氏物語』や『枕草子』の二番煎じになりかねないが、とはいえ、同じことはくりかえすまい、と肩肘張《かたひじは》ることもなかろう。思ったことを言わないでおくのは腹に物がたまるような不快なことなのだから。だから、わたしは筆の赴くまま、ささやかな心の慰みとしてこのように書いていくのだが、思えば、こうやって書いているものなど、書くそばから破りすてるべきもので、人が手に取って見る価値などないのだ。……

明晰にして的確な表現を心がける兼好にしては、珍しく卑下の調子さえもが交じる、もって回ったもの言いだが、雅びの感性と美意識は、それほどに深く兼好の内面に根を張っていたと考えられる。心に浮かぶ思いを冷静に追いかけ、そこになんらかの脈絡を見つけ出し、その脈絡に沿って思いの内実を分明に表現する。ものを書くことは兼好にとってそんなふうな心楽しい営みだったが、雅びの感性や美意識にまつわる思いが心を占めるときには、心情の熱と動きが高まって冷静な対応がむずかしくなる。そのことに気づいて、兼好は、王朝文学の二番煎じにならないように、と、おのれに向かって警戒の矢を放つ。が、その一方、警戒しすぎて王朝の情趣を締め出すようなことになれば、書きたい主題の大きな部分が失われ、書く喜びが半減する。となれば、警戒心を堅持しつつ雅びの主題を追いつづけていくほかはない。もって回った言訳めく文言《もんごん》は、おのれに向かって兼好の発する、つぶやきに似た決意の表明であったように思われる。引用文では略したが、言訳めいた文言のあとには、もとの調子にもどって冬の風物の魅力を語る文章へと進んでいくのだ。

次に、王朝美学をしっかり踏まえつつ、そこからふっと離陸した気配のある章段を全文引用する。

第三二段

九月二〇日頃、ある方のお誘いを受けて、夜の明けるまで月を見て歩いたことがあったが、その方は、思い出される家があり、従者に取り次がせてその家にお入りになった。荒れた庭が露に濡れ、控え目な香《こう》の匂いがほんのりと漂って、ひっそりと住んでいるその様子が趣き深い。

いい頃合いに出てこられたが、家の優雅な様子に引かれて物陰からしばらく見ていると、女は妻戸をもう少し押しあけて月をながめるふうだ。そのまま掛け金をかけて引きこもったならば、残念な気がしたろう。人が帰ったあとにまだ見る人がいることなどどうして知りえよう。そんなふるまいは普段の心づかいのたまものなのだ。

その女の人はまもなく亡くなられたということだ。（同右、一一六—一一七ページ）

通ってきた男が立ち去るとき女が名残りおしそうに見送る場面を、第三者が見て趣き深いと感じることと、女の死をもって短文を閉じることとは、王朝文学にあまり例のないことのように思う。ふっと離陸した気配というのはそのことだ。

ところで、気品のある女性を点描した文を、女性の死によって閉じるというのは、中世人兼好の無常観を考える上で恰好の素材を提供するものだが、兼好の無常観についてはのちに見るとして、その前に、『徒然草』における話題の多様さと、思考の軽やかさ自在さをもう少し実例に当たって見ておきたい。まずは、情感ゆたかな色好みやもののあはれとは正反対の、からっとした世俗の話だ。

第二三六段

丹波《たんば》国（現・京都府）に出雲《いずも》という所がある。出雲大社を移して立派な社殿が作られている。しだの某《なにがし》とかいう人の領地なので、秋の頃、その某が聖海上人《しょうかいしょうにん》その他たくさんの人を誘い、「出雲大社にお参りしましょう。ぼた餅をごちそうしますから」といっしょに連れていった。だれもが神社を拝んで大いに信仰心を起こした。社殿の前に置かれた左右の獅子と狛犬《こまいぬ》が反対向きに立っているのに聖海上人はいたく感激し、「ありがたや、ありがたや。この獅子の立ちかたはたいそう珍しい。深いわけがあるのでしょう」と涙ぐみ、「なんと皆さん、このすばらしい立ちかたに気づかれませぬか。情けない」といった。みんなは不思議がって、「確かにほかとはちがっている。都へのみやげ話にしましょう」などといった。上人はそれだけではおさまらず、年配の、事情の分かっていそうな神官を呼んで、「このお社《やしろ》の獅子の立てかたにはきっとなにかいい伝えがあることでしょう。聞かせてください」というと、「ああそうでした。いたずら小僧どもの仕業です。まったくけしからん」といって狛犬の所に行き、もとにもどして立ち去ったので、上人が感涙にむせんだのはむだになってしまった。（同右、二七八—二七九ページ）

落ちが見事で思わず笑ってしまうが、兼好も哄笑しながらこの話を聞き、笑いをこらえながら書き記したにちがいない。読者は笑ったあとに改めて話の展開のうまさに感じ入るといった次第だ。

だれにでも身に覚えのあるような、こういう失敗譚ないし滑稽譚が『徒然草』ではあちこちに登場する。有名なのは、当時の名刹《めいさつ》・仁和寺《にんなじ》の法師の失敗を三題噺《ばなし》に仕立てた第五二段、五三段、五四段だが、その少し前にある次の話も、兼好は微笑しながら書きとどめたのではなかろうか。話の結びからすると、滑稽譚というより感心な話に仕立てられているのだが。

第四七段

ある人が清水寺にお参りしたときに、年老いた尼と道連れになった。尼が道々、「くさめ、くさめ」といいながら行くので、「尼さん、なんのためにそんな唱えごとをするのですか」と尋ねたけれど、答えもしないでいつまでもそう言いつづけていた。が、何度も問われるので腹を立て、「うるさいわねえ。くしゃみが出たときこのおまじないをしないと死ぬ、と申すでしょう。わたしの育てた若君が比叡山の稚児《ちご》になっていらっしゃって、そのお方が、いまくしゃみをしていらっしゃるだろうと思い、こうしておまじないを唱えているのです」と言った。

世にも珍しい情愛のかけかただったのであろう。（同右、一二七ページ）

冷静で情に流されない兼好が、ここでは、唱えごとの迷信を笑うより、老尼の情愛の深さに心を動かされている。が、老尼のせりふにはユーモアの気配も流れている。老尼の情愛が人間性の普遍に通じると思うから兼好は話を書きとどめる気になったのだろうが、庶民の俗っぽいふるまいに感心もし、ユーモアも感じられるところが、ものごとをとらえる兼好の心の大きさだ。

第二三六段や第四七段では兼好の目は人間の内面心理へと向かっているが、次の引用文では、同じ目が暮らしの外形に向かっている。

第五五段

家を作るに当たっては、夏を中心に考えるべきだ。冬ならどんな所にも住むことができる。暑い時期に住みにくい住居は耐えがたいものだ。

深い水は涼しく感じられない。浅い流水のほうがはるかに涼しい。こまかい点についていうと、引き戸の部屋は蔀《しとみ》の部屋よりも明るい。天井が高いと、冬は寒いし、灯火は暗い。建物は、無用の所を作っておくのが見た目もおもしろく、いろんなことに用立てられてよい、と、人びとはそう論評し合いました。（同右、一三四—一三五ページ）

俗っぽい人間のユーモラスなさまにも、日々の暮らし向きの便不便にも、並々ならぬ関心をもつのが兼好の流儀だった。

こうやっていくつかの章段を拾い出してみただけでも、『徒然草』が、同じ随筆の部に類別される『枕草子』とは話柄も語り口も大きく異なることが納得される。『枕草子』が、書き手も読み手も宮廷人ないし貴族であり、まさに宮廷ないし貴族社会を共同の場としてなりたつ随筆であるのにたいし、『徒然草』はかつて宮廷に仕えた一下僚が、そこを出た自由気ままな一個人として、だれに向かってということなく、というか、まずは自身に向かって書いたものなのだ。二つの古典随筆の基本的なちがいをとりあえずそのように見定めておきたい。

さて、兼好の無常観を問題としなければならない。

『徒然草』においては無常観が正面切って論じられることはない。思想として独立に無常観が表明されることはない。『方丈記』の書き出し（「ゆく河の流れは絶えずして、しかも、もとの水にあらず」）や『平家物語』の語り出し（「祇園精舎の鐘の声、諸行無常の響あり」）はそれ自体が無常観の表明といえようが、『徒然草』の書き出し、

つれづれなるままに、日暮らし、硯《すずり》にむかひて、心にうつりゆくよしなし事を、そこはかとなく書きつくれば、あやしうこそものぐるほしけれ。（同右、八九ページ）

はそうではない。ものを書くことによって自分の気持ちが昂揚するさまを、「ものぐるほし」と形容する姿勢は、無常観からは遠い。そして、その次に来る、

いでや、この世に生れては、願はしかるべき事こそ多かめれ。

という一文は、あえて無常観に背を向けて書かれたかと思えるほどに、現世肯定的だ。兼好は無常に徹する思索の人ではなかった。

とはいえ、人の世のはかなさ、生死の定めなさ、日々の暮らしのままならなさに、兼好は折あるごとに言及する。その思索には、無常観が影のように寄りそっている。そして、その無常観は、これまで述べてきた雅びの美学や、内省と明察のまなざしや、話柄の多様さや、思考の軽やかさと共存し、こちらからあちらへ、あちらからこちらへと無理なく行き来する。それが『徒然草』に表現される無常観のすがただ。その無常観は自然にも人事にも通じ、過去にも現在にも未来にも通じているので、無常観とはかかわりなく自然や人事について語っていても、兼好はいつでもそこに還ってくることができる。そういう意味で、無常観の影は兼好の感懐と思考のどこにでも見出すことができる。

遍在のさまを示すために『徒然草』下巻冒頭の長い章段を引く。よく引かれる有名な章段だが、読者は、長い文章のうちにさまざまな形で無常観が織りこまれている様子に注目して

ほしい。

第一三七段

桜は満開のときだけ、月はかげりのないすがただけを賞味すべきだろうか。雨のなかで月を求め、簾《すだれ》のなかにいて春を知らないというのも、やはり、趣きのあることだ。いまにも咲きそうな梢や、花の散りしおれた庭などは、かえって見所が多い。歌の詞書《ことばがき》にも、「花を見にいったが、とうに散っていたので」とか、「都合で花見に行けなくて」などと書くが、それらが「花を見て」という詞書に劣っているだろうか。花が散り、月が傾くのを惜しむ習慣はもっともだが、風流を解さない人となると、「この枝もあの枝も散ってしまった。もう見所はない」などというようだ。

なにごとでも、初めと終わりがおもしろいのだ。男女の仲も、会って契りを結ぶだけのものではない。会わないで終わったつらさを思い、約束が実現しなかったことを恨み、長い夜を一人で明かし、遠い空のかなたの恋人を思い、荒れた家で昔の思い出に耽《ふけ》ることこそ色好みにふさわしい。

満月のかげりない光がはるか遠くまで広がるのをながめるより、明けがた近くにやっと出てきた月が、趣き深く青みがかって深い山の杉の梢に見えているさまや、木の間を洩れる月の光や、しぐれを降らす雲に隠れている月のさまなどは、この上なく趣きがある。椎《しい》の木や白樫《しらかし》の木の、濡れたようにつやつやした葉の上に月の光がきらめいているのは、身に沁《し》みいるようで、この趣きの分かる友がいてくれたらと都が恋しくなる。

総じて、月や花は目で見て楽しむだけのものではない。春には家を出なくても、また秋の月の夜は寝室にいたままで、月や花を思うのが、期待が大きく、趣きがある。趣味のいい人は好きなことにも勢いこまず、ほどほどに楽しむのだが、田舎者となると、なんでもあくどくもてはやす。花のもとに身をねじって近寄り、脇目もふらずに見つめ、酒を飲み、連歌をし、ついには大きな枝をがさつに折りとってしまう。泉があると手や足をさし入れ、雪が積ると降りていって足跡をつけるといったふうで、万事、距離を取って見るということがない。

そういう人の賀茂《かも》の祭りを見る様子は、ひどく珍妙なものであった。「見ものの行列はまだまだ来ない。それまでは桟敷にいても仕方ない」といって奥の部屋で酒を飲み、ものを食べ、囲碁や双六《すごろく》で遊んでいて、桟敷で見張りをしていた人が「行列が通ります」というと、皆が大あわてで先を争って走り、落ちそうになるほど簾《すだれ》を前に押し出し、なに一つ見落とすまいと目を皿のようにし、ものを見るたびに「ああだ、こうだ」と言う。行列が通りすぎると、「次が来るまで」といって桟敷から降りていく。ものを見たいだけなのであろう。都の人で身分の高そうな人は、居眠りしてろくに見もしない。若くて身分の低い人は、主人の世話に忙しく、貴人のうしろに控えている人は、無作法にのしかかったりせず、むりに見物しようとする人もいない。

あれにもこれにも葵《あおい》をかけわたして優美な風情の漂うなか、夜の明けきらない頃にそっとやってくる牛車に心引かれる。あの人の車かな、この人の車かなと思っていると、牛飼いや召使いのなかに知っている者もいる。しゃれた車や華麗な車がさまざまに行き交うさまは、見ていて倦《あ》きることがない。日の暮れる頃には、立て並べた車も、ぎっしり並んでいた人びとも、どこへ行ったのか、いつしかほんの少しになり、車の混雑も終わってしまうと、簾や畳も取り払われ、見る見るさびしげになるのは、この世の栄枯盛衰の習わしも思い合わされてしんみりとする。そんな大路《おおじ》のありさまを見てこそ、祭りを見たといえるのだ。

祭りの桟敷の前を行き交うたくさんの人のなかに多くの知人がいることからして、世間の人の数はそれほど多くないと分かる。その人たちが全員死んでから自分が死ぬと決まっているとしても、その死はさほど遠くはない。大きな器に水を入れて細い穴を開けたとすると、洩れる水がわずかでも間《ま》なく洩れつづければ、やがて水はなくなってしまう。都にはたくさんの人がいるが、かれらとて死なない日はない。一日に一人や二人では済まない。鳥部野《とりべの》・舟岡《ふなおか》その他の野山でも、葬送する遺骸の数の多い日はあるが、葬送しないという日はない。だから、棺桶を売る者は作っても置いておく間《ま》がない。若くても強くても死はいつ来るか分からない。今日まで生きて来られたのが珍しく不思議なことなのだ。ほんのしばらくでもこの世をのんびりしたものと思っていられようか。黒白の石を一五個ずつ並べて一つずつ取っていく継子《ままこ》立《だて》の遊びで、立て並べたときはどの石が取られるか分からず、どれか一つが取られるとほかは助かったと思うが、次々と取っていくうちに逃れようがなくなるのに似ている。武士が出陣するときは、死が近いことを知って家のことも自分のことも忘れる。世間から身を退《ひ》いて草庵に住み、水や石を相手に静かに暮らし、武士の覚悟を他人事《ひとごと》だと思っているのは、なんともむなしいことだ。静かな山奥にも無常という敵が攻めてこないはずがあろうか。死に直面しているのは戦陣にある場合と変わらないのだ。（同右、二〇一―二〇五ページ）

長い文章のなかで、おおよそ三つのことが語られている。一つは、月や花はその最盛時において賞翫《しょうがん》するだけでなく、一見かげりを帯び、十全のすがたとは思えないありさまに思いを寄せたり、現場に赴かず、離れて場面を想像したりすることこそすぐれた美的態度だという主張、二つ目は、賀茂の祭りでの田舎者の粗野なふるまいの描写と、それとの対比で自分が魅力を感じる祭りでの大路のありさまの描写、そして三つ目が、死はだれにとっても身近にあり、しかも、いつやって来るかも分からないものだという世の無常の確認、以上の三つだ。

こんなふうに要約すると、まったく異質な話柄が三つ並べられているように見えるが、文を追って読んでいると、ちぐはぐの感じはない。月や花をしみじみとながめて楽しむことと、祭りでの桟敷の喧騒《けんそう》や大路での車や人の動きと、死がいつも間近にあるという話とは、確かに容易に一つの流れに乗るものではないが、事柄を見つめる兼好の目は、月や花の美しさに向けられているときも、祭りの賑わいとそのあとのもの寂しさに向けられているときも、身近にある死に向けられているときも、対象と距離を取り、冷静に客観的に事態をとらえる姿勢を保持しえていて、まなざしのその一貫性が三つの異なる話題を一つの流れに乗せている。

それとともに、一つの話題から別の話題に移るときの文のつなぎのなだらかさにも目をとめないわけにはいかない。一つ目から二つ目に移る際には田舎者の無風流が、二つ目から三つ目に移る際には大路の群衆のなかに多くの知人・友人の交じることが、引き合いに出され、文章はなだらかに次の話題へと移っていく。溜息《ためいき》の出るような巧妙さだ。軽やかな、余裕のある知性の存在を思わないではいられない。

軽やかな、余裕のある知性は無常観をも支える知性であって、それが兼好の無常観に独特の色合いをあたえている。

どんな色合いか。

たとえば、さきの引用文の末尾で兼好は、戦場の武士と草庵の遁世者《とんせいしゃ》とを対比し、「静かな山奥にも無常という敵が攻めてこないはずがあろうか。死に直面しているのは戦陣にある場合と変わらない」といっている。兼好の自戒とも読めることばだ。

が、自戒のことばはあとがなく、そこで章段は終わっている。心してどうするのか。仏法の本筋からすれば、死の近さや世のむなしさを悟った上は、仏の真理に至るべく仏道修行に邁進《まいしん》する、ということになろう。が、それは兼好の進む道ではない。その道を進めば『徒然草』のような文章は書かれることがなかった。その道が仏者の本道であることは十分に承知し、場合によってはそうと書きもしつつ、兼好はその道を進まない。無常観から仏道修行へと歩み入るのではなく、無常観に踏みとどまり、そこから大きく広く世界をながめわたすのが兼好だ。引用の章段は自戒めく無常観のことばで終わっているが、兼好の心理に即せば、その終わったところから改めて「桜は満開のときだけ、月はかげりのないすがただけを賞味すべきだろうか」という章段の冒頭にもどっても、なんの差し支えもない。

別のことばでいえば、兼好の無常観は、月や花の雅びな美しさを称揚する審美観や、賀茂の祭りに際して、無風流な田舎者のふるまいと、祭りのあとの寂しさを楽しむ風流人のふるまいとを弁別するものの見かたと相容《あいい》れないものではなかった。

人の世に常なるもの——絶対の存在、あるいは絶対の真理——はなく、あらわれては消え、消えてはあらわれる物、人、事柄に執着するのはむなしい。そう考えるのが無常観の基本だ。そして、『徒然草』のあちこちでそういう考えが表明される。が、兼好は、はかない物や人や事柄に執着するまいとは思うが、それらに無関心になろうとはしない。逆だ。執着すまいと思うがゆえにかえって物、人、事柄への知的関心は高まっていく。平安貴族のように は月や花に執着しないが、月や花のはかない美しさについてはくりかえし思考をめぐらす。 また、祭りの場で多くの見物衆のように浮かれ騒ぎはしないが、いつから、どこからとも知れず始まった祭りがしだいに盛り上がり、最高潮に達したところからしだいに勢いを失なって寂しくなっていく、その移りゆきには並々ならぬ関心を抱き、そこに人の世の栄枯盛衰を重ね合わせて思考をめぐらす。それが兼好における無常観のありようだ。月や花への思いや祭りの移りゆきへの思いと無常観が対立・矛盾しないどころか、世の中のもろもろをはかないもの、むなしいものととらえるがゆえに、そのはかないもの、むなしいものにしっかりと目を据え、細かく観察し、そこに独自の価値と意味を見つけ出していくのが兼好なのだ。無常観をばねに、俗世間ときっぱり縁を切り、仏道一筋に打ちこむという求道者《ぐどうしゃ》の道は、およそ兼好の採るところではなかった。

求道者たりえず、求道者たろうとしない兼好の生きかたは、法然について述べた次の短文のうちに鮮やかに示されている。

第三九段

ある人が法然上人に「念仏のとき、眠気に襲われて行《ぎょう》を怠ることがございますが、どうやってこの障害を除けばいいでしょうか」と尋ねたところ、上人は「目が覚めたらそのときに念仏なさい」と答えられた。大変に尊いことだった。

また、「極楽往生は、確かに往生できると思えば確かにできるし、不確かだと思えば不確かだ」とおっしゃった。これも尊いことだ。

また、「疑いながらでも念仏すれば、往生する」ともおっしゃった。これもまた尊いことだ。（同右、一二一―一二二ページ）

法然は仏法の真理を求めてたゆまず歩きつづけた典型的な求道の人だ。主著『選択《せんちゃく》本願《ほんがん》念仏集《ねんぶつしゅう》』には、経典を読み解き、仏法の真髄を自他に解き明かそうとする熱意が溢《あふ》れている。

が、右の章段に描出される法然に、求道者の面影は薄い。法然の三つのことばはいずれも、だれかの質問に答える形でいわれたものだろうが、答える法然は、一途に真を求める人というより、ゆったりと腰を下ろし、相手の気持ちを汲《く》みとりながら穏やかにことばを発する融通無碍《ゆうずうむげ》の人に見える。それが兼好の思い描く法然のすがたであり、「尊い」という形容語が三度も使われているように、そういう法然にこそ兼好は心から尊敬の念を抱いたのだった。求道の人たりえない兼好は求道者・法然についても、その厳しい一途な生きかたに共感するのではなく、ゆったりと身を持し、場に応じ、人に応じて軽やかにことばを発するその自在さに共感したのだった。

そういう兼好が、世俗を離れた遁世者の身でそのときどきの思いを書きつづった文章をまとめたものが『徒然草』だ。落ち着いた心境で、冷静に客観的にものごとを観察し、軽やかに知的に思いをめぐらし、観察した事実や、めぐらした思いをことばにしていくのが随筆だとすれば、求道者たりえなかった兼好には、随筆家たりうる条件が見事にそろっていた。仏者としては中途半端な生きかたをするしかなかった兼好だが、ものを書いていく上では、その中途半端さこそが思考を外へと広げ、内へと深める力となった。求道者には『徒然草』は書けない。『選択本願念仏集』や『教行信証《きょうぎょうしんしょう》』や『正法眼蔵《しょうぼうげんぞう》』は書けるが、『徒然草』は書けない。遁世者でありながら仏道一筋に生きることのできない兼好にとって、『徒然草』にまとめられるような文章を書いていくことは、天職とでもいいたくなるような営みだった。「つれづれなるままに」と書き出される『徒然草』序段は、天職らしきものに出会った兼好の心のときめきを表出したものと読むことができる。すでに原文で引用した書き出しの一文を、今度は現代語に訳して引用する。

序段

独り居の所在なさに任せて、終日、硯《すずり》に向かい、心に浮かんでは消えるどうでもよいことどもを、まとまりなく書き記していると、われながら不思議になるほどに心が昂《たか》ぶってくるのはどうしたことか。(同右、八九ページ)

自分の書くものが、世間一般の常識からすれば、どうでもよいもの、自分本位の遊びか暇つぶしに類するものであることを、兼好ははっきり自覚していた。公の世界では統治上の模範・先例・重要事項を記録するのがものを書くことであり、私的な世界では、伝統的に価値を認められた和歌や、人びとが共通に経験した大事件や、多くの人の楽しめる物語を文字にすることがものを書くことであった時代に、自分独自の思いをまずもって自分に向けて書いていく兼好が、自分の書くものがどこにどう位置づくのかと考えて、居場所の定まらぬ思いを抱くのは当然といえば当然だった。「心に浮かんでは消えるどうでもよいことどもを、まとまりなく書き記している」という自己規定は、居場所の定まらぬ戸惑いがつぶやきとなって漏《も》れ出たものだ。

しかし、自分の書くものがどこにどう位置づき、だれがどう読むかは定かでなくとも、興の赴くままに筆を進めていると、書くことそのことに熱がこもってくる。むろん考え考え書くのだが、考えることと書くことの歯車がうまく嚙《か》み合うと、考えることがおのずと書くことにつながり、書くことが次の考えを呼び出して、ものを書くという作業が不思議な熱気を帯びてくる。兼好はその経験を「あやしうこそものぐるほしけれ（われながら不思議になるほどに心が昂ぶってくる）」と表現する。ものを書くときに感受される熱気が、ほかでは得られない特異な体験であり、そこで感じられる心のときめきこそが、『徒然草』の文章群をなりたたせる原動力となることをいうものだ。

心のときめきと昂ぶりは考えることと書くことが、交錯し、交流し、斥《しりぞ》け合い、引き寄せ合うところに生まれるものだった。そして、考えることと書くこととのあいだにそうした複雑・多様な動きが生じるためには、硯に向かう兼好の精神が大きく広く開かれ、対象となる一つ一つのものごとに冷静沈着なまなざしが注がれねばならなかった。思考の鋭さと深まりが表現にめりはりと陰影をあたえ、文字に定着された表現が新たな思考を促す。そういう動きは自分自身が主体的に担うものなのか、それとも自分はその動きのあとを追いかけているだけなのか。その区別もはっきりしないほどに、思考と表現との行き来は勢いづき、複雑微妙の度合いを高めていった。

さきにわたしは、ものを書く行為は兼好の天職のごときものだったといったが、別のいいかたをすれば、思考と表現の往復運動については、兼好はそこに、はかなさもむなしさも感じることがなかった。官人生活にも徹底できず、出家生活にも徹底できない兼好だったが、ものを書くということにかんしては、冷静で客観的な目を保ち、軽やかな知性を失うことなく、考えながら書き、書きながら考えるという営みを心ゆくまで楽しむことができた。そのように楽しんで書いたものを、兼好は、「心に浮かんでは消えるどうでもよいことどもを、まとまりなく書き記し」たものというが、鋭利で柔軟な思考と、明晰で的確なことばが行き交う二四四篇の短文は、一見どうでもよいことを記したかに見えるものでも、自然の、歴史の、人生の、人情の機微をとらえて読む者の思考を揺り動かす。以下の一文など、その好例だ。

第一八九段

今日はこのことをしようと思うけれど、思いがけない急用が出来《しゅったい》し、それに気を取られて一日が過ぎてしまう。待っている人は都合により来られず、あてにしない人が来る。期待したことはうまく行かず、思いがけないことばかりがうまく行く。面倒だと思っていたことは無事解決し、容易なはずのことがひどく面倒になる。日々の過ぎゆくさまは前もって思っていたのとはちがう。一年はそうやって過ぎていくし、一生のあいだも同じことだ。

前々からの予想がみんな外れていくかと思うと、たまには外れないこともあって、いよ

いよものごとは定めがたい。万事が不定だと心得ていることだけが真実で、これは外れることがない。（同右、二四六ページ）

日々の暮らしのままならなさから無常観の表明へと至るのだが、ものごとを見る目の確かさと、論理の緻密さ、切れ味のよさが光る。とくに、予想が外れるばかりかというと、たまには当たることもあって、だからいよいよものごとは不定だというあたり、ユーモアぶくみの論理が冴《さ》えわたっている。

内省と明察に長《た》けた遁世者が、世間から身を退《ひ》くことでかえって世俗への知的な関心をそそられ、その知的関心がものを書く尽きぬ喜びと結びつくことによって、これまでに類のない孤独な思索の書『徒然草』が生まれたのだった。

第二十四章　『神皇正統記』――敗北の書のリアリズム

『神皇正統記《じんのうしょうとうき》』は、鎌倉幕府の滅亡直後の南朝と北朝の対立期に、南朝の正統性を主張するという明確な政治的意図のもとに記された歴史書である。序論にはこう書かれている。（現代語に訳して引用する）

〔秩序の定まらぬ中国とちがって〕わが国だけは天地開闢《かいびゃく》の初めから現代に至るまで、代々の天皇がきちんと皇位を引き継いできた。同じ天皇家でも時として傍系が位を継ぐことはあったが、そこから正系に帰る道があって、皇位が保たれてきたのだ。万事につけて天照太神《あまてらすおおみかみ》〔「太神」は親房の表記法に従う〕の無窮の神勅のおかげというもので、そこがほかの国とちがうところだ。

神の道は容易におもてにあらわれ出るものではなく、その根本が分からないと秩序が乱れるきっかけになりかねない。そこで、そういう乱逆非道が起こらないように、こうして書いていくのだ。神代から正しい理法に従って皇位が伝えられている次第を述べるのがねらいだから、それ以外の雑事は省略する。「神皇正統記」と名づけたのはそのためだ。（岩波・日本古典文学大系『神皇正統記　増鏡』四八―四九ページ）

神がかり的な気負いの感じられる文章だが、筆者の北畠親房《きたばたけちかふさ》には神がかり的に気負わざるをえない危機意識があった。

鎌倉時代の半ばから皇位の継承に幕府が介入するようになり、皇室内に持明院統《じみょういんとう》と大覚寺統《だいかくじとう》の分裂が生じ、やがて両統が交替で皇位を継承することとなった。なかで、幕府の施策に強い不満をもつ後醍醐天皇を中心に、反幕府の新興武士や御家人層が協力して討幕運動を進め、何度かの失敗ののち討幕に成功し、後醍醐天皇を最高権力者とする建武政権が成立する。が、この政権は二年しかもたなかった。後醍醐天皇の親政を不満とする足利尊氏は持明院統の光明《こうみょう》天皇を擁立し、大覚寺統の後醍醐天皇は吉野に逃れ、ここに二人の天皇が併立する南北朝時代が始まる。

『神皇正統記』はそのわずか三年後に、後醍醐天皇の側近たる北畠親房が書いたものだ。「乱逆非道が起こらないように、こうして書いていく」と親房はいうが、わずか二年ほどの後醍醐親政の時期を除けば、その前の皇統分裂の時期も、その後の皇統併立の時期も、「乱逆非道」が目の前の現実だった。そういう時代にあってなお、正理《しょうり》にもとづく皇位の継承こそが秩序の安定の基本をなすと考える。それが北畠親房の政治思想の原理だった。おのれの政治思想が時代の状況とそれほどに乖離《かいり》している親房が、しかもなお政治の世界に生きようとすれば、危機意識はいやが上にも高まらざるをえなかった。

が、危機意識の高まりは必ずしも歴史への目を鍛え上げるとは限らない。危機意識ゆえに、自分の信念や思想に反する事実にあえて目をふさぐといったことも起こりかねない。さきに「神がかり的」といったのもそのことと関係するので、実際、危機意識の所産たる『神皇正統記』は、慈円の『愚管抄』とともに日本中世の歴史書の双璧と見なされるが、その一方、歴史を書くことのむずかしさを思い知らせる書物でもある。具体的に見ていこう。

　さきの引用文で北畠親房は、日本における皇位継承の正統性を、同系統の血筋において皇位が継承されてきたことと、天照太神の神勅にもとづく継承であることに求めている。もう一つ、継承者が三種の神器（八《や》咫鏡《たのかがみ》・八《や》坂瓊曲玉《さかにのまがたま》・天叢雲剣《あめのむらくものつるぎ》）を引き継いでいることを加えれば、親房の考える正統性の三つの根拠が揃《そろ》うことになる。三つとも『古事記』や『日本書紀』の天皇神話に取り上げられ、また宮中や豪族・貴族のあいだで伝統的に権威あるものとされてきた事柄で、とくに目新しくはない。むしろ、古めかしい考えが改めてもち出されている印象が強い。そして、その古めかしい考えにもとづいて、天地開闢からまず国常立《くにのとこたちの》尊《みこと》があらわれ、やがて伊弉諾《いざなき》・伊弉冊《いざなみ》が、さらには天照太神があらわれ、そのあとに彦波激《ひこなぎさ》武《たけ》鸕《う》鷀草葺不合尊《がやふきあえずのみこと》（「彦波激……」の漢字は『日本書紀』では「瀲」と表記）までの神代の歴史が続き、次いで、人皇第一代神武天皇から第九六代後村上《ごむらかみ》天皇までの人代の歴史が続くというのも、伝統的な年代記の手法を踏襲するもので、目新しさはない。かえってそこには、王朝の伝統を身につけ、古今の文献にも通じた古典的な学者の面影が見てとれるといってよい。

　が、古典的な学者といえども、権力闘争の渦中に身を置いたとなれば、古い伝統や文献的知識の上に胡坐《あぐら》をかいているわけにはいかなかった。まして、古い伝統や文献的知識がそのまま通用することがいよいよむずかしくなってきた時代のことだ。血筋の連続性や、天照太神の神勅や、三種の神器といった神話的な観念だけで、権力闘争の主勢力たる武士階級に向かって、南朝にこそ国の正統な支配権があると納得させることなどできるものではない。その不可能をどう可能へと転じるのか。『神皇正統記』を実践的な歴史書として書こうとしたとき、北畠親房はそういう難題にぶつかることになった。

難題に論理的に立ちむかうには、神話的観念に閉じこもることは許されない。神話的観念を捨て去るか、その意味を組み替えて現実に引き寄せるか、いずれかの道を選ばねばならない。血筋や伝統を重んじる貴族の気風が身につき、神話的観念を捨て去ることのできない親房は、神話的観念の意味を組み替えるほかはない。そして、組み替えを試みる場面において、『神皇正統記』はもっとも精彩を放つ。たとえば、皇位の正統性を支える三本柱の一つ——三種の神器（鏡・玉・剣）——について、親房は次のような大胆な意味の組み替えをおこなう。（以下『神皇正統記』からの引用はすべて現代語訳でおこなう）

三種の神器が伝承されてきたことは、太陽と月と星が天にあるのと同じことだ。鏡は太陽を体現し、玉は月の精神に通じ、剣は星の気風を示す。（同右、六〇ページ）

鏡はなにかを内にもつことがない。私心がないから、鏡に映るすべてのものは、その是非善悪のすがたがそのままあらわれる。万物の本当のすがたに感応するのが鏡の徳だ。正直こそが鏡の本質なのだ。玉の徳は柔和善順《にゅうわぜんじゅん》にある。慈悲こそが玉の本質なのだ。剣の徳は剛利決断にある。智恵こそが剣の本質なのだ。正直・慈悲・智恵の三徳を三つとも完全に身につけるのでなければ、天下を治めることはむずかしい。（同右、六〇—六一ページ）

鏡・玉・剣を太陽・月・星に対応させる引用前段は、三種の神器の永久不滅をいうのが主旨だろうが、とともに、太陽・月・星によって天の秩序が形成されるように、鏡・玉・剣によって国家の秩序が形成されるという思いも、そこにこめられているように読める。記紀神話からは大きく逸脱する観念的解釈だが、観念的にもせよその気宇広大さは神話と現実政治とを結びつけようとする志のあらわれであるとはいえるだろう。

引用の後段では鏡・玉・剣が正直・慈悲・智恵という三つの徳に結びつけられる。三種の神器の継承は徳の継承でもある、というわけだ。さらに、三つの徳が天下統治に欠くことのできない徳だともいわれる。儒教の徳治主義に類するものの考えかただ。

が、物としてある鏡・玉・剣を引き継ぐことと、正直・慈悲・智恵を引き継ぐことは別のことだ。だれかからだれかへ物としての鏡・玉・剣が引き渡されたからといって、三つの物の象徴する正直・慈悲・智恵の徳が引き渡されたとはいえないし、また、物の引き渡しなどなくても徳が伝わることは十分にありうる。物の授受と徳の継承とは次元のちがう問題であって、頭のなかで、あるいはことばの上で、両者を結びつけたとしても、それは主観的な願望の表明にすぎない。願望を事実だと思いこむのは神話的思考や観念的思考の陥りがちな病弊だが、二つを混同するようでは実践的な歴史理解は望むべくもない。親房は、願望と事実を区別しつつ、両者のあいだに横たわる溝を必死に埋めようとする。三つの徳が政治の場に具体的に発揮されたものとして、たとえば次のような施策に言いおよぶ。

政治の本道についてはこれまで何回か述べてきたけれど、正直・慈悲を基本に理非曲直を判断することが大切だ。それこそが天照太神のはっきりとした教えなのだ。事を決するに当たっては、いくつもの道がある。まず第一に、各人の資質を見きわめて役に任用することだ。ふさわしい人材が役についている場合には、君主はじっと坐っていても世は治まる。だから、日本でも外国でもそれを政治の基本としている。第二に、国土を私的な所有物と考えてはならず、それを分与するには公平な正理によるのでなければならない。第三に、勲功のある者には必ず褒美《ほうび》をあたえ、罪を犯した者は必ず罰しなければならない。それが善を勧め、悪を懲《こ》らすやりかただ。以上三つのうち、どの一つにでも違反するようなことがあれば、政治は乱れてしまう。(同右、一七七―一七八ページ)

神代以来、三種の神器が正しく継承されてきたことと、人材本位の官吏登用、適切な領土分与、臣下への信賞必罰といった統治術の運用とのあいだには、あきれるばかりの距離がある。その途方もない距離を親房は論理の糸でつなごうとする。傍目《はため》には無謀の試みというしかない。

かないが、当の親房の危機意識には、無謀な試みへと乗り出さないではいられぬ真剣さがあった。そして、目もくらむほどの距離を論理の糸でつなぐことはできず、南朝の正統性という その主張は、現実の歴史の受け容《い》れるところとはならず、親房は不遇のうちに世を去ることになるけれども、神話的観念を徳治主義へと方向づけ、徳治主義を現実政治の場に実現しようとするその志は、政治の現実にたいする観察と批判の目を磨く上では大きな力となった。そしてそのかぎりで、『神皇正統記』は神話的観念を超えて現実に正面から向き合う醒めた歴史書という面をもつことになった。たとえば、承久の乱における朝廷の行動を批判した以下の文には、親房のリアルな目がよく生きている。論は、源頼朝の治世から説きおこして承久の乱に及ぶ。

頼朝の勲功は前代未聞というべきだが、天下の実権を文句なく掌中に握ったのだから、君主たる天皇が心穏やかでなかったのは当然だ。まして、源氏の血筋が絶え、尼になった夫人の北条政子や、将軍の臣下たる北条義時の治める世になったとあれば、天皇がその一族を滅ぼして思うままの政治をしたいと考えるのはそれなりに筋が通ってはいる。しかしながら、白河上皇・鳥羽上皇の時代あたりから伝統的な政道のありかたがだんだん衰微し、後白河上皇の時代には武器による戦いへと発展し、奸臣《かんしん》が世を乱した。民衆の苦しみは並大抵ではなかった。頼朝は全力を傾けてその乱れを平定したのだ。皇室のほうは古いすがたに還るところまでは行かなかったが、都の戦塵は治まり、万民の苦しみも安らいだ。上下の民は安堵し、東国も西国も頼朝の徳政に帰服し、実朝の死後も幕府に背く者がいたという話は聞かない。幕府を倒すには、幕府政治以上の徳政を敷かなければ倒せるものではない。幕府はいずれ滅びる運命にあるとしても、民衆が安らかに暮らせるのでなければ、天も幕府打倒に協力することはない。さらにいえば、王者の戦いは悪を倒すもので、罪なき者を滅ぼすものではない。頼朝が高位に昇り守護の職を得たのは、後白河上皇の勅裁によることで、自分勝手に奪いとったとは決めつけられない。夫人・政子が頼朝後の政治に配慮し、義時が実権を握って人望を得ている以上、民衆から見れば幕府に罪ありとはいえないのだ。臣下が権力を揮っているという名分だけに拠って幕府を追討するのは、君主の誤りというべきだろう。君主に反逆した朝敵が運よく権力を手中にしたのとは、話がちがうのだ。討幕の戦いが時期尚早で、天の許さぬものであるのは疑いを容《い》れない。とはいえ、臣下が君主を倒すのはこの上ない非道だ。倒した臣下は、最後は必ず天皇に帰順するはずだ。大切なのは、まず本来の徳政がおこなわれ、天皇の権威が打ち立てられ、相手を負かす方途が整った上でどうするかを考えることだ。その場合、世の中の乱れようをよくよく観察した上で、軍を起こすべきか、戦乱を回避すべきか、私心を捨てて天の声を聞き、人びとの意向に合わせようとすべきであろう。そののち、最終的には皇位継承も正統におこなわれ、皇運も回復したわけで、討幕の本意は達成されたけれど、一時的にもせよ天皇の威徳が失墜したのは残念なことだった。（同右、一五九―一六〇ページ）

腰の定まらない、それゆえに真意の読みとりにくい文章だが、一〇〇年前の承久の乱とそこに至る歴史の事実に目を凝らしつつ、事実の奥にあるものを必死につかみとろうとする親房のひたむきな姿勢ははっきり見てとれる。親房の政治思想からすれば、承久の乱は正統な支配者たる朝廷が不当な支配者たる鎌倉幕府を倒そうとして兵を挙げ、一敗地にまみれた不幸・不運な出来事だ。日本国は悠久の神代から天皇の支配する神の国だという親房の基本信条をゆるがしかねない事件だ。おのれの基本信条を守るには、無視するに如《し》くはない。しかし、親房はその厄介な事実に目をふさがない。進んで目を凝らし、そこからなにかをつかみとろうとする。危機意識をもって時代を生きる知識人の面目躍如たるところだ。

天皇支配の正統性を主軸とする神国史観にとって、恥ずべき汚点ともいうべき承久の乱の敗北について、親房はその主たる原因を頼朝の善政に求める。白河上皇、鳥羽上皇の時代に衰えを見せてきた政道が、後白河上皇の時代にさらに大きく乱れ、民衆が塗炭《とたん》の苦しみを舐《な》めているとき、天下を平定して秩序を回復し、民衆の安らかな暮らしを取りもどしたのが源頼朝（と鎌倉幕府）だった、と。そして、その善政ゆえに幕府への民衆の支持は頼朝の死後も持続し、正統な統治者たる天皇の軍隊をもってしても、その権力を打ち倒すことはできなかったのだ、と。

血筋やら神勅やら三種の神器やらに皇位継承の正統性を求める神話的・観念的な歴史観とはまったく異質な、現実と正面から向き合う真摯《しんし》な歴史眼が生きて働いているといわねばならない。頼朝と鎌倉幕府には血筋の連続性も神勅も三種の神器もない。にもかかわらず、政権が持続し、正統なはずの朝廷軍の攻撃をも斥けることができた。なぜか。

そう問うとき、親房は否応なく神話的観念の外に出ていかざるをえない。頼朝と鎌倉幕府の政治的な優秀さをいうのに親房は「徳」ないし「徳政」といった儒教的なことばを使うが、それとて、漢籍から借りてきたお題目として使うのではない。「徳」や「徳政」の内容としては、さきにいう正直・慈悲・智恵を考えてよかろうが、その三徳目にしても、鏡・玉・剣と結びつき、それらの内実をなすものとして観念的に存在するものではまったくない。頼朝の天下平定から頼朝死後の鎌倉幕府の領国支配に至る時代のただなかに存在する、歴史的・社会的な徳であり、徳政なのだ。だからこそ、「上下の民は安堵し、東国も西国も頼朝の徳政に帰服し、実朝の死後も幕府に背く者がいたという話は聞かない」といえる。正直・慈悲・智恵といった儒教的観念は、鏡・玉・剣と結びつく神話的観念であることをやめ、人びとの安定した暮らしに直結する政治的・社会的な観念として現実に根を下ろしているのだ。

政治的・社会的現実と正面から向き合う親房の歴史眼が、下層の民衆の生活にまで及ぶさまを示すものとして、たとえば次のような文章がある。

仏教に限らず、儒教・道教を、さまざまな教義や道理を、さらには卑俗な芸能までをも盛んにし、それぞれに居場所をあたえるのが聖代の政治というものだ。総じて、男は田や畑を耕して収穫し、自他に食料を供給して飢えを防ぎ、女は糸を紡いで自他に衣料を提供し、寒さを防ぐ。下賤な活動に思えるけれども、それこそが人間生活の大本《おおもと》をなすのだ。天候・季節に従い、地形・風土を生かしておこなわれる活動がそれだ。(同右、一一六ページ)

そういう民衆の活動と生活に安定をもたらすのが本来の政治――徳政――だと親房は考える。文中、「聖代」ということばが見えるが、この聖代は、たとえば古代中国の理想的帝王の時代を指すだけでなく、いまの時代にも十分に実現可能なものと考えられている。いや、まさしく現代を「聖代」たらしめるべく、親房は『神皇正統記』の筆を執ったのだった。

現実の政治世界における親房の位置を考えれば、民衆の生活にたいするそのまなざしは特筆に値する。鎌倉時代末期から建武の新政を経て南北朝の対立へと至る政争の時代に、後醍醐天皇に重用され、政治的に枢要の位置にあった親房は、権力闘争の渦中で当然にも権謀術数に明け暮れるその境遇からして、下層の民衆の暮らしに思いを及ぼすのは容易なことではなかったはずだからだ。皇位継承と天皇支配の正統性を主張する歴史書において、民衆の生活の安定を政治の基本理念として掲げ、その基本理念に照らして、非正統な支配者たる幕府に理があり、正統な支配者たる天皇に非があるとする。その判断には、政治の現場を生きる権力エリートの利害や術策を超えた、政治思想の生きたすがたが見てとれる。

民衆の生活の安定という基本理念は、具体的な歴史の場で、天皇の施策を批判する尺度にまでなりえているのだから、その理念をさらに前へと推し進めていけば、天皇支配の正統性という親房のもう一つの原理は、解体へと追いこまれていたかもしれない。むろん、親房はそこまでは行かなかった。行っていたら、神皇は正統でなくなり、『神皇正統記』は体《たい》をなさなくなっていたはずだ。

そういう危うさをかかえて『神皇正統記』は書き継がれる。民衆の生活の安定と天皇支配の正統性という二つの相矛盾する原理をかかえこんだまま、親房は筆を進める。ときに一方の原理に拠り、ときに他方の原理に近づく。不徹底の謗《そし》りをまぬがれない。が、不徹底の書が、不徹底なるがゆえにかえって歴史の真実を浮かび上がらせることもなくはない。京都の朝廷・貴族の権力と、鎌倉の武士の権力とが、複雑に対立し交錯しつつ並立する二重権力状況をとらえるには、対立する二つの原理を内にかかえこんでいることがかえって冷静な歴史眼を保つゆえんともなる。さきに見た、頼朝の天下平定から承久の乱に至る記述もそうだったが、北条泰時の施政を評価する以下の引用文にも、冷静な歴史眼が働いている。

全体として泰時は心が正しく、政治に裏表がなく、人びとを守り育て、贅沢に走ることがなく、朝廷を大切にし、本所での地頭の乱暴を抑えたから、争乱が起こることもなく、天下は平穏無事だった。そういう状態がずっと持続したのは、もっぱら泰時の力だといわれてきた。臣下がこれほど長く権力を握るという事態は、日本にも中国にも例がない。北条氏の主人だった頼朝でさえ権力を保持しえたのは次の代までだった。北条義時がどういうわけか思いがけずも幕府の執権職に就き、軍事の支配権を手にしたのは類稀《たぐいまれ》なことではあった。しかし、義時には特別の才覚も徳性も備わっているふうではなかった。その上、承久の乱に勝つという大変な名誉に慢心するところもあったのだろうか、それから二年ばかりで死んでしまった。が、後を継いだ泰時は徳政をなにより心がけ、法の形式をしっかり整えた。おのれの分限をわきまえるだけでなく、親族や武士のすべてに行動を慎しむよう訓戒したから、高い官位を望む者はいなかった。北条氏の執権政治が代の下るとともに衰え、ついに滅びに至るのは天命のしからしむるところだ。ただ政権を七代にわたって保持できたのは泰時の余徳が子孫にまで及んだもので、だれを恨む必要もないといえる。

（同右、一六二―一六三ページ）

後醍醐天皇は、ここにいう北条氏の執権政治の打倒に力を尽くした中心人物の一人なのだから、その側近たる親房にとって北条氏はまぎれもない政敵だ。その政敵の、とくに北条泰時の施政にたいする冷静な分析と客観的な評価は、親房の知性が政治的な構図を超え出るものであったことを示している。徹底した歴史の探求者にも徹底した天皇主義者にもなれなかった親房だが、歴史の具体的な事例に対面したとき、その知性は随所で利害や党派心にとらわれぬ輝きを示した。歴史家にとって、いまだ評価の定まらぬ生々しい現代史は、記述も評価もむずかしい対象だとはよくいわれるところだが、『神皇正統記』は、扱う時代が親房の生きるいまに近づくにつれ、記事が精彩を放ち、内容もゆたかになる。生々しい事実を前にして、その表層にまどわされず、過去との時間的統一のうちに現在をとらえるという知的姿勢が生んだ成果だ。

さきにいったように、『神皇正統記』は、南朝と北朝の戦乱の渦中で書かれた書物である。建武の新政が二年あまりで崩壊し、足利尊氏の勢力に押されて後醍醐天皇が吉野への逃走を余儀なくされたあと、南朝の重鎮たる親房が、東国武士の加勢を求めて関東に赴き、常陸《ひたち》国小田《おだ》城に逗留しているときに書きつづったのが『神皇正統記』だ。東国武士の支援も思うように得られぬなか、執筆の途中で後醍醐天皇は吉野に没した。以後、南朝の勢力は徐々に衰退への道を歩み、北の足利幕府の内部分裂に乗じて一時的に勢力を回復することはあったが、最終的には足利幕府主導のもと南北朝は統一される。こうして朝廷の分立は終わるが、南北朝内乱の動向と両朝統一後の歴史は、武家勢力（幕府・守護大名）の圧倒的な支配権確立へと向かうもので、朝廷・公家の勢力は政治的・社会的に弱体化の一途をたどることになった。そういう流れのなかに置いてみると、『神皇正統記』は政治的にはまぎれもなく敗北の書であり、挫折の書であると断ぜざるをえない。

が、政治的な敗北や挫折は必ずしも歴史の書を価値なきものとするゆえんではない。敗北や挫折のうちにかえって歴史や社会の真実があらわれることも稀ではない。人間の歴史とはそうしたものだ。親房が血筋の連続性や天照の神勅や三種の神器の護持に天皇支配の根拠を求めるといった神話的観念を相対化できたのも、鎌倉時代における朝廷・公家勢力の敗北ないし頽勢《たいせい》の事実を直視しえたからであった。『神皇正統記』は「大日本者神国也《おおやまとはかみのくになり》」ということばをもって始まる。高い調子の宣言が最初に置かれ、続いて天皇支配の絶対的正統性をいうための神話が提示されたのちに、天皇の神的権威に疑問を抱かせるような史実が引かれ、親房はそれらの史実と格闘する。史実は神の不在を思わせ、天皇支配の絶対的正統性を揺るがす要素を多分にふくみ、時代が同時代に近づくにつれ、その傾向はいよいよ強まるのだったが、親房は、史実に向き合って疑問を抱く姿勢、疑問を解こうとする姿勢を崩さなかった。

イデオロギー臭が強く、信条告白めいた表現も少なくなく、また、敗北と挫折の予感をもかかえこんだ歴史書のなかに、歴史の真実を求めて苦闘するひたむきな知性が働いていること、——それが矛盾に満ちたこの本の魅力の源だといえるように思う。

第二十五章　能と狂言——幽玄と笑い

わたしたちの日本精神史において、演劇が登場するのは初めてのことだ。

これまでたどってきた歴史のなかに演劇が、あるいは演劇らしきものが、すがたを見せなかったわけではない。が、それらは存在が小さすぎるか、すがたが曖昧にすぎるかで、主題として取り上げるのにふさわしくなかった。六世紀から八世紀にかけて大陸から伝わったとされる伎楽面《ぎがくめん》などを見ると、その豪快な造形と誇張された表情から、恐ろしくもあり、笑いがはじけるようでもある舞台のさまをあれこれ想像したくなるが、想像を現実に近づける手がかりがあまりに乏しい。

一四世紀から一五世紀にかけて演劇として形が整っていく能にしても、その後を追うようにして台本が出来上がっていく狂言にしても、前身として田楽や猿楽があったことは周知の事実だが、その田楽や猿楽がどんなものだったかとなると、具体的にはよく分からない。

分からなさが演劇という表現の形式と深くかかわることはいうまでもない。建築や彫刻や絵画は造形された物の形がおおよそは残るから、それをもとに原初のさまや歴史上の変化を一定の確かさをもって考えることができる。神話や詩歌や物語や歴史や思想は、文字に記されたものを手がかりに人びとの思いや、表現技法の巧拙や、表現と時代とのかかわりなどにせまっていくことができる。が、演劇は生身《なまみ》の人間が舞台に登場し、観客に向かってせりふや、しぐさや、場合によっては歌や踊りをも披露するのが基本の形式だ。なにかを物の形にして表現するものではないし、文字に記されたものを読むという楽しみかたに自然につながっていくものでもない。演者にしてみれば、数分あるいは数十分、長くてもせいぜい二、三時間、観客を前に自分の声と体をもって劇を演じてみせることが本分であり、観客にしてみれば、目の前に展開するせりふとしぐさと歌と踊りを直接に見、直接に聞くことが演劇を楽しむことだ。幕が開くとともに始まり、幕が閉まるとともに終わるのが演劇なのだ。演者にとっても観客にとってもそうだ。数分ないし数十分ないし二、三時間という限られた時間を演者と観客が共有し、そのなかで演者が演じ、観客が観ることによって演劇がなりたつのであって、その意味では、造形された物の形や書き記された文字ではなく、現に演じられ観られることが演劇を演劇として存在させるといわねばならない。

能や狂言がいまあるといえるのも、なにより、それらがいまなお演じられ観られているからだ。演じられ観られることがなくなったら、存在しなくなったに等しい。田楽や猿楽がそうだ。能と狂言がそこから出てきたとされる田楽や猿楽だが、もう長く演じられ観られることのないそれらについて、どんな形にもせよいまあるというのは憚《はばか》られるし、あった形を推測するのもむずかしい。能と狂言の前身だといっても、くりかえしの上演によって高度の様式を獲得するに至った能と狂言からさかのぼって、民衆の暮らしのうちに生きていた田楽や猿楽の実相を探り当てるのはむずかしい。伎楽面から伎楽のありさまを探り当てるにも似た隔たりが、そこにはある。

同じ演劇でも、能と狂言には右にいうむずかしさや隔たりがない。くりかえし演じられ観られてきたからだ。限られた場での限られた人びとによる演能と観劇のくりかえしだったが、演者と観客が意識するとしないとにかかわりなく、演じられ観られることのくりかえしは、歴史上に、あるいは日本精神史上に、能と狂言の存在を継続させ定着させる、もっとも基本的な営みだった。観阿弥《かんあみ》・世阿弥《ぜあみ》父子による能の美的な様式化と、その後を追うようにして進められた狂言の様式化は、反復に耐えうる芸術形式を生み出したという点で、日本の演劇史上、画期的な意味をもつものだった。

1

能役者の観阿弥・世阿弥父子にとって、延《ひ》いては能そのものにとって、高度な芸術へと跳躍する大きなきっかけとなったのが、一三七四年、京都の今熊野《いまぐまの》で将軍・足利義満の臨席のもと、猿楽能を演じる機会を得たことだった。観阿弥の、新風を交じえたすぐれた芸と、一二歳の美少年世阿弥の可憐さに魅了された義満は、以来、観世《かんぜ》父子《おやこ》に大いなる支援の手を差しのべた。興福寺に召しかかえられる大和猿楽の一座（結崎座《ゆうざきざ》）として、祭礼や市に集まる大衆を相手に歌舞音曲の交じるものまね芝居を演じていた身分の低い役者が、一躍、世の権力者たちをも相手にしてその芸を披露することになったのだった。

権力による芸術の支援・庇護というのはよくある話だ。洋の東西を問わない。西洋中世のゴシック建築は物心両面での教会権力の強力な支援なくしてはなりたたなかったし、イタリア・ルネサンスにおける芸術の豊饒《ほうじょう》・多彩な開花もメディチ家の援助に支えられるところが小さくなかった。中国でも芸術家や芸能者や職人の多くは国家の保護の下で制作や活動に励んだし、日本でも、これまで見てきたように、平安末期までは美術も思想も文学も朝廷・貴族・寺社に支えられた貴族文化の色彩が濃く、それ以降の文化も権力とのつながりは小さくなかった。

観世父子の能は、今熊野での演能を契機に将軍権力と強く結びつく芸能となり、父子はその結びつきを意識しないではいられなくなった。父子は関係をどう意識し、どう新しく能を作り上げようとしたのか。

将軍義満は父子の猿楽能がいたく気に入り、とりわけ美少年世阿弥にたいしては度を超える贔屓《ひいき》ぶりだったという。権力者の気まぐれと放恣《ほうし》が流行の芸能に結びつくのは、これまたありそうな話だ。南北朝の動乱も終息に向かい、やや落ち着いた時代的雰囲気のなかで平安朝貴族の美意識への親近感を深めていた義満のこと、観世父子の能に芸術的な美を見てとる感性をも備えていたのであろう。権力者の寛大さを見せつけようとして、あえて、賤民視されるものまね役者に目をかけるということもあったかもしれない。

いずれにせよ、そこには権力と芸術との関係という厄介な問題が生じざるをえないが、厄介さを芸術の質とのかかわりでどう引き受けていくのかは、かかって役者たる観世父子の課題だった。最高の権力者として一介の能役者に庇護と支援の手を差しのべる義満は、気まぐれで浪費好きの遊蕩者だったかもしれないし、それなりの審美眼を備えた芸術愛好者でもあったかもしれない。身分が格段にちがう権力者にたいして、役者の側がどうつきあい、どう取り入るか。利害や好悪のからむ俗っぽい間柄だが、観世父子は、その義満との関係においても、自分たちが芸の向上をめざす役者であることを片時も忘れることがなかった。身分は低くとも、芸に賭け、芸に生きる役者の心意気と誇りを失うことはなかった。

世阿弥の能楽書『風姿花伝《ふうしかでん》』に次の一節がある。(現代語に訳して引用する)

そもそも能で名声を得るといっても、得かたはさまざまだ。上手《じょうず》の芸は目の利《き》かない人の気に入るのはむずかしい。下手《へた》の芸は目利《めき》きの目に合わない。下手が目利きの目に合わないのは当然のことで、なんの不思議もないが、上手が目の利かない人の心に合わないのは、目の利かない人の眼識が低いためだ。しかし、本物の上手で自在に工夫できる役者なら、目の利かない者が見てもおもしろく思えるように能を演ずべきだ。そのように工夫できる、芸の極致に達した役者のことを、花を究《きわ》めたというべきだろう。さて、その境地にまで達した役者であれば、どんなに年老いても、若い役者の花に劣ることはない。したがって、この境地に達した上手こそが、天下に認められ、また遠国の人や田舎の人までもが皆おもしろく見ることができる。(岩波・日本思想大系『世阿弥 禅竹』四四ページ)

まい。

今熊野《いまぐまの》の演能をきっかけに、観世父子の一座が一躍名声を博するようになった事情を思い合わせると、「目利き」と「目利かず」の対比、および「天下」と「遠国の人や田舎の人」の対比には義満の厚遇が影を落としていると見てまちがいあるまい。義満個人に視点を限るのではなく、義満の厚遇に引きずられるようにして能に目を向けるようになった幕府周辺の都人を視野に入れて考えれば、かれらが「目利き」ないしは「天下」の名の下に思い浮かべられ、その外側に、ずっと以前から田楽や猿楽を楽しんできた「目利かず」ないしは「遠国の人や田舎の人」が配されるという構図は、観世一座の観客の色分けとして当を失してはいまい。

見落としてはならないのは、義満をふくむ芝居好きの権力者ないし上流文人たちが、観客としてとらえられ、目利きとして位置づけられていることだ。身分の低い役者が権力者であり強者であるかれらとつきあうとなれば、芝居の外では政治的・社会的にさまざまな配慮をめぐらさざるをえないだろうが、芝居の場で観客として対峙するとなれば、世阿弥は政治的・社会的配慮をぬきにして、ただの役者として相手と向き合うことができる。引用の一節が語るのは、彼我の立場をそのように規定する断固たる構図の設定だ。目利きも観客なら目利かずも観客だから、そのかぎりでは、上層の天下人も、下層の遠国・田舎の人も同列の存在となる。役者であることにたいする強い自負心がそのような構図を生み出し、支えている。

観客の設定もそうだが、そこから自分にもどって、みずからの芸の魅力について語る場面でも、世阿弥の文言《もんごん》は自負心に満ちている。名声の大きさをもって満足するのではなく、名声の大きさが芸の高さと一致することを求めてやまないのが世阿弥だ。目利かずが、眼識の低さゆえに上手の芸のおもしろさを分からないのは仕方がない。しかし、本当の上手は趣味のよくない目利かずをもおもしろがらせる芸を演じられるはずだし、演じなければならない。世阿弥は他人に向かってそういうのではない。自分に向けた覚悟のことばとしてそういうのだ。おのれの芸にたいする誇りの高さと自覚の深さは、世阿弥を芸能者というより芸術家と呼びたく思わせるほどのものだ。

しかし、目利きをも目利かずをもおもしろがらせる芸を求めることは、役者として矛盾を引き受け、矛盾を生きることにほかならない。いまは再現すべくもない舞台の上でも世阿弥は矛盾を生きていたろうが、書き残された謡曲（能の台本）の上でも、『風姿花伝』その他の能楽論の上でも、矛盾を生きている。たとえば『花鏡《かきょう》』の次の一節などは、能を演じるときの「する」と「しない」の矛盾に目を凝らし、それを見事にことばに定着させたものということができる。（現代語訳で引用）

観客の批評に「役者が芸をしないところがおもしろい」というものがある。役者が胸の奥に秘めてもつべき心得だ。舞曲・歌曲を初め、体の動きやさまざまなものまねは、そのすべてが体でする技《わざ》だ。しないところというのは、その技と技との中間をいう。しない中間がなぜおもしろいのかと考えてみるに、役者が油断することなく技と技とをつなぐ心の緊張がおもしろさを作り出す。舞いを舞いおわったあと、音曲を歌いおわったあと、さらには、ことばやものまね等々の絶えたその間隙に、気をぬかないで緊張を保つことが大切なのだ。内心のこの緊張感が外に匂い出て、おもしろく感じさせる。

ではあるが、役者の内心の緊張するさまが外部に見えるようではよくない。観客に見えたなら、それは技になり、しないところとはいえなくなる。無心の境に入って、自分の心を自分にも隠す心境で技と技とのあいだをつながねばならない。それが、万能《まんのう》（すべての技）を一心でもってつなぐ感力《かんりき》、というものだ。（同右、一〇〇ページ）

引用の冒頭に出てくる観客は、目利きと考えるほかはなかろう。「しないところがおもしろい」といった評言は、能に慣れ親しんだ人にしか口にできそうもないからだ。

が、世阿弥は目利きをもち上げるためにその評言を引いてきたのではない。能の芸についてさらに深く考えるために「しないところがおもしろい」といった一見逆説的な言に正面から向き合おうとする。そして、しないところのおもしろさとは、技と技とをつなぐ役者の心の緊張が外に匂い出たおもしろさだという考察を導き出す。しないところは空白ではない。一見なにもしていないようで、実はそこに心の緊張があり、その緊張感があるかなきかに匂い出て、それが観客をおもしろがらせるというのだ。

この考察は、いかに目利きの観客といえども思いおよばぬほどの深さと鋭さをもつ。しないところがおもしろいという観客の実感を役者の立場で受けとめ、その場面での役者としてのおのれの体と心のありようを反省し、観客の実感を能の演じかたの機微の分析へと深めたものだからだ。能の技としては、歌や舞いやしぐさやせりふがある。そして、技と技とのあいだにはある種の空白があって、目利きはその「しないところ」をおもしろいという。同じ空白を、役者たる世阿弥は心の緊張の匂うところと見、そこにこそ能という芸の妙味があると考える。技と技とは空白によって隔てられているのではなく、内なる心の緊張によって構造的につながれていると考える。

とすれば、技を楽しむことは空白を楽しむことでもあるはずだ。目の前に演じられる能は断片的な技の寄せ集めではなく、歌と舞いとしぐさとせりふがまとまりのある流れをなし、観客はそれを楽しんでいるのだから。その点では目利き、目利かず、にちがいはない。しないところに注目し、そこにこそおもしろさがあるといった穿《うが》った見方は、目利かずの関知するところではないが、一観客として素朴に能の一番を楽しむことは、空白につながれた技を——つまりは、技と空白とを二つながら——楽しむことにほかならない。能の本質にせまろうとする世阿弥の考察は、目利きの逆説めいた評言を出発点としつつ、その奥にある、観客一般を引きつけるところの、能の魅力と構造を探り当てている。

が、世阿弥の考察はそこで終わらない。心の緊張を探り当てた上で、さらに反省を重ね、心の緊張がそのまま観客に見えるようではいけない、という。しないところはあくまでしないところであり、空白はあくまで空白であって、それがするところや技になってはいけないというのだ。観客がしないところこそおもしろいというのはいい。しかし、役者はしないところをこそおもしろくしようと思ってはいけない。内心の緊張は技をつなぐためにあるもので、見せるためにあるのではない。匂い出るのはいいが、見せてはならない。緊張は観客に隠さねばならないだけではない。自分にも隠さねばならない、とまで世阿弥はいう。長年の役者体験に裏打ちされたことばだろうが、自分の心を自分に隠すといういいかたがおもしろい。隠しおおせるはずはないが、別に無心ということばも使われていることからすると、つなぎの間《ま》をさらりと無理なく前へと進めるのが大切だというのであろう。おそらくは、それがなによりむずかしい。むずかしいから力む。が、力んではいけない。むずかしいところを力まずにさらりとやってのける。それが無心の境だ。世阿弥自身いつそんな妙境に達することができたのか。

まちがいなくいえるのは、ことばにするのがむずかしく、達するのもむずかしいその境地が、世阿弥にとって求めずにはいられない魅惑に満ちたものだったことだ。そういう境地を求めて日々稽古を怠《おこた》らず、その一方でまた、能の本質とはなにかを知的に問いつづけ、おのれの芸の到達点を知的に吟味しつづける。そういう日々を過ごす世阿弥には、思えば、能芸に身も心も打ちこむ求道者《ぐどうしゃ》の趣きがある。が、この求道者はおのれを鞭《むち》打って精進するような深刻な求道者ではない。むずかしいからこそかえって稽古におもしろみを感じるような、矛盾を生き甲斐とする求道者だ。技と技のあいだをつなぐ内心の緊張が匂い出るところに能の醍醐味があるとしつつ、その内心がそのまま露出してはいけないという。露出しないようにさらりと演じるのが無心の境だという。そういう無心の境に入ることのむずかしさを十分承知しつつ、同時に、無心の境に立つこと、立てることに無上の喜びを感じているのが世阿弥だ。さらにいえば、「しないところがおもしろい」という目利きのことばを手がかりに、緊張しつつ淡々と進む舞台上での心の動きをことばに表現しえたこと、そのことにも喜びを感じるのが世阿弥なのだ。

世阿弥は能の勘所《かんどころ》をよく「花」の一文字でもってあらわすが、この措辞にも能を演じる喜び、能について考える喜びがこめられていると思う。前にもどって『風姿花伝』の一節を引用する。(現代語訳で引用)

そもそも花というのは、あらゆる草木に四季の折々に咲くものだから、咲くべきときに咲いたものを珍しいと感じて、人びとはそれを賞《ほ》めたたえるのだ。猿楽の場合も、観客が心に珍しいと感じるところが、おもしろいと思わせるところだ。花と、おもしろいと、珍しいとの三つは、同じ感じかたをいったものだ。どんな花でもいつまでも散らずに残ることはない。散るからこそ、それが咲く時節には珍しいと思うのだ。能の場合も、同じところにとどまっていないのがまずは花だと知らねばならない。同じところにとどまらないで別の風体に移るから、珍しいのだ。(同右、五五ページ)

「内心の緊張」や「無心の境」が、役者の心理に分けいってそのありさまをいい当てたことばだとすれば、「花」や「おもしろい」や「珍しい」は、観客の心理に身を寄せてかれらの能の受けとめかたをことばにしたものだ。すでにいったように、義満の臨席した今熊野《いまぐまの》の演能をきっかけに、観世一座の観客には上層の武将や貴族や文人が多く交じるようになった。舞台の外でそうした上流階層と身近に接し、かれらの庇護や支援をも受けた観世父子は、彼我のあいだにある身分差をいやでも意識せざるをえなかったろうが、観客の心理を考察する議論に社会的な身分差の意識が紛れこむことはない。目利き、目利かずの区別も、能を見る目を尺度とした区別で、社会的身分の上下にはかかわらない。観客のなかに身分の高いものと低いものとの交じるのは確かだし、ひょっとして観客席にも身分差に応じた仕切りがなされるようなこともあったかもしれないが、能を論じる世阿弥の思考は身分差を超えたところにある。「花」と「おもしろい」と「珍しい」は身分の上下を問わずありとあらゆる観客が感じとるもの、感じとれるものであり、ありとあらゆる観客に訴えかけるものだった。

そこにもまた、世阿弥の、俗に媚《こ》びることのない、求道者らしき一面をうかがうことができる。

2

観阿弥・世阿弥の登場によって、旧来の猿楽能は面目を一新した。滑稽な技や曲芸を主体とする猿楽能を、優雅で柔和で典麗な和歌や、世俗を離れた、ものさびた禅の境地に通じる芸術へと昇華したのが、観阿弥・世阿弥の能楽であり、能舞台だった。おのれのめざす演能のありかたを世阿弥は「幽玄」の名で呼んだ。

「幽玄」は中古から中世にかけての歌論や連歌論でよく使われたことばで、その意味するところは、奥深い余情を感じさせる静寂な美しさ、といったものだ。能に「幽玄」を求めることは、能に人の世とのつながりを求め、人生の機微の表現を求めることにほかならなかった。観阿弥がものまね本位の芸に奥深い情趣の備わる幽玄の風体を導入し、旋律主体の音曲に叙事的な内容のともなう曲舞《くせまい》の拍子を取りいれ、能を格段に内容ゆたかな奥深いものにしたとすれば、世阿弥は、その上に立って筋立てに工夫を凝らし、詞章に磨きをかけて幽玄化をさらに推し進め、能を完成の域にまで導いた。六〇〇年後の現在も、能舞台では世阿弥の完成した様式をほぼ踏襲する形で歌と舞いとしぐさとせりふが演じられている。

世阿弥の完成した能とはどのようなものか。それを考えるには、演劇史上、古今東西に類例のない独自の構造をもつ夢幻能《むげんのう》を見ていくのがよい。

能は夢幻能と現在能とに大別される。現実の人間世界の出来事を表現するのが現在能であるのにたいして、夢幻能は、主人公を霊として登場させ、その霊が過ぎ去った昔のことどもを歌い、舞い、ものがたるという形を取る。

夢幻能の場合、話の筋立ては前後の二場に大きく分かれる。前場《まえば》では旅人が名所を訪れる。そこへ里人がやって来て、名所に因《ちな》んだ言い伝えを旅人に話して聞かせる。話の最後に里人は、「このわたしはいまの物語に出てきた〇〇なのだ」といって消え失せる。能の用語で旅人を演じるのをワキ（副人物）、里人を演じるのをシテ（主人公）または前《まえ》ジテといい、シテが舞台からいったん退場することを中入《なかい》りという。そこまでが前場で、そのあとの後場《のちば》では、さきほどの里人が物語中の○○にすがたを変えてあらわれ、物語の主人公となって一人称で思いを述べ、歌を歌い、舞いを舞い、夜明けとともに消えていく。気がつけば、○○は旅人の夢のなかにあらわれた霊であった、——というのが夢幻能の基本形式である。

中入り後にすがたを変えて登場するシテは後《のち》ジテと呼ばれるが、後ジテの演じる人物は男女・老若・身分は種々雑多だが、恨みを残して死んだ、成仏の危ぶまれる人物という点は共通している。当然にも、話の盛り上がる後場は、死んでも死にきれぬ主人公の恨み、苦しみ、悲しみの表現が大きな見せ場となる。

たとえば、世阿弥の『清経《きよつね》』では話はこう展開する。

平清経は重盛の三男で、源平の合戦に敗れ、一門とともに都を追われて九州の太宰府《だざいふ》にまで落ちていく。平家はそこで態勢を立てなおし瀬戸内海へと出ていくのだが、清経は一門の前途に絶望し、一夜、豊後《ぶんご》の柳が浦に停泊していた舟から海に身を投げて死んでしまう。あとには形見の頭髪が残されていたという。清経にまつわる話は『平家物語』や『源平盛衰記』に記されていて、世阿弥の『清経』もそれらを下敷きにしている。

この能は夢幻能の基本形式には従わず、前ジテが登場しない。ワキも一般的な旅人として聞き役を務めるというのではなく、旅人は旅人だが、九州の柳が浦からはるばる京都にやってきた清経の家来・淡津《あわづ》の三郎だ。清経の妻の家を訪ね、清経の入水《じゅすい》のさまを報告し、形見の黒髪を手わたすというのが役どころだ。

淡津の三郎の相手となる清経の妻はツレとして登場する。普通、ツレはシテやワキに随伴する助演的な役だが、『清経』ではそれではおさまらぬ大きな存在となっている。ワキとツレの対面の場ではワキ（淡津の三郎）よりもツレ（清経の妻）のほうに観客が感情移入するように芝居が作られているし、シテと応対する場でも、シテ（清経）と張り合って問答する、能としては異例の場面設定となっている。夢幻能の構成は世阿弥が型として完成に導いたのだが、世阿弥自身、その完成型にとらわれることはなかった。

夫・清経の入水の報に接した妻は、深い悲しみにとらえられるが、ただただ悲しみの涙にくれるだけではない。都を落ちるときに、必ず生き永らえてまためぐり逢おうとたがいに約束したのに、約束を守らないでみずから死んでしまうなんて、と、清経に恨み言をいう。戦いのなかで討ち死にしたり、病《やまい》の床で死んだりしたのなら、まだしも諦めがつくのに、と。清経の死が素直に受け容《い》れられない。悲しみには恨みがこもり、こもった恨みが悲しみに苦《に》が味《み》を添え、悲しみに没入することができないのだ。

入水した清経への恨みは、形見の黒髪を見せられたところでさらなる高まりを見せる。悲しみに耐えてつくづくと遺髪を見つめていた妻は、形見の品を受けとらないで突き返す。

見るたびに、心づくしの髪なれば、憂さにぞ返す本《もと》の社《やしろ》に

（見るたびごとにかえって心の痛む遺髪ですから、そのつらさゆえに髪は筑紫の宇佐神社の近くに眠る本《もと》の主《ぬし》に返します）

（岩波・日本古典文学大系『謡曲集 上』二五二ページ）

と歌いながら。

ワキ・ツレ対面の場の最後に来るのは、右の五・七・五・七・七を引きつぐ形で地謡《じうたい》の合唱が妻に代わって亡夫への恋慕の情を歌い上げる場面だ。

涙とともに 思ひ寝の、夢になりとも 見え給へと、寝られぬに 傾くる、枕や恋を 知らすらん、枕や恋を 知らすらん。

（涙に濡れつつ夫を思って寝るわたしだが、せめてその夢のなかにでもすがたを見せてくださいと、寝つかれぬままにあちこち動かすこの枕がわたしの恋心を知らせてくれるだろうか）

（同右、二五二ページ）

この地謡が舞台いっぱいに響くなか、ツレ（清経の妻）は静かに夢の世界へと入っていく。また、シテ（清経の霊）が静かに幕から登場し、橋掛りを通って常座《じょうざ》に立つ。ワキ（淡津の三郎）はめだたぬように切戸《きりど》から退場する。

現実の世界がいつしか夢の世界へと移っていく場面で、ツレ（妻）にもシテ（清経）にも、現実と夢とのあわいにあるような幽玄の表現が求められるし、観客は、日常の経験ではぼんやりとたどるしかない一方から他方への移りゆきを、練達の役者が無駄のない動きによってくっきりと表出してくれるのを見て楽しむことになる。
さて、清経の霊の登場以降は、話の中心は、柳が浦での清経の最期の情景の描写に移る。大半の夢幻能においては、山場をなす情景描写は後ジテの独白独演で進行するのだが、ここではそこにツレが割りこんでくる。

かやうに申せばなほも身の、恨《うら》みに似たることなれども、さすがにいまだ君ましまず、み代《よ》のさかいや一門の、果てをも見ずして徒《いたず》らに、おん身ひとりを捨てしことは、まことに由《よし》なきことならずや
(こんなことをいうと恨《うら》み言《ごと》に聞こえるかもしれませんが、主君がいまだご存命のときに、その治世の変わり目や一門の最期を見ないで、むなしく自分だけ身を捨てるのは理に合わぬことではありませんか)
(同右、二五四ページ)

清経の入水に妻はどこまでもこだわる。夫への思いの深さのあらわれだが、劇の構成からすると、このこだわりの強さが夢幻能に対話劇ふうの緊張感をあたえている。妻は、清経の歌と舞いと演技のたんなる引き立て役にとどまらず、清経と正面から対決し、清経を内省へと誘う役ともなっているのだ。

妻の詰問と恨みに応えるべく、清経は力をこめて入水に至る経緯と心理を語る。旗を靡《なび》かす源氏の勢いに、もはやこれまでと観念し、横笛を吹き今様《いまよう》を朗詠して波に身を投じたのだ、と。さらには、現世で戦いに明け暮れた報いとして、入水のち修羅道に落ち、四方八方から襲いかかる災厄に苦しめられたのだ、と。激しい語りとともに歌と舞いが最高潮に達したところで、念仏往生の締めくくりのことばがあらわれる。

十念乱れぬ　み法《のり》の舟に、頼みしままに　疑ひもなく、げにも心は　清経が、げにも心は　清経が、仏果を得しこそ　有難けれ。
（心乱れぬ十度の念仏によって、仏の救いの舟に望み通り確かに乗ることができ、まったく清らかな心で成仏できたことのありがたさよ）
（同右、二五六ページ）

修羅道での苦患の描写が最終一、二行で成仏の喜びの表現に転じるのは唐突の感をまぬがれないが、いまはそこに立ち入るまい。世阿弥の作劇のさまをさらに追求すべく、男を主人公とする修羅物ないし二番目物と呼ばれる『清経』に続いて、女を主人公とする鬘物《かずらもの》ないし三番目物と呼ばれる夢幻能『井筒《いづつ》』に当たりたい。

『井筒』は、王朝の『伊勢物語』二三段に材を取った能で、前場《まえば》・後場《のちば》とも大和の国の在原《ありわら》寺《でら》を舞台とする。

旅の僧が在原寺で業平の昔を偲《しの》んでいると、里の女がやってきて筒井から水を掬《く》み、それを花水として業平の塚に回向《えこう》する。旅の僧に業平との縁を尋ねられ、女は昔男《むかしおとこ》の業平とは縁もゆかりもないと答えつつも、問われるままに『伊勢物語』二三段の業平と井筒の女の恋物語——筒井筒の贈答歌の話や業平の高安《たかやす》通いの話——をする。話し終わって女は、自分こそかの井筒の女なのだと明かして井筒の蔭に消えていく。

中入りののち、後《のち》ジテの井筒の女の霊が業平の形見の冠を頂き、形見の上着を身につけて登場する。そして、業平の舞いを業平になりかわって舞う。美しい袖を雪のようにめぐらしながら。

女の霊は、業平の冠、業平の上着、業平の舞いを介し、恋する男に身も心もあげて一体化しようとする。曲の詞章にも『古今和歌集』や『伊勢物語』の有名の恋歌の一句ないし数句がちりばめられる。最終段では、『伊勢物語』二三段の歌、

筒井筒　井筒にかけし　まろが丈《たけ》　過ぎにけらしな　妹《いも》見ざるまに
（筒井の井筒の高さをめざしたわたしの背丈は、あなたを見ないまに井筒の高さを越えてしまったようだ）

の上三句を引いたあと、恋の思いは幕切れに向かってこう展開する。

昔男の、冠直衣《かむりなおし》は、女とも見えず、男なりけり、業平の面影
見れば懐かしや、われながら懐かしや、亡夫《ぼうふ》魄霊《はくれい》の姿は、萎《しぼ》める花の、色無うて
匂ひ、残りて在原の、寺の鐘もほのぼのと、明くれば古寺の、松風や芭蕉葉の、夢も
破れて覚めにけり、夢は破れ明けにけり。

（昔男・業平の冠と直衣を着けたわたしのすがたは女ではなく男に見える。業平の面影が浮かび出ている。なんと懐しいことか。亡夫の霊は萎《しお》れた花が色なく匂いだけ残ったようにはかない。寺の鐘の音とともにほのぼのと夜が明けると、松風の音と芭蕉葉のそよぎが聞こえるだけ。夢は破れ、目が覚めたのだった）（同右、二七九ページ）

『清経』の結末とちがって、後ジテの井筒の女（霊）の極楽往生を確認することばはあらわれない。当の霊が幼なじみの若者（業平）とめでたく結婚し、その後も今生に恨みを残すほどの苦しみや悩みを味わってはいないことからすると、極楽往生を確認したり祈ったりする文言がなくても不自然には感じられない。前場も後場もふくめて、全体がことのほか静かに穏やかに展開するこの夢幻能では、話の最後に仏教的な観念をもち出して締めくくったりしないほうが、かえって雰囲気にかなうようにも思える。そのほうが井筒の女の哀切な思いが観客の心にいっそう深く沁《し》みわたるように思える。

それにしても、井筒の女に業平の冠と直衣を着けて登場させる、という着想は卓抜だ。女とも男ともつかぬ異形が、かえって恋心の切なさを浮かび上がらせる。恋心は必ずしも即物的なものではないが、女とも男ともつかぬ後ジテの歌と舞いを見ていると、そのすがたが、男に寄りそい、男に一体化しようとする恋心のあらわれであるかのように思えてくる。しかも、舞台上の女（霊）自身がみずからの男装を強く意識していて、「恥づかしや、昔男に移り舞《まい》（恥ずかしながら、業平に乗り移って舞いを舞おう）」とまでいう。その舞いを男らしいというべきか、女らしいというべきか。どちらともいえぬところに幽玄の気韻が漂う。霊はさらに井筒のなかをのぞきこみ、水に映った自分のすがたをながめやる。「女とも見えず、男なりけり、業平の面影」ということばとともに。

ことばは観客の心をも揺さぶり、井筒をのぞく女に業平の面影を見るようにと誘う。恋心の切なさこそがここでの主題であり、恋心の主体はほかならぬ井筒の女だから、観客が目の前の女に業平の面影を重ねるのはむずかしいが、井戸の水に映る女のすがたに業平の面影が浮かぶさまは、共感をもって想像することができる。

そういう形で観客はこの世ならぬ歌と舞いの世界に入りこみ、霊的な存在に寄りそい、ときにその存在と心を通わせる。夢幻の世界を生きることは、役者にとっても観客にとっても、日常を超えた経験であるのは確かだけれども、その世界は日常世界とまったく隔絶した世界ではない。とりわけ心情の面では——極楽往生を願う心や恋心においては——日常の世界と深く強く通い合う。そこを通路として、苦しくつらい日常を生きる人びとに、いや、明るく楽しい日常を生きる人びとにも、この世ならぬ夢の世界を一つの虚構として提示し、あらわれては消える幽玄の美と、人として現世を生きるふしぎさとをともども感じさせるのが、過去と現在を自在に行き来する時間の芸術としての夢幻能だといえよう。

3

世阿弥はすぐれた能の台本を残しただけではない。能の演じかたについて深く考えぬき、その要諦を独特のことばで記したいくつもの秘伝を残した。ここでは、身体表現に焦点を絞ってその能楽論を考えていきたい。

能の本来の魅力が、いま目の前で演じられる役者の歌、舞い、しぐさ、せりふにあることはすでにいった通りだ。能の台本も読まれるためにあるのではなく、演じるためにある。前節で取り上げた『清経』や『井筒』の台本を書いているとき、世阿弥は話をどう筋立てていくかと並んで、場面場面で歌がどんな囃子《はやし》に合わせてどう歌われ、舞いがどの位置でどう舞われるかをつねに考えていた。実際、能の台本は、文字を頼りに話の筋を追うだけでは楽しめない。おもしろ味に欠ける。舞台上の役者の動きをはっきりと脳裡に浮かべることができるようになって初めて、読むことがおもしろく感じられる。台本の詞章は、掛詞、縁語、枕詞、序詞といった修辞法が煩《わずら》わしいほどに多用されるが、その多くは歌や舞いやしぐさの都合に合わせて用いられている。手馴れた紋切型の修辞も少なくない。作者に紋切型を避けようとする気がないようなのだ。

役者でもあった世阿弥は、能の本領が台本にあるのではなく、台本をもとに演じられては消え、消えては演じられる舞台上の演技にあることを熟知していた。台本のことばは能役者の身体的な魅力を引き出すものであればそれでよい、と考えていた。たとえば、『井筒』の後場《のちば》で後《のち》ジテは女ながらに男の冠と直衣を着けて登場する。そして、かつてその冠と直衣を着用していた男への恋しさを演じる。舞台に一人立つ女に男の面影が宿る。そのなかで、どう女を通し、どこまで男の面影を宿すのかは、一瞬一瞬の顔、手、体、足の動きと、声の強弱、高低、抑揚によって決まる。井戸をのぞきこむところなどは、女でありつつ男の面影を身に宿すという繊細な演技が求められる。役者の全身の動きがことばを包みこみ、ことばの意味をはるかに超える表現力をもたねばならない。

世阿弥が秘伝として書き残した『風姿花伝』『花鏡』その他の能楽論は、能役者・能作者としてのみずからの経験を踏まえつつ、能における体のありさまと動きについて思慮に思慮を重ねたものだ。みずから体を動かす役者だったからこそここまでの思慮が可能になったと思えるが、そうだとしてもその内省力には驚かざるをえない。

人間における体に対立するものとして精神がある。精神が観念的・抽象的な存在であるのにたいし、身体は自然的・具体的な存在である。だから、体を考察の対象とすることは、人間を自然に近いところで見ようとすることだ。『風姿花伝』の冒頭の章「年来稽古条々」で「七歳」「十二三より」「十七八より」「二十四五」「三十四五」「四十四五」「五十有余」と年齢に応じた稽古のありかたが考察されるのは、その意味で理にかなっている。自然的存在たる体は、年齢とともに自然に変化していくもので、体の動きや働きもその変化に即して考えていくほかないからだ。能の魅力を「花」に譬《たと》える措辞も、能を演じ考える喜びを「花」にこめた用語法であるとともに、季節の移りゆきとともに色づき、ふくらみ、開き、しおれ、散っていく花の自然な変化が、自然的存在たる体のおもしろさを表現するのにふさわしいと感じたがゆえの措辞という面もあったかと思う。

しかし、体は自然的存在でありつつ、自然そのままではない。精神や意志と——世阿弥のことばでいえば、「心」や「内心」と——結びついている。冒頭の章は「年来稽古条々」と題されるが、体を花あらしめるための稽古も体が心と結びついているからこそ可能なのだ。年齢とともに体は自然に変化していくのだが、その変化に合わせて体をうまく訓練し、調整していく、身心一体の努力こそが稽古だ。そうやって鍛えられた体は、植物でいえば枯木に等しい老体にも花を咲かせることができる。「五十有余」と題する項で、老齢について世阿弥はこう述べている。（現代語訳で全文を引用する）

五十有余になると、大体は、なにもしないという以外に手はないようだ。「騏驎《きりん》も老いては駑馬《どば》に劣る〔名人も年取ると凡人にも及ばない〕」とことわざにもある通りだ。しかしながら、本当に堪能な役者なら、演じうる曲目もなくなり、善かれ悪しかれ見どころが少なくなっても、花は残るものだ。

亡父・観阿弥は五二歳の五月一九日に死んだが、同じ月の四日に駿河《するが》国の浅間《せんげん》神社で奉納の能を演じた。その日の猿楽はとくに花やかで、見物人は上下を問わず称賛した。その頃は数々の演目は初心時代のわたしに譲り、自分は楽なところを控え目に彩《いろど》り添えて演じたけれども、花は一段と見事だった。これは自分で得た本物の花だったから、能が枝葉の少ない老木になっても、花は散らないで残ったのだ。まさに、老骨に花が残るという証拠を目《ま》の当たりにしたのだった。（岩波・日本思想大系『世阿弥　禅竹』一九―二〇ページ）

「老骨に花が残る」というのが言いえて妙だ。自然のままなら花がとっくに散っているはずの老骨に花が残っている。めったに起こりそうもないことを目の当たりにしたがゆえに、日時も場所も世阿弥の脳裡に強く刻みこまれたのであろう。目に見える老いた体に目に見えるように花が浮かぶ。体が自然に近い存在であるだけに、自分の目で見た経験がなによりものを言う。老いた父の控え目な演技を見て、世阿弥は能の花が自然に咲くものでありながら、事と次第によっては自然を超えて咲く可能性のあることを確信したにちがいない。

その、事と次第に、大きく関与するのが稽古だ。役者の体は年とともに自然に変化するが、自然な変化に寄りそいつつ、自然そのままの花ではない花を咲かせようと体の訓練を重ねること、それが稽古だ。体の自然な変化に寄りそいつつ、自然的存在たる体を、能を演じる体へと鍛えていくことが稽古だ、といってもよい。自然な体と能を演じる体とを媒介する活動が稽古だともいえる。自然な体と演じる体との現在と来しかた行くすえを冷静・的確に理解し、二つの体の均衡と調和を図りつつ努力を重ねることが要求される。「年来稽古条々」の記述からは、能の実際の稽古の場を見たことがない者にも、作者の観察眼の冷静さ、的確さは伝わってくる。いま、稽古の初めとされる「七歳」の項の一節を現代語訳で引く。

七歳頃の稽古では、当人が自分からやり出すことに必ず、これはいいという見どころがある。……子どもが自然に演じるところをそのまま思う通りにやらせるのがよい。良いだの悪いだのとやかましく教えてはいけない。厳しく禁止しすぎると、子どもはやる気をなくし、能にいや気がさし、そのまま進歩がとまってしまう。（同右、一五ページ）

いや気がさすといった心理も、体の自然な成長に即した動きといえるだろう。自分の子や幼ない弟子に稽古をつけた世阿弥は、そういう心理の動きにも注意を怠《おこた》らなかった。次の「十二三より」では、なにをやっても花やかさのともなうのがこの年ごろだが、それは真の花ではなく、年齢から来る花だといわれる。稽古はむしろ基礎的訓練を重視すべきだ、という。「十七八より」では、この年齢はいろいろと問題のある時期で、過重な稽古は禁物だとされ、「二十四五」に至って、声と体が安定し、ここに稽古が本格的なものになるとされる。

秘伝として残すべく、こうした心得を書きつける世阿弥は、心得の一つ一つが金科玉条のごとくに遵守されることを求めていたとは思えない。体の自然な成長には、当然、個人差があるから、「十二三より」「十七八より」といってもおおよその目安を示すものにすぎないし、心理の動きまで勘案するとなれば、個人差はさらに大きくなり、その場その場での具体的対応は、教える者と教えられる者との関係に即してずっと複雑にも緻密にもならざるをえないからだ。

そんなことは百も承知で、しかし、世阿弥は、稽古が体の自然な成長に合わせて合理的におこなわれることこそ能にとってもっとも大切なことだと考え、そのために、体とはどういうものか、能を演じるとはどういうことか、体の表現がどう能の花に結びつくのか、――そういった原理的な問題について思考の道筋を示しておこうとした。

年々の花を論じた冒頭の一章を受けてさまざまな角度から能の本質にせまる『風姿花伝』の論述は、第二章から第六章に至る五章へと広がり、さらには「別紙口伝《べっしくでん》」へと続いていく。が、どこまで考察を重ねても、世阿弥の関心は具体的な声と体の動きを離れることがない。舞台で演じられる身体表現としての能をあくまで考察の対象とし、その埒外《らちがい》に出ることはない。

考察と論究は『風姿花伝』を超えて続き、深まる。『風姿花伝』の後に書かれた『花鏡』でも、役者の声と体についていよいよ綿密かつ精妙な分析がなされる。その最終章に次のことばが見える。

「老後の初心を忘るべからず」についていうと、命には終わりがあるが、能には終点があって はならない。年齢に応じた能を一体一体と習いつづけて、老後の年齢にふさわしい風体を習うのが老後の初心というものだ。老後にあらわれる初心なのだから、以前に学んだ能を内にふくんでいる。『風姿花伝』に、五〇歳を越えると、なにもしないという以外に手はない、とある。なにもしないという以外に手がないほどの重大事を老後にするのは、それこそ初心以外のなにものでもない。（同右、一〇八—一〇九ページ）

「老後の初心」という表現がおもしろい。初心とは、事を始めるに際して当人の経験する心の状態ないし心の方向性をいうが、長く能をやってきた老後にも「老後の初心」があると世阿弥はいう。「なにもしないという以外に手がない」（原文は「せぬならでは手立《てだて》なし」）というのがそれだ、と。

老後には老後ならではの課題があらわれ、その課題に取り組む新鮮な志が老後の初心と呼ばれる。しないというところに向かって努力を重ねるのが老後の課題だ。

課題の新しさとむずかしさは一目瞭然だ。が、新しく、むずかしい課題があらわれることに世阿弥は能の奥の深さを感じ、能役者として誇りを抱いている。能に終点がない、というのは暗に稽古がどこまでも続くことを示すことばだが、世阿弥はそこに能の生命力を感じとり、能のゆたかさとおもしろさを見ている。年齢に合わせて体を日々訓練し、未熟なところ、至らぬところを一つ一つ克服し、演技をいっそう高度なもの、完璧なものにしていく。

そういう稽古の延長線上に、しないという以外にやりようのないような老後の稽古が位置づけられる、——稽古にいそしむ世阿弥に見てとれるのは、自然的存在としての体と、演技する体との複雑微妙な融合と離反のさまだ。『風姿花伝』にも『花鏡』にも、そういう複雑微妙な身体表現に挑戦する能役者・世阿弥の喜びが溢《あふ》れているとともに、その複雑微妙な身体表現に目を凝らし、そのさまをことばに定着していく思索家・世阿弥の心のときめきが脈打っている。未知の事態に遭遇するたびにじっくり腰を据えて状況を観察し、ことばにしにくい出来事をなんとかことばにしようと努力を重ねるこの思索家は、父の遺訓を手がかりとしつつ独力で論を積み重ね、驚くほど高度な身体表現論を作り上げることができたのだった。論の水準の高さを示す一例として、能の究極の境地について述べた『花鏡』の「妙所之事」と題する章を全文、現代語訳で引用する。

妙とは「たえなり」ということだ。「たえなり」というのは形のないすがたのことだ。形のないところに妙体はある。

そもそも能芸においては、妙所なるものは舞曲、歌曲を初めとして、立居振舞《たちいふるまい》のあらゆるところにあるはずだが、改めてそれを指摘しようとすると、どこにもない。この妙所を具えたシテは無上の名人といってよい。とはいえ、生まれつき、初心の頃から妙体の面影を具えた者もある。当人には分からないけれども、目利《めき》きには見てとれる。一般の観客の目には、なんとなくおもしろいと見えるにとどまる。妙所というものは、最上のシテにしても、自分の風体にそれが具わっていると知るだけで、いまの芸が妙所だとは分からないはずだ。それと分からないところこそ妙所であって、少しでも意識したり言ったりできるところは妙所ではないのだ。

そうはいっても、よくよく考えてみるに、妙所といえば、能の芸をきわめ、真の名人となり、至高の境地にあって至難の芸をも安らかに演じ、どんな芸をする場合でも無心無風というべき位に達した状態こそが、妙所に近いといえようか。幽玄の風体が円熟の境地に達したとき、妙所に近づいたといえようか。心眼をもって見るべき事柄だ。（同右、一〇一ページ）

体の動きがいつしか妙所の境地に達するということが、世阿弥の身に起こらなかったはずはあるまい。たびたび起こることではなかったろうが、妙所の経験が確かに世阿弥にはあった。

が、それをことばに表現するのはむずかしい。無心無風という身体表現の至高の境地を、ことばが壊してしまうからだ。ことばでもって妙所に近づこうとするとき、いいうるのは、ことばによっては妙所の核心には達しえないということだ。体の動きが妙所に達することからして並大抵のむずかしさではないが、言語表現がそこに達することはそれに輪をかけてむずかしい。

目の利く観客にも利かない観客にも魅力ある花を見せようとする世阿弥の能は、身体表現のおもしろさとふしぎさに導かれて、そんなにも至難の境地をめざすものとなった。言語表現にも十分に長《た》けていた世阿弥は、言語表現の容易に及ばぬほどの深遠な演劇活動にみずから携《たずさ》わることに、大きな誇りと満足感を抱いていた。世阿弥の書いた能の台本にも能楽書にも、至る所にその誇りと満足感を見てとることができる。

4

暗い情念をかかえこんだ主人公がこの世とあの世のあいだを行き来し、そこに幽玄の美の揺曳《ようえい》するのが能だとすれば、それとは対照的に、どこにでもいそうな身近な人物がさまざまな失敗や不手際や醜態を演じ、観客の笑いを誘うのが狂言である。能を観ているときは、掛詞や縁語のつらなる詞章の奥に人物の心の動きを読みとり、面の小さな動きに喜びや悲しみの影を見、シテとともにみずから幽明の境をさまよっていた観客が、狂言となると、一転、客席にくつろいだ気分で坐り、舞台で演じられる滑稽なしぐさや間の抜けたやりとりをなんの思い入れもなしに笑う。一方の陰にたいして、他方の陽。観客の反応を考慮しつつ役者たちが時とともにしだいに作り上げていった陰陽の組み合わせだが、組み合わせの妙ゆえに、能だけを、あるいは狂言だけを単独で観るのとは味わいの異なる、重層的な満足感があたえられる。にくいほどの演出だ。

もともと猿楽能は、おもしろおかしいやりとりや滑稽のものまねによって観客を笑わせることを主体とする芸能だった。それが上流の趣味人たちの好むところとなって、幽玄の美を求め、悩める魂の彷徨《ほうこう》や悲傷を象徴的に表現する芸能へと向かうことになったので、となれば、それとは別個に、滑稽味やおもしろおかしさを担う芸が求められるのは、当然の観客心理といってよく、それに応えるものがすなわち狂言だった。わたしたちの日常世界においても、暗く悩ましい日々が続くとき、殊更に笑いが求められ、たがいに笑い合う時間、笑い合える時間が大切なものに思えるのと、それは別の心理ではない。

ただ、笑いによって人びとの心の緊張をほぐすことと、舞台上で首尾の整った劇を演じることとは、そう簡単に両立するものではない。笑いを取ることに重きを置きすぎれば、劇の一貫性が損われるし、一貫性に執しすぎれば笑いを封じることになりかねない。観阿弥や世阿弥の時代には、すでに能と狂言は別立てとなり、二人は能役者ないし能作者の側に立っていたから、狂言について語るところはほとんどないが、笑いと劇とのつりあいについては無頓着ではいられなかった。世阿弥の『習道書《しゅどうしょ》』には狂言に言及した次の一節がある。（現代語訳で引用）

狂言役者について。笑いを取ろうとする狂言が、即興の思いつきや昔物語のおもしろそうな部分を素材として劇を演じるのは周知のところだ。……役者の演技において、多くの観客がきっと笑いどよめくようなものは、卑俗な風体というべきだ。笑《え》みのうちに楽しみをふくむというのがよく、そのとき、心はおもしろさとうれしさを感じている。観客のそうした心にかない、みんなが笑みを浮かべて楽しむようなら、おもしろい役者、高度に幽玄な役者といってよかろう。……くりかえしいうが、狂言だからといって、とりわけ卑しいことばや風体を用いることは絶対にあってはならない。用心することだ。（同右、二三九ページ）

卑俗で下品な演技への警戒心があらわだ。実際の狂言が卑俗で下品なものになりがちだったのであろう。卑俗さや下品さが笑いと結びつくのは普遍的な人間心理といっていいが、求められるのは能と狂言が演じられる場での笑いだ。笑いでさえあればなんでもよい、というわけにはいかない。なにより、その笑いが能のめざす幽玄の美を壊すものであってはならない。暗く悩ましい境地へと誘う能の緊張感をほぐすものであることが求められてはいるが、暗く悩ましい境地を侮《あなど》るような笑いであってはならない。いまの引用文にも「幽玄な（狂言）役者」ということばが見えるが、能役者ないし能作者たる世阿弥の立場からすれば、同じ舞台を共有する狂言作者には、能とはまた別種の幽玄を求めたかったのだと思う。

能の台本が一四世紀には成立していたのにたいし、狂言の台本は一六世紀の後半にようやく文字の形を取るから、世阿弥と舞台を共にした狂言がどんなものだったか、具体的には分からない。役者によっては、あるいは流派によっては、「卑しいことばや風体」を売りものにすることもあったかもしれない。

しかし、室町時代の末か江戸時代の初めに成立し、形を整えていまに伝わる狂言の台本を見ると、その笑いは卑俗な、下品な笑いではない。滑稽なことばやしぐさ、嘘や誤解や独り合点を交えたおもしろおかしいやりとりの巻き起こす、嫌みのない笑いである。ほのぼのとした笑いといってもいい。巻き起こす笑いが一定の品位と軽みを備えた笑いであることによって、狂言は、重く痛切な演劇たる能と一対をなす笑劇として、長く人びとの愛好するところとなった。

狂言の笑いの実質がどのようなものかを、大蔵流《おおくらりゅう》の台本『木六駄《きろくだ》』に即して具体的に見ていきたい。

登場人物はシテの太郎冠者《たろうかじゃ》のほかに、太郎冠者の主《あるじ》、この主《あるじ》の伯父、峠の茶屋の主人、と、合計四人だ。

雪模様の寒い冬の日に、主《あるじ》が山むこうの伯父の家に三〇本の柱用の材木と上等の酒（諸白《もろはく》）一樽《ひとたる》を届けるよう太郎冠者に命じる。柱材は五本ずつ六頭の牛に乗せていき（題名の「木六駄」はそこから来る）、酒は自分で背中に負っていけという。いやがる太郎冠者だが、行くなら諸白を振舞ってやるといわれて承知し、委細を記した伯父宛ての手紙を懐にして出発する。主《あるじ》の振舞酒を飲んで太郎冠者はほろ酔い機嫌である。

場面が変わって峠の茶屋。主人が雪の降りそうな空を見上げながら火の用意をしているところに、柱材の到達を待ちかねた伯父が様子見にやってくる。甥の村まで行くつもりで峠まで来たが、見るまに大雪となったため、茶屋で熱いお茶をもらって体を温め、奥に入ってしばし休むことにする。

そこへ、太郎冠者が「サセイ、ホオセイ。サセイ、ホオセイ」と六頭の牛を追いながら山を登ってくる。舞台には雪は降らず、牛のすがたはない。観客は、太郎冠者のしぐさとせりふでもって、雪の降るさまや牛の動きを想像する。台本の一節を原文のまま引用する。

アア寒や寒や、アア寒や寒や。（と言いながらころび、起きながら）したたかな吹雪が参った。このように寒うては、折角《せっかく》頼うだお方の下された御酒《ごしゅ》が、皆醒《さ》めてしもうは。ヤイヤイヤイ、エエまだら〔牛〕よ。そこは崖《がけ》じゃ。谷へこけ落ちょうぞ。真中を歩め、真中を歩め。（目付柱のあたりへ出て牛を引き戻す）ホオセイ、エエ（岩波・日本古典文学大系『狂言集　上』三八四―三八五ページ）

ようやく峠に着いた太郎冠者は、六頭の牛をつないで茶屋に入る。主人は熱いお茶を出すが、太郎冠者は酒が飲みたいという。あいにく酒の用意はないといわれて、がっかりする太郎冠者。気の毒がる主人がふと見ると、太郎冠者の背に酒らしきものが。それが名酒・諸白だと聞いて、それを飲んで温まったらよかろうという主人。大事な進上の品に手をつけるなんてとんでもない、という太郎冠者。凍《こご》えて使いの用が果たせないのがなお悪い、という主人。ならば、と、樽の諸白を腰桶の蓋《ふた》になみなみと注いで飲む太郎冠者。

気分のよくなった太郎冠者は、茶屋の主人にも飲むよう勧める。諸白を飲んだことがないという主人、最初は遠慮し尻ごみするが、人の差した盃を受けないのは無礼であるぞと強く勧められ、ついに口をつける。うまい。いい気持ちになった二人は、差しつ差されつ、小謡《こうたい》を謡い、小舞《こまい》を舞いながら盛り上がる。樽酒は底を突き、二人はすっかり酔っぱらう。茶屋の主人が最後に小舞「雪山《ゆきやま》」を舞うと、舞いっぷりに感心した太郎冠者は、ほうびに六駄の木を取らせようという。進上の品をもらうわけにはいかぬという主人に、人のほうびを受けとらぬは無礼であるぞ、といって太郎冠者は材木を押しつけ、主人はそれではと木六駄を積んだ牛を引いて山を下りてしまう。太郎冠者は酔いつぶれて眠りに落ちる。

と、後方で休んでいた伯父が立って舞台前面に出てくる。雪の降りやんだこの機に家にもどろうというのだ。茶屋の主人に礼をいって帰ろうと思い、声をかけるが返事がない。見ると、だれかが寝ていて、まわりに酒くさい匂いがしている。だれかと思ってよく見ると、甥の家に使われる太郎冠者ではないか。たたき起こして、なにをしているのかと尋ねると、太郎冠者はようやく相手を認めて、あなたの所に使いに行く途中です、という。不審に思い、太郎冠者の懐にある手紙を受けとって読むと、約束の木六駄をもたせます、と書いてある。まわりのどこにもそれらしきものがない。木六駄はどうしたと問われて、返答に窮した太郎冠者は咄嗟《とっさ》に、自分の新しくもらった名前が「木六駄」だという。諸白はどうしたと追い打ちをかけられて、さらに苦しくなった太郎冠者は「諸白は、ものだ」と答えにならない答えをいう。

ここは弾むようなことばの行き交いが楽しめるところだ。木六駄をめぐる問答から終幕まで、原文のまま引用する。

伯父　……ヤイヤイ、この木六駄はどれにあるぞ。
太郎冠者　エエ、その木六駄は、すなわち これに笑う者でござる。
伯父　何と。
太郎冠者　頼うだ人〔主〕申されまするは、「そちは 今に定まる名がない。これからは木六駄と呼ぶ」、と申されまする。御普請の御見舞《おんみまい》〔贈物〕に、この木六駄進じ候《そろ》、でござる。〔笑う〕
伯父　ハテ 合点の行かぬ。〔また文を読む〕何々、「諸白一樽、これも進上致し候」。ヤイ、この諸白は何とした。
太郎冠者　その諸白は、ものでござる。
伯父　汝が飲うだであろう。
太郎冠者　イヤ、飲みは致しませぬが、それは ものと。
伯父　何と。
太郎冠者　ものと。
伯父　何と。
太郎冠者　最前 牛が。
伯父　牛が。

太郎冠者　あまり寒いによって。
伯父　寒いによって。
太郎冠者　一つ飲もうと。（言い終ってうしろを向いて逃げる）
伯父　アノ　横着者、どれへ行く。捕えてくれい。やるまいぞ　やるまいぞ、やるまいぞ　やるまいぞ。（太郎冠者のあとを追う）
太郎冠者　アア、ゆるさせられい　ゆるさせられい、ゆるさせられい　ゆるさせられい。
（逃げて幕に入る）
伯父　やるまいぞ　やるまいぞ。（あとを追って退場）（同右、三九〇ページ）

苦しまぎれのいい逃れも滑稽だが、嘘をつき通せなくて逃げ出すというのも滑稽だ。最後は「ゆるさせられい　ゆるさせられい」「やるまいぞ　やるまいぞ」という常套の終幕となる。観客にはこれで終わりとはっきり分かる仕組みだ。

観客は安らかな気分でほのぼのとした笑いを笑うことができる。冷笑や嘲笑とは無縁の、たわいない笑いだ。うまく舞ったほうびに、三〇本の柱材を牛もろともくれてやるというのは常識外れの大それたふるまいだが、のんびりした話の進行からして、かりにそんなことがあったにしても、伯父はいずれ柱材も牛も取りかえすだろうと観客は気楽に構えていることができる。要するに芝居の上の出来事であり、おかしさを心おきなく楽しめばいい。観客をそんなくつろいだ気分にさせることが、狂言のねらいでもある。

筋立てがほのぼのとした、たわいのないものである上に、登場人物たちも毒のない、気の置けない人物たちであるのが狂言だ。ほかの狂言もそうだが、この『木六駄』でも、太郎冠者、主《あるじ》、茶屋の主人、伯父、の四人とも人が好い。最後の場面で、逃げる太郎冠者は、つかまってひどい目に遭うとは思っていないし、伯父は、太郎冠者を憎んではいない。たがいがたがいを許し合う庶民的な信頼感が登場人物たちをつないでいる。現実の世界では人びとはときに強烈な愛憎の念に取りつかれ、人間関係も気心の知れた安らかな間柄に終始するわけにはいかなかったろうが、狂言の舞台にはほのぼのとした安らかさが行きわたっている。その点で、その場は庶民の願望の投影されたユートピアだともいえるかもしれない。

たわいのない登場人物や、話の筋や、せりふのやりとりに、心温まる歌や舞いが加わることによって、ユートピアに軽やかさと明るさと華やかさが添えられる。能の歌と舞いが幽玄な美しさをめざすのにたいし、狂言の歌と舞いは気取らぬ賑やかさへと向かうものだ。『木六駄』では、合計八番の歌と舞いが太郎冠者か茶屋の主人か、または二人共同の歌舞として披露される。酒を飲みながらの歌であり舞いだから、陽気さが舞台いっぱいに広がり、観客席にまで及ぶ。能の歌と舞いが全身に緊張感のみなぎる謹厳な歌であり舞いであるのと対照的に、狂言の歌と舞いは、ついいっしょに歌いたくなり踊りたくなるような歌であり舞いだ。とはいえ、歌も舞いも大勢の観客を相手に舞台で演じられる以上、耳に快く、目を楽しませる美しい歌であり舞いでなければならず、演じるほうは、美しい形を追求しつつ、同時に、格式張らぬ砕けた雰囲気を醸《かも》し出すという高度な技巧が要求される。

『木六駄』の茶屋の場では太郎冠者と主人は主として狂言小歌や狂言小舞を歌い舞うが、なかに謡曲『鉢木《はちのき》』の一節を歌う場面がある。落ちぶれた鎌倉武士・佐野源左衛門常世《さののげんざえもんつねよ》が秘蔵の鉢の木を切り、薪《たきぎ》として燃やし、旅の僧（実は北条時頼）をもてなす、というさわりの歌だ。零落の武士のつらい心中を思いやる歌が、ここでは座を盛り上げる陽気な歌として歌われる。多くの観客は歌の由来を知っているはずだから、演じるほうとしては、酒席の陽気さを表現する演技に、歌の換骨奪胎のおかしさをもこめなければならない。『鉢木』の能としての品格を壊すことなく、謹厳の歌をおかしみの歌へと転じなければならない。具体的にいうと、秘蔵の鉢の木が良酒の入った酒樽に転じ、雪を払ってすがたをあらわした鉢の木を見て、切るのをためらう苦渋の表現が、「ウーン、うまいにおいかな」と酒に引き寄せられる逸楽の表現へと転じている。品位を失わぬ、大らかな換骨奪胎だ。

世阿弥の『習道書』にいう「狂言だからといって、とりわけ卑しいことばや風体を用いることは絶対にあってはならない」という心得は、能役者ないしは能作者の外からの要求としてあっただけでなく、狂言の作り手たちがみずからにいいきかせていた心得でもあったことが思われる。面をつけないで登場し、奇抜な衣裳を身につけることもなく、メーキャップもどぎつくはない太郎冠者は、ヨーロッパの芝居に登場するピエロなどと比べると、日常性に根ざした地味な道化役だといえるが、同じ舞台で演じられる能との兼ね合いをたえず意識することによって、笑いの質の卑俗化をまぬがれたのだった。能の幽玄とは趣きを異にする滑稽さやおかしみをねらいとしながら、その笑いは人間を卑しめるような冷たい笑いではまったくなかった。人間の失敗や愚かさや欲念や浅知恵をおもしろがりながら、それが人の世というものだ、それでいいのだ、と観客が半ば納得でき、もって多少とも生きる元気があたえられるような、そんな笑いだった。同時にそれが、後に続く能を新たな気分で見る心境へと観客を誘うものであったことは、いうまでもない。

こうして、能と狂言は、身体表現という新しい場で、一方は幽玄の美を、他方は大らかな笑いを追求することによって、新しい精神の境地を切り拓いたのだった。

第二十六章　禅の造形美――鹿苑寺金閣と慈照寺銀閣と龍安寺石庭

ものまねを主体とする大衆的な見世物だった猿楽能を、観世父子が、芸術性・精神性のゆたかな能へと大きく転換させるに当たって、時の権力者・足利義満の物心両面にわたる庇護が有効な働きをなしたことについては、すでに述べた。義満が能に賭ける観世父子の志をどこまで理解し、美意識をどこまで共有していたかはさだかでないが、少なくとも、さまよう霊的存在の放射する幽玄の美におもしろさを見出す感性は、義満に具わっていた。観世父子の創出しようとしたおぼろな美が、平安朝の雅びに通じるものだったこと、それが、王朝にあこがれる義満の心情に響いたはずだ。

義満は観世父子の庇護者だっただけではない。強大な幕府権力と日明貿易その他で得た莫大な富をもとに、和歌・連歌・茶の湯・立花《りっか》などの芸能を保護・奨励し、また、春屋妙葩《しゅんおくみょうは》などの禅僧と親しく交わって、五山文学や水墨画の隆盛に力を貸した。義満自身が舶来の唐物《からもの》・唐絵《からえ》を愛好し、のちにその出納管理や鑑定を専門とする同朋衆《どうぼうしゅう》が必要とされるほど多数の品を集めた。

そうした文化的な援護と趣味と愉楽の一つの頂点をなす営みとして、北山第《きたやまてい》――現・鹿苑《ろくおん》寺《じ》（通称・金閣寺）――の大造営があった。

1

北山第は、もともと貴族・西園寺《さいおんじ》家の山荘だった所を義満が譲り受け、一三九七年に造営に着手し、翌年にほぼ完成を見た建造物で、義満は一三九九年にここに移り住んでいる。義満の死後は夫人の日野康子《ひのやすこ》が住み、夫人の死後、夢窓疎石《むそうそせき》を開山とする禅寺となった。

創建当時の北山第はいまの鹿苑寺(通称・金閣寺)の二倍の広さをもつ大規模な邸宅だったというが、見所は、岩石と松の島があちこちに配された広い鏡湖池《きょうこち》と、その池に面した三重の金閣だ。池の凝った造作といい、二層・三層に金箔《きんぱく》を張りめぐらした金閣の贅《ぜい》の尽くしかたといい、造営時もそこを焦点とした新第の建設であったことは疑いを容れない。

金閣寺といえば、いまは京都の大観光名所の一つだから、四季を通じて人の波の絶えることがないが、義満の移り住んだ頃の北山第は、都の外れに位置する閑静な山荘だったはずだ。広い池の水面には大きくはない島がいくつも浮かぶ。淡路島、出亀、入亀、亀島、鶴島、葦原島などの名をもつ島だ。見物客には島の名前まで確認する気は起こらないが、山荘の住人たちやその関係者たちは、名の由来に思いを及ぼしたりもしながら島々の風情を楽しんでいたかもしれない。また、岩石が一つだけ水面に顔を出しているのを浮石《うきいし》と呼び、これには須弥山《しゅみせん》に因《ちな》む九山八海石《くせんはっかいせき》の名や、石の献納者に因む赤松石《あかまついし》、畠山石《はたけやまいし》、細川石《ほそかわいし》の名がある。権力者・義満の得意気な顔が思い浮かぶような命名だ。

金閣［鹿苑寺］（国立国会図書館デジタルコレクション）

それはともかく、広い池のあちこちに緑の島や灰色の石の浮かぶ風景は、見る者の心を静めるような安定感と落ち着きがある。水と石、水と常緑樹が調和するよう、そして、島と島、島と石、石と石が均衡を保つよう、綿密に繊細に配慮がなされている。普通の見物客には金閣のなかから庭をながめることはかなわないが、池の周囲から庭をながめただけでも、庭師たちの造形感覚の卓抜さと技術の高さは十分にうかがうことができる。

池に浮かぶ島や石のたたずまいとともに目を楽しませてくれるのが、水面に映る空や樹々や金閣のすがただ。池の上方に本物の空と樹々があり本物の金閣があって、水に映っているのは本物ならぬ、空や樹々や金閣の影だ。それは分かっているが、たとえば晴れた日に空の青、樹々の緑、金閣の金色《こんじき》のなす対照の鮮やかさは見る者の目を引きつけずにはおかず、水面に映った影の対照までがなんとも美しい。水面に小波《さざなみ》が立って形と色に崩れが生じると、その崩れがまた美しい。池が広く、水面に映る影もたっぷりした量感があるから、本物のすがたと水面上のすがたとの対比も存分に楽しめる。水面に浮かぶ島や石は、そこだけ、映る影を小さく妨げているといえなくないが、妨害が苦にならない。どころか、その島や石が直下に映る自身の逆《さか》さの影とくっきりした対照をなして、なにやら幻想の世界にさまよい出るようでもある。都の郊外にある山荘の、樹々に囲まれて池に臨む壮麗な建造物という点で、この場の情景は平安後期に藤原頼通の造営した平等院鳳凰堂を思い出させるが、水に映る影の魅力という点では、こちらが優っている。池の広さが影に深みをあたえているのだ。

さらにいえば、金閣の二層・三層に張りめぐらされた金箔が——過剰の印象を拭《ぬぐ》えない金箔が——、水に映ることによってその過剰さを減殺《げんさい》されるのが好ましい。すぐあとに述べるように、華麗な金箔を施したこのふしぎな建物は、長い歴史のなかで作り上げられてきた日本的な美意識の伝統に素直に従うものではない。伝統的な美意識を逆撫《さかな》でするようなどぎつさがある。とはいえ、どぎつさを理由に美の歴史から排除することはとうてい許さぬような、ふしぎな輝きを放ってもいる。そして、どぎつさを魅力へと転じる大きな要素の一つとして、金色に輝く建物がつねに水に映る淡い像とともに目の前にあるという上下二重のすがたがある。

が、話を急ぐまい。金箔を問題にする前に建造物全体の結構について述べておきたい。

金閣は鏡湖池の北の端に、池に乗り出すようにして立っている。第一層は蔀戸《しとみど》を使った王朝の寝殿造風の建物で、法水院《ほっすいいん》と名づけられる。西側に四方吹抜けの釣殿《つりどの》風の建物が付属している。第二層は、同じく蔀戸を使った寝殿造風だが、なかに観音を安置する和様仏堂となっている。第三層は、桟唐戸《さんからど》と花頭窓《かとうまど》を配した宋の禅宗様仏殿の形を取る。なかには阿弥陀三尊と二十五菩薩が安置される。屋根は杮葺《こけらぶ》きで、頂上には鳳凰が南を向いてすっくと立っている。

下二層の和風の作りにたいして第三層が中国風、また、下二層が長方形にたいして第三層が正方形という構成は、奇を衒《てら》った建てかただが、破綻を来《きた》してはいない。王朝文化へのあこがれと中国の文物に引かれる異国趣味が義満のうちにともどもあって、そのせめぎ合いが奇抜な建造物の構想を生みだしたとも考えられるが、室町時代の工匠たちの美意識と技量は、そんなわがままな構想をも破綻なく仕上げるだけの高さに達していたということだろうか。第一層に付け足された釣殿風の簡素な建物が、三層の楼閣に見事に調和しているのを見ると、義満の注文に応じる工匠たちの余裕らしきものさえ感じられる。

義満は義満で、この楼閣のうちに和風の宗教性と中国風の宗教性をともどももちきたらし、二つながら自分の支配下に置こうとしたかに見える。将軍の邸宅には仏像を安置する建物がなければならず、そのためにこの楼閣は造営されて、第二層に観音が、第三層に阿弥陀三尊と二十五菩薩が安置された。ときにはそこで仏教の儀式も執りおこなわれたはずだ。

しかし、光輝くこの壮麗な建造物を宗教建築と呼ぶことができるだろうか。島々や浮石の配置に工夫を凝らした池に面し、四季折々の変化を見せる木立を背景にもつこのきらびやかな建物は、宗教的な美しさを具えているといえるだろうか。

そう問うとき、金閣は宗教からは遠い、といわねばならない。そのきらびやかな美しさは人を祈りにも悟りにも救いにも導くものではない、といわねばならないように思う。金閣を仰ぎ見ながら、あるいは池のまわりを歩きながら、精神は容易に集中へと向かわない。金閣も庭園も精神の集中を促すべく設《しつら》えられているとはとうてい思えない。いつ行っても見物客が多く、そのざわめきが精神の集中を妨げる面はたしかにあるが、早朝や夕暮れの、人のまばらな折に行き合わせても、心が引きしぼられていくという実感はもちにくい。

反対に、身心にしだいに広がっていくのは、愉楽の気分だ。義満があこがれたという、数百年前の王朝の雅びに通い合う、品のいい愉楽の気分だ。ゆったりとくつろいで池をめぐり建物をながめるのが、その場にふさわしい身の置きかただと思える。そうやって心のままにたゆたっていると、金閣の第一層の西側に張り出した、とらえどころのない遊びのような付属建築——釣殿——が、この場面にいかにも似つかわしい建物に思えてくる。ひきかえ、第二層に観音像が安置され、第三層には阿弥陀三尊と二十五菩薩が安置されること、総じていえば、金閣が仏のための建物——仏閣——であることは意識されなくなっていく。金閣の美しさとおもしろさは、どう見ても、仏教から遠いところにあるといわねばならないのだ。

そこでさて、金閣に張りめぐらされた金箔をどう考えるべきか。

仏像に金箔を施すのは古代からおこなわれてきたことだが、建物の壁や柱や欄干や屋根裏に金箔を施すのは珍しい。室町初期に金屏風があらわれ、絵に金箔を施すことが広くおこなわれ、それが建物の装飾にまで及んだと考えられようが、仏教と金箔との関係はとなると、仏堂を金色《こんじき》に荘厳《しょうごん》する、といった一般的な理由づけ以上のものを考えにくい。必要とされる費用と、労力の大きさと、発想の意外さを考え合わせると、金箔による荘厳は仏教への思いに発するというより、おのれの富と栄光を誇示したい権力者の俗念に発する側面のほうがはるかに大きい。金閣のある北山第に移り住んだ義満は、ここで政務を執り、中国からの使者に応対し、公家・武家・上層貴族と和歌・連歌・管絃に興じたのだったが、金色に輝く金閣は、義満が内外の有力者たちになんとしてでも見せたいものだったにちがいない。

施主の心理を思いやれば、金箔には俗悪さが見え隠れするのをどうすることもできない。目の前にある壮麗な建物が富と権力の象徴であることは否定のしようがない。

が、その一方、木立のなか、池に面して立つこの建物が、調和の取れた、力強い美を体現してそこにあることも、これまた否定できない。そして、その力強い美が金箔のきらびやかさと切っても切れない関係にあることを思うと、富と権力の象徴でもある金箔の、そのきらびやかさとはなにかと考えざるをえない。

金閣の第二層、第三層の金箔は、その色といい光沢といい、まわりの自然からも建物の他の部分――第一層や屋根――からもかけ離れた、際立つ美々しさとしてそこにある。緑を基調とする樹々や、青い空や、物の色を映す池の水や、茶色と灰色の交じる地面や、黒と白と茶色の建物にたいして、金箔の輝く金色の美々しさは、くっきりとした対照をなす。その対照をあえてことばにすれば、樹々や空や水や大地や建材が自然の色であるのにたいして、金箔だけは反自然の色としてそこにある、といいたくなる。金色の第二層と第三層は、建物の屋根や第一層とも、まわりの自然ともそれなりに調和を保ってはいるけれども、その色とい い光沢といい、まわりに溶け合ってもいないし、馴染《なじ》んでもいない。

反自然の印象は、その由来をさぐれば、金という素材の放つ色と輝きが自然のうちにはまず存在しないというその稀少性と、どんな条件下でも特異な色と輝きを失うことのないその恒常性から来るように思える。鹿苑寺の境内に足を踏み入れ、金閣を目の前にすると、大きな楼閣の上層と中層が稀少にして恒常的な色と輝きに覆《おお》われているさまは、見る者に反自然の美しさを強く印象づけないではいない。

反自然の美しさはその反自然さゆえに、自然のなかにあるときには、そのまま素直に受け容れられるものではない。金閣の場合にも、金箔の色と輝きには無鉄砲な過剰とでも名づけたい押しつけがましさがつきまとっている。金箔を張りめぐらされた第二層、第三層はどぎつくこちらにせまってくる印象をぬぐい難く、もう少し華美さを抑える工夫があってよかったのではないかと思ってしまう。建物のむこうに時の最高権力者たる施主・義満のすがたがちらつくのは、決まって、そんな思いにとらわれたときで、無鉄砲な過剰と、あっけらかんとした一途な権力欲とがものの見事に重なり合う。権力と美のあからさまな符合は、くすっと笑いたくなるほどのものだ。

が、微苦笑のあとには、無鉄砲な過剰がなぜ建物の美しさを、風景の美しさを、破綻させることがないのか、という問いがやってくる。稀少にして恒常的な色と輝きは、反自然の印象をぬぐい難いが、にもかかわらず、その過剰な金の輝きが建物の全体と、そして、まわりの風景と、どうにか調和を保っている。となると、どのようにして調和は保たれているのか、と問わざるをえない。施主・義満ではなく、建物や庭園の造作にたずさわった工人たちのすがたが思い浮かぶ問いだ。

建物の前に広がる池の水が金箔のどぎつさをやわらげていることはすでに言った。池の水は自然のなかでもとりわけ変化に富む。わずかな風にも水面に小波《さざなみ》が立つし、水の色や映る影の明暗濃淡は、季節により、その日の天候により、また時間の経過とともに大きく、また微妙に、変化する。当然のこと、水に映る金閣と金箔の影もたえず変化する。歩きながら影をながめていると、その形の変化や、島・浮石に形の乱されるさまがおもしろく、そこでは金箔の美しさが自然の対極にあるのではなく、自然のなかに、自然とともにあると感じられる。

建物の構造としては、第二層の屋根と第三層の屋根が外に向かって長く伸びていることが、金箔の過剰さを抑制する力となっている。黒っぽい柿葺《こけらぶ》きの屋根がわずかな反《そ》りを見せてすらりと伸び、それに大きく覆われつつ、やや引っこんだ位置に、しかし色と輝きは目に眩《まぶ》しい、金色の壁や柱や欄干が見える。黒と金、外への広がりと内に引いた輝きとの対照が、目を楽しませる。黒との対比で、内側の金がうまく全体に統合されるだけでなく、内側の金との対比で、外に伸びる黒につややかさが加わるのだ。

金箔のどぎつさをやわらげる要素として、庭園が金閣をやや遠くからながめるように設えられていることもいっておかねばならない。池をめぐって金閣の北側に行くと、すぐ目の前に建物が見えるが、そこからは建物に視界を遮《さえぎ》られて池は見えず、建物もその全体が視野のうちにおさまらず、裏から——見ることを想定されていない位置から——見ている気がする。そこに長く立ちどまってまわりを見る気にはなれない。金閣を見るには、東か西か南から池を前にして見るしかない。すると、金閣は池を隔ててやや遠くに見える。そして、遠くからながめると、裏から見たときの金色のせまってくる感じは軽減され、きらびやかはきらびやかだが、その色と輝きがまわりの色や形とつながりをもって見えてくる。いかにも安定した見えかたで、もっと近くで見たいという気は起こらない。

建物と風景が遠くからゆったりながめやるように作られていることが、改めていえば、人を愉楽の気分へと誘う。どこにどう身を置いても、金閣のまわりの場景は宗教的な求道や祈りからは遠い。逆にいえば、そういう場であるからこそ、わたしたちは光り輝く金色《こんじき》を明快な美しさとして受け容《い》れることができる。

2

祖父・義満の北山第《きたやまてい》にならって、足利義政が京都の東山に造営した東山殿《ひがしやまどの》(のちに慈照寺《じしょうじ》、通称・銀閣寺)は、北山第より規模の小さい山荘である。

義政が造営に着手したのが一四八二年、翌八三年に義政は完成を待たずにここに移り住

銀閣［慈照寺］

み、西指庵《せいしあん》・東求堂《とうぐどう》・会所《かいしょ》などを建て、また、西《さい》芳寺《ほうじ》（通称・苔寺）の庭園を模範とする上下二段構造の庭園を作った。通称の由来となる銀閣が建てられたのは一四八九年だが、その翌年に義政が死んだため、当初の計画にあった塗銀はおこなわれなかった。

三層の金閣にたいして、銀閣は二層からなる。第一層は書院造で、腰高の障子が使われている。第二層は、板壁に花頭窓《かとうまど》と桟唐戸《さんからど》を設《しつら》えた禅宗仏殿の様式を取っていて、なかに観音を安置する。

金箔の輝きが目を射る金閣とは打って変わって、銀閣は落ち着いた静かな建物だ。三層と二層のちがいはあるが、和様住宅風の下層に禅宗様仏殿の乗る構えといい、屋根の頂きに鳳凰の立つ図柄といい、金閣に見習おうとしたのは明らかだが、塗銀が見送られたこともあって、壮麗さまで見習うものとはならず、むしろ質素なたたずまいの建物となっている。義満と義政の好尚のちがいにもよろうし、時代が行きすぎた贅沢や華美を許さなかったということもあろう。金閣から九〇年の時を隔てて建てられた銀閣は、精神史的に質の異なるものとしてそのすがたを示しつづけている。

銀閣の前に掘られた池も、金閣の前の池よりもずっと小さい。池に臨んで銀閣があるというより、銀閣の前にあちこち水面が見えるといった趣きで、池に映る建物の影を楽しむことはできないし、建物と池との対比を楽しむわけにもいかない。

池が狭い上に、建物のまわりにはごく近くまで松その他、大小の樹々が植えられているから、建物の全体像をゆったり楽しむことができない。曲がりくねる池ぞいの小径《こみち》を歩いていて、ふと視界が開け、銀閣の全容が見えてくることがあるが、その喜びも束の間、視線を建物に据えて少し歩を進めると、あちこちから伸びる木の幹や枝や葉に遮《さえぎ》られて全体像はあえなく壊れてしまう。いま金閣寺と呼びならわされるかつての北山第が、名の通り金閣を中心とした建築であるのにたいして、銀閣寺と呼びならわされるかつての東山殿は、銀閣を中心とした建築ではないことが、その場に身を置くことによっておのずと了解される。

では、中心となるのはどこなのか。持仏堂《じぶつどう》として建てられ、一角に義政の書斎――同仁斎《どうじんさい》――のある東求堂が中心をなすのか。それもまた否《いな》というしかない。銀閣より低い住宅風の建物で、実用的な一層の作りのこの建物が、銀閣をさしおいて全体の中心をなすとは考えられない。

むしろ、中心となる建物をもたないところに東山殿の特色があった。

権力の誇示が反自然のきらびやかさにまで至った金閣に比べると、銀閣、東求堂その他の建物は、自然とともにあろうとするものだったし、自然のほうも、建物の引き立て役として後景に退くというより、建物と共存しつつ四季折々の変化を示すよう設えられていた。

中心となる建物がないだけに、庭の散策も気楽に、気ままに、足を運ぶことができる。（銀閣と東求堂のあいだに白砂を盛り上げて作った向月台と銀沙灘《ぎんしゃだん》がある。こしらえものの風のあざとい造形だが、これは江戸時代以降の工作というから、いまは論の外に置く。）視界が大きく開ける場所はめったにないが、間近の植物や石や土の変化が心をなごませる。緑と白と茶色と灰色の風景が、地味ながらに清潔な空気を体に送りこんでくる。その感覚に浸っていると、体が自然のなかに溶けこんでいくかに感じられる。閑雅な気分だ。

めだちはしないが、散策の足取りに落ち着きをあたえてくれるのが、小径の両側に生える苔《こけ》だ。義政は洛西《らくせい》の西芳寺を愛し、そこにしばしば遊び、その庭園の構想を踏襲して東山殿の庭園を作ろうとしたという。西芳寺は「苔寺」と通称されるほどに庭の苔が美しいが、慈照寺の苔も、一面に広がるのではなくあちこちに散在するから目を引きはしないけれど、そのさりげなさが起伏の多い庭の雰囲気とよく合って、類のない美しさだ。目で見て緑の微妙な変化を楽しめるだけでなく、手で触れて抵抗感のある柔らかさとひんやりする湿気を楽しむことができる。

思うに、苔というのは特異な植物である。地面から上に向かっては伸びず、横へ横へと伸びていく。地面の土や石や岩の色と苔の緑とははっきりちがうから、苔の生えたところはまちがいなくそれと認識されるけれども、地面に密着したまま同じような緑の平面を少しずつ外へと広げていくその生えかたは、生命力の発現としていかにもつつましい。水を吸って生育していたのが、水不足になるといつのまにか消えてしまうのも淡白さを印象づける。

しかし、苔の緑が地面を覆《おお》っている場所は、土や砂や石が露出しているところとはやはりこちらの受けとめかたがちがう。地面を覆う緑にはまちがいなく命が通っていて、それが、見つめるこちら側の命と行き来する。手で触れてみたくなるのも、そうやって命の行き来をじかに感じとりたいからで、冷たくやわらかい感触が、苔の生きている証《あか》しのようだ。

慈照寺の庭園では、苔むした地面や岩があちこちで池の水と接している。そこでは、苔の緑がなだらかに水面の緑へと移っていく。水には動きがあって、その動きが苔の命に共鳴するかに思え、ために、水のほうが土や砂や石よりもゆたかに苔の命と行き来しているように見える。水のほうがたっぷりと苔の命に染まり、その命がそこから水際の土や石や岩に伝わっていくように思える。

苔を慈しむことは、いうならば、鉱物質の自然と植物質の自然との結びつきを楽しむことだ。結びつきが地面すれすれ、水面すれすれのところでなされていて、それが営みを堅実だと感じさせる。足元から目を転じて、庭園内の建物やら樹木やら池やら岩やらをやや遠くにながめると、苔のつつましさは庭園全体の閑寂な雰囲気にまことによくかなっていると感じられる。樹々の緑も、建物の黒や白や灰色も、古さびた中間色で、苔の色と自然につながっている。松の木の枝ぶりなどには、ときに、おやおやと思う変わった形が交じるが、それも全体の調和を崩しはしない。古くからある自然は、形が奇異でも、その奇異を自然のこととしてこちらが受け容《い》れるということなのだろうか。

そういう閑雅な風景のなかに身を置くと、思いはおのずから内面へと向かう。外の世界が調和を保って静かにそこにあるとき、五感の安らぎを得た散歩者の心は、外からの無用な刺激が思念を乱す怖れがないために、安心して内へと向かうことができる。

足利義政は二五年にわたって将軍の地位にあったが、恵まれるところの少ない将軍だった。幕府は、有力な守護大名の反目・抗争と、地方の農民や馬借の一揆ゆえに弱体化の一途をたどり、意志の弱い義政が建てなおせるようなものではなかった。そこに、養子・義視《よしみ》と実子・義尚《よしひさ》との後継者争いまでがからんで、応仁の乱が勃発する。大乱を傍観するしかなかった義政は、やがて、将軍職を義尚に譲り、みずからは風流の生活に逃避する。その風流生活の場として造営されたのが東山殿——いまの慈照寺——だった。

風流生活が愉楽を主とするものだったとしたら、この場の雰囲気はそれにふさわしいものだったとは思われない。当初は建物の一つとして会所が設けられ、風流人たちの集いの場となったようだが、愉楽のにぎわいはこの山荘の閑寂にそぐわない。人が集まっても、徳の高い禅僧の講話に静かに耳を傾けたり、二人ないし数人の親しい者同士がぽつりぽつりとことばを交わすのが場にふさわしいように思える。将軍としては失政つづきだった義政は、風流の世界では、一般に卑賤視される音阿弥《おんあみ》（能役者）や善阿弥《ぜんあみ》（庭師）を寵遇《ちょうぐう》し、山荘の作庭を善阿弥に委《ゆだ》ねてもいるが、その庭か建物のどこかで二人がことば少なに向き合う場面などが、この場にふさわしい情景として思いうかぶ。

東求堂の東北の隅に設けられた四畳半の書斎（同仁斎）も、静かに内省の時を過ごすのにふさわしい作りとなっている。北に一間《いっけん》の付書院《つけしょいん》と半間《はんげん》の違《ちが》い棚《だな》が張り出していて、室町時代の書院造の代表例の一つだが、閑雅な山荘の一角にそんな小さな部屋が設えられるのは、都の上層階級のあいだで静かな思索の時が尊ばれるようになったことを示していよう。戦乱に疲弊した心が、一転、静かな内省と思索に安らぎを求めるという転位は、人間精神の動きとしていかにもありそうなことに思える。

さて、こういう場がなりたつについては、戦乱の世という時代状況とともに、もう一つ、禅宗の広がりという歴史的な条件を考慮に入れねばならないだろう。室町時代になって武家社会と禅宗の接触が深まり、有力武士の援助のもと、あちこちに禅寺が創建され、戦乱で焼けたときは再建が試みられている。東山殿の作庭の模範となった西芳寺も禅寺だった。

閑雅な山荘を禅寺にならって作るとなれば、そこが坐禅や瞑想に通じる静寂と思索の場になるのは見やすい道理だ。静思や内省は、いうならば、武士の生活に取りこまれた宗教の形であり作法だった。仏典や義疏《ぎしょ》に取り組んだり、公案をめぐって観念的に悪戦苦闘したりすることはなくても、来しかた行くすえに思いを馳《は》せたり、いまの生きかたの是非を問うたりするだけでも、闘争に明け暮れる武士の生活からすれば、宗教に近づくことだった。その点からすると、静思と内省の場をもつ慈照寺（銀閣寺）は、華麗な金閣寺よりもずっと宗教に近いといえよう。金閣が仏を安置する建物ながら、建物自体もまわりの風景も、非宗教的な権力誇示と愉楽の場としてあるのにたいして、閑雅な慈照寺の佇《たたず》まいは、場の誘発する静思や内省とともども、けっして反宗教的でも非宗教的でもなかった。

そう確認した上で、しかし、慈照寺が宗教的な精神性に溢《あふ》れた場かといえば、そこまでの宗教性を認めるのはためらわれる。宗教的な求道の場となるには、自然にたいしてもっと禁欲的でなければならないからだ。権力の押しつけがましさや、世俗の愉楽にたいしては十分に禁欲的な慈照寺だが、自然にたいしてはおよそ禁欲的ではない。かえって自然のなかに深く入りこみ、自然の美しさをみずからの美しさとして生かし、自然とともに生きていこうとする気配が濃厚なのだ。そこに感じとれる閑雅な落ち着きも、自然との調和によってもたらされたものというべく、宗教的な精神に固有の、自然を超えようとする集中力は見出しがたい。庭を散策するにしても、同仁斎で一人静かに時を過ごすにしても、思いを一点に集中する必要はなく、心に浮かぶ思いをゆったりと追いかけるのが場に似つかわしいふるまいに思える。

では、宗教的な精神の集中に似つかわしいのはどのような場なのか。龍安寺《りょうあんじ》の石庭を素材にそこのところを考えてみたい。

3

龍安寺は、中心をなす方丈とその前の石庭がとくに名高いが、その外には大きな庭園が広

石庭［龍安寺］

がり、なかに大小の建物がいくつも立つ臨済宗妙心寺派の大寺院である。徳大寺家の山荘を譲りうけて細川勝元が創建し、応仁の乱で焼失したあと、息子の細川政元が一四八八年に再建した。新方丈の上棟は一四九九年で、石庭もその頃に造られたという。慈照寺《じしょうじ》の造営とほぼ同時期に当たる。

龍安寺の石庭は、鹿苑寺《ろくおんじ》の庭や慈照寺の庭とはまったく趣きを異にする。池があり、緑の樹々があり、季節の変化がある庭園ではなく、一面に白砂を敷いた縦一〇メートル、横二五メートルの長方形の平面に、大小一五個の石が配されただけの庭だ。水を用いずに山水を表現する「枯山水《かれさんすい》」の造園技法によるが、石のまわりの苔以外には草木のまったくない作庭は、枯山水のなかでも特異なものだ。見られることを意図して作りながら、目のとまるものをこれほど取り去った庭も珍しい。

「枯山水」の語は早くも一一世紀の『作庭記』に、

池もなく遣水《やりみず》もなき所に、石をたつる事あり。これを枯山水となづく。（岩波・日本思想大系『古代中世芸術論』二二六ページ）

という形で登場しているが、龍安寺石庭のように庭の全体がその技法で統一されるような作庭の登場は、一五世紀を俟《ま》たねばならない。禅宗の空《くう》や無の理念が主題化され、それが石や砂の形状や配置に結びつかねばならないからだ。自然の美しさを愛《め》で、その美しさを引き立てることによって、自然とともにある喜びに浸ろうとする伝統的な造園法の、その延長線上に枯山水の発想が生まれるはずはなかった。枯山水が生まれるには、ゆたかな自然、目を楽しませ心を楽しませる自然とは別の自然を造形しようとする造形意志が、造園者のうちに芽生えねばならなかった。造園の伝統のうちに長く受け継《つ》がれてきた自然観を否定するような思想原理が、造園者の心をとらえなければならなかった。それは、空や無の観念と自然とを結びつける思想原理といってもいいし、自然の樹木や岩石のうちに、古来の美意識を踏みこえる宗教的な意味を読みとろうとする思想原理といってもよい。それを禅的な思想原理と名づけるとすれば、そういう禅的な思想原理が強く全体に行きわたっているのが龍安寺の石庭なのだ。

鹿苑寺の庭園や慈照寺の庭園には散策用の小径《こみち》がついていて、そこを歩くのが心地よい。まわりの樹々や水や土や空と、自分の気分とが穏やかに共鳴し、世事が遠のいていく。身を置いているのは設《しつら》えられた自然のなかだが、自分が人工的な自然のなかにいるという感覚はない。まわりの風景と心の交流が人為を感じさせないほどに自然なのだ。歩きながら遠く前方を仰ぐもよし、左右にゆっくり目を移すのもいいし、立ちどまって足元の石や苔に目をやるのもいい。そうやって歩いたり止まったりしていると、体が自然に包まれ、自然に動いていると感じられる。そんな自然体の動きのなかで、まわりの自然が美しいものに見える。穏やかな、心安まる美しさだ。

龍安寺の石庭はそういう自然体の動きの埒外《らちがい》にあるもので、穏やかな美しさを求めて造形されたものではない。自然らしさや穏やかさの対極にあるのがこの庭だ。

そもそもゆったりと散歩できる庭ではない。長方形の庭に散歩用の小径はなく、北側の長い縁側からながめるほかはない。仮に庭に足を踏みいれたとしても、どこをどう歩いたものかとまどい、結局は縁側にもどってくることになろう。無理に歩きまわっても、自然体の散歩とはほど遠い。寺伝によると、この庭は「虎《とら》の子《こ》渡《わた》し」と称されたというが、なるほど、人間の散策には向かなくても、虎の親子なら渡っていけるかもしれない。自然らしさを逸脱した造形が、突飛な命名を招きよせたのだろうか。

縁側からやや見下ろすように庭をながめわたすと、一面の白砂の上に左手から五個、二個、三個、二個、三個の石が並ぶ。それ以外になにもない。縁側は庭に沿って東西に長く走るから、そこを行ったり来たりはできる。が、歩くにつれて新しい風景が見えてくることはなく、石の見えかたが少しずつ変化していくだけだ。自然の色とりどりのゆたかさやおもしろさはそこにはなく、むしろ、そういうゆたかさやおもしろさを拒否し排除するようにしてこの庭は作られている。伝統的な庭と趣きを異にする石庭の作り手たちが、にもかかわらず、美しい造形をめざしていたとすれば、その美しさは、自然に寄りそった、自然らしい美しさではなく、自然に背を向けた、いうならば抽象の美だったといわねばならない。抽象の美は自然の美の延長線上にあるものではなく、自然の美をいったんは否定し拒否したあとにあらわれ出るものだった。

そうした抽象への志向を用意したのが、鎌倉時代から室町時代にかけて人びとのあいだにしだいに広まっていった禅の空《くう》思想だった。精神の集中によって心を清浄にし、形あるものすべてを排して無為・無我の境地に至ろうとするのが空の思想だ。禅の基本は、端坐して沈思・黙念し、無心の境地に入る坐禅にあるが、いつまでもじっと坐っているだけ、という行《ぎょう》法《ほう》に相呼応するものとして、白砂と石だけの、抽象の極ともいうべき石庭があった。

自然のなかにゆったりと身を置いて――たとえば、庭を散歩しながら――穏やかな心持ちで自分の思いにふけるのは、それはそれで思考の一つの型だといえる。その一方、雑念を排し、自然に背を向けて、自分の過去・現在・未来を問い質《ただ》し、さらには仏の真理を問い求めるというのも、これまた思考の一つの型だ。坐禅が内面へと思索を深めていく精神集中の行法であるとするなら、そこにおいては、目をつむり、耳その他の感官が外へと向かわぬよう自制することが求められよう。外界への関心を断つこと、自然との交流を拒否することが、宗教的に価値ある態度とされ、そういう態度によってこそ無心の境地が切りひらかれると考えられることになろう。

自然の抽象化は、坐禅にまつわるそのような心のありかたが導き出したものだ。無心の境地にあっては、自然はゆたかなものとしても美しいものとしてもあらわれない。まったくあらわれないということもあろうが、その場合でも自然はあるにはある。あることだけは疑えない自然のあらわれ、――それが抽象化された自然のすがたというものではなかったか。白砂と石だけの庭は人と自然とのぎりぎりに切りつめられた関係を映し出すものではなかったか。そのとき、庭は限りなく空《くう》に近いものだったが、庭と向き合う人もまた限りなく空《くう》に近かったはずだ。

しかし、抽象化された自然を庭園として作り出すのは、どう見ても逆説的な造形行為だ。一定の空間内に自然のゆたかさと多彩さ、変化のおもしろさを、見やすく受け容れやすく呈示し、自然とともに生きる喜びを再認識させるのが庭造りの基本だというのに、ここでは、ゆたかで、多彩で、おもしろい自然を押しのけ、おのれの内面に精神を集中する心境にあってなおも感じとれる、極度に切りつめられた自然を呈示しようというのだから。

龍安寺の石庭ほどに抽象化が進むと、それはもう普通の意味で自然の庭、自然を模した庭ではない。「虎の子渡し」という超現実的な名がつけられ寺伝として残されたのも、抽象の極にある庭のつかみがたさを示していよう。自然の抽象化はどこまでも自然の抽象化であり、自然を抽象化することであって、自然とのつながりを断つものではないが、抽象化の徹底が自然を見えなくすることはありうる。龍安寺の石庭は、これが自然なのか、という疑問を誘発せずにはいない。

そこまで抽象化の道を突き進もうとしたとき、庭の作り手たちの支えとなったのは、どんなに自然から遠ざかろうとも、砂と石を使って庭を作るという仕事に携《たずさ》わるかぎり、そこに美しい形を現出できるという技術的な確信だった。平安後期にすでに『作庭記』が編集されるほどに高度な技術的・知的水準に達していた日本の造園法は、鎌倉・室町と時代を経るなかで、熟練の度を高め、邸宅や寺院の庭作りにおいて、自然を模しつつ自然以上に自然らしい庭園をそこここに作り出していた。精神の集中をなにより求める禅思想の勢いに乗って、自然の抽象化が極度に進み、自然の再現とは似ても似つかぬ造形が求められたとき、磨き上げられてきた練達の技量は、自然を大きく離れた庭にたいしても、そこに美の形を見つけ出すだけの力を具えていた。禅の思想性は、ここでは、自然のなかへと向かうのではなく、自然と自己との関係を問うべく、おのれへと還っていく働きをなしている。

改めて北側の縁側の中ほどに立って庭の全体を見わたすと、目は石から石へと移っていく。どれだけの石をどこにどう置くかが庭作りの要《かなめ》であることは明らかだ。白砂の敷きつめられた幾何学的な平面が、見る者に統一感と清涼感をあたえつつ、場の全体が漠たる空間にならないことが、石の配置の勘所《かんどころ》だったように思われる。自然の再現とは別種の、抽象的な場を相手とした知的な配慮だ。石の数が多すぎれば統一感や清涼感が薄れ、少なすぎれば空漠感が広がることになろう。一五個が最上なのか、多少の増減は許されるのか、そこは判断がむずかしいが、いまある一五個の配置がこの庭を気迫のこもった清浄の場にしていることは確かだ。自然に寄りそい、自然とともにあろうとする庭園とは質を異にする禅的な精神性が、そこに感じとれる。それは、自分と向き合い、世界と向き合って思索を深める精神性とでもいえばいえようか。通例の庭とはちがう美意識が作り手たちを動かしている。

　当然のことながら、立つ位置によって、石はちがった見えかたをする。北東の入口から縁側に足を踏みいれると、目の前に横長の広い平面が広がるが、その平面にのめりこみそうになる心を入口付近の五個の石が引きとめてくれる。足がとまってむこうを見ると、あちこちに散らばる残りの一〇個の石がなにやら意味ありげだ。が、しばらく見ていると、石は記号としてなにかを表示しているのではなく、石の形や肌ざわりや配置の妙が見どころらしいと思えてくる。となれば、ゆっくりした足取りで何度も前を見、うしろを見して、見えてくる石の面の変化や、石と石との重なり具合やつながり具合の変化を楽しむことになる。変化を楽しむといっても、幾何学的な変化を楽しんでいるというように近く、抽象の世界に身を置いた楽しみかただ。

　縁側の反対端は右に折れて部屋の脇から背後へと続くが、庭は縁側の行きどまりのもう少し先まで伸びている。しかし、行きどまりまで来ると石の表情と変化はほぼ見終えることになるから、その先まで行きたい気は起こらない。石の抽象的なおもしろさが庭の命であることが、そんなところにもあらわれている。

　見落としてならないのは、庭が土壁により区画されて、外部との関係を遮断されていることだ。外には石庭の何十倍もの大きさの、緑と水のゆたかな庭園が広がっている。石庭の縁側からは、まわりを囲う土壁の屋根越しに緑の樹々が見えるだけだ。その樹々も、白砂と石に目が行っているときは意識されることがほとんどなく、目の前の長方形の空間から心が離れたとき、初めてまわりは緑いっぱいの庭だと意識される。抽象化の極にある石庭とまわりの伝統的な庭園との異質性は、そういう意識のありかたにまで反映している。

禅的な精神の集中に見合う庭を作るには、その異質性を堅持する必要があった。庭師がどれだけ技量を尽くしても、枯山水と緑ゆたかな庭園が垣根なしに共存すれば、枯山水が緑の自然に呑みこまれ、自然の一部と化すことは目に見えている。それでは自然の抽象化はおぼつかない。長方形の空間を外の自然から切り離す壁の設営には、抽象的な庭園に賭ける作り手たちの強い意志が感じとれる。庭師たちは、緑の自然を拒否し排除してでも、禅的な精神の集中に呼応する空間を、抽象的な美の世界として作り出したかったのだ。

だが、庭の美しさは精神的なものであるとともに感覚的なものだ。龍安寺石庭の美しさとて例外ではない。抽象的な美といえども、美は美だ。この庭を訪れるたびに思うのだが、身の引きしまる思いがするとともに、石の構図に慣れるにつれて心がくつろぐ。縁側に坐って庭をながめるとき、姿勢を正す必要があるとは感じられない。美の世界を楽しむことはやはり坐禅とはちがう。精神の集中はあっても、集中した精神はふたたび美に向かって開かれていく。それが美の働きだ。石庭の作り手たちは自然の抽象化を極限まで追求しつつ、そこになお自然の美に拮抗《きっこう》する空間を造形する、という逆説的な努力を強いられたのだったが、石庭の鑑賞者は鑑賞者で、求道の宗教心と、心のゆとりとともにある美の享受との矛盾を、たえず突きつけられるもののごとくである。

第二十七章　山水画に宿る霊気——「那智滝図」と雪舟と「松林図屛風」

これまで取り上げてきた絵画において、自然の風景が神聖さを帯びてあらわれることは確かにあった。

たとえば、第十二章「浄土思想の形成」で取り上げた「山越阿弥陀図《やまごえあみだず》」（禅林寺）の風景がそうだ。仏のすがたがあらわれ出る山と、その背後にはるかに続く海は、仏がそこから来てそこへと還っていく大自然のごとくで、仏のありがたさが風景に広く行きわたっていた。同じ章で取り上げた「阿弥陀二十五菩薩来迎図」（通称「早来迎《はやらいごう》」、知恩院）の桜の風景も、来迎にふさわしい輝きを示していた。天空を急ぎ下ってくる聖衆《しょうじゅ》の賑やかな神々しさに呼応するような、華やかにして聖なる地上の風景だった。

第二十二章「『一遍聖絵』と『蒙古襲来絵詞』」で観察した「一遍聖絵」の旅の風景も、あるがままの山や川や道や樹々や岩がそこに描かれるだけでなく、仏を思い、世の乱れに心を痛め、人びとの苦しみに共感する、一遍の敬虔と慈愛の念が、世俗を超えた自然の清らかさや静けさを照らし出し、あちこちに聖なる風景が現出していた。死に向かう一遍のまわりの自然はとりわけ厳《おごそ》かで、一遍の死は、見ようによっては、聖なる魂が聖なる自然へと還っていくことでもあるように思われた。

しかし、「山越阿弥陀図」も「早来迎」も「一遍聖絵」も、風景を主題とする絵ではなかった。阿弥陀や聖衆や一遍が絵の中心をなし、風景は、主役を引き立て、ときに状況を説明し場面を特定しもする背景という以上のものではない。その神々しさも、風景の内部から輝き出るというより、主役の神々しさの照り返しとして神聖さを帯びるという面が強かった。主役ならざる背景の描写に、画家が主役の描出に劣らぬほどに意を用い、力を尽くし、もって見事な成果をあげているのは驚きだが、背景はやはり背景だ。風景が主役の位置に据えられる絵画とは、そこに明確なちがいがあった。

風景そのものを主題とする絵は日本では伝統的に山水画と呼ばれた。中国から借りてきた呼称だ。その山水画で、主題となる風景（山水）が聖なる輝きを帯びることがある。

山水画が神々しいものとして表現されるとはどういうことか。この章では、「那智滝図《なちのたきず》」（東京・根津美術館）、雪舟の水墨画、長谷川等伯「松林図屏風《しょうりんずびょうぶ》」（東京国立博物館）に当たって、そこのところを考えていきたい。

1

「那智滝図」は鎌倉時代後期、一三〇〇年前後の作とされる。縦一六一センチ、横五九センチの絹本《けんぽん》着色の絵である。縦に長く伸びる画面に、標高差一三三メートルの懸崖《けんがい》を直下する滝が上端から下端まできれいにおさめられる。七〇〇年も前に描かれたものだから、絵の具

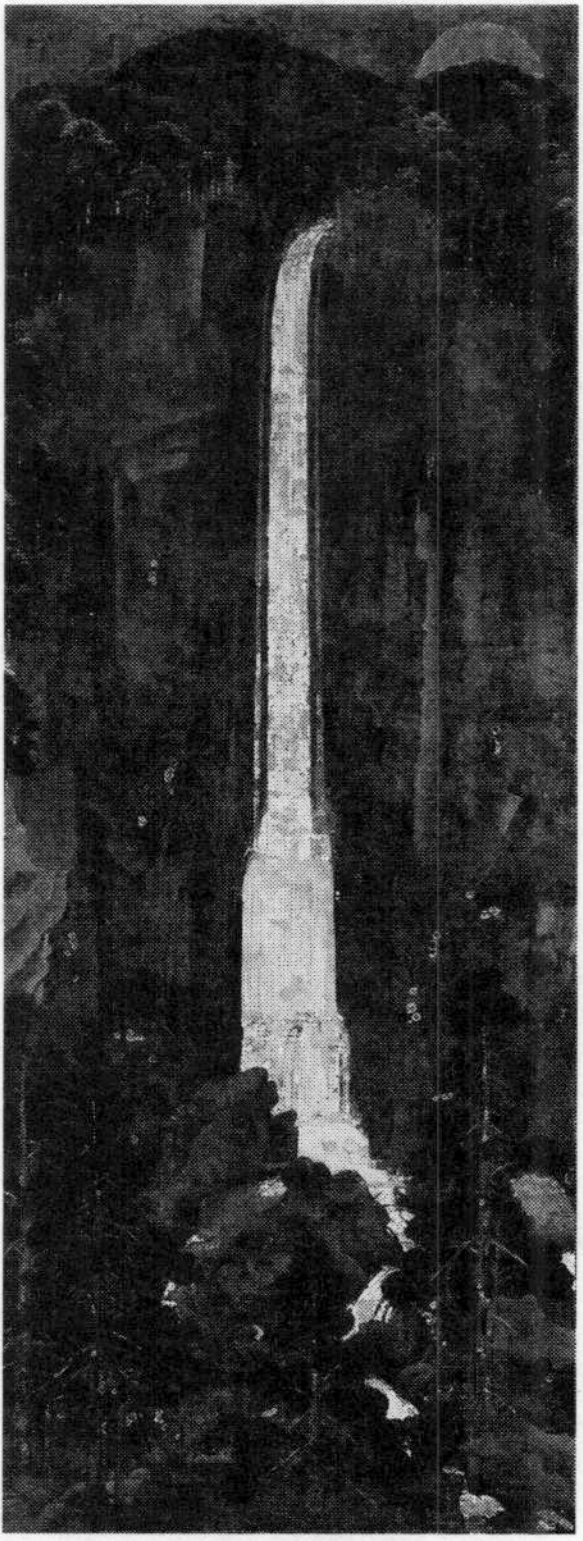

那智滝図［根津美術館］

の剥落《はくらく》や褪色《たいしょく》が目につくが、まわりの崖や岩や樹々の暗い色調と、白く光る帯となって落下する滝との対比は、いまなお目に鮮やかだ。滝が絵の中心であり、本体であり、実体であることは一目瞭然だ。長く人びとが驚嘆し、崇拝し、信仰してきた神々しい大滝が、画面に見事に定着されてそこにある。

那智滝は、和歌山県の那智山中にかかる大滝で、一帯は、古来、山岳信仰の霊地として人びとの尊敬を集めてきた。図に描かれた大滝のほかにも大小いくつもの滝がかかるが、古くから信仰されてきたそれらの滝について、『国史大辞典』の「那智滝」の項に以下の記述がある。

……修験道の修行道場、観音霊場として知られている那智山の信仰は、自然の滝を神格化したことに始まるといえる。那智の滝は七滝とも四十八滝とも通称されているごとく、地主神たる飛滝権現《ひろうごんげん》を祀る第一の滝をはじめ、二の滝・三の滝あるいは曽以《そい》の滝・多須岐《たすき》の滝など、大小の瀑布《ばくふ》が多数山中に散在している。これらの滝は信仰の対象であるとともに修行場とされ、古くから那智山に山籠し、千日の間滝にうたれて修行する千日修行が行われ、花山《かざん》法皇・聖護院准三宮道興《しょうごいんじゅさんぐうどうこう》・浄蔵《じょうぞう》・文覚《もんがく》・良尊《りょうそん》らをはじめ、名のある人々が千日修行を修めたと伝えている。那智山の信仰が滝を中心としたものであることは、一山の組織にも反映されており、一山の社僧すべてが滝行者と称しても過言ではない……。（『国史大辞典10』吉川弘文館、七〇七―七〇八ページ）

熊野は、容易に近づけない険難の地であり、だからこそ人びとの畏怖と崇拝と祈願の対象ともなり、修行の場ともなったのだが、その信仰の中心をなすのが滝であり、滝のなかでも標高差一三三メートルに及ぶ第一の滝だった。

画面の中心に第一の滝をしっかりと据えた「那智滝図」は、僻遠《へきえん》の地の峻厳《しゅんげん》な自然条件と、古くから続いてきた畏敬と讃嘆の思いとを作画の重要なモチーフとしている。鬱蒼《うっそう》と樹々の茂るはるかな高みの森から、滝の水は流れ出てくる。森は奥へ奥へと連なり、その黒々とした闇に幾筋もの水の流れが広がり、滝へと流れこむさまが想像される。森は近よりがたい高みにあり、近よりがたい奥行きをもつ。

滝の落ちる懸崖は、ささくれ立った岩肌が一面に露出して荒涼の観を呈している。登ることも下りることも不可能な、垂直に切り立つ崖が上から下まで続いている。人間など、いや野生の動物や植物すらも寄せつけない、非情なまでに峻厳な岩壁だ。手の出しようのない粗暴で壮絶な自然のさまがせまってくる。恐怖が自然信仰の欠くべからざる要素をなすことが了解される。

懸崖の下部には、重なり合う巨岩と杉の老木が近景として描かれる。壮絶さは薄れ、岩の輪郭や凹凸、老杉《ろうさん》の葉のつきかたや枝の枯れ具合が細かく丁寧に描写される。那智の自然にたいする画家の畏敬と尊崇の念は、近景を丹念に描写する場面でも失われてはいない。巨岩と老杉のもっと手前、画幅の最下端に、滝の拝殿の屋根だけが描かれるが、注意して見ないと見おとしそうなこの屋根は、奥深い大自然のなかにあって人間臭さをまったく感じさせない。

こうして、日々のあわただしい暮らしから遠く離れた所にある、深い森と、切り立つ絶壁と、そこを落下する滝と、落ちた先にわだかまる巨岩と老杉の風景は、幽邃《ゆうすい》な大自然がはるかな昔からゆるぎなくそこにあることを感じさせて余すところがない。目の前の風景から自然は右に左に、前に後ろに、上に下に、果てしもなく広がり、ともに、時の流れもゆったりのこの風景のなかに入りこみ、そこを出てはるかなかなたにゆったりと流れゆく。そのゆるぎなさと雄大さを前にすると、見るこちら側の存在は、まこと取るに足りないちっぽけなものに思えるが、そのことがいささかも不快ではない。ゆるぎない自然とともにあり、雄大な自然に包まれてあるという充実感が、自分の存在へのこだわりを消し去ってくれるようなのだ。

自分の存在が消え去ってしまうほどの、ゆるぎのない雄大な自然のさま、――それこそが自然信仰の基底をなす感覚ではなかろうか。その自然のさまをこれほど正面切って堂々と画面に定着した絵はめったにあるものではない。まちがいなく風景画ないし山水画の部類に属する絵でありながら、たんなる風景、たんなる山水を超えるものが確かにそこにはある。自然を自然さながらに描くこと、あるいは、自然を美しく描くこと、自然を整った形に描くこと、それだけでも多大の努力と工夫を要するが、「那智滝図」には、写実とか美しさとか整った形とかを超える霊的なるもの、聖なるものの気配がある。由来を尋ねれば、太古の自然信仰にまで行き着くような精神的なものであり、自然の神々しさと呼びたいようななにかだ。画家は山奥の大自然を前にして、その神々しさを全身で感受していたにちがいない。そして目の前の自然のすがたを丁寧に客観的に画面に定着しつつ、その画面から大自然の神性が輝き出ることを切願したにちがいない。画家は、大滝とその周辺の風景にひたと目を凝らす一方、心のなかでは山奥の自然に静かに手を合わせていたと思える。

大自然の神々しさは、時間を過去へとさかのぼれば太古の自然信仰にまでゆったりとつながるが、時間を反対方向に進めば、いまのわたしたちの自然観にまで接続する。人類の歴史は自然のうちに人間の力を及ぼし、自然を人為的なものに、文明的なものに転じていく歴史だったといえようが、わたしたちが自分にとってもっとも身近な自然である身体をもって

——身体とともに——現実を生きているかぎり、人類の歴史において自然が失われることはありえない。どころか、奥深い自然は身心に限りない安らぎをもたらす魂のふるさとのごときものとして、わたしたちのうちにも外にもある。「那智滝図」が表現するのはそのような大自然だ。時間的にいえば、太古の昔からいまのいまに至るまで悠々とその存在を保ってきた大自然であり、空間的にいえば、目の前の山奥の風景から奥へ奥へと果てしなく広がっていく大自然だ。大自然に引きこまれるようにして絵に見入っていると、こういう自然に包まれ、こういう自然とともにあることが、人間が人間としてある原初の感覚のように思えるし、原初の感覚はわたしたちの心の奥底にいまも生きていると感じられる。そのように大自然を表現しえていることがこの絵の力強さであり、美しさだ。

が、この絵について、大自然の奥深さと雄大さをいうだけでは不十分だ。絵は、時間的・空間的に遠くへ、さらに遠くへと見る者を導くだけではない。目の前の白い滝を、霊気のこもる聖なる滝として浮かび上がらせ、見る者の目をそこに引きつけてやまない。さきに、滝が絵の中心であり、本体であり、実体であるといったゆえんだ。

改めて絵の全体に向き合ってみる。画面の中央を上から下へと流れおちる滝が平行に走る何本もの細い白い線で丁寧に描かれる。滝は上から三分の二ぐらいまで、ほんのわずかに幅を広げながらまっすぐに落ち、三分の二のところで段をなして突き出る岩棚にぶつかって、幅が一・五倍ぐらいに広がる。そして、そこからさらに下に落ち、垂直の落下が終わったところで、岩の隙間を縫って右に左に蛇行する流れとなる。

画家の目に映じた滝のさまがほぼそのままここに描き写されているのだろうが、白い流れ全体の安定感は類がない。上三分の二のやや細い滝を下三分の一のやや太い滝がしっかり支え、下まで落ちた滝はあちこちに分かれる水流となって土へと帰っていく。変わることのない水の動きが悠久の昔から続いてきたと思わせるようなすがただ。上から下へと激しく流れおちる滝が、しかも全体としては安定したすがたで画面の中央にある。動と静の調和が一点のゆるぎもない滝をそこに現出せしめている。絵の真ん中に滝が鎮座している、といいたくなるほどの偉容であり、雄姿だ。

絵の中心をなす滝に目を据えてまわりの自然を見まわすと、奥深い大自然がご神体たる滝の背景をなすもののようにも見えてくる。紅葉する山と、荒涼たる崖と、そこを流れ落ちる滝と、滝壺の岩々と、何本もの杉の老木とが、一体となって奥深い大自然の景をなしていることにちがいはないが、中央の白く輝く滝を特別の存在として注視すると、まわりの自然は聖なる深みを保ちつつ、ややうしろに退《しりぞ》くのだ。

そのように前景と後景に分かれることが、自然の奥深さを削《そ》ぐことなく絵の立体感を増幅させるところに、画家の技量の高さを見てとることができる。滝の輝く白い色とまわりの自然の暗くくすんだ色との対比が立体感を印象づける最大の要因だが、もう一つ、見落としてならないのが絵の右上端に半分ほど顔をのぞかせる日輪だ。滝に目がいくと、すぐにはその存在に気づかないが、細い筆で引かれた何本もの白い線条に沿って上から下へ、下から上へと視線を動かしているうちに、ぎりぎりの最上部に描かれた日輪が視野に入ってくる。とともに、絵の空間が山のむこうへとぐっと広がっていく。山のつらなりが深さを増し、滝の水の流れ出てくる奥深い暗闇の森が思いやられる。そのように上部の暗い森の奥行きが深まると、それにつれて、下部の巨岩と老杉の風景が前へと伸び出てくる。かくて、中間の懸崖を流れ落ちる滝は、後方には見とおしがたいほどの空間を背負い、前方にもたっぷりとした空間をかかえて、幽邃《ゆうすい》の滝の印象を深くする。

それだけではない。見るうちに、日輪はご神体たる滝の後光のように見えてくる。画家に後光として描く意図があったかどうかは見さだめがたいが、日輪がひとたび後光のように見えてくると、そう見ないことのほうがむずかしい。滝の水流は上端でやや右に曲がって奥へと向かい、その行くさきがちょうど右端の日輪にぶつかる位置関係にあって、そんなつながりのあることが、日輪の後光性を強める。そして、日輪が後光だとなると、滝を照らす光もそちらから来るように思えてくる。ふしぎな感覚だ。

絵の前に立てば、まっすぐ流れ落ちる白い滝とその両側の茶色っぽい崖は、前方からの――つまり、見るわたしたちの方向からの――光を反射して白く輝き、くすんだ茶色をしているように見える。が、山のむこうの日輪が光源だとすると、そこから出た光が目の前の風景の全体へと広がり、その広がりのなかで上方から、あるいは左右から、あるいは前方から滝と崖に光が当たり、その光が白色の滝とくすんだ茶色の崖を浮かび上がらせる。ご神体と後光の関係にぴったりで、滝は、まさしく遍満する光に包まれて、その全体が輝きわたっているかに見える。

輝き出るものを「霊」といってもよかろうが、やはり、自然に引き寄せて「命」と呼ぶのがもっともふさわしいように思う。科学の教えに従えば、無機の水の落下する滝に「命」はなじまないとすべきだろうが、この滝は大自然の雄大さと奥深さをその色とすがたのうちに象徴し、まわり中の光を集めて輝く滝だ。そこに「命」がこもると見ることになんの不自然さもなく、だからこそ崇拝の対象にも信仰の対象にもなりうるのだ。

山水の神聖さをこれほどけれん味なく表現した絵はめったにあるものではないが、落ち着いた心境で滝に向かい合っていると、だれよりも滝を描こうとする画家こそが、この大自然にたいしてもっとも自然な、もっとも素直な崇拝と信仰の心をもっていたのだと思われてくる。滝を拝みにくる多くの人びとの心を自分の心として、画家はこの絵を作り上げていったように思える。

2

「那智滝図」から一五〇〇年以上経って、雪舟の水墨画があらわれる。日本の水墨山水画の歴史のなかで大きな峰をなす名作の数々だ。ここでは、「四季山水図巻（山水長巻）」と「秋冬山水図」と「天橋立図《あまのはしだてず》」の三作品に的を絞って、その構想と表現の雄大さ、精神性の高さを見ていきたい。

一四二〇年、備中赤浜《びっちゅうあかはま》（現・岡山県総社市）に生まれた雪舟は、一〇代で京都・相国寺《しょうこくじ》の

雪舟　四季山水図（山水長巻）（部分。左頁も）［毛利博物館］

僧となり、春林周藤《しゅんりんしゅうとう》に師事し、周文《しゅうぶん》に絵を学ぶ。三〇代で周防《すおう》国の大内家を頼って京都から山口へと居を移し、画業に専念する。一四六七年（雪舟四八歳）に大内家の遣明使船に乗って中国に渡り、二年間中国に滞在する。中国の風景を間近にながめ、中国の山水画に数多く接することのできた二年間だ。帰国後しばらくは大分に住み、やがて山口に帰り、以後、山口を定住の地としつつ、美濃、京都、宮津その他に旅している。没年ははっきりしないが、一五〇六年（雪舟八七歳）ごろとされる。「四季山水図巻（山水長巻）」（山口・毛利博物館蔵。以下、通りのいい「山水長巻」と表記する）は、中国から帰って一七年後に描かれている。

　二年間の中国滞在を通じて、雪舟は山水画家として大成する上で決定的な意味をもつ経験を重ねた。中国滞在中に描かれた「四季山水図」（東京国立博物館）は、雪舟がそれまで拙宗《せっしゅう》の名で描いていた山水画とは画材も画風も大きく異なっている。雪舟における中国の旅の意味の大きさを端的に示すものだ。また、遣明使船は寧波《ニンポー》に着き、一行はそこから大運河を利用して北京へと赴き、

帰りも同じ道筋を逆に航行しているが、その途上で雪舟は景勝の地や、人びとの暮らしや、生物・器物についてたくさんのスケッチを描いている。仕事の一部でもあったろうが、直接目にする風物に強く好奇心をそそられたことは想像に難くない。帰国後、李唐《りとう》、梁楷《りょうかい》、玉澗《ぎょくかん》、高《こう》克恭《こくきょう》など宋元の名家の作風を模した絵をたくさん描いているのも、中国での経験の大きさをものがたる事実だ。中国の風景と文物と絵画に学びつつ、みずからの画風を作り上げることが、帰国後の雪舟の大きな課題だった。「山水長巻」は課題に向けた雪舟の一七年にわたる努力の集大成ともいうべき作品である。

　まず、その大きさが並大抵ではない。縦四〇センチの巻紙が横に長く伸びて一六メートルに及ぶ。南宋の画家・夏珪《かけい》の山水図巻をもとにしたという。夏珪の作が現存しない以上、比較のしようもないが、一六メートルに及ぶ雪舟の絵を前にすると、なにが手本だったかは二の次、三の次のことに思えてくる。細かく丁寧に描きこまれている場面も、茫々《ぼうぼう》と太い筆で墨を流すように描かれている場面も、その一つ一つが見る者の目を引きつけてやまない。

雪舟　四季山水図（山水長巻）（部分。左頁も）［毛利博物館］

巻物仕立てだから、左手で巻物を繰《く》りのべ右手で巻きとって目の前数十センチの幅の画面を順に見ていくのが正式の見かただろうが、美術館の展示ではそれはかなわない。ガラス張りの長い展示ケースに、絵の始めから終わりまでが長々と広げて展示されることをもってよしとするしかない。一六メートルの長さは、どこに立ってもそこから全体が見通せることはなく、右から左へ歩きながら情景の移り変わりをながめるほかはない。それを何回かくりかえすうちに、ようやく絵の全体を一つの流れとしてつかめるようになる。絵筆を執って描きすすむ画家の表現のリズムが見るリズムと重なってくる。絵を見ながら歩くのが絵に導かれての歩行に思えてくる。

　画巻の大きな部分を占めるのは山と水の風景で、その所々に水辺の村の家々や船、山中の塔と民家、たくさんの人びとの集《つど》う市、都城の壁と壁ごしに見える楼閣などが配される。あちこちに小さな道や橋が通い、旅人らしき人物がゆっくりと歩むすがたが描かれる。風景も村落も都城も人物も、宋元の山水画に描かれるものに近く、日本風ではない。といって、画家が異国情緒に浸ってい

るようではないし、見ていて異国情緒をかきたてられることもない。情緒的な要素が簡単に入りこめないほどに、画家は冷静に、ひたむきに、山と水と村と町と都に立ちむかい、それぞれについてあるべき本来のすがたを画面に定着しているように見える。

景色が日本風でないことは、四季の移り変わりが明瞭でないところによく見てとれる。日本風の季節感からすれば、春は桜、秋は紅葉、というのがもっとも目に立つ対比だが、「山水長巻」には桜も紅葉も描かれない。そんなこともあって、春から夏、夏から秋へと移りゆく変化は、樹々の緑の濃淡や、葉のつきかたの多少、水の色のちがい、空気の透明度のちがいなどを通してそれとなく感じられはするものの、見てすぐにそれと分かるものではない。冬だけは山に積もる雪から一見でそれと知れるが、そちらのほうを異例とすべきかもしれない。雪舟自身、明瞭な季節感の表現にはそれほど意を用いてはいないようにも思われる。

反して、雪舟が長大な画巻に求めてやまなかったのは、山や、川や、村落や、都城や、建物や、人びとが、いつのまにかあらわれては消え、消えてはあらわれる、その緩急のリズムだ。情景の一つ一つが、力強く、くっきりとそこに存在するのは、ものをとらえる雪舟の筆の力を遺憾《いかん》なく示すものだが、それにもまして強く印象づけられるのが、さまざまな風物を前面にぐっと押し出してきたかと思うと、次にはふわーっと広大な空間に包みこんでしまう、構想力の融通無碍《ゆうずうむげ》の働きだ。その印象は、画巻を右から左に少しずつ繰り出しながら見ていくより、一六メートルの全体図を右から左にたどっていくほうがかえって強まるかもしれないのだが。

雪舟　四季山水図（山水長巻）（部分。左頁も）［毛利博物館］

　絵に沿って構想力の働きを見ていくと、開巻早々、鋭い輪郭線と皴法《しゅんぽう》（山・崖・岩石の襞《ひだ》を描いて陰影や立体感を出す画法）をもって描かれた荒々しい岩と樹木が、やがて、山間に湧き出る霧によってやわらかく覆われる。霧のこちら側にはやや遠景に樹々と楼閣が描かれるが、一帯はさきほどの鋭さや荒々しさをもたない。朝靄《あさもや》にかすむぼんやりとした風景だ。と、霧が遠のいて再び鋭い輪郭線と緑の濃淡を使った岩と樹々があらわれるが、手前には家の屋根が見え、川に橋がかかり、橋の上

に杖を手にもつ老人とその従者がいて、それが岩と樹々の荒々しさを減殺《げんさい》し、一帯は人の住む山の日常に近づいてくる。そして、その山村を少し下ったかと思うと、そこはもう大きな湖の岸辺で、ゆったりとのどかな風景が広がる。霧の風景のやわらかさは、鋭さを包み隠すやわらかさだったが、岸辺から湖へと広がる風景は、風景そのものの内部にやわらかく静かな時間が流れている。岸辺に群生する水草が淡くなよやかだ。柳の木の下の家々は、窓から見える人ともども無為のときを過ごしているようだし、帆をたたんで舫《もや》う船はまっすぐに立つ帆柱が時間の進行をとめているかのようだ。湖の真ん中とむこうに見える、帆を張った二艘の船も、動いているようには見えない。水草の灰色と茶も、湖水の青も、遠くの山々の黒と茶も、見る者の緊張をほぐす淡々しさだ。

　緩急のリズムを刻んで、さらに、山や岩の風景と水や水辺の風景がくりかえされたあと、四分の一を残すあたりに中央が丸く湾曲した立派な橋があらわれ、その先にたくさんの人びとの集《つど》う市が描かれる。数人の人の着衣と数本の木に施された朱色が、場面にひかえ目な華やかさを添えてい

雪舟　四季山水図（山水長巻）（部分。左頁も）［毛利博物館］

る。色彩に禁欲的な水墨画の手法ゆえに、市の賑わいも他の場面と均衡を保つべく度を越さない。その賑わいが、城壁と積雪の山に囲まれた静かな都会の風景へと転じたところで、画巻は終わる。動から静への転換が鮮やかだ。

「秋冬山水図」（東京国立博物館）は、「山水長巻」と同時期の作品と見ていいだろう。筆使いが「山水長巻」とよく似ている。が、流れに乗って風景が展開する「山水長巻」とちがって、「秋冬山水図」は秋の山水と冬の山水が別個の絵としてわたしたちの前に置かれる。流れのなかで構想力が働くのではない。では、どう働くのか。

対照的に働く、といったらいいだろうか。穏和な秋にたいして、激烈な冬――二枚の絵を並べて見れば、だれしも感じとるにちがいない対比だ。秋の山水は独立の一枚の絵としては、あえて穏和と形容するまでもない普通の秋景色だが、天に向かって鋭利・激越な動きを示す冬景色の横に置くと、穏和の印象を否みがたい。冬の絵はこれ一枚で十分に激烈だが、秋との対比のなかで、なぜ

これほどまでに峻烈なのかと改めて思わされる。雪舟のどの「四季山水図」にもましてこの「秋冬山水図」は秋と冬との対比に意を用い、季節の移りゆきを鮮やかに表現している。問われているのは、秋とはなにか、冬とはなにか、であって、いうならば秋の本質、冬の本質を鮮烈な対比のもとに表現したのが二枚の絵だといえるように思う。「那智滝図」が幽邃《ゆうすい》な秘境にかかる滝の神々しさを表現しているとすれば、「秋冬山水図」は、いつとも知れぬ昔から人間が経験してきた季節の神々しさを表現しているといえようか。

さて、神々しさといえば、そこに現実を超えるなにかが立ちあらわれるのを条件とするが、その意味では二枚の絵は二つながらに神々しいというより、冬の山水こそが神々しい。秋の図が人間の暮らしと調和するような、人間が普通にそこに入っていけるような穏やかさを備えているのにたいして、冬の図は人間の存在を許さないような厳しさに満ちている。怖れを感じさせるほどの厳しさだ。見るたびに若き高村光太郎の詩「冬が来た」が脳裡に響く。

雪舟　秋冬山水図（２幅）［東京国立博物館］

きつぱりと冬が来た
八つ手の白い花も消え
公孫樹《いてふ》の木も箒《はうき》になつた

きりきりともみ込むやうな冬が
来た
人にいやがられる冬
草木に背《そむ》かれ、虫類に逃げられ
る冬が来た

冬よ
僕に来い、僕に来い
僕は冬の力、冬は僕の餌食《ゑじき》だ

しみ透れ、つきぬけ
火事を出せ、雪で埋めろ
刃物のやうな冬が来た（『高村

光太郎詩集』新潮文庫、四〇─四一ページ）

冬という季節をことばに定着させようとする不退転の表現意欲と、圧倒的な冷厳さこそが冬の冬らしさだとする自然認識とがわたしの連想を導く水路だろう。が、同じ冬の表現とはいっても絵は絵だし、詩は詩だ。連想を可能にした冬の冷厳な本質を踏まえつつ、雪舟の冬の図に帰っていかねばならない。

その図につき、わたしは、人間の存在を許さぬ厳しさ、といった。けれども、図の下方には鍔広《つばびろ》の帽子をかぶり、杖を手にした旅人のすがたが見えている。だから、人間の存在が完全に排除されているわけではない。しかし、旅人はなんと頼りなげなすがたをしていることか。腰の曲がった前かがみの姿勢で、やっと前へと一歩足を踏み出せている感じだ。人間の存在が確保されているというより、人間の存在の危うさを示すために旅人がそこに置かれているかのごとくだ。旅人が登りの道の真ん中ではなく、道を外れて歩いているようなのも存在の小ささに通じる。行く手には二、三軒の平家《ひらや》と入母屋《いりもや》の高い楼閣が見えるが、そこが旅人の宿りになる可能性はない。家も楼閣も身をちぢめるようにしてひっそりと立っている。

人や家や、もう一つ、右下の川に舳先《へさき》だけが見える小船にたいし、圧倒的な強さと荒々しさを誇るのが、右半分を占める雪をかぶったやや近景の山々と樹々、そして、画面の中央から左へと広がる遠景の雪山と岩壁だ。旅人の頼りなさと建物のひっそりとした佇《たたず》まいは、まわりの強く荒々しい冬の自然に強いられたものであることが、絵の全体の構図から改めて納得される。

そうした自然の厳しさ、強さ、荒々しさに加えて、絵の分かりにくさということがある。いまわたしは画面を左右に区分けして、右が近景、中央から左にかけてが遠景と書いたが、とりあえず直観的にそうはいえても、たとえば、画面中央を始点とする太い墨線が何回か折れ曲がって斜め左上に走り、そこで一旦力を溜《た》めてそこからまっすぐ上へと駆け上がる、その太く強い墨線の左の雪山は、本当に遠景なのか。見ようによっては、やや灰色がかった背後の山を置きざりにして前へとせり出してくるようにも見える。そもそもこの二層の雪山はぺたっと平面的に描かれて立体感に乏しく、強く太い墨線の右側にある岩壁との位置関係も明瞭ではない。このあたり、リアリズムを超えて抽象表現にまで至ろうとする意志すら感じとれる。

右半分の近景も奇妙といえば奇妙だ。川のすぐそばにごつごつした木が二本描かれ、そのむこうに山が重なるが、後方の山に生える樹々がすぐそばの木とそっくりに描かれていて、山との大きさの比がなんともアンバランスなのだ。近景の山々は、山ではなく、あたりに転がる岩だと考えれば木とのアンバランスは解除できるが、そう考えると、岩が山脈《やまなみ》の形をして連なるのはおかしいし、旅人や家の大きさとのあいだにアンバランスが生じる。

が、おさまりの悪さのそのただなかから、冬の厳しさ、荒々しさがあらわれ出てくる。右半分の山と樹木のアンバランスについていえば、山を足元に従えて大きく立ち上がる後方の樹木が、前方の二本の樹木と相俟《あいま》って、冬の寒さに負けない自然の生命力の強さと荒々しさをきっぱりと表現している。むろん山々も、冬の厳しさに耐えうる存在感を具えている。

中央から左半分にかけての遠景の厳しさ、強さ、荒々しさはさらに際立っている。どういう実景が雪舟の目の前に、あるいは雪舟の脳裡にあり、それがどのように変形されて画面に定着されたのかは一向に明らかではないが、人間がどう力んでみてもとうてい手に負えそうもない、峻烈な冬の威力がそこにこもっている。さきに問題にした太く強い墨線は一体なんだろうと改めて思う。雪舟の数多《あまた》の絵のなかにも、これほど大胆で強烈な線は見あたらないが、さて、それをなんだといえばいいのか。冬の自然からやってくる強烈な威力と、それにひるむことなく立ちむかい、自然の力を絵の力に転じようとする画家の気迫とがぶつかって、そのぶつかり合いが生んだのがこの墨線だ、とでもいえばいいのだろうか。墨線で区切られる左の雪山と右の岩壁は、さきにいうように、位置関係すらはっきりしないけれども、そのことが墨線のもつ緊迫感を弱めることはない。正面向きの白い雪面と、奥へと広がる灰色の壁面との対比が、まちがいなく墨線の緊迫感を高めている。

「山水長巻」は、どこと指定はできないが中国風の山水を絵巻にしたもの、「秋冬山水図」は、これもどことは知れぬ中国風の山水をかなり和風化したもの、と見るとして、以下に取り上げる「天橋立図」(京都国立博物館)は、それらとちがって日本の特定の地——古くからの名勝地・天橋立——を絵にしたものだ。絵には「世野山成相寺」「慈光寺」「千歳橋」「冠島」など、おもだった建物や橋や島の近くにその名前が書き記されている。天橋立の図として見られることをあらかじめ想定して描かれた絵である。

しかし、見たままを描いた絵とはちがう。分かりやすい例でいえば、右下の海中に浮かぶ冠島《かんむりじま》、沓島《くつじま》だ。画面のやや下のほうを右端から中央へと長く伸びる橋立の、そのつけ根に位置するのが冠島・沓島の二島だが、実際の二島はこんな橋立の近くにはなく、はるか沖合にある島だ。同じように二島をこの位置にもってきた絵に、「成相寺参詣曼荼羅図《なりあいじさんけいまんだらず》」がある。さまざまな伝説をまとう二島は、人びとの心のうちで天橋立一帯の信仰と結びつき、その結びつきの強さが二島をこの位置に引き寄せたということだろう。

そういう人びとの信仰心と、ここに旅してきて景勝の地をながめやる雪舟のまなざしとは、それほどかけ離れたものでも異質のものでもなかった。いくつかの塊をなす情景が相呼応しつつ力強く、堂々と画面に定着されているのを見ると、この景勝の地を目の前にして雪舟の美意識が激しくゆさぶられたのは疑いを容《い》れないが、美意識や造形意識とともに、雪舟の宗教意識もまたゆさぶられずにはいなかった。天橋立の一帯は、雪舟にとって、名勝の地であるとともに、人びとの古くからの信仰が積みかさなった神霊の地であった。美意識と宗教意識が重なるような心境において雪舟は風景に向き合っていた。

古来の信仰といえば、景観の中心をなす橋立は、神が天上へ通うための階段が倒れてこうなったというし、朱色のめだつ成相寺《なりあいじ》と籠神社《このじんじゃ》と智恩寺《ちおんじ》は、それぞれ、成相寺が古くからの観音霊場、籠神社が神祇《じんぎ》信仰の式内社、知恩寺が文珠信仰の寺である。雪舟は社会的身分からすると禅宗の僧ということになるが、絵を描くに当たっては、当然のことながら神も仏

雪舟　天橋立図［京都国立博物館］

も、観音も文珠も禅もあえて区別することなく、古くからの信仰に自然に歩みよるようにして情景をとらえている。右から伸びた橋立と、わずかな海峡をへだてて智恩寺が対峙する画面下方の横長の情景と、橋立のむこうに家々、寺々、神社、橋、樹々がこまごまと描かれる密度の濃い情景に、名もなき人びとの古くからの信仰心がこもるかのごとくだ。

しかし、そうはいっても「天橋立図」は宗教画でないし、参詣のための案内図でもない。宗教的な存在やイメージを主題とするような、あるいは、人びとを崇拝ないし信仰へと導くような、そんな絵ではない。古くからの信仰の降りつもった、神霊のこもる土地であることを感じとりつつ、しかし、画家は目の前に広がる空間と時間の全体を一つの風景ととらえ、それを描くに値するもの、描く意味のあるものとして紙の上に定着しようとしている。画家としての美意識と造形意識が画面の全体に行きわたっている。造形的観点からすると、たとえば智恩寺の背後の幾層もの小高い山や丘は、画面右上の密度の濃い情景と対峙し、それに安定感をあたえる対抗風景としてぜひとも必要だったし、そのように描かれねばならなかった。

雪舟の構想力の雄大さ、自在さ、大胆さについては、すでに「山水長巻」と「秋冬山水図」で見てきたところだが、いまいう右上の人家や寺社の密集地帯と、中央左の智恩寺や丘陵の重なりとの対比には、風景を力強い存在たらしめるべく、独自の構想力が遺憾《いかん》なく発揮されている。そして、各部分の力の張り合いと均衡が緊密に保たれ、風景の全体に強靱《きょうじん》な存在感と安定感があたえられた結果、この絵は、どこに中心があるのでもないような、――逆にいえば、どこにでも中心があるような、――画面の全体にふつふつと生命力が湧き立つ風景画となっている。

細かく濃く描かれる下端から中央やや上よりまでの陸の風景にたいして、その上部には靄《もや》のかかる山脈《やまなみ》が風景をむこうへと大きく広げる。右上の世野山《せやさん》の成相寺付近だけは朱色の入る細かい描写がなされていて、それとの対比で、靄のかかった山景の雰囲気の、茫洋たる印象がいっそう深まっている。白くかすむ靄はむこうへむこうへとどこまでも続いていて、それがこの神霊の地に開放感と清浄感をあたえている。

そして、成相寺に向かって上へと登っていく世野山の動きと画面の奥へと伸びていく山脈《やまなみ》の動き、この二つの動きと鮮やかな対照をなすのが、海上を右から左へと横一線に伸びる橋立の動きだ。一般に風景画なるものは、動きのない、あるいは動きの少ない自然のありさまを、動きのない平面に定着させるものだといえようが、雪舟の風景画は「秋冬山水図」にしても「天橋立図」にしても、見る者の側が自分の視線の動きを意識せざるをえず、その動きが風景の動きを誘い出す。「秋冬山水図」の冬図についていえば、中央に力強く引かれた太い墨線に沿って、見る者の視線が下から上へと一気に駆けのぼる動きゆえに、絵に緊迫感と厳しさが生じる。他方、「天橋立図」では、橋立を横に走る単純な視線の動きが、後方の山脈を上へ、むこうへとたどる視線の動きと交錯し、そのことによって、そこに地霊のゆらめきのようなものが生じる。

横へと伸びる風物としては、最下端を横に走る栗田《くんだ》半島を逸するわけにはいかない。生動する風景に確固たる安定感をあたえているのが最下段のこの山脈だ。海をはさんでそのむこうに並ぶ橋立と丘陵とは、たがいに左右からせまって対峙する形だが、栗田半島の山脈は全体がゆったりとつながっている。この山脈はまた、橋立の向かいの丘陵や、そのむこうの山や丘の、ややゆったりした反復となっていて、この三つの山ないし丘の塊が、橋立を取り囲むように連携し、ずっとむこうの白くかすんだ山脈とはるかにつながっている。こうして、この最下段の山脈は、内発的な生命のダイナミズムにゆるぎない造形的なまとまりをあたえている。

「天橋立図」は二〇枚の紙を貼り継いで大画面を作り、その上に描かれたものという。縦は四段の貼り継ぎだが、三段目と四段目の海の色に明確な濃さのちがいがあって、三段目までをいったん描き、その後に四段目を貼り足して描いた可能性が高いという。そんな変則的な描きかたながら、景勝の地でもあり信仰の地でもある一帯を生命力にあふれた大風景として、統一的な画面に見事にまとめ上げている。どこからともなく生命力の湧き立つこの絵は、宗教的な崇高さを具えた風景画といえようが、その宗教性は画家の宗教意識を反映しているという以上に、画家の美意識と芸術的構想力とが作り出したもののように思われる。

3

霊気のこもる山水画の名品として最後に取り上げたいのが、長谷川等伯の「松林図屏風」である。

能登の七尾《ななお》（現・石川県七尾市）に生まれた等伯が京の都に出てきたのが一五七一年、室町幕府はすでに有名無実と化し、政治の実権が戦国武将・織田信長の手に移りつつある時期だった。

雪舟の死後六〇年というこの時期、絵の世界では、狩野正信《かのうまさのぶ》を始祖とする狩野派がめざましい活躍ぶりを示していた。狩野派を代表する永徳は、すでに「洛中洛外図屏風《らくちゅうらくがいずびょうぶ》」を完成し、数年後には一門を率いて新築の安土城を壮麗豪華な障壁画で飾り立てるまでになっていた。絵画制作の中心は水墨画から金碧障壁画《きんぺきしょうへきが》に移っていた。

画家として立つべく京に出てきた等伯は、時代の嗜好《しこう》に無縁ではいられなかった。流れに乗りつつ、その場その場でおのれの技量と才覚を発揮するのが等伯の行きかただった。「松林図屏風」は水墨画の傑作だが、等伯は金碧障壁画も注文に応じてたくさん描いた。等伯一派の代表作とされるのが豊臣秀吉造営の祥雲寺《しょううんじ》のために描かれた襖絵《ふすまえ》「楓図《かえでず》」（智積院《ちしゃくいん》）「桜図」（同）だ。

「松林図屏風」について述べる前に、「楓図」に少しく触れておきたい。

中央に楓の大木が左に大きく傾く形でがっしりと描かれ、その太い幹から画面の左と右に向かって曲がりくねった枝が長く、力強く伸びる、というのが構図の基本だ。楓としては異例の古さと荒々しさと力強さを具えた大樹で、その大胆さにまず驚かされる。壮麗雄大・豪華絢爛を好む桃山時代の趣味にぴったりの絵画で、目の前の大樹が誇らしげにこちらを見返してでもいるようだ。その誇らしさは、絵の注文主たる秀吉の誇らしさと派手好みに通じているかに思える。

が、見ているうちに俗っぽい雑念は消え、表現された世界の雄大さと斬新さが目をとらえて離さなくなる。一枚の絵が作品として自己主張するようになる。

幹から左右に伸びる二本の太い枝から見ていこう。左の枝は画面の上端を這《は》うように伸びるが、右の枝は画面の上方から出て画面の中央をやや下向きに伸びていく。二本の枝とも随所に曲折があって、その曲折にも勢いがこもる。ねじれたり踊ったりしながら先へ先へと力強く伸びていく。太い枝のあちこちから小さな枝が出て、その枝に楓の紅い葉、黄色い葉、青い葉が群れをなしてくっついている。

「楓図」は、装飾芸術とは隔たったところにある絵画だ。金地の輝きや秋草の華麗にして濃密な色彩効果は装飾ふうといえなくないが、楓の大樹もとりどりの秋草も装飾ふうに様式化されてはいない。絵の置かれるその場を華やかに飾り立てるために——その意味では、装飾という用途をもって——描かれていることは否定すべくもないが、絵の世界に入りこんで、

長谷川等伯　楓図（4面。左頁も）
[国立国会図書館デジタルコレクション]

左右に大きく枝を広げる大樹の動きや、入りみだれて上になり下になりしながら生い茂る草花の生育ぶりを見ると、生命体の生きる力とすがたこそが画家の表現したかったものだと思える。たとえば、絵の右端の四分の一ほどは、萩の葉が茶色を交じえた濃い緑を使って何百枚と描かれるが、その配列は様式的な整序など意に介さぬもので、その無秩序がかえって萩の生命力のたくましさを表現している。

用途の面からしても、技術の面からしても装飾画ふうの様式を強く意識せざるをえない金碧障壁画において、装飾性や様式を超えたところにあるものを求め、表現せずにいられないのが、絵筆をもつ等伯を内部から突きうごかす衝迫だった。

同じ衝迫が、無彩色の水墨画において躍動してなったのが、名品「松林図屏風」だった。

賑やかで華やかな「楓図」と打って変わって、「松林図屏風」は白と黒の静かな穏やかな絵である。縦一五七センチ、横三五六センチの大きな屏風が横に二枚並び、そこに朝霧にかすむ二十数本の松が描かれる。松以外に目につく景物としては、左《さ》隻《せき》の右上端にうっすらと山が描かれるにすぎない。

「楓図」「桜図」を初めとする金碧障壁画の制作に一派を率いて取り組んだ等伯は、その一方で、水墨画の制作にも力を注いだ。南宗の画家・牧谿《もっけい》の「観音猿鶴図《かんのんえんかくず》」を範としつつ、猿の親子と自然との交流をダイナミックに表現した「枯《こ》木猿猴図《ぼくえんこうず》」（京都・妙心寺龍《りょう》泉庵《せんあん》）などが有名だ。が、「松林図屏風」を前にすると、その「枯木猿猴図」も影が薄い。等伯の水墨画中、他にぬきん出て気宇広大で、世界が奥深いのが「松林図屏風」である。

二十数本の松は朝霧に包まれて明確なすがたを示さない。近くの松は濃い墨で描かれ、遠くに行くほど墨が淡くなるのだが、近くの濃い墨の松といえども松として明確に提示されてはいない。幹の伸びかたや枝ぶりや葉のつきかたに松の特徴が認められはするものの、幹の輪郭も曖昧なら、枝の一本一本も描かれたり描かれなかったり、葉もまとまりをなして空間に浮かんでいるにすぎない。細部の丁寧な表現は、求められても、めざされてもいない。

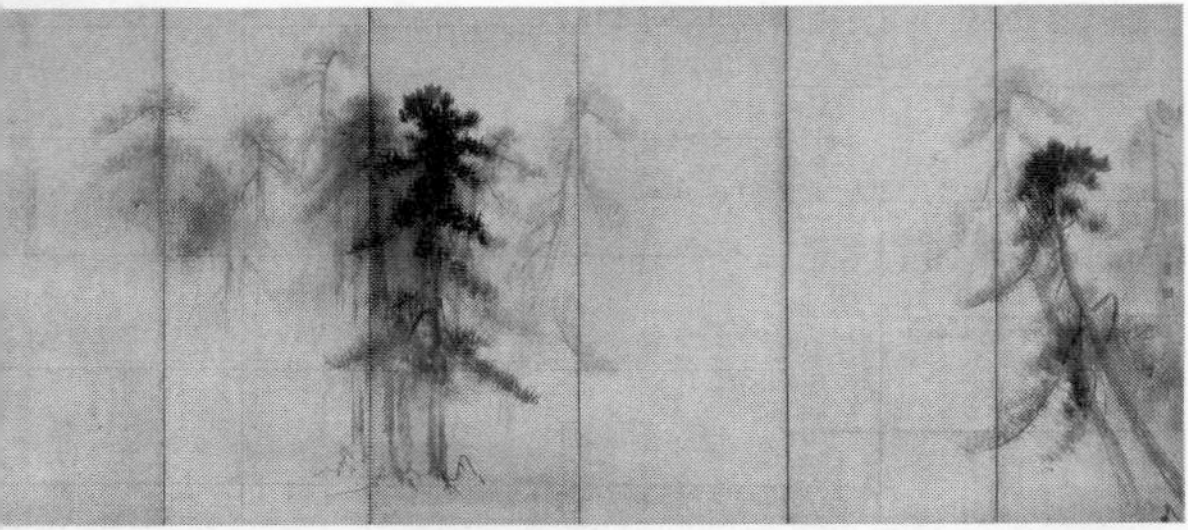

長谷川等伯　松林図屛風（6曲1双。左頁も）［東京国立博物館］

ならば、霧にかすむ松の群落を描くことが求められ、めざされているのだろうか。「松林図屛風」という題名がそういう見かたを示唆してはいる。しかし、松の群生のしかたに画家が興味をもち、そのおもしろさを長大な画面に移そうとしているとは思えない。一本一本の松にせよ、群落としての松にせよ、松そのものに興味をもったというには、画中の松の存在感が稀薄にすぎる。松の松らしさは見事にとらえられ、数の均衡も無理なく整えられ、濃淡もほどよく付され、何本かの松は幹が地面から斜めに伸びるといった工夫もなされて、そのすがたは十分に美しいが、一本一本の松も、林としての松も、見る者に強くせまってく

ることがない。存在感の淡さは否《いな》みがたい。
　松の存在感が稀薄だということは、この絵の主題が松そのものではないということだ。「楓図」ではまさしく楓が、そして楓とともにある秋草が、主題だったが、同じような意味でこの絵の主題が松だとは、あるいは松林だとは、いえない。主題は、松林を包んで大きく広がる自然の気配だといわねばならない。もっと平たく、松林を包む朝の空気だといってもよい。その空気はおそらくは画家の存在をも包みこむものだった。そして、それを主題化し、画面に表現するには、松が強くおもてに出てきてはならなかった。美しく描くのは当然のこととして、その美しさは自己の存在を強く主張する美しさではなく、まわりと溶け合うような美しさでなければならなかった。
　絵の主題をわたしは「自然の気配」とか「朝の空気」とか名づけてみたのだけれど、気配も空気も目に見える形を取ってそこにあるというものではない。見たままを写しとるという写実の方法が通用するものではない。気配とか空気とかは見てとれるものではなく、むしろ、感じとれるものだ。感じとるには、松がそうであるように、人間もまたそれに包まれねばならない。それに包まれ、包むものとのあいだに「気」が通じることによって、感じとることが可能となる。もっといえば、「気」が通じることがすなわち感じとることだ。

朝霧に包まれてある松は、まわりの空気と一体化した松、まわりと気の通じた松である。存在感の稀薄さは、まわりとの一体感の濃さ、まわりとの交流の深さの裏返しだ。形ある松が形の明確さを失うことによって、松は、まわりの気との交流を暗示する象徴的な存在に近づいている。霧にかすむ松はただの松としてそこにあるのではない。まわりの世界と溶け合い、一体化した、松を超える松としてそこに描かれている。

個々の松にもう少し近づいて見てみる。屏風左隻《させき》の左三分の一あたりに、手前に三本、奥に一本の松が描かれる。一番前の松だけが濃い墨で描かれ、これが四本の松の、さらには左隻の松全体の、起点となる。木の上方の墨が濃く、下方がやや薄くなるという濃淡の配置は、木の独立性に疑念を抱かせはするが、それでも、構図の出発点となるだけの安定性はこの松に備わっている。

が、そのすぐ左にくる松は、墨が淡く、立ちかたも左に傾いて危うい。すぐに倒れそうというわけではないが、立つことにおのれの生命力を注いでいるふうではない。右隻《うせき》の右端手前に描かれる、同じ角度で左に傾く二本の松も同じ印象をあたえる。身を支えるのでも倒れこむのでもなく、ただそこにそのように傾いてあるといった立ちかただ。もう一本の、起点の松のすぐうしろにある松は、前の松にさえぎられてすがたがさだかでない。一本の松としてそこにあるというより、霧のなかを、松の木立がしだいに色を薄くしながら奥へと続いていく、というように、運動の方向性を示唆する面が強い。そこからかなり離れて奥に立つ四本目の木は、てっぺんがむこうへと傾いている。奥へと向かう視線を受けとめつつ、視線をさらに奥へと誘うかのようだ。

いまの四本の右に、画面中央から右奥へとつらなって六本の松が描かれる。奥の四本は一本が左に、残りの三本が右にと、横に開いて配置されるため、運動の振幅が大きくなる。印象的なのは一番手前の松の描かれかたで、木の上方は濃い墨で塗られるのに、下半分は霧に包まれて幹がほとんど見えなくなっている。それでも根元は薄く描かれているから、木としての安定感は保たれているが、霧の上に浮かぶ木の上半分が隣の木や奥の木に溶けいるようにつながるさまが、松とまわりの世界との一体感を強く印象づける。その一体感に身を寄せれば、ここの六本の松は、やや離れた左の四本ともゆったりつながるように思える。

右隻の松については、全体の動きが右奥へと向かう左隻とは対照的に、左奥へと流れが向かうことだけを言っておこう。

わたしたちは松とまわりの世界との溶け合うさまにくりかえし言及した。そして、そのさまを「気が通じる」ということばでもって表現した。また、絵の主題が松ないし松林ではなく、気配ないし空気ではなかろうかともいった。霧にかすむ松が松そのものの明確さを失って象徴的存在に近づくというとき、その松の象徴するもの、それを「気」の名で呼びたいと思う。

気とはなにか。

日本古来の自然崇拝において、人びとは自然の至る所に霊が行きわたっていると考えた。霊は畏れ多いものであり、力のあるものであり、それこそが自然を動かし人間を動かす根源的なものだった。日本人にとってそれは神の原型ともいうべきもので、人びとは大自然のあらゆる所にそうした霊を認め、それを畏怖し、尊敬し、崇拝し、信仰した。霊は人間のまわりにも人間の内部にもあり、霊を畏怖し尊敬し崇拝し信仰することは、自然の霊と内部の霊が通じ合うことであり、通じ合うのを感じとることであった。

文明の進歩とともに、霊を畏れ多いもの、自然と人間を動かす根源的なもの、神的なものと考える信仰は薄らいでいく。当然のことだ。自然のありさまや動き、人間のありさまや動きを、合理的に、主体的にとらえ、集団として、また個人として合理的・主体的に生きていこうとするのが文明の本質だからだ。

が、霊を神的なものとして崇《あが》める信仰は薄らいでも、自然の霊と内部の霊との交感の経験は生きのびる。根本の理由は人間が体をもって生きる存在だということにある。体をもって生きるには、自然に働きかけ、自然から生きる糧《かて》を得ることが不可欠だからだ。人間の体が自然の存在である以上、体をもって生きることは、自然のうちで自然とともに生きることだ。自然に行きわたる霊を畏怖し、崇拝する自然信仰は、体を媒介にした自然と人間との切っても切れない関係が観念的な信仰の形に転化したものだ。自然との交流・交感が共同幻想として神霊のイメージを創出し、人びとは自然とつながるなかでそのイメージを生きる。文明の進展とともにイメージが共同幻想として大きな力を揮《ふる》うことがなくなっても、人間が肉体をもって生きる存在である以上、自然との交流は基本の感覚として消えてなくなることはない。

「松林図屏風」が呼びさますのはそうした基本の感覚だ。自然との関係のなかで人間が自然に働きかけ、自然から働きかけられるという交流のさまを、人間が全身でもって自然と触れ合う感覚の瑞々《みずみず》しさとして表現したもの、——それが「松林図屏風」だということができようか。

松はまわりの自然と溶け合い、一体化して象徴的な存在となる。かつては畏怖され尊崇された霊が、ここでは澄明にして清純な気となって松とまわりの自然とのあいだを自在に行き来する。気は松に乗りうつり、松林の動きに合わせてみずからも動き、松と松林はその存在が流動化して、目に見えぬ気を象徴するものとなる。画面の全体に遍満する気は奥へ奥へとどこまでも広がっていくとともに、見ているこちら側にも漂い出てくるかのごとくだ。そうやって、すべてを包みこむ清浄にして至純の気の世界が現出する。気は、上に下に、右に左に、手前に奥に、無限の広がりをもって拡散し、凝集し、流動する。清浄な気の無限性を表現することによって、この絵は日本の絵画史上、類稀《たぐいまれ》な精神性を具えた山水画となった。

霊気を感じさせる上で、六曲一双の画面の大きさが決定的な意味をもつ。縦は人の身長にほぼ見合う一五七センチ、横は左右に並べると七メートルに及ぶ。前に立つ者は、広く奥深い世界を客観的にながめて大自然の神々しさに心打たれることもできるし、みずからその世界に入りこんで大自然の懐《ふところ》の深さに安らぎを得ることもできる。

霊の気配は、大きな画面に二十数本の松を粗に、また密に、配していく構図の巧みさと、濃淡さまざまな墨を鋭く、また柔らかく、大胆に、繊細に、紙の上に載せていく筆使いの自在さからやってくるものだが、そういう美的ないし芸術的な試みが古来の自然崇拝ないし神霊崇拝に通じるところに、日本精神史の大きな特色を見てとることができる。美意識が自然と強く結びつき、自然が無限の大自然というイメージとして宗教性と結びつくのは、古今を通じての日本人の基本的な心の動きだといえるように思う。

等伯の「松林図屛風」はそういう心の動きのなかから発想され、松を象徴的存在たらしめることによって大自然の神々しさを形象化しえた名作だといえよう。

第二十八章　茶の湯――わびの美学

茶を嗜《たしな》む風がすでに平安初期にあったことは、史書や詩文の示すところだ。が、もともと唐からの輸入文化であった喫茶の風は、遣唐使の中止（八九四年）以降の文化の国風化のなかで、しだいに忘れ去られていった。

新たに茶事に関心が集まるのは、臨済宗の開祖・栄西が宋の禅院の喫茶の風と優良な茶種を日本に伝えて以後のことだ。栄西の『喫茶養生記』が著《あらわ》されたのが一二一一年、鎌倉に幕府ができてまもない頃だ。こうして茶の風習はまず禅寺に広まるが、そこでは茶を飲むことも宗教行為の一つとされ、「茶礼《されい》」と呼ばれる厳粛な儀礼がおこなわれた。

禅寺で始まった喫茶の風はしだいに外へと広がり、鎌倉時代末から南北朝時代にかけて武士や貴族も茶を嗜むようになった。宗教生活と縁の薄い武士や貴族のあいだでは娯楽ないしは趣味として茶を飲む傾向が強まり、やがて「茶寄合《ちゃよりあい》」と呼ばれる集団遊芸が流行するようになった。茶寄合では茶を飲み分けて銘柄の当たり外れを競い、ものを賭けて勝ち負けを争う「闘茶《とうちゃ》」が盛行した。遊戯性がさらに強まると、茶事の後に酒宴が張られ、博打《ばくち》が催されるといったありさまで、茶寄合の設《しつら》えも、集う人びとの風采も豪奢《ごうしゃ》をきわめ、当時の流行語たる「婆娑羅《ばさら》」への道を突き進んでいった。贅沢と華美を好む傾向は舶来趣味と強く結びつき、茶寄合の調度や飾りや道具は「唐物《からもの》」と呼ばれる中国伝来の絵や器物が珍重された。猥雑《わいざつ》で豪奢で異国趣味の茶寄合は、南北朝時代に一世を風靡したが、北山時代にはやや下火となり、東山時代には衰退していった。

代わって登場し、応仁の乱後に茶会の主流となるのが、書院の茶と呼ばれる風雅な様式である。ちょうどその頃に作られるようになった書院造の座敷において、格式を重んじ、風流の境地を求めようとしたのが書院の茶だった。床の間や違い棚が設けられ、壁や襖《ふすま》や明障《あかりしょう》子《じ》で仕切られた畳《たたみ》敷きの書院でおこなわれる茶会は、かつての茶寄合に比べれば、和様化の進んだ、小規模で質素な集まりだったが、床の間に掛けられた絵や、その前に置かれた香《こう》炉《ろ》・香合《こうごう》・花器や、違い棚に置かれた茶壺・文房具や、使用される茶碗その他の道具は、そのほとんどが舶載の唐物だった。

上流武士や貴族のあいだで、派手な、騒々しい茶寄合を簡素化し和様化した、書院の茶が広くおこなわれるようになると、庶民のあいだにもしだいに茶を飲む風習が広がり、茶の礼儀や心得のごときものが生まれてきた。書院の茶と庶民の茶は簡単に交叉し融合するようなものではなかったが、といって、そこに天と地の隔たりがあるわけではなかった。少なくともその精神において、両者は通い合うところを多分にもっていた。茶事に礼儀作法としての精神性や、生活芸術としての美しさを見出した当時の茶人たちが、そのことに気づかなかったはずはなく、さもなければ「わび」の美意識を核とする茶の湯が生まれることはなかった。わびの美学を問うわたしたちは、茶の湯が日常の飲食行為と切っても切れない関係にあることを忘れてはならない。

以下、わび茶成立の過程を村田珠光《むらたじゅこう》・武野紹鷗《たけのじょうおう》、千利休《せんのりきゅう》の三茶人に沿いつつ見ていきたい。

1

後世「茶道の祖」とか「わび茶の祖」とか呼ばれる村田珠光は、東山文化のただなかを京都の茶匠《ちゃしょう》として過ごし、庶民の茶と書院の茶を融合するような喫茶の方式をめざした。能役者にして能作者たる金春禅鳳《こんぱるぜんぽう》の『禅鳳雑談《ぜんぽうぞうだん》』に、珠光のことばとして、

月も雲間のなきは嫌《いや》にて候。（岩波・日本思想大系『古代中世芸術論』四八〇ページ）

が引かれているが、雲間に見え隠れする月のわびしさを茶席に求めるのが、珠光の立場だった。『徒然草』の有名な一文「花はさかりに、月はくまなきをのみ見るものかは」（第一三七段）が思い合わされる。中世の美意識が室町中期には茶の世界にも浸透しつつあった。珠光の好んだ青磁の茶碗は、唐物とはいえ優美端正な品ではなく、下手物《げてもの》といわれる粗末な作りの品だった。

その珠光が弟子・古市播磨澄胤《ふるいちはりまちょういん》に宛てて書いた文書が残っている。『珠光心の文《こころのふみ》』と呼ば

れるもので、茶の湯の心得が記されている。全文を現代語に訳して引用する。

茶の道においてなによりよくないのは、慢心し執心することだ。腕の立つ人に嫉妬したり、初心の人を見下したりするのは、とくにあってはならないことだ。腕の立つ人には親しく教えを乞い、初心の人は心をこめて教え育てねばならない。

茶の道でとりわけ大切なのは、和と漢の境目を際立たせないで両者を混ぜ合わせることだ。その点にはよくよく心を使わなければならない。

また、当今、「冷え枯れる」のをよしとして、初心者のくせに備前焼《びぜんやき》や信楽焼《しがらきやき》を手にして、自分こそは奥義を極めたのだという気になる輩《やから》を見かけるが、もってのほかだ。「枯れる」というのは、よい道具をもち、その味わいをよく知り、心のままに閑寂の境地に入り、後々まで変わらず「冷え痩《や》せた」すがたを保つことで、それこそが趣きある態度なのだ。そうはいっても、到底そこまで行けない人もいるわけで、そういう人は道具などにかかずらってはいけない。

どんなに茶に達者であっても、自分の至らなさを自覚していることが大切なのだ。ともあれ、慢心と執心がよくない。そうはいっても、自分をよしとする心がないのもよくない。古人の金言に「心の師とハなれ、心を師とせざれ〔心を導き改めるのはよいが、心に導かれてはならない〕」とある通りだ。（同右、四四八ページ）

短かい文ながら、当時の茶の湯のありようと、なかにあって茶人珠光のめざすところとを示唆して、興味深い。

第一段落と第四段落は、茶にたずさわる者の心のもちようとして慢心と執心を戒めたものだ。茶の名手にたいしても初心者にたいしても羨《うらや》んだり見下したりすることなく、あくまで心の平静を保って茶の道に精進することが求められている。

珠光は、一休《いっきゅう》宗純《そうじゅん》について禅の修行に励んだというが、茶の心得として第一段落と第四段落に述べられていることは、禅の精神と通い合うものといってよい。心を平静に保って自分と向き合い世界と向き合うのは、禅の基本をなす態度で、珠光はそれがそのまま茶の精神をもなすと考えていた。

珠光がそう考えただけではない。外へ外へと向かう華麗で賑やかな北山文化から、外向きの世界の賑やかさや騒々しさに倦《う》み疲れた心が内面へと向かい、自分と世界との穏やかな調和を求めるようになった東山文化にあっては、心の平静を価値あるものとする禅の精神がしだいに人びとに受け容れられるものとなっていた。世阿弥の能はそういう精神風土のなかで生まれ、その精神と深くかかわることによって新しい表現領域を開拓するものだったが、同様に、珠光を祖とするわびの茶も、禅の精神を支えとし、禅の精神とのかかわりのなかで生活芸術としての質を高めていった。戦国乱世の騒々しく派手派手しい世界から自分に還ってくると、そこには平らかで静かな世界がほの見える。そういう心境を身近なものに感じられる程度には、禅の精神は時代に浸透していたのである。

しかし、茶の道は禅の道ではない。心を平静に保ち、自分に向き合い、世界に向き合うというだけでは済まない。茶席を設け、人を呼んで場を共にし、茶を立て、飲んで楽しむのが茶の道だ。心得も慢心と執心を戒めるだけで終わるはずがなく、茶席での具体的な作法へと思いが及ばねばならない。第二段落と第三段落がそれだ。

第二段落は、和物と唐物の兼ね合いについての心得を述べたものだ。和物だ、唐物だと区別にこだわるのはよくない、と。第三段落の内容を合わせ考えると、時代は、唐物一辺倒から和物にも目を向けるように変わりつつあるのが分かる。とはいえ、例に挙げられた備前焼や信楽焼といった和物は見た目からしても唐物とははっきりちがうから、茶人たちは和物か唐物かの別をいやでも意識せざるをえない。そんなことを知らない珠光ではない。知った上で区別にこだわるなといっているのだ。

心の平静という第一段落とのつながりでいえば、和漢のちがいについてもそれで心を乱されることのないように、というのが珠光の言いたいことだ。和物を使うもよし、唐物を使うもよし、どちらにしてもそこに特別の思い入れも意味づけも無用で、一つ一つの物と静かに向き合うことが大切だ、と、そう言っているように思える。茶碗や茶入れだけでなく、床の間を飾る掛軸、置物その他についても和漢の区別は強く意識されたはずで、だからこそかえって、珠光はその区別にこだわらないことを茶の道として重視したともいえる。茶の湯が社会に広がる過程では外なるすがたや形を尊重し、賛美し、称揚する時期が長く続いたが、外形から内実へと視野の転換を図ろうとするわび茶の登場は、調度や道具のとらえかたにも変更をせまらずにはいなかった。

そして、わび茶の心境と道具のとらえかたとのかかわりを、個別具体に即して述べたのが次の第三段落だ。カッコをつけた「冷え枯れる」と「冷え痩せた」の二語が、わび茶の境地を示すために珠光の採用したことばだ。しかも、「冷え枯れる」のほうは珠光がいい出したことばではなく、まわりの人びとが使っているのを借用する形でここに出してきたものだ。かつての豪奢で猥雑な茶の対極をなす冷えて枯れた茶を、時代が求めるようになってきているのだ。

その流れを見すえつつ、しかし、おのれの茶の道を見失うまいとするのが珠光のわび茶だった。冷えて枯れた茶は時流になってはいるが、時流に乗ればいいというものではない。わび茶は備前焼や信楽焼といった渋い茶碗を手に入れ、それらしく趣向を凝らせば達成できるといった、そんな手軽なものではまったくない。経験を積み重ねて道具のよさを知りつくし、心の自然な動きがそのまま冷えて枯れたものになってこそわび茶といえるのだ。そういう境地から遠い初心者は道具などにかかずらうべきではない。――そう考えるのが、時流を超えた珠光の茶の道だった。

例に出された備前焼だの信楽焼だのについての珠光の評価はぜひとも聞きたいところだが、珠光にとっては茶碗の評価よりも、茶碗とかかわる茶人の心のありかたのほうが大切だった。禅の精神にふさわしい心の安らかさと純粋さを茶の湯に求める珠光にしてみれば、茶席の設《しつら》えや茶道具のよしあしについて言う前に、茶の心についていうべきことが山ほどあった。『珠光心の文』と題される一文が生まれたゆえんだ。

が、茶の湯が茶室を舞台とし、茶釜、茶入れ、茶碗、水指《みずさし》その他の道具を使って茶を立て、主客ともども飲食を楽しむ所作の芸能である以上、心の内面にどこまで深く入りこもうとも、そこだけで事はおさまらず、茶の心は改めて外の世界とつながらねばならない。外の世界とのつながりにおいて、わび茶に新生面を開いたのが武野紹鷗だった。

2

茶の湯に禅の心を求めるわび茶の道は、武野紹鷗もまた歩もうとした道だった。連歌師心《しん》敬《けい》の「連歌は枯《かれ》かじけて寒かれ」という語を愛誦し、茶の湯もそうありたいとつねづね語っていたといういい伝えが、紹鷗の心根をよく示している。

しかし、紹鷗は求道の人ではなかった。茶の湯の本質が心の鍛練にあり、茶席が修行の場であると考える人ではなかった。

紹鷗の父・信久は三好氏の庇護を受けた堺の有力な町衆《まちしゅう》の一人で、堺市防衛のための軍隊を編成・指揮するとともに、武器の製造を業として大きな財をなした。

堺の町衆のあいだでは教養と趣味が尊ばれた。信久は成人した紹鷗を京都に送り、当時の大教養人・三条西実隆《さんじょうにしさねたか》の指導下に置いた。実隆の下で紹鷗は一〇年間、和歌、連歌、歌学を学んだ。その一方、臨済宗・大徳寺の古岳宗亘《こがくそうこう》の下で参禅に励み、三一歳で出家している。

出家ののち、連歌師として立とうとするが、やがて茶の湯に強い興味をもち、茶人として一家をなすに至る。一五三七年（紹鷗三六歳）、実隆と父・信久の死を境に堺に居を移し、富裕な町衆として、また、高名な茶人として、閑雅な後半生を過ごした。

こういう境涯にある紹鷗が、仲間の町衆や禅僧やその周辺の人びとに教授し、共に楽しみもしたのがその茶の湯だったとすれば、そこに教養人ないし趣味人の遊芸的要素がふくまれるのはごく自然なことだった。「枯《かれ》かじけて寒かれ」といった境地を求めることも、紹鷗にとっては、遊芸としての茶の湯を否定することではなく、茶の湯に精神的な緊張感をもちこみ、もって遊芸のさらなる精神的高度化をめざそうとする試みだった。

もともと茶の湯は、何人か、何十人かの人が集まって催《もよお》す集団の行事である。集まる場が必要だし、場を設《しつら》える必要があるし、場で使う道具が必要だ。手間と金のかかる行事であり芸能である。闘茶や賭茶で賑わうかつての茶寄合は、そのように手間と金をかけるところに喜びを見出し、手間をかけ金をかけることによって隆盛への道を歩んだのだった。

さて、賑やかさや騒々しさを求めることのないわび茶といえども、それが茶の湯であるかぎり、集団の行事であり芸能である。場を必要とし、場の設えや道具を必要とすることに変わりはない。わび茶の本質が心の平静にあるとするならば、その平静は、集団の場において、その設えと道具立てを活用する行為のただなかで、それらと調和する動きや所作を通じて保たれねばならない。それが茶の湯における心の平静というものだ。心の内面が一回一回の茶会の外形と――茶席、顔ぶれ、設え、道具、動き、所作と――切っても切れない関係にあるのが茶の湯だ。

しかし、心の内面と場の外形がそのように精神的に結びつくとなると、そのあわいに身を置いて両者の調和を図るには、鋭利にして繊細な美意識が必要とされる。しかも、茶の湯が集団の営みであることからすれば、その美意識は茶の湯にかかわる人びとの共同の美意識とならねばならない。わび茶を心のわびとして追求するだけでなく、外形の、物の、所作の、わびとしても追求しようとした紹鷗は、共同の美意識の確立へと向かわざるをえない。

豪華で、稀少で、形の整った、完璧な物にたいして、簡素で、粗末で、ありふれた、渋い物をよしとするのがわびの美学だ。その美学が茶にたずさわる人びとの共同の美意識となるについては、かつての茶寄合が舶来の唐物をむやみに珍重し、婆娑羅《ばさら》の風にのめりこみさえした、そうした過去への反動という面が小さくなかった。また、圧倒的な力をもつ中国文化をたえずお手本として仰ぎみる島国の文化にとって、完璧な美を具えた、堂々たる理想形にたいして、それをあえてゆがめた、不完全な形のうちに美を見出すことが、みずからの主体性の発揮であり、存在理由の確認でもある、という面も小さくはなかった。形のゆがんだ茶碗や、釉《うわぐすり》の乱れた茶碗をよしとする茶の湯の美意識は、遠く飛鳥時代の、左右対称の形を崩した法隆寺西院の伽藍《がらん》配置を生み出した精神の傾向に通じる美意識なのだ。

が、一五世紀後半から一六世紀にかけて成立した、茶の湯におけるわびの美学の堅固さと徹底性を考えると、前代の茶寄合への反動という時代的条件と、地味で、ゆがんだ、不完全なものに美しさを見出す古来の美的心性という伝統的条件の二つをいうだけでは、説明として決定的に不十分だといわねばならない。問われるべきは、一定の空間のなかで、一定の時間をかけて作り上げられる茶の湯の世界そのものと、わびの美学との関係である。

紹鷗は名物《めいぶつ》と呼ばれるすぐれた茶道具を数多く所蔵し、また、みずから目利きとして、冷え枯れた地味な道具を見つけ出し、愛用した。三条西実隆からの教えや、禅僧、町衆とのつきあいのなかで得た教養や趣味が生かされての目利きであり、渋好みだったのであろう。が、名物や名器は、見つけ出して所蔵するだけでは本当の美しさに接したとはいえない。道具は茶席で使われてこそ美しい道具となる。そして、道具として使うには、当然のこと、ふさわしい使いかたというものがある。道具が冷え枯れたものであれば、使いかたもそれにふさわしい冷え枯れた使いかたでなければならない。冷え枯れた道具を美しく使うということは、冷え枯れた道具のまわりに冷え枯れた世界が広がることであり、その世界のなかで当の道具が生きるということだ。冷え枯れた道具の地味な、渋い美しさは、それに見合う地味さ、渋さをまわりの世界に求めないではおかないし、まわりの世界に地味さ、渋さが行きわたったとき、名物の地味な、渋い美しさはいっそうの深みをもって浮かび上がる。

冷え枯れた道具が冷え枯れた茶席を求め、さらには、参集する茶人たちの冷え枯れたふるまいや所作を、もっといえば、冷え枯れた心境を求める。逆にいってもよい。冷え枯れた心境に人間らしさを感じ、冷え枯れたふるまいや所作に安らぎを覚える茶人たちが、その楽しさを形の整った集団の営みとして味わおうとして、冷え枯れた場を設え、冷え枯れた道具を使いこなすのだ、と。

そういう統一した世界を構想し、細部にまで意を用いてその世界を実現していこうとするのが、茶の湯におけるわびの美学だった。一場の茶の湯をなりたたせる要素を列挙してみる。掛軸や花を飾った茶室、選ばれた茶釜・茶入れ・茶碗・水指・茶杓《ちゃしゃく》・茶筅《ちゃせん》その他の道具、作法に則って出される濃茶《こいちゃ》や薄茶《うすちゃ》や食事、改まった気分で集う茶会の主と客人たち、……。それらのすべてになにほどかの冷え枯れた味わいが染みわたり、時間の経過とともにそれらがしだいに重ね合わされ、全体として冷え枯れた美の世界が現出することこそ、わびの美学のめざすところだ。わびの世界としての統一が保たれているかぎり、その場のどこかにわびとは異質の華美なものが束の間あらわれても、それは許されることだった。

そのように要素と要素、部分と部分が交錯し、もって部分が全体へと広がり、全体が部分を生かしつつ統一性を示すところに、わびの美学の確かさと徹底性がある。そして、その確かさと徹底性を思想的に支えるものとして、禅の精神が――自己に還って静かに世界と向き合う禅の精神が――あったことを忘れてはならない。日本の中世において禅宗が社会に広がるとともに、地味なもの、渋いものに共感する美意識が人びとをとらえ、たとえば枯山水庭園に、たとえば書院造に、たとえば能に、たとえば山水画に、その表現を見出すことになったが、茶の湯におけるわびの美学の成立は、その美意識がそれとして明確に自覚され、その美意識が空間的・時間的な統一世界を構築するところにまで至ったことを示している。紹鷗の目利きは、そういう統一的な世界の構築と不可分に結びついていたがゆえに、強い説得力をもったと考えられる。

茶の湯に禅の精神をもちこむことによって賑やかで騒々しい茶を冷え枯れた茶へと方向転換しようとしたのが村田珠光だったとすれば、同じ禅の精神を茶席での一つ一つのふるまいや所作にまで行きわたらせ、冷え枯れた茶を客観的な形をもつ世界として作り上げようとしたのが武野紹鷗だった。その世界に身を置くとき、紹鷗は、みずからわびを生きていたにちがいない。茶会が精神と外形の調和の上になりたつのに見合って、茶会に身を置く茶人紹鷗は心身の調和を享受しえていたにちがいない。

調和のなりたちは時代の産物であり社会の産物であるという面を多分にもっている。調和がなりたちにくくなる時代にあって、最高の政治権力者・豊臣秀吉の側近として茶の精神の調和を求めつづけたのが千利休だった。

3

茶の湯は京都、奈良、堺の町衆を主たる担い手としつつ、しだいに庶民のあいだにも広がっていったが、一六世紀の後半（室町末期）には、三好三人衆や松永久秀など、畿内の大名や武将らの愛好するところとなり、さらには、室町幕府を倒して覇権を確立した織田信長、豊臣秀吉が政治とのからみのなかで大茶会を催したり茶器の贈答をおこなったりしたために、武家社会にも広く浸透していった。とともに、当然のこと、わびの美学に陰に陽に政治権力が影を落とすことになった。政治の側から茶の湯の世界へと大きく乗り出してきた信長と秀吉にたいし、茶の湯の側からこれにもっとも深くかかわったのが、ほかならぬ千利休だった。

信長の下では、利休は茶頭《さどう》の一人に取り立てられてはいたが、同僚の今井宗久《いまいそうきゅう》、津田宗及《つだそうきゅう》の後塵《こうじん》を拝していた。が、信長が本能寺の変で死に、秀吉が覇権を握ると、利休は秀吉の厚い信任を得て茶頭第一席の位置をあたえられた。そして、大徳寺山内の大茶会、大坂城での大茶会、名高い京都・北野の森の大茶湯《おおちゃのゆ》で、いずれも主導的な役割を担った。天下の政治権力者と政治的にかかわらざるをえぬ、茶頭第一席の地位にあることは、利休の行動と思想に大きくはね返り、茶の湯のありように決定的な影響をあたえた。

信長にならって秀吉も名物茶器の蒐集に熱を入れ、時を選んで茶会を催した。むろん、そこに政治的な意味を読みとってのことだ。身近に利休がいて、茶席を共にすることも少なくなかったから、秀吉は利休のわび茶の美学にはそれなりに通じていたろうが、政治的なふくみをもつ名器の蒐集や茶会の開催は、わび茶の精神の枠内にとどまるものでも、わび茶の美学に沿ったものでもなかった。いくつもの戦闘を勝ちぬき、天下を支配下におさめた権力者秀吉には、茶の湯に義理立てするいわれはなかったし、利休とて秀吉の意向を知らないはずはなかった。北野の大茶湯の二年ほど前の大徳寺大茶会で、利休は堺の茶人の招待に一役買っているが、いうまでもなく、秀吉の政治的意向を汲んだ上での協力だった。

有名な北野の大茶湯では京都の町に参加者を募《つの》る七ヵ条の高札が立てられている（芳賀幸四郎『千利休』吉川弘文館・人物叢書、二〇九―二一〇ページ）。要点をまとめると、

一、一〇日間の大茶会で、天下の名物が残らず展示される。
一、若党・町人・百姓以下だれでも参加できる。茶好きの者は釜とつるべと呑物を持参すべし。
一、松原に畳二畳を敷いて座敷とする。
一、日本人に限らず唐人の参加も可。
一、遠国からの参加を考慮して日数を多くしてある。
一、不参加の者は、今後、茶を立てることを禁ずる。不参加者の茶会に出た者も同断。
一、困窮者には亭主の立てた茶がふるまわれる。

身分を問わずたくさんの人を集め、主催者の勢威を誇示しようとする意図があらわだ。秀吉自身が茶好きという個人的事情もあったろうが、それよりなにより、茶の湯が人心収攬《しゅうらん》の有力な手段となるような時代に、満を持して空前の大茶会を打つ秀吉の構想と実行力が偉とするに足る。集めた名物を残らず見せびらかす無邪気さまでがそこに顔を出すのは、秀吉の憎めない人となりを示してもいるのだろうが。

利休はどのような思いでこの大茶湯の茶頭《さどう》を務めたのであろうか。高札には、だれでも参加できる、参加者の持参する道具は最小限でよい、座敷は狭く質素でよい、といったわび茶ふうの文言もなくはないが、政治的な一大行事として企画され実行されたものが、わび茶の精神を体現するものといえるはずはない。だれでも参加できる、参加してよい、と主催者の寛大さを示したすぐあとに、参加しなかった者は今後は茶を立ててはならぬ、と書くような、権力むき出しの強制力をもって人を集める茶会なのだから。

北野の大茶湯の以前にも以後にも、利休が秀吉主催のいくつもの茶会で茶頭を務めていることからして、利休が北野の催しに強く反対していたとは思えない。といって、喜び勇んで会に臨んだわけでもあるまい。大茶湯がわび茶の道を外れる政治性の濃厚な行事であることを、利休はよく認識できる位置にいたのだから。わび茶を嗜《たしな》もうとする秀吉の心性を理解し、大茶湯のもつ政治的意味合いにも通じ、その催しにかける秀吉の意気ごみも身近で感じとった上で、政治とわび茶の美学との危ういバランスをどうにか保ちつつ茶頭の務めを果たす、というのが利休の身の処しかただったのではなかろうか。政治に背を向けて茶の湯に生きるのではなく、政治と対立し、対立を明確に意識し、対立を発条《ばね》として茶の湯に生きる茶人、——それが利休だったように思われる。

政治権力を一身に体現しつつ、利休の目の前にどっかりと坐るのが秀吉だった。二人のあいだに通うのは、友情が対抗意識であり、対抗意識が友情であるような心の動きだった。利休にたいする秀吉の対抗意識の端的なあらわれが、黄金の茶室の造営だ。北野の大茶湯より二年ほど前のことだが、秀吉は大坂城内に黄金ずくめの茶室を作った。座敷はもちろん、柱や天井や壁も黄金、障子も骨と腰板は黄金といった金色燦然《きんしょくさんぜん》たる茶室だった。秀吉は大坂城にやってきた大名たちをこの茶室に招きいれ茶をふるまっただけでなく、茶室を解体して禁裏に運び、小御所の一角に組み立てて天皇や親王を相手にみずから茶を立て、のちには、肥前（現・佐賀県）の名護屋城にまでこの茶室を運び、朝鮮出撃の大名の労をねぎらった。得意満面な秀吉のすがたが思い浮かぶ。

金色燦然たる茶室がわび茶の対極をなすものであるのは、言うを俟《ま》たない。利休の意に染まぬことは秀吉も分かっていたろうが、それを承知で奢侈華麗《しゃしかれい》を好むおのれの趣味を茶の領域でも押しとおしたかったのだ。権力者のわがままといえばそれまでだが、利休が黄金の茶室をどう見、どう思うか、それを自分の目で突きとめたいという思いも秀吉にあったかもしれない。

ことばや表情やしぐさで利休がどう応えたかは知る由もないが、利休が完成したとされる草庵風の茶室は、黄金の茶室への明確な答えになっている。京都の妙喜庵の茶室・待庵《たいあん》がいい例だ。奢侈華麗の対極に位置する、質素な枯れさびた茶室だ。

待庵は、四畳半の書院造がさらに小さくなって、わずか二畳の狭さだ。小ぶりの石を並べた露地を通って板戸を開け、躙《にじ》り口から中に入る。古い畳を二枚並べた座敷の左むこうの隅に炉が切られている。壁は藁苆《わらすさ》の入ったざらざらと粗っぽい土壁で、わびの志向を強く感じさせる。右手の壁面には大小二つの下地窓《したじまど》が配され、南の躙り口のすぐ上にはやや大きい連《れん》子窓《じまど》があって、やわらかい光が室内を包む。天井は三つに区切られ、縦、横、斜めに天井板がはめられたその下を、茶色に塗られた竹の桟が走っている。塗られた竹や木の艶が土壁のざらつく印象を強めている。

そして、わびの精神をことさらに強く意識させられるのが床の間の作りだ。三方の壁はこれも藁苆《わらすき》の入ったざらつく荒壁で、しかも、床の奥の二本の柱は土壁のむこうに引っこんで見えない。さらに、この土壁は低い天井に向かってひとつづきに伸びているから、そこが特別の場所だとは思いにくい。床の間は、貴重な軸物を掛け、珍しい宝物を置く特別の空間なだけに、粗末な作りはかえって見る者を戸惑わせる。わびの徹底が床の間を床の間でなくすところまで行っているように思える。この床の間にどんなものを掛け、どんな置物を置いたらいいものか、と、茶人ならずとも考えさせられるような、そんな挑戦的な作りだ。そう考えさせられるのも、この質素な枯れさびた茶室をわたしたちが心のどこかで美しいものと受けとっているからであって、とすれば、ここにはわびの美の一つの極限が示されているといっていいと思う。

金色燦然たる黄金の茶室と、地味で粗末な枯れた待庵とが、両極端ながらともども茶室として作り出されたところに、一六世紀後半の茶の湯の時代的特色が見てとれる。待庵に象徴されるわびの美学は、黄金の茶室のような対極があったからこそかえって磨きをかけられたといえるように思う。

もともと茶の湯は、茶を飲み、ものを食べるという日常卑近の行為に発し、それに遊興的・芸能的・社交的要素が加わり、さらに禅の精神的要素が加わり、限られた空間と時間のなかでの作法ないし礼法として様式化されたものだ。どんなに様式化され洗練されても、飲むこと、食べることが基本だという事実に変わりはない。生活芸術といわれるゆえんだ。黄金の茶室も待庵も、飲むことと食べることを基本とする茶の湯のための空間である。

さて、茶の湯の基本たる飲食は、大きく視野を取れば、人が生きていくためのもっとも基本的な行為だ。人間の歴史は太古から飲むこと食べることとともにあり、飲むこと食べることの歴史をふくんでなりたってきた。竪穴《たてあな》住居で使われた縄文土器が飲食のための道具であったことを思い出せば足りる。そして、飲食を遊興化し芸能化し社交化した茶の湯がおこなわれ、そこに美的要素や宗教的要素が加わって茶の湯が洗練度を高める時代にあっても、茶の湯の外の日常生活の場では、飲むことと食べることは生きる上で必要不可欠な基本の行為として続けられている。その日常的な飲み食いを「わび」の名で呼ぶ必要などまったくないが、あえてそれを性格づければ、質素で、地味で、ありきたりの基本行為が「わび」に通じる面を多分にもつのは明らかだろう。

黄金の茶室や舶来の珍宝・名器の象徴する奢侈華麗な茶の湯にたいし、待庵の象徴するわび茶が一歩も譲らぬ強さを示しえたのは、右にいうわび茶と日常の飲食との近さに根本の理由がある。大坂城の黄金の茶室で大名たちが威儀を正して席に列なるとなれば、それは日常の質素で地味な飲食からは限りなく遠いものとならざるをえないが、枯れさびた茶室で、渋味のある道具を用いて、落ち着いた雰囲気のもとにおこなわれる茶の湯は、そこに気取りや外連《けれん》の交じることはあるものの、その形そのものが飲食の日常性の近くにあり、それゆえに、そこに身を置くものに飲食の日常性をたえず意識させないではおかない。様式化された作法や気取りや外連《けれん》は、飲食の日常性を逸脱する可能性を十分にもつが、わびの美学は飲食の基本とつながることによって、逸脱を制御する力をもちえていたように思われる。床の間までがざらつく土壁で覆われ、白い連子窓から自然の淡い光が射しこむ簡素な二畳の茶室をながめるとき、そこでおこなわれる茶の湯において、様式や気取りや外連《けれん》が一人歩きするとは考えにくいのである。

利休に至ってわび茶は原点に回帰し、飲食の日常性を強く意識するようになったと考えられる。秀吉の茶頭として、また側近として、茶の湯が政治にとりこまれるさまを具《つぶさ》に見、茶趣味の奢侈化・華麗化を目の前の事実として突きつけられたことが、かえって飲食の日常性を強く意識させることになったのであろう。が、それは重要な条件だとしても外的な条件にとどまる。

内的な条件としては、飲食の日常性に美を見出し、それを磨き上げ、わびの美学として様式化した、利休の美的感性のありように注目しなければならない。

珠光以来のわび茶の伝統につらなりつつ、公私・大小さまざまな茶会に身を置くなかで、利休は飲み食べる行為のもつ美しさについて休まず思考を重ねてきた。茶の湯の作法をきわめることが日常の動作の美しさを発見することであり、見出された日常動作の美しさが茶の湯をいっそう奥深いものにする、――それが利休におけるわびの美学だった。茶の湯がいかに進化しようとも、太古から続く飲食行為のもつ美しさは容易に汲《く》みつくせるものではない。というか、日常動作の未知・未見の美しさが新たに見えてくるのが、茶の湯の深まりであり、茶の湯の進化にほかならなかった。そういう日常世界との往還に生活芸術としての茶の湯の本領があった。黄金の茶室に極まる奢侈華麗な茶の湯にわび茶を対置するとき、わびの美学は日常の飲食行為へと還っていき、そこに見出される美しさをおのれの生きる場としないではいられなかった。

日常生活との結びつきを強く意識し、日常生活との往還のなかから美の形を作り上げようとする利休のわび茶は、赴くところ茶室における体の動き──動作・所作──のうちに美の核心を置くに至ったように思われる。思えば、日常生活でも茶室でも、一つの同じ体の動きがその場を生きた人間の場とする。生かしかたに人間的な意味が感じられ、人間的な価値と美しさが感じられる。場を共にする主客の体の動きこそ、日常生活と茶の湯とを結ぶもっとも強固な生きた媒体だということができる。日常世界を動きまわるのも、茶室でめぐりはりのある折目正しい動きをするのも、同じ一つの体だから、茶室での美しい挙措が日常生活の挙措の美しさに通じ、日常生活でのまわりへの配慮や自他のふるまいの観察が、茶室の所作にさらなるゆとりと自在さをあたえる。そういう物質的かつ精神的存在としての体の動きを、限られた空間と時間のなかで様式化し、洗練していくことは、人間の物質面と精神面に広く相わたる生活芸術にいかにもふさわしい試みだった。

派手で豪華な茶室であれ、枯れさびた茶室であれ、また、珍宝・名器を道具とするのであれ、ありふれた雑器を道具とするのであれ、限られた空間と時間のなかでの、体をもった一個人の動作・所作の美しさこそが問題だとなれば、そこにはもう権力も権威も、身分の上下も、さほどに大きな意味や価値をもたない。限られた時空においてであれ、そういう美を生活に通じる一つの価値として明確に提示しえたところに、利休のわびの美学の普遍性があった。

第二十九章　装飾芸術の拡大と洗練——宗達と光琳

江戸時代は装飾が好まれ、装飾芸術が広く多方面に開花し発展した時代だった。安土・桃山時代に安土城、大坂城、聚楽第《じゅらくだい》などの大建造物を飾った豪華絢爛たる障屏画《しょうへいが》や工芸品が、規模を小さくし形を変えて上方や江戸の有力な町衆のあいだに広まり、やがて普通の町人の世界にまで及ぶようになるのが江戸時代の文化の流れだった。大画面の屏風絵《びょうぶえ》や襖絵《ふすまえ》と並んで色紙や短冊の絵が愛好され、扇や貝に絵が描かれ、着物や調度や陶磁器に絵模様が施され、櫛《くし》や簪《かんざし》、印籠《いんろう》や根付《ねつけ》に精巧な細工が施されるのが江戸時代の趣向だった。

そうした流れのなかで画家としての力量を遺憾《いかん》なく発揮し、装飾芸術の範となるような名作を残したのが江戸初期に活躍した俵屋宗達《たわらやそうたつ》であり、江戸中期の尾形光琳《おがたこうりん》だった。

1

宗達は生没年も伝記もはっきりしない。「俵屋」は宗達の主宰する絵屋《えや》（絵を制作・販売する店）の名で、その俵屋の絵が京都の町衆や公家のあいだで好評を博し、画家として名をなすに至ったらしい。絵屋は桃山時代に堺、大坂、京都などにあらわれた新興の職業で、その存在自体が都市における絵の需要の増大をものがたっている。絵屋で制作・販売されたのは金銀泥《きんぎんでい》下絵、扇絵、灯籠絵、貝絵、染織下絵などで、装飾・工芸的な絵画が中心だった。普通は既製の絵を店先に置いて売り、ときには注文に応じ描いて売ることもあった。店の主《あるじ》にしても、その下で働く職人にしても、画家だの芸術家だのの自覚が強くあったとは思われない。

しかし、前章でもふれたように、一六世紀から一七世紀にかけての堺や京都の町衆の教養と趣味は、かれらの自立心と自信に支えられた洗練度の高いものであった。その京都で町衆や公家を相手に絵屋を営むとなれば、その絵に教養のゆたかさと趣味のよさが備わるのは異とすべきことではなかった。宗達の絵は町衆の教養と趣味のただなかから生まれ、実用的な絵をみずからの才覚と技量でもって比類のない高さへともたらしたものにほかならない。その多彩な画業の跡をながめわたすとき、裾野をなす時代の教養と趣味のゆたかさを思わないではいられない。

比較的早い時期の作品で、宗達の画家としての力量がはっきりと見てとれるものに、「四季草花下絵和歌巻」（東京・畠山記念館）と「鶴下絵三十六歌仙和歌巻」（京都国立博物館）の二つがある。いずれも、宗達の描いた金銀泥《きんぎんでい》の下絵の上に本阿弥光悦《ほんあみこうえつ》が王朝の和歌を墨書した、和歌絵巻だ。

絵巻という形式がすでにして王朝文化とのつながりを示唆するが、「四季草花下絵和歌巻」についていうと、横に巻きひろげていく和紙に竹、梅、躑躅《つつじ》、蔦《つた》と四季の草花を配し、その上に『古今和歌集』の歌一九首を散らし書きするという絵柄と構成が、王朝の雅《みや》びをいまに再現せんとする気迫に満ちている。こんな和歌絵巻の制作が可能なのか、と思わず膝を打ちたくなるような見事な共作だが、奇を衒《てら》うようなところはまったくない。王朝文化への敬意と傾倒が広く行きわたった時代の好尚《こうしょう》であり、その上になりたったのがこの和歌絵巻だと思わせるような、落ち着きと気品の備わる名品である。前章で論じたわびの美学とは方向を異にする美意識がここには流れているが、横長の作品を右から左へと追っていくうちに、わびの美学に通じるような心の安らぎをあたえられる。

とりわけ目を引くのが絵と書のせめぎ合いのおもしろさだ。

紙に下絵を描き、その上に和歌を書くという表現形式は、平安中期から盛んにおこなわれているが、その場合、書が主、絵が従という関係がはっきりしていて、絵は書をひき立たせるための装飾にとどまっていた。それが、光悦と宗達の共作では書と絵が対等の位置に立ち、対等の力をもって拮抗《きっこう》している。宗達は、絵屋の職人として磨いた技量をもとに、金泥と銀泥を巧みに使い分け、花びらや葉の面としての表現にも、枝や蔓《つる》の太く柔らかな、また細く繊細な線の表現においても、悠揚せまらぬ伸びやかな筆の運びを見せている。金泥・銀泥は濃淡さまざまな変化を見せながら紙面にしっかりと定着され、目の前に、四季の変化が一つの世界として呈示される。しかも、薄く細い金銀の線には、ゆれ動くような軽やかさがあって、この世界には時間も流れていると感じられる。紙面の最後に来る蔦の図柄において空間の広がりがぐっと大きくなり、とともに時間の動きが一段と伸縮自在なものになってい

俵屋宗達下絵・本阿弥光悦書　金銀泥四季草花下絵古今集和歌巻（部分。左頁：蔦、右頁：躑躅）［畠山記念館］

る。

比べていうと、光悦の書はややおとなしい。字の配置や墨の濃淡はよく考えられ、絵と書の競い合いは十分に楽しめるが、絵との映り合いに気を遣いすぎたためか、書独自の勢いが足りないように感じられる。別のいいかたをすれば、この書画巻において、光悦は書家としてよりも、書画巻全体の制作責任者としてふるまったということだろうか。蔦の場面の和歌が、濃い葉の上には濃い墨で「婦《ふ》多《た》徒《つ》那《な》幾《き》」と書かれ、葉のない余白には薄い墨で「山乃《の》ハ《は》なら天《で》」と書かれたところなど、下絵にたいする光悦の配慮のほどがうかがえる。光悦は書をよくしただけでなく、陶芸や蒔絵《まきえ》にも携《たずさ》わる工芸家だったから、書画巻の共作でもみずから絵と書のせめぎ合いを楽しむ境地に身を置いていたのかもしれない。

「鶴下絵三十六歌仙和歌巻」は、「四季草花下絵和歌巻」に比べると書と絵の統一性はやや弱いが、たがいにちょっと背を向けた書と絵が、横に伸びる紙の上に同居するさまは、図柄としてふしぎなおもしろさがあ

る。

目を引きつけるという点では光悦の書よりも宗達の鶴の絵のほうがまさる。水辺に群がる十数羽の鶴に始まって、それが思い思いの方向にばらばらに飛び立ち、やがて周辺の鶴も加わって群れは何倍もの大きさにふくれ上がる。その雄渾流麗《ゆうこんりゅうれい》な大群が先頭の数羽に導かれるかのように一斉に空の上方へと向かい、そのあとに動きを転じて水平飛行へと移る。するうち、大群の息の合った飛翔がいつしか緊張感を失い、集団がばらけてきたところで絵が終わる。

画面一杯に展開する、緩急のリズムをもった群鶴《ぐんかく》の動きが、見る者をもその流れに乗せてくれるようで心地よい。鶴の数が少ないときは一羽一羽の動きがちぐはぐで、大きな群れをなすと動きに整然たる統一が生まれるから、鶴の数の多さが煩わしさをまったく感じさせない。画巻の始めから終わりまでの数を合計すれば、一〇〇羽をはるかに超える鶴が描きこまれているだろうが、それほどの数の鳥を、まとまりのある動きと形のうちにおさめることに、画家は喜びを感じているように見える。群れの数がふえるとともに画家の気持ちが高揚し、絵筆をもつ手に熱がこもるようなのだ。

群れの秩序が見事なまとまりを示しているだけではない。目を近づけて見ると、一羽一羽がまた無駄のない端正なすがただ。どの鶴も嘴《くちばし》と二本の脚と尾羽根が金泥で描かれ、それ以外の、両の翼と首から胴体にかけての大きな部分は銀泥で描かれるが、似たような鳥が何十羽と群がっていながら、たがいの位置の取りかたと体の傾けかたに微妙な変化があって、集団の全体が軽快で、しかも力強い。鶴は様式化の進んだ形に描かれるが、軽やかな細い線で描かれた嘴と二本の脚が、鳥の運動感を高めている。

群れなす鳥が上方へ、前方へと勢いよく飛翔する絵の躍動感は、書には求められない。書かれるのは三十六歌仙の三六首の和歌で、作者名のあとに和歌が、一首を四行ないし六行に分けて散らし書きされるが、それが三六回もくりかえされると、図柄としては単調にならざるをえない。が、淡々とした墨書のなかにつけられた自在な変化——行頭の上げ下げ、線の太い細い、墨の濃淡の変化——は繊細で精妙で、運筆の闊達自在さは類がない。

「四季草花下絵和歌巻」や「鶴下絵三十六歌仙和歌巻」の絵と書の交錯のさまを見ていると、共作とはふしぎな表現だとの思いを強くする。書と画がそれぞれの道を歩みながら、そこに、書の世界とも画の世界ともちがう独自の、まさしく「書画」というにふさわしい世界を作り出している。絵屋を営む宗達にも、刀剣の磨礪《とぎ》・浄拭《ぬぐい》・鑑定《めきき》を家職とする本阿弥家出身の光悦にも、職人としての自覚が根強くあったと思われるが、相手を意識しつつおのれを表現するという共作において、自分を抑えつつ出していく職人的な制作意識が、未知の世界の創造に向けて大きな力を発揮したといえるかもしれない。

共作ならぬ単独作において宗達の技量の冴えがはっきり見てとれるものに、開いた扇の湾曲する小紙面に描かれた扇面画がある。扇は美術品というより実用品だから使って捨てられるのがほとんどだが、複数の扇面画で構成する扇面貼交《はりまぜ》屏風や扇面散《ちらし》屏風の形で宗達の絵が残っている。

なかに『保元物語』や『平治物語』に材を取ったものがある。平安末から鎌倉時代にかけて描かれた戦記絵巻の図柄を遠慮なく拝借した絵だ。しかし、そのまま取ってきたのでは湾曲した扇の面にはうまくおさまらない。そこで、ある部分は切り捨て、ある部分は形を変え、配置を変更し、色を変え、新たに銀泥の雲を加えたりもして、扇形の絵に仕立て上げる。出来上がった一面一面を見ると、上下が円く盛り上がり、左右は斜めの直線で区切られる変形の画面に絵がぴたっとはまって、戦闘場面など、変形ならではの躍動感と充溢感《じゅういつかん》がある。次々と扇面画を描くうちに絵師の手が変形の画面になじんでいったかと思えるような、絵と画面の呼応ぶりだ。

レイアウトの妙ともいうべき練達の手腕が、田園の風景画に生かされたのが、有名な「牛追い図」（京都・醍醐寺三宝院）だ。鄙《ひな》びた土くさい絵だが、風物の一つ一つが所を得て、全体が一つの世界として過不足のないまとまりを示している。曲がりくねった田舎道に黒い牛と、白い服に裸足の牛追いが描かれ、まわりには田んぼ、畔道《あぜみち》、川、緑の丘、雲が配される。田園の一場面をリアルに描いたというより、いかにも田園らしい景物が寄せ集められ、それらが模様的に按配されるといった趣きだが、景物のそれぞれに土俗の空気が行きわたるとともに、景物と景物とのつながりにいうならば絵としての必然性が感じられるために、そこに一つの世界が立ち上がってくる。雅びとは縁遠い画題においても、宗達は画面構成の技量を存分に発揮することができている。

さて、宗達といえば、だれしも指を屈するのが晩年の傑作「舞楽図《ぶがくず》」（京都・醍醐寺三宝院）と「風神雷神図《ふうじんらいじんず》」（京都・建仁寺）だ。宗達の多面的な画業が行きついた二つの最高峰というだけではない。長い日本絵画史において輝く位置を占める名作である。

まずは、「舞楽図」だ。二曲一双の屏風は一面に金箔が張られ、そこに右から一人、二人、二人、四人の舞人が描かれる。いずれ劣らぬ凝った衣裳を身につけていて、色の対比が鮮やかだ。右の一人が白、次の二人が緑と紺、次の二人が赤、最後の四人が藍を基調とする衣裳で、どの衣裳にも派手な紋様が細かく染め出されている。輪になって踊る最後の四人以外は、尻のあたりから長い帯状の裾がしっぽのように出ていて、舞人はそれを大きくくねらせながら踊っている。最初の白い衣裳の舞人だけは老齢の素顔を見せているが、ほかの八人はそれぞれ衣裳に似合っ

[国立国会図書館デジタルコレクション]

俵屋宗達　舞楽図（２曲１双）

た仮面をつけている。

衣裳、仮面、踊りの所作のどこからしても、その踊りは身近な日本の踊りではなく、大陸から伝わってきた、儀式張った踊りだ。見ていて、いっしょに踊ろうという気持ちは湧いてこない。舞人のすがたからは踊る熱気も体を動かす喜びも伝わってはこない。

宗達のねらいは九人の舞人の織りなす、形のおもしろさと色のおもしろさにあった。たとえば、中央左、中央右、右端の三ヵ所に配される五人の舞人の、長く尾を引く裾のおもしろさだ。左上と右下の舞人の裾は、大きく湾曲して一方が右から左、他方が左から右へと対照的にうねり、近い位置にいる左下と右上の舞人の裾は、やや振幅の小さい左右対称のうねりとなっている。視野を広げれば、いまいう二対の裾の曲線が、四つまとまって緩急のあるリズムをなし、それに右端の白い舞人の、曲がりの少ない裾がゆるい休止符のように添えられている。一方、色はといえば、中央左の二人の裾は赤、中央右の二人は紺、右端の一人は白、と三種類の色の鮮明な対比となっている。

裾に見てとれるそのような形と色の対比、リズム、照応は、裾だけに見られるのではなく舞人の姿態の全体に及ぶが、そういう形で大きなまとまりをなす中央から右方向の五人にたいして、左端で小さく円陣を組んで踊る四人が、明と暗、開と閉の対照をなす。画面の全体に熱気や動きが感じられないのも左端の四人のもの静かなありさまによるところが大きい。この四人は右の五人に比べればその形も色もやや平板でおとなしく、他との対比のなかでようやく生命力を得ているように感じられる。

以上九人の舞人のほかに、この金地の屏風には左上隅に松と桜の大木が、右下隅に火炎太鼓と天幕が描かれる。舞楽の場にふさわしい道具立てだが、松も桜も太鼓も幕も、その一部が描かれるにすぎない。舞人たちとの釣り合いを考えてのことであろう。画面の左上に茶と緑の松と桜が、右下に赤と白と黒と金の太鼓と幕が配されることによって、踊りの空間はぐっと引きしまり、密度が濃くなる。左上と右下に大きすぎも小さすぎもしないアクセントが置かれることによって、均質に広がる金地がわずかながら輝きを増すように感じられる。

というわけで、この屏風絵の傑作たるゆえんは、なにより、構図のおもしろさにある。大陸伝来の格式張った舞いの内容にも、儀礼的な意味にも、一つ一つの動きの表現するものにも、舞い手の熱意や充実感にも、宗達の関心は向いてはいない。舞いの形と色に目を凝らし、それを縦一・六メートル、横三・四メートルの画面にどんな大きさで、どの位置に、どう描くかに、宗達の関心は集中している。松、桜、太鼓、幕もそういう関心が呼びよせたもののように思える。

俵屋宗達　風神雷神図
（２曲１双）［建仁寺］

そのような関心は装飾の発想そのものだといってよい。描かれる対象ないし主題の意味内容や社会的価値や人間的・思想的意義をさしおいて、形と色の美しさに徹底してこだわり、目の前にあたえられた空間を——それがどんな大きさの、どんな形の、どんな用途をもつ空間であれ——リズムのある、調和の取れた、心地よい空間に仕立て上げるのが装飾の美学の基本だ。「舞楽図」は装飾の美学が画面の隅々にまで行きわたり、間然するところなき装飾美の空間が出来上がった秀作にほかならない。九人の舞人の舞いも、松や桜や太鼓や幕も、それ自体が価値あるものとして描かれるというより、美しい空間を構成する不可欠の素材として選びとられ、金地の画面にふさわしい形と色と位置をあたえられている。形と色の美しさが絵の基本だとすれば、「舞楽図」は基本を突きつめたところに生まれた傑作だった。

「舞楽図」と並ぶもう一つの代表作が、「風神雷神図」だ。金地の屏風の右手に、風袋《かざぶくろ》をもつ風神が、左手に、輪の形につらなる太鼓を背負った雷神が描かれる。

「舞楽図」にならってこの絵を装飾美の空間と呼ぶことはできない。風神と雷神の形と色には十分に関心が向けられているし、向き合う二神の均衡も見事に保たれてはいる。が、この二神は形と色を整えて画面にうまくおさめられている、というのではおよそない。二神は相手を、そしてまわりの世界を、はったとにらみ、画面から飛び出さんばかりの勢いだ。装飾の整いをはじきとばしてしまうような生命力が像の全体にみなぎっている。装飾なるものは、一般に、静かな安定した秩序を求めるものだが、風神と雷神が挑み合うこの世界は、それとは正反対の、生命の躍動する演劇的な世界だ。風神と雷神の乗る雲は、墨と銀泥を宗達得意の「たらしこみ」技法によって描いたもので、霊気の立ちのぼるがごときこの雲は、演劇的というにふさわしい装置となっている。

画面全体からせまってくる生命の躍動感は、宗達がここに来て、なにものにもとらわれぬ自在な表現者たりえていることを思わせる。間然するところなき「舞楽図」をもぬけ出した自由さが、ここにはある。「舞楽図」についてなら、町なかの絵屋としての技術的な訓練や、京都の町衆のあいだに広がる宮廷文化へのあこがれと嗜好や、金箔・金泥・銀泥の流行や、本阿弥光悦との共作の経験などなどが、見事に集約され整序されてこの装飾美の傑作が生みだされたということができる。が、「風神雷神図」については、それでは的を射たことにならない。宗達の多種多様な画業と経験の上にこの作品がなりたち、技量の確かさや、色彩感覚の鋭敏さや、構想力のゆたかさが、そこに見てとれるのはまちがいないけれども、絵の本当の魅力はそれらをぬけ出したところにある。わたしたちはそれを仮に生命力の躍動とか自在さとかと呼んでみたのだが、見かたを変えれば、その魅力は絵が画家の個性を超え、絵なるものの普遍性に達したところから生じているとも思える。

装飾的な絵の美しさを多方面に追求した宗達は、筆の自在な動きに導かれて、装飾美の枠を超える表現の可能性へと足を踏み出すに至った。が、その可能性が装飾美の追求の延長線上に開かれたものであることもまた、忘れるわけにはいかない。装飾美の枠を超える表現の可能性を、ほかならぬ装飾美が用意したといえるのではないか。宗達は、江戸初期において、和歌巻、扇絵、杉戸絵、屛風絵など、さまざまな形の装飾絵を現実に制作し、人びとのもとへとどけたのだが、それだけでなく、衰えることのない美への意志を通じて装飾美のさらなる可能性をも告知したのだった。時代の文化と教養と趣味が宗達にさいわいしたのは改めていうまでもないが、宗達のような練達の手腕と自在な構想力と不屈の向上心を合わせもつ画家をもったことは、時代にとってしあわせなことだった。

「風神雷神図」は、宗達のしあわせと時代のしあわせがともども刻印された記念碑のような作品としてわたしたちの前にある。

2

宗達から六、七十年の時を隔てて、装飾美術に新しい風を吹きこんだのが、尾形光琳である。

光琳の代表作の一つが「燕子花《かきつばた》図屛風」（東京・根津美術館）だ。縦一・五メートル、横六・八メートルの大画面に、ずらっと横並びに生える燕子花が端から端まで描かれる。壮観である。

が、数えきれぬほどの燕子花が一本一本丁寧に描かれるのに、絵に威圧感はなく、鬱陶《うっとう》しい感じもない。むしろ、全体がすっきりと爽やかな印象の絵だ。

尾形光琳　燕子花図（６曲１双。左頁も）［根津美術館］

すっきりと爽やかな絵は、まさしく光琳の美意識の求めたところだった。画面に軽快さをあたえるべく、たくさんの燕子花が二枚の屏風にリズムをなして配置される。右隻《うせき》の燕子花はやや高い位置に配され、三ヵ所で手前に張り出し、左端で左斜めに傾いて終わる。その流れを受けて、左《さ》隻《せき》の右端は低い位置に花のない葉が二株置かれ、さらに低い位置から花が始まって少しずつ上昇し、右隻の高さにもう少しでとどくかという所で停止し、もう一度下から始まって前より急角度の上昇が左端まで続く。

いまわたしたちは画面の右端から左端へと燕子花のなすリズムを追ったが、反対に左端から右端へと追うことも可能で、そのときにはまた別種の（たとえば左隻では、下降の）リズムがあらわれる。いや、端にこだわる必要はなく、どこから始めても右に左にリズムをたどることができる。リズムの軽やかさがそんな自由な追跡を許すのだ。

すっきりと爽やかな印象は軽快なリズムによって作り出

されるだけではない。いま一つの要因として色使いの単純さが挙げられる。金一色の地に燕子花の葉は緑青《ろくしょう》一色、花は群青《ぐんじょう》一色と、この絵は三つの色だけで構成される。しかも、金地に濃淡の変化がないのは当然として、葉の緑青には濃淡の変化がまったくといっていいほどつけられず、花の群青も濃い青と淡い青の二色に描き分けられるだけで、中間色があいだに挟まれたり、青がグラデーションをなしたりすることはない。思い切った手法だが、初夏の湿地に群生する燕子花のくっきりとしたすがたを、単純な色使いでもって描き出せるという確信が光琳にあったにちがいない。構図といい色使いといい、いかにも装飾芸術というにふさわしい、考えぬかれた明晰な単純化がなされているが、単純化された図像のなかに燕子花の特徴があやまたずとらえられている。単純明快な構図や色使いは絵の装飾性とデザイン性を高めはするが、ために燕子花が燕子花と別ものになるとは光琳は考えなかった。

もう一つ、この大画面を単純明快に仕上げる手立てとして、題材を燕子花だけに限ったことも挙げていいかもしれない。燕子花といえば、まず思い浮かぶのが平安時代の『伊勢物語』（第九段）だ。主人公・在原業平が三河国（現・愛知県）の八橋《やつはし》に行ったとき、そこに燕子花が美しく咲いていたため、「かきつばた」の五文字を句頭に置いて「から衣きつつなれにしつましあればはるばるきぬるたびをしぞ思ふ」と歌に詠んだとされる話だ。以来、燕子花といえば八橋へと連想が強く働くようになり、絵画でも二つを組み合わせて描くのが定型となった。光琳自身も二つを組み合わせた絵を好んで描いているが、この大作ではあえて八橋を描かない道を選んでいる。伝統的な通念からすれば、もの足りなく感じられる絵ということになろうが、光琳はそれを逆手に取って、燕子花だけで充実した空間を作り上げようとしたかに思える。そこには、八橋なしに充実した美的な空間を表現できるという自信と、伝統をぬけ出した新鮮な美的空間を創り出したいという冒険心とがともどものぞいている。

もともと燕子花と八橋の結びつきは『伊勢物語』に発する文学的なつながりだ。それが絵にも描かれ、王朝の雅びな一情景として伝統となるに至ったものだ。その伝統にたいし、八橋のない燕子花図を差し出すことは、文学的なつながりをあえて背後に押しやり、燕子花の花としての美しさにねらいを定めることにほかならない。そこに絵としての純度の高まりがある。八橋と否応なく結びつく王朝の雅びの一場面を、八橋のない燕子花だけの場面として造形し、しかも雅びの趣味は絵の気品として画面にしっかりと定着する。「燕子花図屏風」は光琳にとってそのような意味合いをもつ試みであり、江戸の装飾芸術は、光琳の時代にあって、そういう試みにふさわしい場となるだけの成熟を遂げていたのだった。

絵の新しい美しさを求めてさらに大胆な試みへと踏みこんでいったのが「紅白梅図屏風《こうはくばいずびょうぶ》」

（静岡・ＭＯＡ美術館）だ。

一見、奇抜さと斬新さのせまってくる絵だ。中央を上から下へと大きな川が流れ、川の右に紅梅が、左に白梅が描かれる。

「燕子花図屏風」では群生の燕子花が画面に程よくおさまっていたが、この図の紅白二本の梅は、程よくはおさまらず、画面をはみ出すように咲いている。それでも右方の紅梅はまだしも木の全体を想像できる。根元に洞《うろ》のある太い幹が地面にしっかりと足を据え、曲がりくねりながら上へと伸び、幹のところどころからはまっすぐ上へと枝が伸びて、そこに無数の紅い花、紅い蕾《つぼみ》がついている。画面の右の端と上の端にぶつかって木は途切れるが、先に伸びていく勢いは感じられるし、その形もおぼろげに思いうかぶ。おもしろいのは、洞をはさんで手前とむこうの地面から上へと伸びる太い幹が人の両脚のように見えることで、すると、その上部がやや背を丸めた胴体に見立てられ、足元やら背中やらから枝が生え、それに花や蕾がついているようにも見えることだ。ほんの思いつきだが、絵を描く光琳の側に描く対象と戯れる遊び心と、誇張や歪曲《わいきょく》を楽しむ絵心がなかったら、見る側の心に浮かびようもない思いつきではある。

画面左の白梅には、その遊び心と大胆な絵心がさらによく見てとれる。こちらは紅梅よりどっしりと太い幹が地面に据えられるが、それはすぐに左へと曲がって画面の外へと出ていってしまう。そして、幹がどこへどう伸びていくかはまったく不明のまま、画面の左上方から大小二本の枝が急角度で下りてくる。二本ともぎくしゃくとくねりながら下降し、細い枝はまもなく右へと直角に折れて水平の動きに転じ、太い枝は画面の三分の二ほどを下降した所でぐっと折れ曲がって上昇の動きに転じる。この大小二本の枝からはさらに細い枝が何十本と飛び出し、そこに白い花と白い蕾が賑やかにまつわりつく。自然界の白梅がこんなふうに幹の太い根元のほんの一部と、二本の枝の先だけが見えることはまずないが、とはいえ、特異な小部分を切り出してきたそのすがたは、白梅以外のなにものでもない。そして、その形と色は、反対側に描かれた紅梅の形と色に見事に拮抗し、調和している。幹と枝の古びを示す黒の濃淡と、たらしこみ技法による緑苔の浅緑が、左右の拮抗と調和に深みをあたえている。

さて、意表を突く遊び心と大胆さがそのまま絵になったのが水の流れだ。画面上端やや右寄りの位置から始まる流れは、左下に向かって五分の一ほど下降したあと、突如として左右に幅広くせり出して画面を大きく覆い、右側は半円周に近い曲線を、左側は凹凸のある波形の曲線を描いてゆったりと流れていく。幅の広さが尋常でない。作者自身が極端な広がりをおもしろがるふうで、右側の曲線は、紅梅のすぐ近くにまで及んで幹の動きと張り合っているし、左側の突き出た波は、白梅の上昇する枝の一部と重なり合っている。全体の構図が傷つくのは困るが、そうならないぎりぎりの線まで水流を大きくうねらせようとする意図が感じられる。

その一方、画面の中央に大きく位置を占める川は、流れなければならない。流れを象徴するものとして左右の輪郭が滑らかな曲線とされる。それは紅梅と白梅のぎくしゃくした線と鮮やかな対照をなすが、流れの表現としてそれだけでは不十分だ。そこで光琳は川の全面に渦巻きの紋様を描いた。光琳波《こうりんなみ》と呼ばれる独特の紋様だ。細い線、太い線が何重にも軽やかに渦を巻く。見ていて飽きることのない複雑さだが、光琳も楽しみながら絵筆を動かしていたにちがいない。もともと奇抜な形で画面の中央に大きな位置を占める水流が、渦巻き模様を施されて運動感を高めたとなれば、絵の題名にある「紅白梅（図）」に負けないだけの、いや、紅白梅を凌駕《りょうが》するほどの吸引力をこの水流がもつことになるが、それでよしとするのが画家光琳の美意識だった。誇張や歪曲のうちに表現の美しさを求める装飾的な美意識は、絵の主題に価値の転倒が生じることにも、それが形と色の美しさに通じるかぎり、寛容であったように思われる。ながめていると、この絵は水流が主で、紅白梅が従とも、紅白梅が主で水流が従とも見えるが、そのことが絵の難点ではなく、かえって装飾画としてのおもしろさの一つだと考えられるのである。

一つの画面において、勢いの奔放さと全体としてのまとまりとを二つながらに追求し、その二つを危ういところで両立させえたのが「紅白梅図屏風」だった。その試みは、絵の作り手にも享受者にも、装飾画が知的実験の場として大いなる可能性のあることを告知するものだった。

装飾という観点からもう一つ、ぜひ言及しておきたい光琳の作品が「白地秋草模様描絵」（東京国立博物館）である。小袖に描かれた絵で、江戸の材木商・冬木《ふゆき》家に伝来したところから「冬木小袖」の名で呼ばれる。

尾形光琳　白綾地秋草模様小袖（冬木小袖）
［東京国立博物館］

白地の小袖に藍色、黄色、紫、紺などを用いて菊・桔梗《ききょう》・薄《すすき》・萩を描いた清楚な絵だ。博物館に展示されているのを見ると、女性の着ているところを見たいと切に思う。着ている人の品が上がり、その人の動きにつれて絵柄の見えかたに変化が生じ、そこに別の味わいが生じてくるはずだからだ。

思えば、動きのある暮らしのなかで精彩を放つのが装飾画の大きな特徴だ。その意味で、宗達の扇面画や光琳の着物絵は暮らしに生きる工芸的な装飾画の典型といってよい。京都の呉服商の家に生まれた光琳は、暮らしのなかで生きる装飾画の魅力を長く身近に経験し、その経験を踏まえて着物絵の制作に携《たずさ》わったにちがいない。同じ工芸的な絵として、光琳は、実弟・尾形乾山《おがたけんざん》の焼く陶器の絵付《えつけ》にも携わっている。「燕子花図屏風」や「紅白梅図屏風」など、いうならば芸術鑑賞用の堂々たる装飾画において、その知性と感性と想像力を遺憾なく発揮した光琳だったが、装飾画家としてのその力量は、暮らしのなかでふと出会う工芸品においても、地味ながらしっかりと示されていた。「冬木小袖」でいえば、帯の位置を境にした背中の秋草模様の上下の形と色のバランスのよさ――薄い色でまとめた上部にたいして、濃い紫を多用した下部の安定感――は、着物の絵柄だからこそ達成しえた洗練と格調を示している。

宗達の闊達《かったつ》自在《じざい》な絵を受け継ぎ、装飾美術の領域を押しひろげ、暮らしに生きるような様式の開拓にも努めた光琳の絵は、広く世に迎えられ、その斬新な意匠は「光琳模様」の名で呼ばれ、多くの職人の模倣するところとなった。装飾美術に模倣はつきもので、責めるには当たらない。まして模倣の相手が光琳となれば、光琳の絵の感覚の冴えと美の格調をいち早く認知した、同時代の趣味人や職人の目の高さが思われるほどだ。光琳模様の流布によって通俗的ながら装飾美術がいっそう広く社会に浸透したのはまちがいない。光琳の死後、絵の世界では浮世絵が人気を博するようになるが、光琳模様の流布は浮世絵の隆盛と並行して進んだのだった。

光琳模様が好まれ、様式化された装飾画が広く受け容れられるなか、光琳の一〇〇年後に生まれ、個性的な装飾画によって光琳その人の芸術を受け継ごうとしたのが酒井《さかい》抱一《ほういつ》だった。宗達と光琳は京都に生まれ、京都を主たる活動の場としたのだったが、抱一は江戸に生まれ、江戸で活動した画家だった。代表作が二曲一双の「夏秋草図屏風」（東京国立博物館）である。

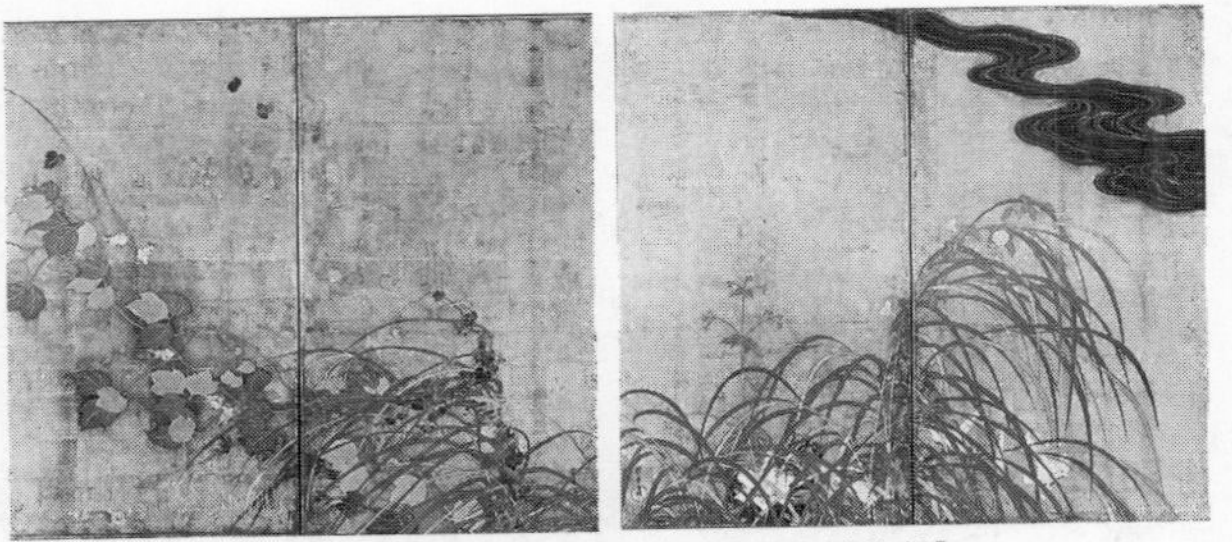

酒井抱一　夏秋草図屏風（２曲１双）［東京国立博物館］

右隻《うせき》には、下半分に薄の葉、昼顔、白百合、女郎花《おみなえし》が描かれ、右上に色鮮やかな群青《ぐんじょう》の湾曲面に細い金色の渦巻き線の走る水流が描かれる。草花と水流の対比や、緑・青・白・赤の巧みな使い分けなどに光琳的なものが認められはするが、絵の全体から伝わってくるのは、光琳の知的明快さや、大胆な冒険心や、逸脱を楽しむ遊び心とは異質の、自然のかすかな動きにも鋭敏に反応するような繊細きわまる感受性である。抱一が光琳に強い尊敬の念を抱いていたことからして、右上の水流は当然、光琳の「紅白梅図屏風」の水流を意識したものと考えてよかろうが、こちらの水流には光琳の大らかさと思い切りのよさはなく、輪郭線の微妙な起伏に作者の内面の震えのようなものが感じられる。手前の夏草の、風に揺れるはかなげな動きと相俟《あいま》って、装飾ふうの絵に、装飾ふうとはいいにくい悲哀のようなものが漂う。

左隻《させき》の秋草からも同じ悲哀の情が感じとれる。右隻と同様、こちらにも風が吹いて秋草を揺らしているが、こちらの風は夏草とは反対に右から吹き、勢いも強い。そのなかで、しかし、右下から左上方へとつらなる薄の葉と穂、蔦紅葉《つたもみじ》の葉と実、葛《くず》の葉と花は、その形と色と葉脈が装飾画ふうにくっきりと描かれる。その点では、絵にこちらからの視線をしっかりと受けとめる明晰さがあって、抒情に流れるといったひよわな絵ではない。二枚の屛風を並べたとき、それぞれの画面を真ん中から外へと風が吹くが、それが空間の全体を広がりのあるものにしている。また、銀地に群青の水流という色鮮やかな対比は、抱一の色彩感覚の確かさを示してもいる。

とはいえ、この「夏秋草図」が装飾画というには主観性ないし心情性の濃い絵であることは否定できない。夏草や秋草は模様としてそこに置かれているようには見えない。草花の形と色が模様の華やかさをもたないのだ。草花は、悲哀の象徴として、あるいは寂しさの象徴としてそこに置かれているように見える。

光琳の絵をこよなく愛し尊敬し、光琳の絵の再興を志した抱一が、悲哀ないし寂しさのにじむ抒情的な絵を描く、——ということは、抱一の目に光琳の絵がそのようなものとして映じたということであろう。それは、時代の変化によるところもあろうし、画家の資質のちがいでもあろうが、絵の内部の条件としては、時代の動きや作者の心情が草花の形や色に投影されるほどに、装飾画が時代と、また作者と、広く深くかかわるものになったということであろう。時代からも作者の主観からも相対的に独立した様式性を獲得することによって、装飾画は、鑑賞と実用にまたがる広い領域に通用する普遍性を獲得したかに見えるが、その装飾画が、再び、時代の空気と主観の思いのこもる表現となっていく。それは、絵が社会的なものであることによってたどらねばならぬ、必然的といっていい過程であったように思われる。

抱一の「夏秋草図屏風」は、宗達から光琳へと受け継がれた装飾画の、個性的表現への転位こそを示唆しているように思える。それは、装飾画の様式が行くところまで行って、その先が展望できないということにほかならなかった。

第三十章　江戸の儒学――伊藤仁斎・荻生徂徠を中心に

儒学は江戸時代に大きく発展し、支配的な地位にまで達した学問である。

中国では前漢の武帝が儒教を国教化し、以後、清末まで二〇〇〇年にわたって儒教が王朝支配の体制教学となっていたから、日本と中国との交流の緊密さと深さからして、日本の政治・社会・文化の各方面に広く儒教の影響が及んでいると考えられるけれども、儒教がそれとして明確に意識され、人びとの関心を呼び、学問的な研究の対象となることは、たとえば仏教と比べてずっと少なかった。日本史上、儒者、儒家、儒学者として名を知られる人物は、一六世紀以前にはほとんどいないといってよい。儒教の基本文献たる経書《けいしょ》はそれなりに読まれ研究されたが、それも宗教の書あるいは思想の書というより、教養の書として学ばれることが多かった。

その儒教が江戸時代にはそれまでと格段にちがう広がりをもって社会に受け容《い》れられた。なぜそうなったのか。戦国の世の武闘が終息へと向かい、中央集権的な幕藩体制が確立したとき、儒教の統治原理たる徳治主義が身分制度を土台とする社会構造によく適合するものであったことが、なにより大きな理由だった。徳を身につけ、五倫秩序の確立を目標に人びとを教化するのが君子（支配層）の任務だとする統治思想は、武士階級の自尊心を満足させるものだったし、農工商の被支配階層にとっても、武威をかざしての暴力的な支配よりも受け容れやすかった。

その一方、儒教が中国宋代の朱子学の登場によって体系的な思想へと面目を一新したことも、日本で広く受け容れられた遠因として逸するわけにはいかない。朱子学の新しさは、長く体制教学として思想史の主流をなしてきた儒教を、哲学的に再構築すべく綿密に検討し、首尾の整った壮大な思想体系として構築したところにある。壮大な体系は、存在論と人間論と修養論と統治論とを主柱としてなりたっていた。

天と地とそのあいだにあるすべての事物のもとをなすものが「気」であり、万物のありかたを規定するのが「理」であって、一切は気と理の二つによって成立し存在する。それが朱子学の存在論である。それを人間に適用したとき、「理」に当たるものが「本然の性」(人間の本来のありかた、具体的には仁・義・礼・智)と呼ばれ、「気」に当たるものが「気質の性」と呼ばれる。本来は善である人間が外物に接して情や欲に駆られ、悪に染まる。そうやって現実の人間のありさまたる「気質の性」があらわれる。「本然の性」と「気質の性」とが矛盾するところに人間論の基本があるとすれば、矛盾をどう克服するかが当然のごとくに問題となり、それに応えて次に「居敬窮理《きょけいきゅうり》」をスローガンとする修養論が提起される。居敬とは心を敬《つつし》むこと、内なる本性に心を集中し情や欲に惑わされないこと。窮理はものごとの理を窮《きわ》めること、とりわけ、聖人の言行を記した経書を読んで人として生きる倫理を窮めること。しかし「居敬窮理」は理想であり、努力目標であって、世の現実は、情や欲のぶつかり合う状況を簡単にはぬけ出せない。そこで、修養を積み、理を知り、徳を身につけた君子が治者となり、仁（思いやり）をもって統治するとともに、情や欲を脱却できない「小人」を教育し陶冶しなければならない。それが統治論である。

人間の生きかたを大きく視野におさめ、理論面にも実践面にも目を行きとどかせた見事な体系だということができる。中国とちがって、儒教がそれほど広く深く社会に根づくことのない日本にあっても、世界のなりたち、人間の本性、正しい生きかた、すぐれた政治のありかたに説きおよぶ、これほど大規模にして整然たる体系が提示されたら、儒教とはこういうものかと人びとが納得して受け容れたとしてもふしぎではない。日本の、とりわけ上層階級は、なんにつけ、中国の思想や制度や文化や文物をお手本として受けとるのが長きにわたる習いだったが、朱子学の体系はお手本とするにふさわしい統合性と一貫性を備えていた。

とはいえ、漢文で書かれた哲学的な書物を読んで理解するのは、たやすいことではない。朱子学の書物は宋との貿易を通じて早くから日本に伝えられ、写本が作られてもいたが、それを学習するのは長く五山の禅僧とその周辺の人びとに限られた。近世儒学の祖といわれる藤原惺窩《ふじわらせいか》はもとは京都相国寺《しょうこくじ》の禅僧だったし、惺窩の弟子で徳川家康に信任された林羅山《はやしらざん》も、若いころ京都建仁寺で漢籍に親しんだ。

惺窩は三〇代で儒学への傾斜を強め、慶長の役で捕虜となった朝鮮の朱子学者・姜沆《きょうこう》と親交を結び、そこから多くを学んで儒学者として立つ決意を固めた。体系的ではあっても、仏教や道教に比べて超俗性の稀薄な朱子学は、中央集権的な秩序が生まれつつある時代の雰囲気とうまく適合し、惺窩のもとには多くの弟子が集まった。その一人が林羅山で、儒学と現実の政治を結びつけようとした羅山は、一六〇五年、江戸に幕府を開いたばかりの家康に京都の二条城で謁見《えっけん》し、仕官への道を開いた。以後、羅山は家康・秀忠・家光・家綱の四代にわたって侍講《じこう》を勤めた。

惺窩や羅山の活動は、五山とその周辺で学ばれていた朱子学を武士や町人のあいだに広めるという点では大きな意味をもったが、学問の内容からすると、中国の書物の祖述の域をそれほど出るものではなかった。とはいえ、異国の壮大な思想体系を、文化風土も教養の伝統もちがう人びとに分かりやすく祖述することは容易な術《わざ》ではなく、惺窩や羅山の仕事はのちの日本独自の儒学の展開にとって、地ならしという役割を果たすものではあった。

以下では、江戸の初期から中期にかけて儒学を時代とかかわらせ、時代に生かそうとした学者として、伊藤仁斎《いとうじんさい》と荻生徂徠《おぎゅうそらい》を取り上げる。

1

伊藤仁斎は一六二七年、京都の商家に生まれ、一生を京都の町なかの学者として過ごし、一七〇五年に没した。

一一歳で四書を学び、やがて朱子学に触れてこれに傾倒したが、のちに朱子学は孔子・孟子の思想を歪《ゆが》めていると考え、みずから儒学本来の思想を体系づけようとした。自宅で塾を開いて生徒に教えるとともに、友人たちと漢籍研究の「同志会」を作り、対等の立場での討議を重ねた。門人は三千余人に及んだという。朱子学はすでに京都の町人のあいだにも一定の広がりをもち、その批判さえもが企てられるまでになっていた。

仁斎は世界の全体をつらぬく真理を孔子や孟子にならって「道」と名づける。そして「道」と名づけられた真理のありようを分かりやすくこう説明する。（現代語に訳して引用する）

孟子は「真理は大路《だいろ》のようなものだ。分かりにくいものではない」と言った。大路というのは貴賤尊卑《きせんそんぴ》の別なくだれでも通る所で、日本の五畿七道や唐の十道や宋の二十三路がそれだ。上は王侯貴族から下は行商人、馬子等に至るまで大路を通らない人はいない。王侯貴族は通れるが、庶民は通れない、というのは真理ではない。賢者や知者は通れるが愚者や未熟者は通れない、というのは真理ではない。「大路のようなものだ」というのはそういうことだ。（岩波・日本思想大系『伊藤仁斎 伊藤東涯』二八ページ）

真理は大路のようなものだ、という比喩表現を手がかりに、引き合いに出した大路のイメージをふくらましていく文章法が興味深い。真理について抽象的に語ってもなかなか分かってもらえない。ならば、比喩の助けを借りてこよう。そして、比喩のイメージをふくらませ、そのイメージを相手と共有することによってたがいの思索を進めていこう。そういう思いが切実に伝わってくる文章法だ。高みに立って教えを垂れるのではなく、町なかの塾で生徒を前にして共に考え、「同志会」で学友と対等に討議しつつ論を組み立てる、在野の学者の面目躍如たるところだ。真理がだれでも通れる大路のごときものならば、真理を求める学者は、自分だけが大路を通ってよしとするのではなく、すべての人が大路を通れるよう努力すべきだ。だれでもが通れる大路となったとき、真理は本当の意味で真理となるのだ。仁斎はそのように考え、その考えを実行すべく筆を進めていったように思われる。

さきの引用は『語孟字義《ごもうじぎ》』の漢文を現代語に訳したものだが、似たような考えが『童子《どうじ》問《もん》』ではこう表現されている。（以下、引用はすべて現代語訳）

人間以外のところに真理はなく、真理の外に人間がいることはない。人間がいて人間の真理がおこなわれる。知る上でもおこないの上でもむずかしいことなどありはしない。……人間としての生きかたの外に真理を求める人は、風を手に取り、影をつかまえようとしている。できるわけがない。だから、真理を知る者は近い所に真理を求める。真理が高く遠い所にあると考え、手のとどくものでないと考える者は、本当の真理を逸脱し、迷っているからそう考えるのだ。（岩波・日本古典文学大系『近世思想家文集』六〇ページ）

真理の内容を漢語で示せば、「仁」「義」「礼」「智」の四語に集約されるが、仁斎はその四語を抽象的に説明するよりも、その四語の示すものが高く遠い所ではなく、身近な、卑近な所にあることをどこまでも強調したかった。人が努力して真理に近づく前に、真理はすでにして人びとの身近にある。それが仁斎の真理観の基本だった。『童子問』には、卑近なものの具体例を示した次のような文言もある。

息子・娘・下男・下女といった身分の低い者たちや、米・塩・柴《しば》・薪《たきぎ》といったこまごましたものに至るまでの、ありとあらゆる身のまわりの人びとや日用に役立つ品々は、そのすべてが真理にかかわっている。俗のなかに真理があり、真理のなかに俗があるのだ。

（同右、一三五ページ）

高くて遠い真理にたいして近きにある真理、聖なる真理にたいして俗なる真理、——日々の暮らしや目の前の現実から一歩も退《しりぞ》くことなく思索を進めようとする姿勢が徹底している。「理」や「気」や「性」といった抽象的概念によって真理を説く朱子学への嫌厭《けんえん》があらわだが、仁斎は朱子学だけでなく仏教や道教にも強い不信の目を向けた。『語孟字義』の一節を引く。

釈迦は空《くう》をもって真理とし、老子は虚《きょ》をもって真理とする。釈迦の考えによると、山川大地はそのすべてが幻想ないし妄想であり、老子によると、万物はすべて無から生じる。しかしながら、天地は遠い昔からつねに上空を覆《おお》い足元を支え、日月《じつげつ》は遠い昔からつねに照りかがやき、春夏秋冬は遠い昔からつねに移り変わり、山川は遠い昔からつねに聳《そび》え、流れ、羽のある鳥、毛のある獣、鱗《うろこ》のある魚、裸の動物、上に伸びる植物、地面を這《は》う植物は、遠い昔からつねにその形を保っている。(岩波・日本思想大系『伊藤仁斎 伊藤東涯』二九ページ)

右の箇所では「実《じつ》」ということばは出てこないが、目の前の現実を「空」とか「虚」とか「無」とかととらえる仏教や道教にたいして、仁斎は目の前の現実を、それとは正反対の、欠けるところのない「実」ととらえる。天地、日月、春夏秋冬、山川、動物、植物は、実なるもの、確固とした揺るぎないものとして目の前にあり、そのあるがままのすがたこそが現実であり、真実なのだ、と。

仁斎のものいいは確信に満ちている。若いころに朱子学に打ちこみ、合わせて仏典や老子の書物を熟読し、そのいずれにも心から共感できなかったことが、ここでの「実」への信頼の支えとなっているにちがいない。目の前にある自然と社会が空なるもの、虚なるもの、無なるものだとは、仁斎にはどうしても思えなかった。

すべてが空《くう》であるとする仏教や、万物は無から生じるとする道教は、目の前の自然と社会を超えてそのむこうへ出ていこうとする志向を強くもつものだった。目の前の現実や日々の生活に満足することができず、それを超えた世界、超えた生きかたを強く求めるものだった。この世を超えたところに理想の世界を求める志向を超越志向の名で呼ぶとすれば、キリスト教やイスラム教をふくめた世界の多くの宗教は超越志向を強力な発条《ばね》として成立した教えだといえる。

たいして、仁斎の儒学思想は目の前の現実や日々の生活を強く肯定する立場に立ち、その現実と生活がすべてであり、そこで世界は完結し、理論と実践はすべてそこにかかわる、と考えるものだ。いかにも「現実主義」の名で呼ぶのにふさわしい思想だ。そしてそれは、江戸時代の二六〇年に、とりわけその前半に、ふさわしい思想だった。

日本人のものの考えかたが古今を通じて此岸《しがん》的であり現実主義的であるとは、よくいわれるところだ。そこをとらえて、日本人はそもそも非宗教的な民族だ、といったいいかたもなされる。たしかに、十万億土のかなたにある極楽浄土や、この世の終わりに下される最後の審判といったイメージは、日本人にとって親しみのもてるものではない。あの世といってもこの世から空間的に地つづきのところと考えられやすいし、時間的にも、この世が終了したそのあとに新たに別世界が始まる、という考えは共感しにくいし、理解しにくい。

多くの日本人に共通する此岸的・現世的なものの考えかたのもとでは、「空」や「虚」や「無」も、この現実とは別の空間、別の時間が理想の世界、真実の世界、神の世界として設定された上で、それとの対比で現実の「空」や「虚」や「無」がいわれるのではなく、この世の苦しさ、つらさが「空」「虚」「無」の観念を誘い出し、人びとはその観念をそれとして受け容《い》れつつ、いまある苦しさやつらさが少しでも軽減することを——観念的にいえば、「空」「虚」「無」なる現実が少しでも「実」なるものになることを——願うという面が強かった。

江戸時代の前半は、武士や町人に限っていえば、この世の苦しさやつらさを以前ほど強くは感じなくなる時代だったといえる。政治的には幕藩体制の確立が戦乱のない安定した秩序をもたらしていたし、経済的には生産の向上と商品流通の活発化が多少とも生活に余裕を感じさせるようになっていた。余裕のある生活は、さまざまな楽しみを享受する方向へと人びとを誘う。宗達・光琳その他の装飾美術を楽しむのも余裕のあらわれの一つだったし、歌舞伎や人形浄瑠璃を楽しむのも、浮世草子を読んだり俳諧の席につらなったりするのも、余裕の上になりたつ享楽だった。仁斎の堀川塾に通う門人の数が三千人余にのぼったのも、同じく、余裕の生んだ楽しみの形といえるものだった。

京都の町なかに暮らした仁斎は、時代のそういう空気を肌で感じることができた。楽しみの一つとしてみずから和歌を嗜《たしな》んでもいる。いまある現実を実あるものとするその思想は、時代とともに生きた町の学者の、時代の現実を肯定する思想にほかならなかった。

時代とともに生きる学者の、時代の現実を肯定する思想は、ややもすると、思想としての自立性を欠いた、たるんだ体制思想になりかねない。思想としての輝きのない、現実追随のことばの羅列になりかねない。

が、仁斎の書き残したものは、体制思想に類する面は少なくないものの、けっして輝きのない惰性的なことばの羅列ではなかった。現実に相渉《あいわた》りつつ一語一語をつづっていくその筆致には、緊張感の失われることがなかった。その緊張感はどこから来るのか。そう問うとき、大きな理由として二つのことが考えられる。

一つは、仁斎がお手本とする孔孟の道——儒教本来の真理——と社会の現実との落差の意識だ。「聖人の道」とも「先王の道」ともいわれる理想社会と現実の社会とが食いちがうのは当然のことだが、問題はそれをどう意識するかにある。現実を遠くに追いやって理想のことばで理想を語ろうとすれば、書かれたものは空疎な観念論に堕しかねないし、現実世界と理想界を両つながりの視野の下に置きつつ、現実のありさまを一方的に弾劾すれば、変色した現実のイメージを提示するだけに終わってしまう。論を実《じつ》のあるものにするには、容易に折り合いのつかぬ現実と理想との対立と矛盾にこそ、目を凝らさなければならない。それが落差の意識というものだ。朱子学に背を向け、時代をさかのぼって孔子・孟子の言に真理を——正しい生きかたを——求めるよう仁斎を導いたのは、朱子学の体系によって現実を弾劾も正当化することもすまいとする意志だった。それは落差に自覚的でありたいと願う内奥の意志にほかならなかった。

仁斎の文章に緊張感をあたえるもう一つの要因が、学問にたいする姿勢だ。人びとが自由に思考し、自由に議論する開かれた学問こそが仁斎のなにより求めるところだった。以下は『童子問』からの引用である。

問い「世の学者はそれぞれが師門（自分の先生の学派）を一人占めしてありがたがり、たがいに相手を非難している。どうしたものか。」

答え「師門の教えを尊敬するのはよいが、一人占めしてありがたがるのはよくない。宋では最初に程顥《ていこう》・程頤《ていい》の学派と蘇軾《そしょく》・蘇轍《そてつ》の学派があり、のちに朱熹《しゅき》学派と陸九淵《りくきゅうえん》学派とがあった。争いは門人たちから起こったもので、先生たちの意図したものではなかった。宋代は道の学問が大いに栄えた時代だが悪しき学派の争いは続いた。残念なことだ。学問とは天下万人の共有すべきもので、弟子たちが私物化していいものではない。私物化こそが真理を知らないことのあらわれだ。わたしは若いころ朝鮮の李退渓《りたいけい》の編集した『朱子書《しゅししょ》節要《せつよう》』を読んだが、なかに楊子直《ようしちょく》の名が出てきて、その注記に『朱熹学派の叛徒』とあった。わたしはそれを軽蔑してこう思った。『なんと低級なものの見かただ。去る者は追わず、来る者は拒《こば》まず、が古来の真理というものだ。叛徒と名づけるなんてとんでもない。李退渓はどうやら朱熹学派を私物化してそんないいかたをしているのだ』と」（岩波・日本古典文学大系『近世思想家文集』一二九ページ）

学問の世界で学派が形成され、師の教えの正統な継承をめぐる争いが生じるのは、古今東西を通じてよくあることだ。また、それへの反動として、学問に正統・異端の区別はなく、すべての人に開かれているのが学問だ、という主張も事あるごとになされてきた。仁斎ははっきりと後者の立場を採って、「天下之公学」たることが学問の本当のすがただという。儒学者の通例にしたがわず、君臣上下の秩序と礼節を重んじることに仁斎は異を唱えることはなかったが、こと学問にかんしては、師弟関係や道統の系図などよりも、内容と形式の普遍性に重きを置く近代的な学問観の持主だった。その学問観は仁斎自身の学問的研鑽（けんさん）のただなかで得られただけに、経験に裏打ちされ、主体性につらぬかれたものとなっている。友人たちと作った「同志会」での対等な討議は、開かれた公学の身をもっての実践だった。『童子問』に以下のことばが見える。

学者は目下の者に質問することを恥とせず、私心を捨てて人に従うことを心得としなければならない。……わたしは孔子・孟子の考えがいまの世に明らかになることを願うだけで、自分の言が信じられるかどうかは気にしないし、ましてそれが実行されることを望みなどしない。もしも孔孟の正説を解明して、明晰なことばで語る人がいるなら、わたしはぜひそれを聞きたい。その人の御者《ぎょしゃ》になってでもあとに従いたい。……孔子は「わたしはしあわせだ。まちがうと、それを知る人がかならずまわりにいるから」と言った。人がわたしの言に信服しないのは、もっぱらわたしの誠実さが十分ではないからで、自分が修養・反省するしかない。もしも人がまっとうな説を述べているのに自説に固執してそれを拒否するようなら、自分から善の道をふさいでいることになる。自分で自分を傷つけるようなものだ。わたしは愚かではあるが、そこまでひどくはない。わたしは門人たちの説であっても、かりに採用すべきものがあれば、そのすべてを受け容れる。『論語』『孟子』を理解するというのはそういうことだ。（同右、一八七—一八八ページ）

開かれた学問は、私心を捨てて他人の言に誠実に耳を傾ける対等な知的交流のなかで息づく、という確固たる信念が仁斎にあり、「同志会」はそういう学問共同体を実現しようとする試みにほかならなかった。

だが、学を志す者は他人の言に誠実に耳を傾けるだけでは決定的に不十分だ。みずからの知と思考を深めていかなければならない。さきの引用文では「修養・反省」（原文は「修省」）ということばが使われていたが、その修養・反省は休むことなく、孜々《しし》として励まねばならないものだった。一挙に悟りを開くことを禅では「頓悟《とんご》」といい、朱子学では「一旦《いったん》豁然《かつぜん》」という。儒学においてはそんな悟りは期待できず、粘り強い努力によって一歩一歩進むしかない、と仁斎は考え、次のようにいう。

儒学は実《じつ》のあることばでもって実のある道理を明らかにするものだ。目で見、耳で聞き、心身をもって納得する。だから、なすべきことはことばに表現されていて、頓悟を期待することはない。一方、禅の学者は空《くう》なることばで空なる道理を説く。耳で聞いたり目で見たりはしない。だから、悟りといったことをもち出さざるをえないのだ。……孔子のいうように、仁者は仁に安らぎ、知者は仁を役立てようとする。その任務は重く、道は遠い。死ぬまでなすべきことがあり、死んでようやく解放される。（同右、一三六ページ）

仁斎のこの上なく尊重する『論語』や『孟子』が、わたしたち二一世紀の読者には「実《じつ》のあることばでもって実のある道理を明らかにするものだ」とはとても思えないが、仁斎の生きた一七世紀後半の集権的封建制の時代には、それらの古典がもっとずっと実《じつ》のある書物として読まれていたことは、時代と思想の一般的なかかわりとして理解できる。それなくして儒教が時代の主流をなす思想となることはありえなかった。

だが、みずからの知的な営みが実のことばで実の道理を明らかにするものだとこれほど強く信じ、俗なる現実の究明に終生を賭けた現実主義の学問的姿勢には、時代を超える主体性が輝き出ている。仁斎は、目で見、耳で聞く経験を学問の根底に置き、そこから一歩一歩ことばを積み重ね、真理を明らかにしていくという。さながら近代的な実証主義の基本テーゼのごとき文言だが、中央集権的な封建制の時代にそうした主張がなされるところに、仁斎の主体性の新しさを見てとることができる。そして、そういう新しい主体性が仁斎に具わっていたからこそ、仁斎がおのれの目で見、耳で聞き、心身で感じとった現実は、実証的な探究を唆《そそのか》すようなゆたかさをもって立ちあらわれた。現実は無限の生命活動を続けるものとしてある、という仁斎の世界観もそこから生じるので、仁斎はそれを天地は「一大活物《いちだいかつぶつ》」だ、とか、天地は「生生《せいせい》して已《や》まず」と表現した。『語孟字義』に次のことばがある。

生生して已まざるというのが天地の真のありさまだ。だから、天地のありさまは、生はあるが死はなく、集はあるが散はない。死は生の終わりにほかならず、散は集の果てにほかならない。生に統一されているのが天地のありさまだからだ。父祖は体は滅ぶけれども、その精神を子孫に伝え、子孫はさらにその子孫に伝える。こうして、生命は絶えることがなく、永遠に続く。となれば、生命は死ぬことがないといってよい。それが万物すべてのありかただ。要するに、天地のありさまは生があって死はないのではないか。だから、生じるものは必ず死に、集まるものは必ず散る、というのはよい。が、生があれば必ず死があり、集があれば必ず散がある、というのはよくない。生と死を対立させているからだ。（岩波・日本思想大系『伊藤仁斎 伊藤東涯』一六―一七ページ）

この現実においては生と死、集と散が同位同格で対立するのではない。死は生にふくまれ生の一部としてあり、散は集にふくまれ集の一部としてある。だから、生が全体を統一するものとして現実はある。それが仁斎の世界観だった。仁斎にとっては現実がすべてであり、現実はそれほどにゆたかだった。そして、奥の深いその現実を実のあることばと実のある論理で一歩一歩実証的に解明していくのが仁斎にとっての学問だった。現実がすべてだとする世界観を、具体例をも交えてやや詳しく説明したものとして、『童子問』の一節を左に引く。

生に統一されるのが天地の理だ。動があって静はなく、善があって悪はない。静とは動の果てであり、悪とは善の変じたものだ。善とは生の同類であり、悪とは死の同類であって、善と悪は対等に並立するものではない。生が全体を統一しているからだ。総じて生きているものは動かざるをえず、死んで初めて本当の静が訪れる。生まれてきたものは昼は動き夜は静かだけれど、夜の熟睡中も夢は見る。また、鼻に息の通う呼吸は昼夜の別なくおこなわれるし、手・足・頭・顔は無意識のうちに動いている。……自然に目を向けると、生の統一はいよいよ信じられる。太陽・月・星は東に昇り西に沈み、昼も夜も動いて、一刻も静止しない。太陽と月はかわるがわる光をもたらし、寒さと暑さが交替して一年がなりたつ。天と地と太陽と月のすべては生の気に乗ってたえず動いている。走馬灯のようなもので、兵隊や車や馬が火の気に従って行き来し、いつまでも回っている。目に見え手に触れる流水は昼も夜もとまることがないし、生命のある草木は真冬にも花が咲く。動はあるが静はないからだ。（岩波・日本古典文学大系『近世思想家文集』一四二ページ）

自然にも人間社会にも大小さまざまな動きがある。年単位の動き、季節の動き、月単位の動き、一日の動き、時間単位の動き。そういう動きの総体として天地万物はあり、動きの本体でもあり原動力でもあるのが「生」と呼ばれるものだ。それが、中国の古典を学び、自然を観察し、人の世を生きるなかから仁斎がつかみとった世界観である。さきの引用文は、その世界観を門弟たちに、友人たちに、未知の学徒たちに伝えようとして書かれたものだ。

生に統一された世界における個々の事象の動きは生き生きしている。現実がすべてだとする世界観は、現実が生と動のゆたかな世界だという現実観と強く結びついていた。滅びや衰えや死は、現実の片隅にかろうじて位置を占めるにすぎなかった。生と動にあふれているのが仁斎にとっての現実だった。仁斎はその一つ一つを真摯に冷静に見つめ、的確にことばに定着する。学を志す者の孜々たる努力とは、仁斎にとって、生き生きした目をもって生き生きした世界を生き、見つめ、世界の真実に近づくことにほかならなかった。自然にせよ人事にせよ、そこに生命感あふれる新鮮さを見出していくことにほかならなかった。

仁斎の学問的な営みには、そういう生き生きした世界とかかわっていく喜びが根底にあったように思われる。さきの引用文でも事象の一つ一つを見つめ、それを丁寧に書きとめていく筆の運びに、知的な緊張感とともに知的な喜びが感じとれるように思う。『語孟字義』も『童子問』も仁斎の粘り強い学問的努力の結晶といっていいが、厳しく真理を問いつめる仁斎は、その一方、知と思考を喜びとする愉楽の人でもあった。その意味で、仁斎は、同じ京都の町に住んだ宗達や光琳と相似た精神の持主だったように思われる。

2

仁斎は中国宋代の新しい儒学――朱子学――を学んだのち、その源流へとさかのぼり、孔孟の古典『論語』『孟子』こそ真理の書だと考え、朱子学を強く否定するに至ったが、仁斎の四〇年後に江戸に生まれ、独特の儒学思想を作り上げた荻生徂徠も、朱子学を学ぶところから出発し、そこから古い時代へとさかのぼって、「古言《こげん》」「古文辞《こぶんじ》」こそが事実に即した真のことばであり、「先王の道」にこそ真理が宿ると考えた。仁斎はみずからの学問を「古義《こぎ》学《がく》」と称し、徂徠はみずからの学問を「古文辞学」と称した。

まとまりのある一つの学問ないしは思想に強く引かれたとき、そのよってきたるところを求めて過去へとさかのぼることは、学問研究ないしは思想研究の常道といってよい。仁斎も徂徠ものちに朱子学を強く否定することになるが、若年に取り組んだときには、朱子学はその源流を知りたくなるほどに魅力的な学問体系だった。さかのぼると、源流にある孔孟の思想や先王の道がさらに輝かしく魅力的に思える。そして、源流の輝かしさを顕彰せんがために、ひるがえって、かつて強く引きつけられた朱子学を批判し否定する、というのが仁斎と徂徠に共通する学問研究の道行きだった。

過去への溯《そ》行《こう》は徂徠のほうが徹底していた。仁斎は『論語』と『孟子』こそ最高の真理を表現する究極の古典だと見なしたが、徂徠はそこからさらにさかのぼって唐虞《とうぐ》三代《さんだい》こそ先王の道の実現された時代だとし、その道をことばに表現した六経《りくけい》——易経・書経・詩経・春秋・礼《らい》・楽経——こそ最高の古典だと考えた。中国古典の尊重は、日本で何百年にわたっておこなわれてきた漢文訓読法——返り点・送り仮名をつけて漢文を日本語に翻訳して読む方法——を排して、漢文を漢語のままに読むのをよしとするところにまで至った。

徂徠にとって過去へとさかのぼることがなぜそれほどに魅力的なことだったのか。

一つには、漢語・漢文の新しい局面が見えてくるおもしろさを挙げねばならない。徂徠の述懐によると、破産した蔵書家の本を一括購入したとき、なかにたまたま中国の「古文辞」がふくまれていたという。難解なその文辞にふしぎな魅力を感じた徂徠は、その難解さが古典に忠実たらんとするところから来ていることを突きとめ、「古文辞」に導かれて新たな目で古典を読むようになる。そこに古典が古典にふさわしい輝きをもってあらわれてくるのを徂徠は感じる。こうして徂徠は古典読解の方法として「古文辞学」なるものを提唱するのだが、古文辞との出会いをみずから「天の寵霊《ちょうれい》」と名づけるほどに、古典読解の大きな可能性が開けたと感じたのだった。以後、同じ古典がまったくちがう輝きをもって徂徠の前にあらわれてくる。徂徠の主著『論語徴《ろんごちょう》』における独創的な論語読解は多くの漢学者の指摘するところだ。古典が新しい相貌のもとにあらわれる、という経験が独創的な読みを可能にしたことは疑いを容れない。

古典がそのように魅力的なものとしてあらわれることは、徂徠の場合、古典を生んだ古代が魅力あるものとしてあらわれることと重なった。古典がすぐれていることは、そのまま古代がすぐれていることだった。そして古代の輝かしさ偉大さは、徂徠にあっては、古代の先王あるいは聖人が輝かしく偉大であることにほかならなかった。『弁道』の次のことばがある。(以下、すべて現代語に訳して引用する)

先王が聡明にして知にすぐれているのは、天からのさずかりものだ。凡人のとても及ぶところではない。だから、古代においては学んで聖人になるといった考えは存在しなかった。先王の徳はたくさんの美点が備わっているから、そのすべてを列挙することはむずかしい。しかし、あえて先王の聖人たるゆえんを示すとすれば、礼楽を初めて作り出したという一点をこそ挙げなければならない。(岩波・日本思想大系『荻生徂徠』一五ページ)

徂徠が先王ないし聖人というのは、具体的に名を挙げれば、伏羲《ふっき》・神農《しんのう》・黄帝《こうてい》・堯《ぎょう》・舜《しゅん》・禹《う》・湯王《とうおう》・文王《ぶんおう》・武王《ぶおう》・周公《しゅうこう》である。現在の歴史的知識からすると伏羲から禹までは実在の不確定な伝説上の聖王とされ、湯王以下の実在の聖王についても、その事蹟の真偽は疑わしいとされるが、中国古代に理想の人間社会を見、古代の先王に理想の王を見る徂徠の古代観、聖王観には、実証的な疑いの入りこむ余地はない。徂徠にとって、古典を古言に即して読むことは、そこに書かれた事実をそのまま事実として受けとることにほかならなかった。とすれば、先王ないし聖人にたいする徂徠のほめことばは、理論のことばというより信仰のことばに近いものといえる。徂徠自身、そのことに自覚的であり、そのことを隠そうとしなかった。『徂徠先生答問書』に次のことばが見える。

わたしは釈迦を信仰してはいません。聖人を信仰しているのです。……聖人の教えによってすべてが尽くされ、なに一つ不足するところはないと深く信じるがゆえに、仏教の輪《りん》廻説《ねせつ》などは相手にしません。（岩波・日本古典文学大系『近世文学論集』二〇一ページ）

古代への思い、古代の聖人への思いは、学問的尊敬が宗教的崇拝に登りつめるほどに徂徠のうちで高まっていた。それほどまでの昂揚を導いたものはなにか。問いに答えるには、聖人と先王が等号で結ばれるところから考えるのがよい。

すぐれた帝王を聖人と呼ぶ呼びかたは古くからあり、堯・舜・禹などが聖人と呼ばれた。が、「聖人」とは「知と徳にもっともすぐれた人」の意だから、帝王だけに限られる呼称ではなく、たとえば、帝王にも小国の王にもなることのなかった孔子が、よく聖人の名で呼ばれた。

そんなことは百も承知で徂徠は聖人の呼称を伏羲から周公までの先王に限ろうとする。さすがに孔子を聖人の列から外すのは憚《はばか》られたのか、先王の制作したものを誠実にことばに移した功績をもって聖人に準ずるとしているが、掛値なしの聖人とはいいにくいと考えていることは否定できない。なぜ徂徠は聖人の呼称を先王だけに限ろうとしたのか。一つ前の引用文にもどっていえば、聖の聖たるゆえんが「礼楽を初めて作り出したという一点」にある、と考えているからだ。『弁名《べんめい》 上』の「聖」という語を解説した章に次の一節がある。

各人に備わる徳は性質のちがいに応じて区々《まちまち》である。聖人にしても徳がみな同じということはない。にもかかわらず一様に聖人と呼ぶのは、作り出したものによるからだ。作り出したものに目を向けねばならない。見るべきものを見て聖人と名づけ、徳を問題にしないのは、尊敬この上ないやりかたである。それが古《いにしえ》の道というものだ。後代の儒者にあっては精神的なものを重視し物質的なものを軽視するものの見かたが先入主となって、礼楽こそが道〔真理〕と呼ばれるのが分からなくなった。また、聖人の名は、作り出したものによってそう名づけられることが分からなくなった。そこで、徳だけにこだわって聖人かどうかを論じることになり、性質のちがいに応じて徳が異なっても、なんら聖の資格に欠けるものではないことが分からなくなった。かくて、聖人の徳は均一だという妄想が生まれてくる。（岩波・日本思想大系『荻生徂徠』六七ページ）

徂徠は、「作り出したもの」（原文は「制作」）と「徳」とを対立する両極として立てる。そして、「制作」のほうが「徳」よりも価値があるとする。「制作」はいうまでもなく先王（聖人）の作り出したもので、徂徠はそれを「礼楽」ということばでいうことが多い。いまのことばでいえば、「政治制度」とか「支配の秩序」といったところだ。そういう「礼楽」を作り出したのが古代の帝王たちであり、そのことによってかれらは「聖人」と呼ばれる。かれらのもつ「徳」によって聖人と呼ばれるのではない。聖人の作り出した「礼楽」は「徳」を超え「徳」の上にある。政治制度ないし支配秩序は個人道徳に優位する。それが徂徠の強く主張するところだった。

『論語』や『孟子』の読みかたも、朱子学の受けとりかたも、説かれる中心が個人道徳の教えにあると考える江戸期の儒学思想のなかにあって、個人道徳よりも政治制度を優位に置く徂徠の思想は、独特の位置を占めた。体制擁護の思想として朱子学を役立てようとした藤原惺窩や林羅山が、封建秩序を個人の内面から補強するものとして忠や孝の徳目を説くのは当然として、京都にあって幕府権力から距離を保ち、その学問研究においても真摯な姿勢を失わなかった伊藤仁斎も、儒学の根本は仁義礼智の道徳にあり、その道徳を理論的・実践的に追求することこそ聖人の教えにかなうものだと考えた。儒学における個人道徳の重視は徂徠以後にも衰えることなく続き、近代国家へと大きく方向の転換をせまられた明治時代においても、教育勅語の「父母ニ孝ニ、兄弟ニ友ニ、夫婦相和シ、朋友相信シ」といった文言に見られるように、儒教道徳は人心を国家秩序に帰順させる心構えとして役立てられることが少なくなかった。

たいして、唐虞三代の先王が作り出し（「制作」し）、孔子がその真髄をことばに残そうとした先王の道は、個人道徳とは明確に一線を画するものだと考えるのが、徂徠の断固たる思想的立場だった。いま、徂徠五〇歳代の思想的成熟期の著作『弁道』から目につくことばをいくつか引く。

孔子の道は先王の道である。先王の道は天下を安んずるの道である。（同右、一二ページ）

先王の道は先王が造ったもので、天地自然の道ではない。先王とは、聡明にして知性にすぐれた人物が天命を受け、天下を治める王となったものだ。その思いは、なによりも天下を安んずることを自分の務めとするところにある。天下を安んずることに全身全霊を捧げ、その知恵と技術の限りを尽くし、理想の道を作り出して、後世の人の模範たらしめようとしたのだ。（同右、一四ページ）

先王は国を開き、礼楽を作り出した。それは先王のおこないの一部分だけれども、先王はまさにそのことによってのみ先王たりうるのだ。（同右、一五ページ）

先王の道は天下を安んずるの道である。その道は多方面に広がっているけれども、要は天下を安んずることに帰着する。（同右、一七ページ）

「天下を安んずるの道」やそれに類する語句は『弁道』にも、『弁道』と並ぶ代表作『弁名』にも、しつこいほどに出てくる。そのしつこさには、個人道徳を重視し強調してやまぬ前代や同時代の儒学にたいする、変わることのない抗《あらが》いの姿勢を見てとることができる。大きな流れに抗うべく、徂徠は同じ文言を他人にたいしても自分にたいしてもくりかえし確認して前へと進まねばならなかったかのごとくだ。

同じ文言のくりかえしは修辞上の工夫だが、儒学の主流との思想的対決を観念の実質において示すものとしては、たとえば儒学の中心的徳目たる「仁」の独特のとらえかたがある。

仁というは人の上に立って民を安んずるの徳をいう。それは聖人のもつ大きな徳である。……孔子は「君子が仁を離れたならば、どうやって名をなすのか」と言った。その意味は、君子の君子たるは仁による、ということだ。だから、孔門の教えは必ず仁をもとにしている。聖人と仁を不可分だと考えるからだ。……先王が真の道を立てる土台となるのが仁である。だから、政治制度のすべてに仁が行きわたっている。とすれば、仁なる人でないかぎり、先王の道を引き受けて天下の民を安んずる資格はない。だから、孔門の教えでは仁こそ最高の徳で、仁に依拠するのを義務と定めているのだ。……孟子は「仁は人の徳だ、合流して道となる」と言った。道は先王に属し、徳は人に属するが、仁の力によって道と人とが合流するというのだ。(同右、五三—五五ページ)

仁が最高の徳だというのは多くの儒家の説くところであり、多くの儒学者の承認するところだ。人が人として生きていく上で大切な心得として仁・義・礼・智・信など種々の徳目を挙げることができるが、なかでもっとも大切なものが仁だ、とはよくいわれるところだ。

そのとき、仁は人と人との関係をなりたたせるもっとも根本的な心のありかただと考えられている。抽象的な響きをもつ「仁」を嚙《か》みくだいて、「思いやり」とか「愛」とか「慈《いつく》しみ」とかといいかえるとき、それらは確かに人と人との心をつなぐもの、あるいは、人の心と心を行き交うものと考えられ、それゆえに大切なものと考えられている。

徂徠の仁のとらえかたはそれとは大きく異なる。仁の大切さを人の心の側から考えるのではなく、先王の道の側から——社会を秩序立てる政治制度の側から——考えるのが徂徠だ。仁が人間にとってなにより大切なものであり、その仁が政治の領域に生かされたのが先王の礼楽であって、だからこそ礼楽が——先王の道が——尊い、というのではない。順序が逆だ。天命によって王たるべく運命づけられ、義務づけられた大人物が、王となって、理想的な礼楽を作り出した。作り出された礼楽——先王の道——は後代のどんな政治制度も及ばないほどにすぐれたものだ。さて、その理想的な礼楽とそれにかかわる人間とを結ぶものとしてさまざまな徳が考えられるが、両者を結ぶもっとも太い絆が仁と呼ばれる徳だ。だとすれば、仁はもっとも大切な徳であり、とりわけ支配的地位にある君子の身につけるべき大徳である。——徂徠はそのように考える。仁を論じるに当たっても、客観的な政治制度と主観的な個人道徳とを峻別し、政治制度を個人道徳の上に置く徂徠の思想的立場は、揺らぐことがなかった。

その立場は、江戸時代の封建制を中国古代の封建制と重ね合わせて肯定する、体制擁護の政治思想に通じるものだったが、幕府の老中格・柳沢吉保に召し抱えられて禄を食《は》む身として、徂徠は、おのれの儒学思想が体制と結びつくことに疑問を抱くことはなかった。その意味では、政治的な反体制とは無縁のところにいたわけで、独特の政治優位の儒学思想は、目の前の政治の批判に向かうのではなく、政治を個人道徳から切り離し、客観的な政治制度として論じることに、いいかえれば、政治を政治として純化することに、情熱を傾けるものであった。

政治を政治として純化すべく、徂徠は先王の理想的な政治のさまを明らかにしようとする。拠るべき文献は孔子の編んだとされる六経《りくけい》である。が、六経は、読めばただちに先王の道が了解できるといったものではない。古文辞学を提唱して今言《きんげん》と古言の差異を説く徂徠は、事実と言語表現との差異にも十分に自覚的だった。

先王の教えは事実のうちに示されていて、理屈によって示されるのではない。事実によって教えようとする人は、事柄をきちんと整えようとするものだ。理屈によって教えようとする人はことばが詳しくなる。事柄というものはさまざまなものの考えかたが集まって出来上がる。だから、現実に身を置き、長く経験を積むことによって、事柄の真実を知ることができる。ことばに頼る必要はない。ことばで表現できるのはほんのわずかな理屈の一部にすぎない。（同右、二二六ページ）

ことばで表現された六経から、はるかな中国古代の先王の道を探り当てるのが徂徠のめざすところだった。その徂徠がことばと事実との隔たりの大きさをいう。先王の道を具体的に構想するのがどんなにむずかしいか、そのむずかしさをみずから告白するかのような文言だ。が、先王の道の構想は、後代の学者にとってむずかしいだけではない。そもそも先王の道たる礼楽を作り上げることが、作り手なる聖人たちにとって多大な困難をともなう事業であった。

伏羲《ふっき》・神農《しんのう》・黄帝《こうてい》も聖人の仲間である。しかし、かれらの作り出したものは日常生活を便利にし豊かにするという域を出るものではない。そのあとの顓頊《せんぎょく》・帝嚳《ていこく》を経て、堯《ぎょう》・舜《しゅん》に至って初めて礼楽が樹立された。夏《か》・殷《いん》・周《しゅう》と時が経って初めて輝かしい政治制度が備わった。思えば、数千年の時の流れと、何人もの聖人の心技両面での努力が積み重なって礼楽が出来上がったわけで、それは一聖人の一生の力で作り上げられるようなものではない。（同右、一四ページ）

自分は釈迦は信仰しない、聖人を信仰する、と明言する徂徠が、絶対的存在ともいうべき聖人の力をもってしても唐虞《とうぐ》三代《さんだい》の礼楽は数千年の努力の末に初めて確立されたという。理想の政治制度にたいする尊崇と憧憬の強さがうかがわれる文言だ。

が、その政治制度のありさまを、たとえば法の体系として、あるいは官位制や土地制度や税制として、あるいは儀式や芸能や遊宴の催しかたや運びかたとして、徂徠が具体的に語ることはほとんどない。同時代の幕政について具体的に論じた『政談』や『太平策』が秘本とされ、高弟たちも自由に閲読できなかったことなどからすると、政治制度について公の場で具体的に論じることは幕府権力の忌避するところと考えられたのであろうか。ともあれ、徂徠は先王の礼楽の実態について書き記すことがほとんどなく、そのわずかな論及もいうならば精神的に語るといったふうなものだった。晩年刊行の『学則』の一節を引く。

おおよそ、なにかを大事に育てないのは悪である。うまく役立てないのは悪である。育てて大成させ、うまく役立てるのは、すべて善である。人と虎や狼とをいっしょにしたり、稗《ひえ》を米に混ぜたりするのは悪だが、しかし、天地は虎や狼を排除はしないし、雨や露は稗を差別しはしない。聖人の道もそれと同じだ。仕方なくなにかを見捨てたり遠ざけたり、なにかを鞭《むち》打ったり殺したりするのは、仁を害する恐れがあるからであって、悪を憎むからではない。ということは、不仁をひどく憎むのは、仁を好むのがいまだ十分ではないということだ。……聖人の世には埋もれたままの人材や無用の物などない。「堯や舜の治下の人民は軒並《のきな》み諸侯に任ずることができる」というのは、だれもが諸侯たりうる人材だというのではない。また、人民をあわれんでそうほめ上げたのでもない。堯・舜の政治が、人民の才能を養い育て、諸侯にふさわしい高さにまで引き上げたというのだ。（同右、一九五ページ）

すべての人民が過不足のない安らかな日々を送り、だれもが才能を開花させて世に役立つ人間になる、というのは理想社会の一つのありかただといってよい。唐虞三代の社会がそのような理想社会だったかといえば疑問なしとしないが、徂徠の聖人信仰の強さがそういうイメージの形成へと向かうのは分からなくはないし、中国古代にそういう理想社会が現実に存在したと考えることによって、徂徠がおのれの政治論への確信を深めたであろうことはよく理解できる。

日本精神史というわたしたちの観点からすると、この理想社会の構想は以下の二点が注目される。

一つは、個人道徳にたいする政治の優位という思想態度が堅持されていることだ。儒学は、とりわけ理想を語る段になると、仁義礼智信といった徳目に目を向け、それらが人の内面に個人道徳として生きる純粋さを顕彰しがちだが、徂徠はその轍《てつ》を踏まない。人びとの暮らしやすい社会のありかたといったところにあくまで目を据え、暮らしが安らかな社会なら善、安らかでないなら悪と規定する。そして、社会的な善と悪のほうが個人の内面の善悪よりも広がりが大きく、意味と価値が大きいと考える。社会的秩序の安定性が、内面の善悪を包みこむものとしてあると考える。個人の悪をも包みこんで安らかな世をなりたたせるのが善だ、というもの言いには、政治の共同性こそを最高の真理だとする徂徠の思想性が確実に息づいている。徂徠の政治思想は、幕政に関与し、具体的方策を献言するというその社会的位置からしても、中国古代の君主政治を範と仰ぐその内実からしても、時代の封建支配によくなじむものだったといえるが、権力の高みに立って、下層の民の道徳的資質や日々の生活や行動の倫理性に説き及ぶ道学者の姿勢からは遠かった。

注目すべきもう一点は、理想社会のイメージから現実改革の具体的施策を導き出そうとするとき、徂徠の合理的思考をもってしても施策が時代からずれてしまうことだ。たとえば、徂徠は、中国周代の井田法《せいでんほう》の施行や、城下の町人と武士を江戸から出身の村にもどす人返しの実行を、幕府に献策する。また、身分に応じて衣食住のありかたや冠婚葬祭のやりかたを規定する礼法制度の確立を献策する。土着の田園生活と自然経済の維持と継続、および安定した身分制の持続こそが、先王の道の基本だと考えるからだ。時代の流れとしてある都市化の進行や貨幣経済の拡大は、徂徠の受け容れられるものではなかった。

献策は時代に合わず、時代は献策を置き去りにして前へと進んでいったが、そのことをもって徂徠の政治思想の不名誉とするのは当たらない。政治の世界を人間の共同性の場として客観的に確定する徂徠の試みは、理想社会の構想と分かちがたく結びついている以上、論の進展が時代とのずれを生むのは必然だったといわねばならない。おのれの政治論と時代との分岐点に立って、徂徠は政治論の赴くところに従う道を選んだ。時代に遅れることをもふくんで、それは、徂徠にとって思想と現実の矛盾を生きる一つの生きかただった。

第三十一章　元禄文化の遊戯とさびと人情――西鶴・芭蕉・近松

一六八〇年から一七〇九年にかけての、徳川五代将軍綱吉の治世を元禄時代という。幕府政治が安定し、農業、商業が発展し、町人が抬頭し、学問や文化に清新な気風のみなぎる時代だ。文学の領域では、井原西鶴《いはらさいかく》、松尾芭蕉《まつおばしょう》、近松門左衛門《ちかまつもんざえもん》といういずれ劣らぬ大作家がほぼ同じ時期にあらわれ、小説の世界に、俳諧の世界に、人形浄瑠璃の世界に、それまでにない厚みと深みをもたらした。前章で扱った伊藤仁斎と荻生徂徠、前々章で扱った尾形光琳も、同じ時代を生きた儒学者であり、画家であった。

将軍を最高権力者とする江戸時代の社会は、政治的には武士を支配階級とする体制だったが、文化の主たる担い手は武士ではなく、都市で商工業を営む町人や、地方の富裕の農民だった。元禄文化についてもその点に変わりはない。西鶴の浮世草子も芭蕉の俳諧も近松の人形浄瑠璃も、町人や富裕農民を読み手とし、仲間とし、観客とする創作であり、活動であり、表現だった。

1

井原西鶴は大坂の富裕な町人の子として生まれたが、若くして家業を手代に譲り、みずからは俳諧に遊び、小説(浮世草子)を執筆する、気ままな生活を送った。西鶴に始まる浮世草子は、従来の教訓的・実益的な仮名草子を一変し、近世小説に新生面を開くものだった。その第一作『好色一代男』が公刊されたとき西鶴はすでに四一歳、時代の通念からすれば壮年から老年に向かう時期のことだった。

それまでの西鶴は俳諧師として世に知られる人だった。得意としたのは一定時間内にできるだけ多くの句を作る「矢数俳諧《やかずはいかい》」で、西鶴はまず一夜一日一六〇〇句独吟で人びとを驚かせ、その記録が他の俳諧師によって破られると、生玉《いくたま》社内の聴衆数千人を前にした興行で一昼夜四〇〇〇句の独吟に成功し、その四年後には摂津住吉神社の興行で一夜一日二万三五〇〇句独吟という超人的な記録を樹立した。

一夜一日二万三五〇〇句独吟というのはそれだけで尋常ならざるエネルギーを思わせる数字だが、友人芳賀一晶《はがいっしょう》による肖像画にも、エネルギーの塊のような男が描き出されている。紋付羽織の正装で、左手の上に右手を重ねてやや前かがみに正座するそのすがたは、剃《そ》り上げた頭、太い皺《しわ》、ギョロ目、大鼻、大耳、太首の精悍《せいかん》な頭部にも、力強く安定した姿勢を保つその腕や胴体や下半身にも、世の中にたいして一歩も引けを取ることのない積極果敢な態度がのぞく。見ていると二万三五〇〇句という数字が多少とも現実味を帯びるように思える。数の競い合いが俳諧の文学的価値とは無縁の遊びであるのはいうまでもないが、それが興行としてなりたつところには、元禄期の町人社会の遊び心のありようを見てとっていいかもしれない。西鶴の尽きぬエネルギーを受けとめるだけのゆとりとエネルギーが、町人の世界に蓄積されつつあったように思える。

そういう社会のただなかで、そこに生きる人びとに向けて『好色一代男』は書かれた。西鶴にとっては小説の処女作であり、日本文学史にとっては浮世草子という新しいジャンルの登場である。

書き出しを現代語訳にして左に掲げる。

桜は散るのが歎かわしく、月はいつかは山に沈んでしまう。さて、但馬《たじま》国の金山のほとりに、仕事をほったらかして色道二つ——女色と男色——に夢中になった、夢介《ゆめすけ》とあだ名される男がいた。名古屋三佐や加賀の八《やっ》など、菱形《ひしがた》の七つ紋を羽織につけた連中とつるんで酒に溺れ、夜遅く遊里・島原から一条戻橋《もどりばし》へともどってくる。あるときは前髪を伸ばした若衆姿《わかしゅすがた》、ときに墨染《すみぞめ》の僧侶姿、また遊客好みの立髪姿《たてがみすがた》、これぞまさしく戻橋を通る化《ばけ》物《もの》。それも物に動じるふうはまったくなく、女に嚙み殺されることこそ本望とばかりに遊里に通うありさまで、遊女のほうも男を見捨てがたくていい仲になり、男は有名な遊女のなかでも名の高い、かずらき・かおる・三夕《さんせき》の太夫《たゆう》を三人ともども身請《みう》けした。三人は京都の嵯峨《さが》や、東山や、伏見の藤の森に隠れ住み、契りが重なって、三人のうちの一人から男の子が生まれ、世之介《よのすけ》と名づけた。（岩波・日本古典文学大系『西鶴集 上』三九ページ）

酒に溺れ、女に溺れた夢介が太夫の一人に生ませた世之介、それが『好色一代男』の主人公である。好色三昧の一生を送るのにお誂《あつら》えむきの設定である。

世之介の好色の生涯は、七歳から六〇歳までの交遊や交情や見聞が、一年ごとに区切って丁寧にたどられる。合わせて五四章。『源氏物語』の五四帖にこと寄せたものだが、『源氏物語』のものの哀れを見習う気は西鶴にはまったくない。また、好色といえば、『伊勢物語』の在五中将《ざいごちゅうじょう》業平も思い浮かぶが、それとも大ちがいだ。世之介の好色は雅びな色好みからは遠く、即物的な、笑いのはじける好色だ。

江戸時代には京都、大坂、江戸を初め、全国各地の主だった都邑《とゆう》に公許の遊廓《ゆうかく》があり、性の遊戯場として賑わっていた。世之介の好色遍歴も、色里めぐりの要素が強く、書物のあちこちで遊里案内ふうに有名な遊女の名が列記されたりもするけれど、西鶴の筆はそういう常識の枠内におさまるものではなかった。性の遊びと戯れのおもしろさやおかしさを求めて、西鶴は遠慮なく遊里の外へと飛び出していく。とくに、世之介が色事の達人になる以前の巻一から巻三にかけては、遊里外の好色が数多く描かれる。その一つに、たとえば巻三の以下の一節がある。世之介二四歳、京都は市原での節分の夜の話だ。（以下、引用はすべて現代

語訳）

貴船《きふね》神社に参籠《さんろう》しての帰り道、世之介は友人の耳に「実際、今夜は大原の里のざこ寝といって、庄屋の奥方も娘も、下女も下男も、年齢に関係なく神社の拝殿にごちゃ混ぜに寝て、この一晩だけはだれを相手にしてもよいという風習があるそうだ。行ってみよう」とささやき、朧《おぼろ》の清水《しみず》や岩の陰道や小松のあいだを通って大原の里に行った。真っ暗闇のなかで耳をすますと、子どもっぽい女が逃げまわるさまや、手をつかまれて断《ことわ》りをいう女や、自分のほうからしなだれかかる女や、しみじみと睦言《むつごと》を語る男女や、一人の女を二人の男が取り合って口論するのまであって、なんともおかしい。七〇歳の老婆が寝ているのを起こしたり、老婆を乗りこえて主人の女房殿にせまったり、時が経つとわけも分からず入り乱れ、泣くやら笑うやら喜ぶやら、聞きしにまさるおもしろさだ。明けがた近く一斉に家路につくのだが、帰る様子は各人各様だ。竹の杖を突き腰をかがめ、頭に綿帽子をかぶり、人なかを避けて脇道を行く老女がいる。みんなからやや離れると老女は足早になり、腰もいつしか伸び、うしろを見返すそのすがたが石灯籠《いしどうろう》の光に映し出される。（同右、九二ページ）

陰湿なところのまったくない、なんとも大らかな性の描写だ。作者はたぶんみずから笑いながら、読者をも笑いに導くように文をつづっているが、その笑いは、冷笑や嘲笑とは無縁の笑いだ。

根底にあるのは性にたいする強い肯定感で、それは『好色一代男』の全篇を太くつらぬく感覚だ。神社の拝殿でのこの愉快な一夜は、はるか古代の村落共同体の歌垣《うたがき》（歌を詠みかわし舞い遊ぶ男女交流の場）が形を変えてここにあると思わせもするが、西鶴にとっては、神も、共同体も、歌の応答も、あえてもち出すまでもない二次的三次的なものにすぎない。語るべきは、世之介とその友人をふくめた老若男女の性の欲望と性の喜びのさまであって、それを大らかに肯定し、笑いとともに受け容れることが『好色一代男』の基本的なモチーフだった。

さきの引用の最後に老婆に扮《ふん》して男の攻勢をかわす女が出てくるが、実年齢二十一、二のこの女は帰り道の松の木陰で世之介につかまり、追いかけてきた村の若者たちをやりすごしたあとで、世之介にくどかれ、下賀茂《しもがも》に二人でひっそりと所帯をもつことになる。大勢の賑やかな夜の遊戯から、しんみりとした二人所帯へ、——性の肯定を軸とした見事な場面転換といわねばならない。

しんみりとした二人所帯をもちこたえようと世之介は大真面目だけれども、それまでの世之介の好色ぶりを見てきた読者には、それも笑いの種だ。西鶴のパロディ精神が『源氏物語』や『伊勢物語』に遠慮会釈なく向けられていることはすでにいったが、同じ精神はみずから造形した世之介自身にも向けられている。ということは、笑いとユーモアが語りの基調をなすというにほかならず、性の欲望と喜びがユーモラスな笑いのうちに肯定されることが、この好色文学を明朗で楽天的な開放の書たらしめている。世之介が芯のしっかりした人格者などではおよそなく、わがまま勝手な、常識外れの蕩児であるにもかかわらず、それを憎んだり怒ったりする気が読者に起こらないのは、書物の楽天的・開放的な性格によるところが大きい。

親に勘当されて金銭的に困窮し、色の道にも行きづまった世之介が、一転、大金持ちになり、前途も開ける、という以下の展開などは、楽天性と開放性の最たるものだ。かつて親しんだたくさんの女たちに責められ、すべてを忘れ去ろうと小舟を並べて女たちともども海へと漕《こ》ぎ出した世之介が、雷鳴とどろく嵐に遭い、自分だけ浦に帰り着くという場面だ。

しかし、世之介は浪に寄せられ、四時間ほどして吹飯《ふけい》の浦《うら》に打ち上げられた。しばらくは気を失って砂のなかに埋《うも》れ、貝のごとく沈んでいたが、流木を拾いにきた人に呼び起こされ、かすかに鶴の声を聞いた。一命を取りとめ、堺の町までやってくると、大道筋《だいどうすじ》の柳町にむかし召し使っていた者の親が住んでいた。そこを訪ねると、親夫婦は喜び「ちょうどあなたを探しに手分けしてあちこち人を送り出していたところです。六日ほど前の夜にお父様が亡くなられたのです」と言う。するうち、京都からも人が来て、「出会えたのはふしぎです。お母様の歎きはことばに尽くせません。ともかく急いでお帰りください」と早駕籠《はやかご》に乗せる。やがて昔の住家に帰ってくると、だれもかれもが涙にくれている。境遇の変化にびっくりしていると、「いまはすべてがあなたのものです」と、いくつもの蔵の鍵を渡されて、数年来の貧乏暮らしが一変した。「この金は自由に使いなさい」と気の利く母親は二万五〇〇〇貫目の譲り状を渡してくれる。いつでも必要なときに太夫さまに差し上げてよいというのだ。「日頃の願いがいまこそかなえられるのだ。心にかけた遊女を身請けし、有名な女郎を一人残らず買いとってやる」と勇みたち、大勢《おおぜい》の太鼓持《たいこもち》をまわりに集めて大、大、大金持ちと呼ばれた。（同右、一二五―一二六ページ）

ありえない話だが、世之介ならこんなこともあろうか、こんなこともしそうか、と思えて笑いを誘う。生活上の困窮や男女関係の苦境をも笑いへと転じ、笑い飛ばすことによってそれらをなかったことにしてしまうのが世之介の生きかたなのだ。それが好色を生きることだと西鶴は考え、現実には不可能なその生きかたを虚構として――あるいは観念として――徹底的に追求したところになったのが、『好色一代男』だったといえる。

いっしょに船出した女たちはみな行方不明となり、ともに、過去のしがらみはすべて消えうせて世之介だけが生き残る。以後の物語に行方不明の女たちが登場することはない。息を吹き返した世之介には途方もない遺産が転がりこむ。世之介の身を案じ、父の死を悲しむ周囲の人びとをよそに、世之介は、莫大な金で遊女を身請けし買いとろうと勇み立つ。あきれた話だが、その世之介に父の死を悲しみの種として突きつけるのはお門《かど》ちがいというものだ。世事を笑い飛ばしつつ好色を生きるのが世之介の流儀であって、そんな世之介を笑いとともに受け容れるのが『好色一代男』を読むということだ。性の喜びとは、日々の暮らしや世の習いからやってくるさまざまな拘束や喜怒哀楽をすべて滅却し、一対一の関係にまつわる情感に全身を委《ゆだ》ねるところに得られるものであって、そのようにして世之介はとことん好色を生きようとする。そこまでの性の遊戯化は物語を非現実的な虚構へと押し上げざるをえなかったが、元禄期の社会には、そうした遊戯化を笑いとともに受け容れるだけの遊び心が具わっていたといえよう。

話の終わりは、六〇歳の世之介が好色丸《よしいろまる》という名の船を仕立て、強精剤や催淫剤《さいいんざい》や閨房《けいぼう》用具や春画や春本をしこたま積んで好色仲間とともに女護《にょご》の島——女だけの住む島——に出かける、というものだ。死ぬまで好色に徹するのが世之介の志であり、そういう人物を人びとの前に提示するのが散文作家西鶴の志だった。

『好色一代男』刊行から四年後の一六八六年二月に『好色五人女』が、次いで同年六月に『好色一代女』が刊行される。二作とも男女の交情を主題とする作品だが、『好色一代男』とは趣きが異なる。大らかな笑いとともに性を肯定するという姿勢は背後に退き、代わって性の現実を、否定面をもふくめてリアルに観察し、表現しようとする姿勢が前に出てくる。

『好色五人女』はお夏、おせん、おさん、お七、おまんという五人の女の独立した恋物語を合わせて一本にまとめたものだ。いずれも現実に起こった事件に取材した物語で、最後の第五話以外は悲劇をもって終わる。笑えぬ話の展開だ。好色に生きることが生を楽しくゆたかにするゆえんではなく、生を破滅に導きかねないことが冷静に見つめられている。『好色一代男』が人気を博し、後を追う形で俗悪な好色話や廓話《くるわ》が次々とあらわれるのを見て、西鶴は、ならばと視点を変えて恋のむずかしさ、恋の悲劇を人びとに提示してみたいと思ったのかもしれない。世事を笑い飛ばすエネルギーの大きさを印象づける『好色一代男』にたいして、『好色五人女』は、世事に寄り添いつつ生活の細部と人情の機微を具体的に観察し、的確に描写する技量の高さを印象づける。

そのあとに来る『好色一代女』は、一人の女の生涯を追いかける形で、性生活の悲惨さを突きつめようとした作品ということができる。

洛北《らくほく》の小庵にひっそりと住む老女を訪ねてきた二人の若者に、酒に酔った老女がおのれの生涯を語る、というのが物語の枠組である。語られるのは、生活苦に責められ、おのれの色欲に苦しめられながら、しだいに落ちぶれていく哀れな女の生涯だ。

一代男には世之介という名があったが、一代女は名をもたない。色の道に翻弄されながらそこで生きていくほかなく、年とともにしだいに身をもちくずしていく女を、一つの類型として描こうとする作者の意図によるものと考えられる。類型といっても、場面場面での一代女のふるまいは、まわりを驚かし読者を驚かす強烈さをもつことが少なくないけれども。

娘時代から遊興の場に出入りしていた一代女は、その芸と美貌を買われて大名の側室に迎えられる。運に恵まれ、殿に寵愛《ちょうあい》もされるのだが、そのうち、殿の衰弱を気づかう家老どもが、衰弱は多淫のせいだとして女を追い出してしまう。女は郷里にもどるが、親の金銭上の不始末を埋め合わせるために、一六歳で島原の女郎屋に売られる。

色事に通じ、芸達者で遊女姿の似合う女は、たちまち遊女の最高位たる太夫の位に就く。が、それも長くは続かず、おのれの傲慢《ごうまん》や失策、他人の妬《ねた》みや悪意、思いがけぬ不運や障害のゆえに、太夫から天神へ、天神から囲女郎《かこいじょろう》へ、さらには見世女郎《みせじょろう》へと転落していく。女郎屋を離れても、大黒《だいこく》（僧侶の妻）から呉服屋の腰元、髪結女、介添女、お針女と、苦労ばかりのつきまとう仕事を転々とする。どんな境遇にあっても旺盛な色欲に苦しめられ、まわりとの悶着《もんちゃく》が絶えない。不幸な経験がたび重なって、性格がゆがみ、ふるまいがどぎつくなる。たとえば、髪結の仕事をしているときの一場面としてこんな件《くだり》がある。

髪の薄い女主人の折り入っての頼みで、髪の薄さが殿に露顕しないよう手を尽くして工夫を重ねていると、やがて女主人は、一代女の黒々とした髪に嫉妬し、髪を切れと命じ、額《ひたい》の髪はぬき取れという。一代女がそれに反撃するのが以下の一節だ。

朝に夕に責めたてられ、憔悴《しょうすい》し、恨みが深まって、よからぬことをたくらみ、どうにかして奥様の髪のことを殿に知らせ、殿の愛想をつかさせようと思った。そこで、飼猫を手なずけて一晩中結髪《ゆいがみ》にじゃれつかせていると、やがて夜はいつも肩にしなだれかかるようになった。雨のさびしく降る一夜のこと、女の交じる席で殿もご機嫌よろしく、奥様と琴の連れ弾きをなさっているとき、例の猫をけしかけると、猫は遠慮会釈なく奥様の髪にくらいつき、簪《かんざし》や木枕を落としたので、五年の恋も醒め、美しい顔立ちは絹をかぶったようになってしまった。その後は夫婦の交わりも遠のき、殿はあらぬ理屈をつけて奥様を里

へ送りかえしてしまった。（同右、三九一―三九二ページ）

自分の髪の薄さを気に病んで、召使う女に髪を切れ、額の髪をぬけ、と命じる女主人の嫉妬心も尋常ならざるものだが、ならばと猫を手なずけ、機会をねらって髪に飛びつかせ、夫婦の仲を裂こうとする一代女の執念も並一通りのものではない。

この場面を笑うことができるだろうか。並外れた嫉妬心や復讐心を人間の悲しき性《さが》と見て、それを笑いの種とすることはできるかもしれない。しかし、その笑いは、世事を笑い飛ばし性を謳歌《おうか》する開放的な笑いではない。むしろ、性の悲惨さや切なさを目の前にした、にがい笑いだ。嫉妬心や復讐心は、取りつかれる当人と、標的となる相手とを、ともどもこの世を生きるつらさ、暗さへと導くもので、心根の法外さがかりに笑いを誘発するとしても、その笑いはとうてい朗らかな笑いとはなりえないのだ。

『好色一代男』にあっては、大らかな遊戯としての性が、性の真実の一面を鮮やかに照らし出しているとするなら、『好色一代女』において追跡される性は、喜びよりも苦しさが、甘さよりもにがさが、明るさよりも暗さが大きな位置を占めるが、それもまた、性の真実の一面を抉《えぐ》るものであるのはいうまでもない。西鶴の目は、どちらの性を前にしてもくもることがなく、その筆は真実の表現をめざして前へ前へと進む。世界を広く視野の下におさめ、現実に即して思考を働かせ、思うところを的確に表現していくのが散文の特質だとすれば、西鶴は性の大らかさの描写においても、性の残酷さの描写においても、まさに散文作家と呼ぶにふさわしい表現者だった。

一代女の落魄《らくはく》の人生はさらに続き、茶屋の女、風呂屋の女を経て、蓮葉女《はすはおんな》、暗女《あんじょ》、出女《でおんな》と下降線をたどり、最後は、夜道で人の袖を引く夜発《やほつ》にまで至る。

底の底まで落ちた女の生涯をどう結ぶか。一代男の女護の島行きの太平楽は望むべくもない。といって、夜発の果ての衰弱死というのでは、性が断罪されてその人間的な輝きが無に帰しかねないし、一代女の性を軸とする生涯が生命力も魅力もない拙劣な時間の流れに堕しかねない。それは西鶴の採るところではない。西鶴が選んだのは一代女が仏の道に入るという結末だった。それも、単純に性を否定して仏に近づくのではなく、性を媒介にして近づくという結末だ。最後に身を寄せた大雲寺《だいうんじ》の五百羅漢の一体一体が、一代女の目には、かつて情交のあった男のだれかれにそっくりなのだ。「合わせて五百の仏を心静かに見ていると、なれ親しんだ人のすがたに思い当たらぬ像は一つもなかった」（同右、四五三ページ）という。暗く惨めな生涯ながら好色を生きぬいた女にふさわしい、見事な結末だ。

『好色一代女』の二年後に西鶴は『日本永代蔵《にっぽんえいたいぐら》』を刊行し、その四年後に『世間胸算用《せけんむねさんよう》』を刊行する。男女の交情を主題とする好色物にたいし、都市における町人の経済上の浮沈ややりくりを主題とした「町人物」と呼ばれる短篇小説集である。色欲・性欲に代わって物欲・金銭欲の躍動する世界が展開する。富を前提にした太平楽の遊興を描いた『好色一代男』から、色欲と生活の、あるいは色欲と金銭の、退《の》っぴきならぬつながりのリアルな描写へと移っていった西鶴が、社会の基礎をなす経済生活へと視点を定め、金銭をめぐる人びとの成功・失敗と、それをめぐる悲喜こもごもの動きを描いたのが町人物である。

好色物を創作する西鶴のモチーフが、性の欲望と喜びを人間的なものとして肯定する思想であったように、町人物を前へと進めるモチーフは、人びとの物欲・金銭欲や日々の経済的な営みを人間的・社会的に価値あるものとする思想である。町人物の第一作『日本永代蔵』の冒頭に次のことばが見える。

一生の一大事というべきは、生計を立てるに当たって、士農工商の場合であれ、それ以外の出家や神職の場合であれ、質素倹約こそ大切だと心に信じてお金を溜めることだ。金銭は両親とはまた別の、命の親なのだ。（岩波・日本古典文学大系『西鶴集 下』三三ページ）

好色（色好み）が古くからあり、歌や物語にくりかえし表現されてきたのに比べれば、金がものをいう商業資本主義は、室町時代の後期から都市を中心に広がってきた新しい体制だといえるが、西鶴のリアルな目はそこに働く社会的な力の大きさをあやまたずとらえていた。好色についてもそうだったが、人間が欲望とともに生きる存在であり、ときに欲望にとらえられ、欲望に振りまわされる存在であることを、西鶴は社会的事実としてはっきりと認識していた。そこをしっかり踏まえて、年齢相応の具体的な身過ぎ世過ぎの知恵にまで西鶴は説き及ぶ。

人は一三歳まではわがまま勝手に生きていいが、そのあと二十四、五歳までは親の指図を受け、その後は自力で仕事と生活をなりたたせ、四五歳までに余生安穏の基礎を固め、その後は遊楽に時を過ごすというのが最上だ。（同右、一一七ページ）

町人の願わしい一生についての、西鶴なりの基準を示したものだが、その基準が簡単に守られるものではないことを西鶴は十分に知っていた。『日本永代蔵』は、家業が末久しく繁栄する町家の例を集めたものだから、右の基準はそれなりに遵守される場合が多いけれども、とはいえ、隆昌の道を歩む商人あるいは職人の知恵や才覚や努力や幸運は、基準を守るといった枠をはるかに超えた、尋常ならざるものであり、それを活写する西鶴の筆は、好色物に劣らずエネルギッシュだ。金銭欲や蓄財活動を大きく肯定しつつ、肯定の背後にはつねにリアルな目が働いている。堺と大坂との町人の気風のちがいを述べた以下の一節など、西鶴のリアリズムの面目躍如たるものがある。

堺という所は、人びとのふるまいが落ち着いていて、いつでも十露盤《そろばん》を手元に置き、質素な暮らしをし、住居の内外をきれいに整え、ものごとの筋道を通し、品のよさが行きわたっている。しかし、変化に乏しく、住んでいると早く老《ふ》けこみそうだし、よそ者が住みつくのはむずかしい。元日から大晦日《おおみそか》まできちんと経費が割り当てられ、一銭も無駄使いをしないし、必要なものは年々に計画的に調えるといった堅実な暮らしむきだ。男は一着の縞羽織を三十四、五年も洗濯しないで着用し、同じ平骨《ひらぼね》の扇を何年も保管して夏に使用する。女は女で嫁入りのときの着物をそのまま娘に譲り、それが孫子の代まで伝えられて折り目も変わることがない。

そこから三里ほど離れた大坂はまったくちがう。今日の暮らしだけで明日のことを考えず、その場その場を華やかにと覚悟を決めて、のちの思い出になるような歓楽を尽くす。なぜそうなるかと考えるに、どかっと大金をもうけることができるからだ。女はいっそう気が大きく、盆と正月と衣更《ころもが》えの日だけでなく、時に応じて衣装を新調し、どんどん着古し、そのうちに継ぎ当て用の端切れとして針箱行きとなる。堺は倹約を心がけ、大坂は派手な出費を生き甲斐とする。所によって風俗の変わるのがおもしろい。（同右、一三一ページ）

堺と大坂のちがいを論じつつ、西鶴はどちらの肩をもつというのでもない。といって、客観的な立場からただ事実を書きとめるというのでもない。ちがいをちがいとして明らかにしつつ、そこにあらわれ出た人びとの生きかた、社会のありかたを、人の世のふしぎとして楽しむ。それが作家たる西鶴の立場だ。いまの引用文は堺の町家・樋口屋《ひのくちや》の話のなかに出てくるものだから、堺の倹約の気風に話の力点が置かれるが、大坂の町人のたれかれを相手とするときは、同じ好奇心を派手な浪費癖のほうに向けることになる。人の世のありさまに尽きぬ興味を抱き、その観察と表現にもてるエネルギーを惜しみなく注いでなったのが西鶴の好色物であり、町人物なのだ。

欲と知恵と情のからむ町人世界の悲喜劇を、金銭上のいざこざが集中的にあらわれる大晦日の一日に焦点を合わせて活写したのが、西鶴晩年の傑作『世間胸算用』だ。二〇篇の短篇からなるが、どの一篇にも浮世のおかしさと切なさ、人のずるさと愚かさと温かさが織りこまれて興味をそそる。たとえば巻一の四「鼠の文《ふみ》づかい」はこんな話だ。

なんともけちな母子がいて、息子は表の屋敷で商《あきな》いをし、母は裏の隠居所に一人で住んでいた。大晦日に老母が大泣きしていうには、「今年の元日に妹のくれたお年玉の金包みが、盗まれたまま一年経っても出てこない。気にかかって正月も楽しく迎えられない」と。表の家人たちは盗みの疑いをかけられておもしろくない。と、大掃除の最中に棟木《むなぎ》のあいだから件《くだん》の包みが出てきた。鼠のしわざだったのだと皆がいっても老母は納得せず、「鼠がこんな遠歩きをするわけがない。だれかが盗んで鼠に罪をなすりつけたのだ」と、畳をたたいてわめきちらす。たまたま来合わせていた医者が、鼠が世帯道具を運んだ古代の例を引き合いに出して納得させようとするが、老母は聞きいれない。思案の末、大坂長堀に住んでいた鼠使いの藤兵衛を呼びにやり、鼠が封書を運んだり、餅を買ってきたりする芸を見せると、老母はようやく我《が》を折った。が、話はそこで終わらない。しめくくりはこうだ。

「これを見たからには、鼠も金包みを引っ張っていかないことはない。たしかに疑いは晴れました。しかし、こんな盗み心のある鼠に宿を貸したのは運の悪いことでした。まる一年この金を使わなかったその利子を、母屋のほうからきっと支払ってもらいますよ」と難くせをつけ、一割五分の利息計算をして大晦日の夜に受けとり、「これで本当の正月ができます」といって、ばあさんは一人寝をなさった。（同右、二二五ページ）

あきれた難くせだが、ここまで堂々とやられるとかえって憎めない。母屋に住む息子たちも同じ心境だったのだろう。やれやれと思いながら利息の金を払うすがたが思い浮かぶ。ともどもけちに徹した母子が、相手に疑いをかけ、悪口をいいつつなんとか折り合いをつけていくのが浮世を生きることだ。そんな浮世をおもしろがる西鶴がいて、おもしろがる好奇心を原動力として、時代を鮮やかに映し出す近世小説を生み出したのだ。

最後に、大晦日の寺を舞台に、そこへと駆けこむ雑多な人びとの多様な動きをおもしろがる西鶴の作家根性を見ておきたい。寺に盗みに入ったが、なにも盗めなくて、と泣く男に寺僧が対面しているのが目下の場面だ。

そこに女があわただしく走りこんで「姪御《めいご》さまがたったいま御安産なさいました。ご報告します」と言う。しばらくして、「指物屋《さしものや》の九蔵がさきほど掛取《かけと》りの男と喧嘩して相手の首を絞め、自分も死にました。夜中に葬式をします。ご苦労ですが、火葬場においで下さい」と言ってくる。あれこれ騒がしいなかに、仕立屋が「縫うようにいわれた白小袖をちょろりと盗まれました。探して見つからないようなら、お金で弁償します。損はかけません」と断りに来る。東隣からは「お願いです。井戸が使えなくなりましたので、正月の五日間、水を下さいますよう」と言ってくる。そのあと、檀家総代の一人息子が大金を使い尽くし、懲らしめのために所払いになるのを、母親が気を利かせて「お坊さまの所で正月四日まで」と預かることを頼まれる。これもいやとはいえない。師走《しわす》坊主といって、忙しい年の暮れには坊主に施しをする者もいないというが、浮世に暮らすとなると、坊主にも隙《ひま》はないようだ。（同右、三〇五—三〇六ページ）

駆けこむ人びとの多彩さは作者の想像力の多彩な働きをものがたる。そのように想像力を働かせることが、西鶴にとって、浮世をおもしろがることにほかならなかった。

2

西鶴が散文世界の革新者だったとすれば、西鶴に二年遅れて生まれ、一年遅れて没した松尾芭蕉は、俳諧の世界に大いなる革新をもたらした俳人だった。

西鶴が矢数俳諧という名の興行で評判を取ったことはすでにいったが、一夜一日で何千何万の句を作ってみせる、といった遊び半分の興行が楽しみの一つとなっているのが、芭蕉の時代の俳諧世界の現実だった。詠まれた句の形や内容は二の次にして、一定時間内に詠む句数の大小を競う矢数俳諧は極端な例だとしても、一般に、俳諧は、連歌や和歌に進む前の予備的な学習段階と見なされることが多く、それ自体のおもしろさも、俗語を用いた即興の洒《しゃ》落《れ》やくすぐりに求められた。流派としては貞門派《ていもんは》と談林派《だんりんは》が人気を博していたが、芭蕉自身が一時期所属した談林派の祖・西山宗因《にしやまそういん》の句をいくつか挙げると、

いろはにほへの字なりなる薄《すすき》かな
花むしろ一見《いっけん》せばやと存じ候《そろ》
詠《なが》むとて花にもいたし首の骨
藤さけば蛸《たこ》木にのぼる気色《けしき》あり

といった具合だ。こういう句と芭蕉の、

馬に寝て残夢《ざんむ》月《つき》遠し茶のけぶり
ほろほろと山吹《やまぶき》散るか滝の音
荒海《あらうみ》や佐渡に横《よこ》たふ天河《あまのがは》
石山の石より白し秋の風

といった句との情趣のちがいは歴然たるものがある。一方から他方への——俳諧史の用語でいえば、談林風から蕉風への——小さくない距離を一歩一歩着実に歩み、ひとたび蕉風なるものがすがたをあらわしたあとも、さらに新たな、さらに俳諧らしい表現を求めて、たゆまず歩きつづけたのが芭蕉の生涯だった。

笑いがあり遊びがありゆとりがあるのが西鶴だったが、芭蕉からは笑いも遊びもゆとりも多くは感じとれない。残された句集や文集に見るかぎり、笑いや遊びの影は薄く、むしろ、俳諧一筋に生きる真率さが強く印象づけられる。西鶴の小説を読んでいるときは思わず笑いがこみ上げたり、想像があらぬ方向へふくらんだりがしょっちゅうで、それが西鶴読みにふさわしいことに思われるが、芭蕉の俳句や紀行文や俳文では、そういうことが起こりにくく、読者は書かれたことばのなかに、あるいはことばの奥に、否応なく引きいれられる。芭蕉の真率さが読者にまじめな応対をせまるようなのだ。

芭蕉のその真率さは、俳諧に打ちこむことと生きることとを可能なかぎり近づけようとするところに発している。要領のよさとは無縁の愚直さだ。芭蕉にとって俳諧に打ちこむことは愚直に生きること、生きつづけることにほかならなかった。

都市の町人や地方の文人が洒落《しゃれ》た遊びや粋《いき》な社交として嗜《たしな》むのが、芭蕉以前の俳句であり、連句だった。わずか五・七・五の一七文字で思いを述べる俳句の形式や、そのあとに七・七、五・七・五、七・七……と続けていき、そうやって句が切れながらつながり、つながりながら切れるのを集団で楽しむ連句の形式からすれば、それらを洒落た遊びや粋な社交として嗜むのになんの問題もなく、むしろ、それが俳句や連句にふさわしい嗜みかただと言えなくもなかった。が、芭蕉はそういう俳句や連句に強い不満を抱いた。俳句や連句はもっとゆたかな可能性を秘めたものであり、芭蕉はおのれの感受性を武器にその可能性を切り拓こうとした。世上一般におこなわれる俳諧に強い不満をもち、それとは質を異にする高度な作品を作り出すとなれば、前途にどんな困難が待ちうけているか知れたものではない。芭蕉はあえてその道を進もうとした。真剣に俳諧に向き合うことは、芭蕉の資質が当然のごとくに招きよせた生きかただった。のちに芭蕉のたどりつく「さび」や「軽み」の境地もまた、真率な生きかたの延長線上におのずと見えてきたものだった。

一六八〇年、三七歳の芭蕉は、それまで暮らしていた江戸の町を去り、隅田川対岸の深川村に退隠する。貧苦を友とする草庵の生活の始まりだが、やがて、庭先に芭蕉の葉の茂る陋《ろう》屋《おく》は「芭蕉庵」と呼びならわされ、庵主はみずから芭蕉翁と号した。趣味や遊びとしての俳諧が安楽な都市生活と切り離しがたく結びついている以上、新しい俳諧は安楽とはほど遠い草庵において創造されねばならないと芭蕉は考えた。ここにも愚直さがのぞく。

愚直さの延長線上に草庵の生活があり、そして旅の生活があった。草庵の生活については芭蕉はほとんど記さないが、旅については紀行文を手がかりにその概略を知ることができる。紀行文には旅の行程や旅中で見聞した事実が記されるとともに、途上で詠まれた俳句も載せられて、芭蕉の旅への思いを読みとることができる。

草庵生活に入って最初の旅は、深川から東海道を西行して故郷伊賀にいったん帰り、そこから関西の地を歴遊し、尾張から甲斐にたち寄って江戸に帰還する、という九ヵ月の旅だが、この旅にまつわる紀行文『野ざらし紀行』はこう書き出される。（以下、俳句以外はすべて現代語に訳して引用する）

はるか遠くに旅立つに当たって、「天下泰平の世だから食糧の用意もせず、真夜中には月をながめて無我の境地に入るとしよう」といった、そんな昔の人のことばを支えとして、貞享《じょうきょう》元年（一六八四年）の秋八月、杖を片手に隅田川のほとりの荒屋《あばらや》を出発した。秋風が寒そうに吹いている。

野ざらしを心に風のしむ身かな

（野垂れ死んで白骨をさらしてもと覚悟を決めて出かけようとすると、風の冷たさが一段と身にしみて感じられる）

（岩波・日本古典文学大系『芭蕉文集』三六ページ）

野垂れ死にを覚悟して、とまでいうのは誇張の交じる措辞だとしても、野垂れ死にの可能性もなくはない、という程度には心細い旅に芭蕉は出かけようとしていた。故郷に帰り、母の墓参を済ませることがとりあえずの目的ではあったが、文人の志として、不安で不如意な旅という境涯に身を置き、おのれの俳諧と、俳人としての生きかたを見つめ直してみたい、という思いがあった。そのためには、旅は安逸なものであってはならず、野垂れ死にの覚悟をせまるようなものでなければならなかった。

孤独な先駆者の像が浮かぶ。俳諧の現状を強く否定し、それとはちがう次元に真の俳諧のあることを予感しつつ、その実相もそこへの道も明確につかみ切れない先駆者の像だ。未踏の句境を追いもとめる愚直な先駆者は、自分の感性を、思考を、生きかたを、突きつめるほかはない。突きつめようとして選びとられたのが草庵の生活であり、野垂れ死にを覚悟の旅の日々だった。

『野ざらし紀行』からの引用を続ける。故郷の墓参を終え、大和・山城・近江・美濃と旅して大垣に着いたところだ。文中の木因《ぼくいん》は芭蕉の旧知の俳友である。

大垣に泊まった夜は木因の家を宿とした。武蔵野を旅立つとき野垂れ死んで白骨をさらす覚悟だったことを思い出して、

死にもせぬ旅ねの果《はて》よあきのくれ

（死にもしないで旅寝を重ねてきたが、気がつけばもう秋の暮れだ）

……

旅寝を重ね、寝るのに倦《あ》きて、朝ほの暗いうちに起きて浜に出かけた。

あけぼのやしら魚白き事一寸《いっすん》

（夜明けに浜に上げられた白魚の白が目にしみる。一寸ほどの小ささだ）

熱田《あつた》神宮に参詣した。社前は荒れはて、土塀は倒れて草叢《くさむら》に埋もれている。あちらには

縄を張って末社の跡であることを示し、こちらには石を据えて神の名を記してある。雑草が伸び放題に伸びているのが、立派に神域が整っているよりもかえって心引かれる。

しのぶさへ枯《かれ》て餅《もち》かふやどり哉

（昔をしのぶ忍ぶ草まで枯れた社前で餅を買い、飢えをしのいで旅寝をするとしよう）

　名古屋に入る道中での諷吟《ふうぎん》、

狂句《きやうく》凩《こがらし》の身は竹斎《ちくさい》に似たるかな

（俳句を詠んで凩のなかを漂泊するわが身は、仮名草子の風狂の藪医《やぶい》者《しゃ》・竹斎にそっくりだ）

草枕犬もしぐるるか夜の声

（旅の夜に犬の遠吠えが聞こえる。犬も時雨《しぐれ》にさびしい思いをしているのか）

　雪見にあちこち歩いて、

市人《いちびと》よこの笠うらう雪の傘

（市の人びとよ、雪の積もったこの笠を売りましょう）

　旅人を見る

馬をさへながむる雪の旦《あした》かな

（雪の朝は馬さえもがしみじみとながめられる）

　海辺で一日を過ごして

海くれて鴨《かも》の声ほのかに白し
(夕暮れのぼんやりとした海に鴨が鳴いている。その声が白い)
(同右、四〇―四一ページ)

引用文中には八句の俳句が並ぶが、どの句も滑稽を旨とする軽口・地口《じぐち》・くすぐりの句ではない。嘱目の景物に目を凝らし、それとおのれの心情とが深いところで交錯し共鳴するさまを一七文字に定着しようとするものだ。「狂句凩の身は竹斎に似たるかな」の句には自嘲の笑いが混じるし、「市人よこの笠うらう雪の傘」の句には旅先で軽口をたたく気安さが認められはするが、その笑いや気安さは口先だけの、作りものの笑いや気安さではなく、「野ざらし」を覚悟の旅とはるかにつながる笑いであり気安さだ。一度出来上がった句を何度も推敲《すいこう》するほどに句作に厳しい芭蕉のことだから、右の八句についてもその一つ一つが満足の行くものだったかどうかは疑問なしとしないが、旅寝を重ねつつ作り上げていく句が、世上の句を超えた新しい境地にあることは自覚できていたのではなかろうか。

大垣で旧友木因《ぼくいん》の家に泊まったとき、芭蕉は、武蔵野出発の際の野垂れ死にの覚悟を改めて思い起こしている。「野ざらし」こそが旅の基調であり、基調とならねばならない。旧友のもとにくつろいでも俳諧の道の厳しさが芭蕉の念頭を去ることはなかった。

熱田神宮では、さびれた社殿のすがたに感銘を受けている。芭蕉の俳諧は壮大華麗なものを一概に忌避するものではないが、それよりも寂しいもの、質素なもの、古びたもの、ありふれたものに即《つ》き、そこに独自の輝きを見出そうとする傾きが大きかった。

独立の句として目を引くのは「あけぼのやしら魚白き事一寸」と「海くれて鴨の声ほのかに白し」の二つだ。白魚の句はもとは「雪薄ししら魚白き事一寸」だったのが改められた。「あけぼのや」のほうが情景が大きく広がり、小さい白魚との対比が鮮やかだ。「あけぼのや」でのんびりと始まった句が、最後の「一寸」できゅっとしまって終わる。その緩急が白魚の小ささと生きのよさに呼応する。しかも、「しら魚白き事」の九文字が破調でゆらめくのを、これまた破調の四文字「一寸」でおさめるという音の流れが、場面に清爽《せいそう》の気分を添える。冬から春へと向かう海辺の冷気と生気を映し出す名句といえよう。

「海くれて……」の句は五・五・七のもたらす余韻がなにより印象的だ。夕闇がせまってものの輪郭がぼやけ、空と海の境もはっきりしなくなるなかで、鴨の声が聞こえてくる。鳥のすがたは確かめられないが、声ははっきりと耳に響く。耳に聞こえてくるだけでなく、ぼんやりとした空間に遠く広がっていくような声だ。その声を芭蕉は白いと形容する。どこからどうやってそんなことばが浮かび上がったのか読者には見当もつかないが、ことばに出会ったとたんに自分がけだるさと安らかさの相半ばする夕《ゆう》べの海辺に佇《たたず》む気がする。「ほのかに白し」の七文字が尾を引いて、鴨の声は小さいながらいつまでも聞こえているように思える。

わずか一七文字を列《つら》ねただけの表現でもって、まとまりのある一つの世界が浮かび上がる。驚くべきことだが、その可能性が予感できたからこそ芭蕉は野垂れ死にを覚悟してまでも風雅の旅に出かける気になったのだ。「あけぼのや……」の句にしても「海くれて……」の句にしても、ことばとことばの響き合いのうちに海辺の夜明けの生命感が、あるいは、夕暮れの海の懐しさと切なさが、柔軟に、繊細に、余情ゆたかに表現され、読むものに得がたい経験をめぐんでくれる。俳句を媒介にしてなされる経験の得がたさは、作り手たる芭蕉には読むもの以上に強く実感されていたにちがいなく、その実感こそが情景の奥深くへと、また心情の奥深くへと芭蕉をかりたてる駆動力だったように思われる。

『野ざらし紀行』の二年後に鹿島に小旅行をしたそのすぐ後に、東海道を尾張・三河・美濃と経て伊賀に帰郷し、伊勢・吉野・奈良・大坂・須磨・明石と巡遊して江戸に帰還する、六カ月の旅がおこなわれる。自然に触れ、名所・旧跡を訪ね、旧友に再会し、俳友たちと句会を催すことを目的とした旅だ。その旅の紀行文を『笈《おい》の小文《こぶみ》』という。冒頭に自分の俳諧への思いを語った以下の一節がある。

人体はたくさんの骨と、目・口・耳など九つの穴からなり、その肉体に霊が宿って人間となる。このわたしは風羅坊《ふうらぼう》という名の人間だ。風羅［風に翻《ひるがえ》るうすもの］が風に破れやすいことから来る渾名《あだな》なのかもしれぬ。そのわたしめは長く俳諧に親しみ、これを生涯の仕事とすることになった。俳諧がいやになって投げすてたく思うこともあったし、人より優れていると自慢したくなることもあり、どうすべきか迷って気持ちが落ち着かないこともあった。仕官して立身出世しようと思うこともあったが、俳諧への思いに妨げられてそれもかなわず、学問を修めて賢者たろうと思うこともあったが、それも俳諧ゆえに実現せず、結局は無能無芸のまま俳諧一筋の道を歩むことになった。
西行は和歌に、宗祇《そうぎ》は連歌に、雪舟は絵に、利休は茶に携《たずさ》わったが、各分野をつらぬくものは一つだ。風雅がそれだが、風雅の基本は大自然に従い四季を友とすることだ。見るものすべてが花の美しさを具え、思うものすべてが月の美しさを具えている。ものが花に見えないなら野蛮人と同じだし、心が花でないようなら鳥や獣と変わらない。野蛮人や鳥獣の境地をぬけ出して、大自然に従い大自然に帰一しなければならないのだ。
一〇月の初め、空模様のはっきりしないなか、この身は風に舞う木の葉のように行方《ゆくえ》定まらぬ心地だ。

旅人と我名《わが》よばれん初しぐれ

（西行や宗祇にならって旅に出かけようとすると、外は今年初めての時雨が降っている）

（同右、五二ページ）

『野ざらし紀行』の冒頭に比べると、余裕の感じられる文章である。冷静に過去を振り返り、一定の距離を取って俳諧の道をながめわたす芭蕉がここにはいる。独自の新しい境地をつかみえたという自信が、余裕をもって自分の活動に向き合うことを可能にしている。
引用文の前半では自分のこれまでの俳諧人生が簡潔にまとめられている。好きな道を生涯の仕事としたしあわせが語られるが、そこに至る途上には心のゆらぎや内面の葛藤も少なくなく、それらをくぐりぬけてのこの道一筋なのだった。「無能無芸のまま」はむろん謙遜の辞で、俳諧の道で一家をなしたという自信がかえってこんな謙辞を可能にしたのであろう。

引用文の後半は俳諧を風雅という概念で大きくとらえた、近代ふうにいえば芸術論だ。短かいながら、芭蕉の思索の大きさと深さのうかがわれる文章である。

実社会の金や地位や名誉とかかわらず、また、学問や仏道とも領域を異にする俳諧の道を、芭蕉は「風雅」と命名する。大自然に深く入りこみ、四季を友とし、見るものすべてに花の美しさを、思うことすべてに月の美しさを見出し、それを心に響く的確なことばに表現し、また墨の絵や体の所作に表現するのが風雅だ。そして、その風雅の道を尋ねて過去へとさかのぼり、主だった系譜を古いところから西行の和歌、宗祇の連歌、雪舟の絵、利休の茶とたどってみせる。俳諧の道が古来の風雅の伝統に根ざすことを誇らしく思う気持ちのあふれた溯行《そこう》だ。みずからの俳諧が先達《せんだつ》の残した名作の水準に達しつつあるという芭蕉の自負をもそこに読みとっていいのかもしれない。

それはともかく、西行、宗祇、雪舟、利休の体現する風雅が——近代ふうにいえば、芸術が——大自然に随順し、四季の変化に慣れ親しむところになりたつという指摘は、日本古来の芸術の伝統をその核心においてとらえたものということができる。(それとの対比でいえば、西洋の芸術は人事にかかわるところがはるかに大きいといえよう。) 風雅が——芸術が——そこに帰一すると芭蕉のいう大自然は、しかし、人間や人事と対立する、あるいは人間や人事を排した自然ではなく、人間や人事を包みこんだ自然だ。(むろん、芸術も大自然に包まれてある。)が、逆に、人間や人事が大自然を包みこむことはありえない。包むのが大自然であり、包まれるのが人間であり人事だ。そういう広大無辺の大自然は、であるがゆえに対象化するのがむずかしい。わたしたちが大自然と呼ぶものに『笈の小文』の原文では「造化《ぞうか》」という漢語が当てられているが、「造化」と名ざしたとき、芭蕉はその意味するところをどこまで対象化しえていたのか。

人間や人事をも包みこんである「造化」を対象化するには、おのれと思考と感性のすべてをそこに注がねばならないだろうが、芭蕉はその広大無辺の大自然をどうにかして俳諧のことばに表現しようと努力に努力を重ねる。それが芭蕉にとって俳諧に――風雅に――生きようとすることだった。大自然のなかの四季や花や月、大自然に包まれた人間や人事だけでなく、大自然そのものの奥深いありさまを芭蕉はことばにしたかったのだ。わずか一七文字の俳句や、俳句の前後に散文を配した、これまた長くはない俳文によって、大自然が十全に対象化されたとはとてもいえないが、俳諧や風雅や草庵生活や旅が大自然に包まれてあるというそのさまは、多彩なことばをもって多角的・多面的に示唆されているとはいえよう。なにより、一〇〇〇句に近い芭蕉の俳句が、四季や花鳥風月を詠んだ句も、人間や人事を詠んだ句も、俳諧が大自然に包まれてあるという実感のもとに作り出されていて、そこに蕉風の文学性のありかがよく示されている。さきの引用文の最後の句「旅人と我名よばれん初しぐれ」は、俳諧の旅が大自然への旅であることを確信するところに生まれた、芭蕉ならではの句だということができる。

『笈の小文』の旅の四ヵ月後に、小さな『更科紀行《さらしな》』の旅があり、その七ヵ月後に、江戸を発って陸奥《みちのく》へと向かい、日本海に出て、海沿いに出羽・越後・越中・加賀・越前を経て美濃・大垣に着くという『奥の細道』の大旅行が敢行される。

『奥の細道』の冒頭はこうだ。

月日は果てしない時のなかを過ぎていく旅人であり、次々とやってくる年もまた旅人である。舟の上で生涯を過ごす船頭や、馬の口を引きながら老いていく馬方は、毎日が旅であり、旅を住処《すみか》としている。旅先で死を迎えた古人も少なくない。わたしもいつの頃からか、風のままに動くちぎれ雲のように漂泊しないではいられなくなり、……（同右、七〇ページ）

空間上の移動だけでなく、時間のなかを行き来することも旅と考えられているのが目を引く。旅のなかで歌枕や名所・旧跡を訪ねることは、空間の旅であるとともに時間の旅であるという実感を支えにした、旅のイメージの拡大だ。風雅の伝統を求めて西行に出会い、宗祇、雪舟、利休に出会うのも、芭蕉にとっては旅と呼ぶにふさわしい出来事である。自然観に引き寄せていえば、大自然のうちに時間と歴史までが包みこまれるようになったのだ。自然大自然に帰一しようとして空間のなかを行き、時間のなかを行く、芭蕉最後の長旅が『奥の細道』の旅だ。途上でたくさんの句が詠まれたが、なかから佳句をいくつか拾い出してみる。

夏草や兵《つはもの》どもが夢の跡
(古戦場も夏草が茂るばかりだ。武者の活躍も夢のなかのことだったか)
五月雨《さみだれ》の降《ふり》のこしてや光堂《ひかりだう》
(平泉文化がこの光堂にいまも生きている。五月雨もここだけはよけて降ったのだろうか)
閑《しづ》かさや岩にしみ入る蟬《せみ》の声
(自然のなかで蟬の声だけがする。その声が岩にしみ入るような静けさだ)
一家《ひとつや》に遊女もねたり萩と月
(同じ宿に遊女と泊まり合わせた。さてもこの二人、庭に咲く萩と空の月といったところか)
あかあかと日は難面《つれなく》も秋の風
(秋だというのに日は赤々と照りつけている。が、風は涼しい秋風だ)
(同右、八四—九三ページ)

こうやって句を並べていくと、倦《う》まず撓《たゆ》まず句作へと向かう俳人のすがたが思いうかぶ。「此一筋《このひとすぢ》につながる」という文言そのままの、求道的《ぐどう》ともいうべき打ちこみかただ。が、宗教色の濃い求道は、芭蕉には似合わない。芭蕉は宗教の人ではなく、あくまで俳諧の人だ。どこがちがうのか。

大きく二つのちがいを挙げることができる。

一つは、俳諧の活動がつねに五・七・五の句作へと向かい、五・七・五が形をなしたところでそのつど努力に終止符が打たれることだ。芸術一般におし広げていえば、造形美術でも、音楽や映画や演劇でも、文学でも、作品の形成（あるいは上演、上映）という明確な目標があり、作品が形を取ったところで活動が完結するということだ。そこは宗教と決定的にちがう。宗教は形ある作品を作り出すというより、主体における信仰や瞑想や悟りの持続、深化、発展を基軸とする活動だからだ。

五・七・五という詩型は活動の終着点としてはいかにも器が小さい。大自然のなかでおのれの見出したもの、感じとったもの、思ったことをわずか一七文字のことばのうちに定着させ、もって伝統的な和歌、連歌、水墨画、茶の湯に拮抗《きっこう》しうる作品たらしめる。そんな困難に立ちむかうのが芭蕉における俳諧の道にほかならなかった。作品をめぐる労苦は、いちど形を取った俳句を、あちらを変え、こちらを直しと納得のいくまで推敲する執拗さとなってあらわれるとともに、作品が完成したあとは、それを超える新しい境地をめざしてさらにおのれの感覚を研《と》ぎすまし、おのれのことばを磨く努力となってあらわれた。作品の成立をめざして全力を傾け、作品の完結とともに緊張からいったん解放されて新たな出発点に立つ、という創作のリズムをわがものにすることが、芭蕉にとって俳諧の道を生きることだった。

芭蕉の俳諧を宗教的求道から隔てるもう一つの要素は、それが仲間との共同性に深く根ざした活動だという点にある。芭蕉は草庵や旅先で一人で句作にいそしむことも少なくなかったが、その一方、何人かの俳人仲間が同席して順番に五・七・五、七・七、五・七・五、……と句をつないでいく連句を大事な表現の場と考え、一作者として、また「捌《さば》き」(全体の進行係)として力を尽くした。俳諧が個の表現であるとともに共同の表現であることを連句の形式は端的に示していて、『猿蓑《さるみの》』その他に見る連句の高度な達成は、芭蕉を初めとする俳人仲間の表現者としての共同意識の高さを示すものにほかならなかった。そして、その共同意識の形成が音数律に支配された句の形を媒介とする以上、それは宗教性とは縁の遠い、芸術性に大きく傾く共同の意識だといわねばならない。連句の会に列席する人びとのことを連衆《れんじゅ》というが、芭蕉は連衆の集まる句会をこよなく愛し、漂泊の旅にあってもあちこちで句会を催し、共同の句作を楽しんだのだった。句を詠む芭蕉にも旅する芭蕉にも孤独の影が濃いけれども、その孤独は共同性を断ち切られた者の孤独ではなく、俳諧を媒介に共同の世界を生きる者の、さらなる共同性を求めるがゆえの孤独にほかならなかった。孤独と深く通じる「さび」の境地にも、共同への思いがつねにまつわりついていた。「さび」は、内面に沈潜し、心の奥底のかすかなゆらぎをことばにしようとする心性であり、そこに生まれる閑寂な情調だったが、自分の内部に閉じこもることではなかった。心の奥底をも大自然が包んでいて、内面を掘り下げて大自然に至れば、そこに人とつながる共同の世界が開けてくるはずであった。

死を間近にした芭蕉に次の句がある。

此道《このみち》や行人《ゆくひと》なしに秋の暮

（目の前に道がある。秋の暮れだ。だれも行く人はいない）

孤高の人の寂寥感《せきりょうかん》が伝わる句だ。和田泥足《わだでいそく》主催の句会に芭蕉が発句として提示したものだが、このとき芭蕉はもう一句持参して、どちらを採るかを一座の仲間の選択にゆだねた。そのもう一句はこうだ。

人声《ひとごゑ》や此道《このみち》かへる秋の暮

（秋の暮れの道を歩いていると、思いがけずその道を帰っていく人の声を耳にした）

二つの句には芭蕉の心に潜む孤独と共同性がともども響いている。

このあと死まで二週間を残すにすぎないが、句作は続く。俳諧の道は死ぬまで、いや死んだあとも途切れることなく続くことをみずから納得し、他にも示したかったかのごとくだ。同時に、それは、近づきつつある死を一七文字の形に記しとどめたいという熱意と執念のあらわれでもあった。この道一筋に生きた風雅の人として、予感される死を句作の最後の主題とすることは満足のいく身の終わりかただったように思われる。死を前にしても俳諧とともにある、というのが芭蕉の生きかたであり、芭蕉にとって、俳諧とはそのように大きな、確固たる存在でなければならなかった。

旅に病《や》んで夢は枯野をかけめぐる

（旅に病んで臥《ふ》せっていると、夢にあらわれるのは枯野の風景であり、枯野をさまよう自分のすがただ）

「旅」の一字が芭蕉の辞世の句に似つかわしい。「旅人と我名《わが》よばれん」と願った芭蕉の生涯は旅とともにあった。ここでの旅は二本の足で歩む実質的な旅を呼び起こしつつ、現実を超えたくさぐさの観念の旅をも意味していよう。どちらの旅においても芭蕉は大自然に包まれつつ大自然を探索する貪欲で誠実な旅人だった。

その旅人の前に広がるのが枯野の風景だ。老いと死が誘い出したイメージであろう。が、枯野をさまよう芭蕉の心は生気を失ってはいない。枯野にも美しさを見出そうとする息吹きがあり、それが句の美しさとしてあらわれ出ている。そこに、死の間際まで「さび」の美学を手離さなかった芭蕉のすがたを見る思いがする。

3

近松門左衛門は、井原西鶴と松尾芭蕉から一〇年ほど遅れてこの世に生を享《う》け、一六八三年から没するまでの約四〇年間、歌舞伎と人形浄瑠璃の脚本家として数多くの台本を手がけた。

近松は越前藩士の次男として福井に生まれたが、一五歳ごろに父が浪人となり、一家は京都に移住した。京都で近松は一条家その他の公家に仕え、和漢の古典的教養を身につける機会をもった。また、当時の公家は人形浄瑠璃を好む者が多かったから、芝居に親しむ機縁もあった。とはいえ、人形浄瑠璃や歌舞伎の台本作者として芝居の世界の内側に身を置くことは、武家の出身者としてはやはり異例の選択だった。それだけ強く芝居の魅力に取りつかれたということだろうが、当時の社会通念からすれば、身分ちがいの下賤な仕事にたずさわるものと見られて当然だった。

近松は三〇歳前後から浄瑠璃作者としての地位を確保し、やがて歌舞伎の台本も書くようになった。人形浄瑠璃の場合は作者と義太夫《ぎだゆう》語りとの、歌舞伎の場合は作者と役者との、緊密な共同作業のもとに台本は作り上げられるが、近松は初代竹本義太夫（人形浄瑠璃）および初代坂田藤十郎《さかたとうじゅうろう》（歌舞伎）と組んで、人間性ゆたかな舞台を作り上げることに成功した。

日本の演劇史を塗り替えるいくつもの名作を残した近松だが、浄瑠璃の作と歌舞伎の作とを比べると浄瑠璃のほうにこそ近松の本領があった。また、浄瑠璃の二大分野たる時代浄瑠璃と世話浄瑠璃を比べると、同時代の事件に材を取った世話浄瑠璃のほうにこそ近松のとらえた人間の真実が、ゆたかに、また細やかに表現された。ここでは世話浄瑠璃のうちから、初期の代表作『曽根崎心中《そねざきしんじゅう》』と晩年の名作『心中天《しんじゅうてん》の網島《あみじま》』の二作を取り上げて、近松の演劇思想の本質をさぐりたい。

『曽根崎心中』は近松が竹本義太夫のために書いた最初の世話浄瑠璃である。大坂・竹本座で上演され、大当たりを取った。

近松が材を取った心中事件が実際に大坂で起こったのが一七〇三年四月七日、ちょうどその一ヵ月後の五月七日が興行の初日だった。

それまでにも現実の心中事件を芝居に仕立てることは歌舞伎ではよくおこなわれていて、芝居は世間咄《ばなし》を広めるというジャーナリスティックな役割も担っていたのだが、『曽根崎心中』をきっかけに人形浄瑠璃にもその傾向があらわれ始めた。現実の事件を芝居に仕立てて楽しむ、という文化意識が社会に広がりつつあった。そういう時代の風潮に支えられての、『曽根崎心中』の大当たりだった。

心中する男女——平野屋の手代徳兵衛《とくびょうえ》と天満屋の遊女お初《はつ》——を主人公とする物語は以下のように展開する。

お初と徳兵衛は将来夫婦《めおと》にといいかわす深い仲だが、徳兵衛の主人でもあり叔父でもある平野屋久右衛門《きゅうえもん》は、徳兵衛の情に溺れた無分別な関係を思いとどまらせるべく、女房の姪にたくさんの持参金をつけて徳兵衛に妻《めあ》わせようと画策する。その縁談に徳兵衛が異を唱えることがないよう、徳兵衛の継母に前もって大金を渡してしまう。お初との夫婦約束を守り通そうとする徳兵衛は、久右衛門のもちかけた縁談をきっぱりと断る。そこで久右衛門は継母に渡した金の返却をせまる。手にした金を容易なことでは手放さない強欲な継母を徳兵衛がなんとか説得し、金をもらい受け返金しようとする矢先、親しい仲の油屋《あぶらやく》九平次《へいじ》が、三日後には必ず返すからその金を貸してくれという。徳兵衛は気安く貸すが、九平次は金を返さない。どころか、たまたま生玉《いくたま》神社内を仲間連れで歩いていて徳兵衛に出会うと、自分の落とした印判を徳兵衛が拾って証文を作り上げ、覚えのない借金の返済をせまっているのだ、と言いがかりをつけ、怒りにまかせてつかみかかる徳兵衛を、仲間とともにさんざんに打ちのめす。進退谷《きわ》まった徳兵衛は、その夜、新地の天満屋にお初を訪ね、こうなった上は自害して果てるほかないと覚悟のほどを打ち明ける。徳兵衛のゆるがぬ心を察したお初は、ならば自分も、と心中の決意を固め、二人は手に手を取って曽根崎の森へと向かい、お初は徳兵衛に刀で咽笛《のどぶえ》をえぐられ、徳兵衛はみずから剃刀《かみそり》を咽《のど》に突きたて、ともども壮絶な最期を遂げる。

むろん近松は、右の筋書に沿って舞台の一場一場を構成しはしない。お初と徳兵衛がどのようにして死を決意し、どう心を通い合わせ、死の恐怖と悲しみをどう乗りこえて心中を完遂するのか、——その心のさまをくっきりと描き出すのが近松のねらうところで、そのねらいに合うよう配慮を重ねて場面を選択する。

初めに「付り《つけた》」として、お初が田舎出の客に同行する「観音廻り《めぐ》」の場が設定される。七五調の心地よい道行き文に乗って、ご当地大坂の三十三所の名を列ねていくという趣向だ。観客が舞台を身近なものに感じる手立てであるとともに、悲惨で哀れな情死の男女にたいし、観音による救済を用意するという効果の巧《たく》まれた設定である。

道行きが終わってお初と客が生玉神社内の茶屋で休んでいる所に徳兵衛が通りかかる。お初は呼びとめ、近頃どうして遊びに来てくれないのかと恨みごとをいう。答えて徳兵衛は、逢いにいけなかったわけを語る。主人の久右衛門が縁談をもちかけ、継母が持参金を勝手に受けとり、取りもどした持参金を九平次に貸してそのままになっている、というまわりくどい長話だ。そこは徳兵衛の語りだけで話が進行する。久右衛門、その女房、継母は最後まで舞台に登場しない。

徳兵衛の長話が終わるのを待っていたかのように敵役《かたきやく》の九平次が登場する。「貸した金を返してくれ」と頼む徳兵衛に、「金など借りてはいない。策を弄しておれを強請《ゆす》る気か」と挑発する九平次。怒りにまかせた徳兵衛の一撃をきっかけに展開する大喧嘩。止めに入ろうとして、逆に、田舎客に駕籠《かご》に押しこまれ、連れ去られるお初。衆人環視のなかで徳兵衛は、九平次とその仲間に叩かれ踏まれ、「髪もほどかれ、帯も解け、あなたこなたへ伏しまろび」――(新潮日本古典集成『近松門左衛門集』八七ページ)といった状態に追いやられる。体も心も深く傷ついた徳兵衛は、死ぬしかないと思いつめる。

上中下の三場を通して悲しみに沈む場面が多く、全体が静を基調とした流れをなすなかで、ここだけは動の活劇がくりひろげられる。その意味で、見た目に楽しい場面であるとはいえる。しかし、話の作りは粗《あら》っぽい。なにより九平次の人物像が貧相にすぎる。自分のなくした印判を徳兵衛が拾ってにせの証文を作った、というのは見えすいた嘘としか思えないし、仲間の加勢を当てにして喧嘩を売るのも卑小さばかりが目につくふるまいだ。敵役としてはそれでいいともいえるが、その九平次と徳兵衛は数年のつきあいがあり、その上で徳兵衛が九平次を信用して金を貸したといわれると、首をかしげたくなる。お調子者の九平次の性悪さを、徳兵衛が見ぬけないはずがないからだ。商売熱心で主人から信用され、遊女お初との関係においても誠実さにあふれる徳兵衛が、九平次の人物評価に限って人並みの分別と判断力を具えていないのは、人物造形上の大きな欠陥といわねばならない。

後年の近松劇ではありそうもない不手際だが、初めて手がけた世話浄瑠璃のこととて、九平次の人物像については、徳兵衛を窮地に追いこむことと、派手な立ち回りを演ずることとの二条件を満たせばそれでよし、という思いがあったのかもしれない。

さて、中之巻は同じ日の夜、新地の遊廓・天満屋に場面が移る。遊女仲間が昼間の生玉神社での喧嘩の噂をするなか、お初は徳兵衛のことが心配で身も世もあらぬさまだ。そこへ人目を忍んで徳兵衛がやってくる。気づいたお初は、打掛《うちか》けの裾に男を隠して中に引き入れ、おもての座敷の縁の下に隠す。そこへ酒に酔った九平次が入ってきて、徳兵衛の悪口をわめきちらす。縁の下で歯を食いしばり、身を震わせる徳兵衛。その怒りを、伸ばした足で制止しつつ、お初は負けじと九平次に応対する。(現代語に訳して引用する)

「利口そうな口はきかないでほしい。徳さまとは何年ものなじみで、たがいに心の通じる仲だが、本当に気の毒なかた。悪いところはまったくない。侠気《おとこぎ》を出したが仇《あだ》となり、だまされてひどい目にあっただけ。証拠がないからいい訳もできないのです。こうなったら死ぬしかないでしょうが、死ぬ覚悟が聞きたい」と独《ひと》り言《ごと》をよそおって足で尋ねると、徳兵衛は縁の下でうなずき、お初の足首を取って自分の咽笛《のどぶえ》を撫《な》で、自害するぞと知らせるのだった。（同右、九三ページ）

張り出した縁のその下に徳兵衛、すぐ上に坐って片足を縁の下に垂らすお初、やや離れて座敷に坐る九平次とその仲間と天満屋の亭主。そういう構図のもとで、お初は徳兵衛に死の覚悟を確かめる。お初のせりふはまわりの人間にも徳兵衛にも聞こえるが、まわりの人間は徳兵衛が隠れていることを知らないから、お初のせりふは独り言に聞こえる。徳兵衛にはそれが自分への切なくも厳しい問いかけに聞こえる。にくい演出だ。まわりに人がいることによって、かえってお初と徳兵衛の親密さが増し、死の覚悟がゆるぎないものとなる。

すぐあと、同じ構図のもとでお初が死の覚悟をことばにする。「どうあっても徳さまといっしょに死ぬ。わたしもいっしょに死んでみせる」（同右、九四ページ）と。

場ちがいなお初の思いつめようを気味悪がって、九平次たちは退散する。亭主も落ち着かない気分で店仕舞いを指示する。お初は宿のみんなに「さよなら」と挨拶して寝所に行く。

まわりのだれ一人それが最後の別れだとは知らない。

寝静まったところでお初はこっそり部屋をぬけ出し、縁の下で待つ徳兵衛のもとへ行こうとするが、玄関口には行灯《あんどん》の火がともり、階段の下には下女が寝ている。棕櫚箒《しゅろぼうき》に扇をつけて灯を消そうとすると、消したとたんに足を踏み外して階段から転げおち、下女と亭主が目を覚ます。暗闇のなか、お初と徳兵衛は手さぐりで相手を求め、ようやく行きあって手に手を取り、下女が火打石を鳴らす音に紛らかしてそっと門口の戸を開け、外へと出ていく。そのあとに「この世の名残《なごり》。夜も名残。……」で始まる有名な道行きが来るのだが、天満屋を出るところから道行きにかけては、ことばの意味と音とのからみ合いが絶妙だ。原文のまま引用する。

……二人続いてつつと出で。顔を見合せ「アアうれし」と　死ににゆく身をよろこびし。
あはれさ　つらさ　あさましさ。あとに火打ちの石の火の　命の。末こそへ短けれ。
この世の名残。夜も名残。死ににゆく身をたとふれば　仇《あだ》しが原の道の霜。一足づつに
消えてゆく。夢の夢こそ　あはれなれ。
あれ数ふれば　暁の。七つの時が六つ鳴りて　のこる一つが今生《こんじゃう》の。鐘の響きの聞き納
め。寂滅為楽《じゃくめつゐらく》と響くなり。……（同右、九六—九七ページ）

酔い心地に誘うような名文名調子だが、冷静に意味をたどると、「死ににゆく身をよろこ

びし」という文言が胸を突く。死を喜ぶというのはなんとも不条理な心理だが、中之巻の天満屋の場の展開は、たしかにそこへと流れていくものだった。

二人になりたい。二人だけになって心を通わせ、熱い思いに浸りたい。それが中之巻でのお初と徳兵衛の切なる願いだ。その点からすると、中之巻の舞台は人物の配置も筋の進行も、二人の願いを容易に実現させないように設定されている。二人の道ならぬ恋は、まわりのだれにも理解もされず容認もされない。そのなかで二人はたがいの恋心を必死に確かめ、死の覚悟を伝え合う。まわりに理解も容認もされないがゆえに、かえってその恋は切実なものになり、至純なものになる。その切実さ、至純さが中之巻の演劇的な魅力の核心をなす。観客はそれに心をゆさぶられ、二人の悲嘆をみずからのものとする。すると、二人を取り巻く世界は、どこにでもあるごく普通の世界なのに、煩わしい不純な世界に見えてくる。寝静まったあとの行灯《あんどん》をめぐるドタバタなど、見ようによっては笑いの沸く滑稽な場面だが、それがまた恋の妨げになるかと危惧《きぐ》されて、笑いがはじけない。だから、二人が天満屋の外に出たところで、観客にもようやく解放感が訪れる。「死ににゆく身をよろこびし」という逆説を孕《はら》んだ解放感でそれがあるにしても。

「この世の名残《なごり》。夜も名残」で始まる下之巻は、終始、二人だけの世界だ。二人だけの世界で恋する二人が曽根崎の森へと向かい、死へと向かい、死んで果てる。

世間の目の煩わしさや、世俗のつながりの厄介さから、二人は、もう離れた所にいる。中之巻とまったくちがうところだ。が、そうなったとき、改めて死の恐怖が二人にせまってくる。死ぬほかないと覚悟は定まっているが、覚悟を決めたからといって死の恐怖が消えてなくなりはしない。恐怖に耐えて死への道行きを最後までたどり切る。それが、下之巻の二人が背負わねばならぬ宿命だ。

たがいを思う恋心の純粋さによって、二人は死の恐怖を乗りこえ、死を全《まっと》うしなければならない。そのさまをどう舞台上に表現するのか。世話浄瑠璃作者近松の腕の見せどころだ。

梅田橋を渡り、蜆川《しじみがわ》沿いに梅田堤を歩いて曽根崎の森に入る。と、人魂《ひとだま》の飛ぶのが見える。もう死はすぐそこにあるのだ。二人は泣きながら身を寄せ、「南無阿弥陀仏」と唱える。するうち、徳兵衛には連れ飛ぶ二つの人魂が自分たちの魂《たま》に見えてくる。死へと踏み出すひるまぬ心があるからこそ、見えてくる幻影だ。わが身から離れゆく魂《たま》をつなぎとめるのがこの世の人の習いだが、徳兵衛は魂《たま》をつなぎとめるというより、二つの魂《たま》があの世で一つになることを願う。観客の共感を呼ぶ願いだ。

願いとともに二人は、はや死に場所を前にしている。愛の契りの深さを象徴する連理《れんり》の棕櫚の木が死に場所だ。死に姿が乱れないようそれぞれの体を二本の木にしっかりと結びつける。死支度《しにじたく》が終わると、徳兵衛は、その場にいた叔父で主人の久右衛門に詫言《わびごと》をいい、お初は同じく不在の父母に、先立つ不孝を詫びる。死への歩みがゆるむかに見えるこの場面は、しかし同時に、死へと向かう激越な行動のための力を溜める場面でもあるかのごとくで、すぐあとに、徳兵衛がお初の咽笛《のどぶえ》に刀を突き刺し、自分の咽《のど》に剃刀《かみそり》を突き立てる惨劇が来る。残酷さは目を覆いたくなるほどだが、あえてそこにまで踏みこむのが近松の作劇術だった。

演じるのが生身《なまみ》の役者ではなく、木と布で作られた人形であることが残酷な舞台を見やすくしているのはいうまでもない。人形劇であることによって残酷さが観念的な残酷さへと昇華される。人形の演じる残酷な心中の美しさが、劇の大当たりの原因の一つとなり、以後、近松は同じような残酷場面をくりかえし舞台に乗せる。

二人が死に果てたあと、劇の全体は次のことばで締めくくられる。（現代語訳で引用する）

だれが告げるともなく、曽根崎の森の心中は風の噂となって広がり、語り伝えられ、貴賤を問わずすべての人の回向《えこう》するところとなった。こうして未来成仏は疑いのない、恋の手本となった。（同右、一〇四ページ）

「未来成仏」——来世で仏に成る——ということばが目を引く。疑いもなく成仏する、と述べて近松は劇を結ぶ。心中に至る二人の男女の恋愛を近松がどう見ているか、その見かたのくっきりとあらわれたことばだ。

実際に心中した男女の話を聞いて、世間の人びとが二人は未来成仏すると思ったわけではない。かりに思ったとしても、事件はわずか一ヵ月前に起こったこと、そんな感想が近松の耳にとどくはずはない。事件をもとに醤油屋の手代と新地の遊女との心中劇を構想したとき、近松は、死をも覚悟して恋をつらぬく二人の純情に、「未来成仏」まちがいなしというほどの価値あるものを見出した。世間の常識に反する恋であり、当人たちにしあわせをもたらしてくれそうもない恋だが、恋する二人が人情の純粋さをつらぬけば、そこに価値ある二人の共同世界が生まれる。死によってもその価値は否定されはしない。——結びのことばは近松のそういう恋愛思想を表明するものだ。そして、『曽根崎心中』が大当たりを取ったことは、近松の恋愛思想がなにほどかは時代に受け容れられるものであったことを意味していよう。義太夫節と三味線と人形遣いが織りなす世話浄瑠璃において、近松は、封建の世を生きる人びとに、新しい恋愛の思想とイメージを提示することができたのだった。西鶴が好色物を通して男女の物語の新生面を切り拓いたとすれば、近松は恋と死の結びつく心中劇において、それに劣らぬ新生面を切り拓いたといわねばならない。

『心中天の網島』は『曽根崎心中』の一七年後に書かれた戯曲である。『曽根崎心中』に比べると、構成と展開が複雑になり、文学的成熟度の格段に増した作品となっている。大坂天満《てんま》で紙屋を営む治兵衛《じへえ》は、新地の遊女小春《こはる》のもとに二年前から通い、相思相愛の仲《う》となっている。が、治兵衛には女房おさんと、幼な子の勘太郎《かんたろう》とお末《すえ》がいるし、遊女を請け出《だ》すだけの大金もない。そんななか、恋敵の太兵衛《たへえ》による小春の身請け話が着々と進行している。

上之巻は、大坂新地を、坊主姿の旅芸人が小歌や流行歌《はやりうた》を賑やかに歌って歩くところから始まる。旅芸人が去ると、金持の太兵衛が茶屋にいる小春のもとを訪れ、横柄な態度で治兵衛の悪口を並べたてる。そこへ編笠の侍がやってきて、太兵衛を追い出し、小春の話に耳傾ける。気持ちの萎えた小春が死への思いを語ると、侍は、それはならぬと制止する。客の親切にすがるようにして、小春は、わたし一人が頼りの母親のことを思うと死にたくはない、相手の男が死にに来るのを邪魔して縁が切れるよう計らってほしい、と思いがけないことをいう。たまたま家の外で話を聞いていた治兵衛は、裏切られたといきり立ち、手にした刀を障子越しに小春の脇腹めがけて突き出す。が、刀はとどかず、かえって治兵衛の伸びた腕が侍につかまり、侍は腕を引きこんで治兵衛の両手を部屋の柱に縛りつける。治兵衛の気持ちが落ち着いたところで侍が頭巾《ずきん》を取ると、その男の正体は治兵衛の兄の孫右衛門《まごえもん》だ。兄は、女にだまされる弟の浅はかさと、女房・子どもを顧みない無分別を責め、小春との縁切りをせまる。小春の裏切りを怒る治兵衛は、小春からもらった心中立ての誓文《せいもん》二九枚を目の前で小春に投げつけ、小春も同じく相手からもらった二九枚の誓文を投げ出す。ただ、誓文を入れた小春の守り袋にはもう一枚「小春様まゐる。紙屋内《うち》さんより」と上書《うわがき》した治兵衛の女房おさんの手紙が入っている。その謎の手紙を孫右衛門が懐《ふところ》に入れたところで上之巻は幕となる。

中之巻は、数日後の治兵衛の紙屋が舞台だ。治兵衛は火燵《こたつ》でうたた寝し、女房おさんが甲《か》斐甲斐《いがい》しく子どもの世話をしている。てきぱきと動き、気配りの行きとどいたしっかり者の女房である。そこへ孫右衛門がおさんの母を連れてやってくる。小春を天満の大尽《だいじん》が請け出すという噂を耳にし、その大尽がもしや治兵衛ではと確かめに来たという。身に覚えのないことと誓紙まで書いて二人を安堵させた治兵衛は、しかし、二人が帰ったすぐあと、火燵にもぐって涙にくれる。それを見たおさんは治兵衛を引きずり出して火燵の櫓《やぐら》に坐らせ、まだ小春のことが忘れられないのか、と顔を見すえて恨み言《うらごと》をいう。現代語に直して引用すると、

「あんまりです、治兵衛殿。そんなに未練があるなら、誓紙など書かなければいい。おとしの十月の亥《い》の子《こ》の祝いに火燵を出したとき、ここで枕を並べて寝たのを覚えていますか。それ以来、あなたはまったく寄りつかず、二年というものわたしは独り寝。きょう母さんと伯父さんが来てくれて、やっと夫婦らしい共寝の語らいができると思っていたのに。それを楽しむ間《ま》もなく、本当にひどい、つれない仕打ち。そんなに心に残るのなら、たんとたんと泣くがいい。その涙が蜆川《しじみがわ》に流れて、小春が汲んで飲むことでしょうよ。ええい、なさけない、うらめしい」と膝に抱きつき、身を投げ出して思いのたけを訴え、嘆いた。(同右、二九二ページ)

おさんはおさんで治兵衛に惚れこみ、小春に傾く夫の心を引きもどそうとしている。舞台にあるのは、一人の人間として、一人の女として、凛《りん》として立ち、言いたいことをしっかりと口にする切なくも瑞々しい若妻のすがただ。「膝に抱きつき、身を投げ出し」というのは人形浄瑠璃によくあるしぐさだが、それがここでは弱さの表現でも甘えのしぐさでもまったくない。あるのは、相手と正面から対決し一歩も引かない人間的な強さだ。恨みと嫉妬の表

明がそのような強さをもってなされるところに、作者近松の人間把握の奥の深さと表現技法の練達とを見てとることができる。家庭を守りつつ夫との性愛を楽しみたいという一庶民女性の願望が、熱のこもった澄明なことばでまっすぐに表明されている。おさんのような魅力ある女性像を造形しえたことは、近松の誉《ほま》れというだけでなく、人形浄瑠璃の誉れだといいたいほどだ。

おさんのこの訴えと嘆きにたいして、治兵衛は意外な返答をする。小春への未練ゆえに泣いているのではなく、小春を請け出した太兵衛が、調子に乗って治兵衛の金銭上の困窮を商売仲間に触れ歩き、恥をかかされるのが悔しくて泣いているのだ、と。

同業者のあいだでの恥は、いわゆる男の一分《いちぶん》（面目）が立たなくなるほど耐えがたいものではあろうが、とはいっても、治兵衛のこの返答は言いわけめいて、おさんの凛乎たる訴えに張り合うだけの強さをもたない。が、おさんの恨みと治兵衛の恥はそれぞれの胸のうちに置かれたまま、話は思いがけない転回を見せる。治兵衛が小春の不誠実をなじっていうことばが、――小春は太兵衛に請け出されるくらいなら見事に死んでみせるといっていたのに、ということばが、――おさんの耳を激しく打つのだ。おさんは一生言うまいと思っていた秘密を打ち明ける。

「小春殿には不誠実なところはかけらもなく、二人の手を切らせたのはわたしが仕組んだことです。あなたがうかうかと深みにはまって死にそうな様子だったから、悲しさあまって、『女は女同士助け合うもの。思い切られぬところをなんとか思い切って夫の命を救ってください。頼みます』と手紙で訴えたら、わたしの気持ちを分かってくれて、『命よりも大事な人だけれど、引くに引けない義理のからむこと、わたしは思い切ります』との返事。わたしはこうやって守り袋に入れて肌身離さずもっています。これほどものの分かった人が、あなたとの約束を破っておめおめ太兵衛に添うはずがない。女はだれだって一途に思いつめたら後は振り返らないもの。小春さんは死ぬ、死んでしまう。……ああ悲しい。小春さんを殺したら女同士の義理が立たない。あなた、すぐに出かけていって、殺さないで済むようにしてください」（同右、二九四―二九五ページ）

上之巻の最後に出てきた手紙の謎がここで明らかになる。あれは、治兵衛と手を切ってくれるようにと頼む、小春に宛てたおさんからの手紙だったのだ。それを小春は、治兵衛の起請文といっしょに守り袋に入れて大事に保管していた。そして今度は、治兵衛のことを思い切ると誓った小春の手紙を、おさんが守り袋に入れて大事に保管している。胸を打つ心の通い合いだ。中之巻でのそれまでの劇の展開のなかで、女房おさんが堅実な分別と確固たる意志をもつ凛とした女性としてあらわれるのをわたしたちは見てきたが、それと並び立つようにして、ここでは小春が潔い女性として浮かび上がってくる。命よりも大切な男との恋を思い切り、好かぬ男に添うのは死をもって拒否する、――それが小春の生きかたなのだ。

その二人を結ぶ絆《きずな》を近松は「義理」の名で呼ぶ。「引くに引けない義理」「女同士の義理」

と、引用文中に二度このことばがあらわれる。封建社会の義理というと、外からやってきて、自然な人情の発露を妨げるしがらみと解されることが多いが、おさんと小春のあいだに通う義理は、相手の信頼に応えてみずから信頼に足る人物たらんとする、内から発する主体的な心の動きだ。そこに流れているのは、ぬくもりのある人間的な感情だ。相手に義理立てする——相手の信頼に応える——という心の動きは、相手に対等な人格を求めることにほかならない。おさんと小春は、紙屋の女房と遊女という身分差を超えて、それぞれが自立した思考と意志をもつ存在として観客の前に立ち、たがいの関係においても、相手を信頼するという関係で結ばれた対等な人間同士なのだ。

治兵衛を殺さないために治兵衛との恋を諦めるのが、小春のおさんにたいする義理立てだった。たいして、小春を殺さないためにおさんの実行する義理立てが、小春請け出しの金工面だ。さきに見た、手紙にまつわる秘密の告白のすぐあとに、おさんの金算段の場が来る。おさんは、紙問屋に支払う予定の金をそちらに回した上で、不足分は、自分や子どもたちの衣類すべてを質に入れることでひねり出そうとする。無茶な工面だ。簞笥《たんす》・長持《ながもち》・衣裳《いしよう》櫃《びつ》はすっからかんになり、舞台は悲劇の影が濃くなる。そこへおさんの父・五左衛門《ござえもん》がやって来る。五左衛門は恋に狂った治兵衛が妻子を捨てて遊女に尽くすつもりだと誤解し、いやがるおさんの手を取って無理矢理連れ去ってしまう。もって中之巻が終わる。

下之巻は、茶屋・大和屋の場と、橋づくしの心中道行きの場と、網島での心中の場の三つに分かれる。

夜回りの番太が拍子木を鳴らして歩く深夜、治兵衛が大和屋から出てきて物陰に隠れる。兄の孫右衛門が治兵衛を捜しに来て、見つからぬまま帰ったあと、小春がそっとぬけ出してくる。身請けはうまく行かず、深夜の心中行となったのだ。

七五調に乗った道行きは、三味線に乗って、蜆川《しじみがわ》と堂島川（大川）にかかる橋が次々と詠みこまれ、悲しみが深まっていく。登場人物はもう心中する二人以外にはいない。

題名にある網島が二人の死に場だ。覚悟を決め、手に手を取って地面に坐ったとき、小春はふいとおさんへの思いを口にする。治兵衛と心中したのではおさんへの義理が立たぬ、と。観客に中之巻を思い起こさせ、二人だけの舞台に観念的な広がりをあたえるせりふだが、その一方、小春を窮地に追いこむせりふでもある。中之巻で、支払い予定の金をそちらに回し、自分と子どもの衣服すべてを質に入れて小春身請けの金を工面したおさんの義理立てを思えば、心中を諦めて治兵衛をおさんのもとに帰すのが小春にふさわしい義理立てだからだ。が、それでは小春と治兵衛の恋は消滅し、恋愛劇は崩壊する。心中へと至ることが、二人にとっても、近松にとっても、観客にとっても、恋が成就することなのだ。

小春は別々の場所で死のうという。舅《しゅうと》に連れ出されて離縁したおさんにそんな義理立ては無用だ、と治兵衛はいう。恋心の純粋さになじまぬ理屈の応酬だ。理屈を口にすることで、恋と義理に引き裂かれる小春の心の葛藤が大映しになる。身悶《みもだ》える小春を前にして、治兵衛は髪を切っておさんとの縁切りを形にあらわす。追いかけて小春も自分の髪を切る。小春の行為は、おさんに詫びつつ恋に死ぬ覚悟を改めて表明するものだ。内面化された義理はどんな行為によっても拒絶も排除もできず、果たせぬことを詫びるという形で、かろうじて折り合いをつけるしかないもののごとくだ。

『曽根崎心中』のお初は、世間に背を向け、俗と手を切って心中へと向かえばよかった。それが純粋な恋に生きることだった。そして、観客はその真情に心おきなく共感し、涙し、死によって完結する恋の円環に情感の美を感じることができた。

が、『心中天の網島』の心中は、そういう透明感と安らかさと美をもたない。小春とおさんのあいだに作り出された信頼の関係が、純粋な恋心の成立を妨げるのだ。小春にとっては信頼も大事だし恋心も大事だが、二つをともども生かす道は容易に見つからない。信頼を保とうとすれば恋を捨てるしかないし、恋に生きようとすれば信頼を裏切るしかない。近松はそういう窮地に小春を追いこんでいる。恋と世俗のしがらみとが対立するのとはまったくちがう矛盾の構図が、そこにあらわれている。信頼の情と恋心とが二つながら小春の内面にしっかりと位置を占め、内面的な葛藤を続ける。葛藤に解決はない。恋のこの世での成就を妨げる内外のさまざまな要因とたたかい、どうにか恋心の純粋さを守りぬいて死へと至る、というのが近松の心中悲劇の筋書きだが、悲劇を見つめる作者の目が、ここでは、死によっても克服できない矛盾を恋のうちに見出している。近松は心中劇の創作を重ねるなかで、恋が人間にとって解決不能な魔であることを表現する地点にまで達している。

網島での小春の死は、恋の魔に取りつかれた女の死だ。解決不可能な矛盾をかかえたままの死である以上、あとに重たいものが残る。最後の最後で刺した刀が急所を外れ、断末魔の苦しみが続くのも、結びに「成仏得脱《とくだつ》」の文言が唱えられるのも、『曽根崎心中』の幕切れに倣《なら》うものだが、『曽根崎心中』の情死の解放感は、ここにはない。解放感のない重たさは、恋の真実を追求したリアリズムの重たさにほかならない。近松の悲劇は、人間の生のふしぎさと人間関係の奥の深さを恋愛の不条理という形で表現するに至ったのだった。

男女の交情は、古来、歌において、物語において、演劇において、もっとも重要な主題の一つとして歌われ、語られ、演じられてきた。満足感を湛えたしあわせな恋もあれば、悲しみに沈みこむ不幸な恋もあった。笑いのはじける恋もあれば、涙の流れやまぬ恋もあった。恋に纏綿《てんめん》する情緒も、ときに雅びの名で、ときに哀れの名で、ときに果無《はかな》しの名で呼ばれた。そのように幅の広い、奥の深い男女の仲が、近松の心中物に至って、情念の不条理性を鋭く突きつけるものとしてあらわれ出ることになった。顧《かえり》みれば、古くから歌われ、語られ、演じられた恋について、不条理と無縁の恋はほとんどなかったといっていい。死に向かうのを必然の道とする心中物において、近松は、恋の内奥にひそむ不条理性に強く光を当てることになった。そこには、人が思わずたじろぐような深淵がのぞいている。が、近松はたじろがない。ひたと深淵を見つめ、恋の不条理を人間性ゆたかな情念の劇のうちに表現するのが近松におけるリアリズムだった。

第三十二章　南画とその周辺――池大雅と与謝蕪村

江戸時代の二六〇年は、絵画にかんしていえば、系統の異なるさまざまな流派が出現し、共存し、覇を競う時代だった。室町末から安土桃山時代にかけて城や寺院の障屏画《しょうへいが》に豪放の筆を揮《ふる》った狩野派は、江戸に入っても将軍家の御用絵師として大きな勢力を張り、その周辺に大和絵の伝統を継承する土佐派や、そこから分かれた住吉派や、新しい題材の表現に取り組む風俗画家たちがいた。やがてそこに俵屋宗達を祖とする装飾画の流れが参入し、江戸中期には尾形光琳が、後期には酒井抱一《ほういつ》、鈴木其一《すずききいつ》があらわれ、構図と彩色に新たな可能性が生まれた。

尾形光琳は江戸中期に活躍した大画家だが、ほぼ同時期に、中国の南宗画に学んだ南画や、円山応挙《まるやまおうきょ》の明快・清新な写生画や、西洋風の透視的な写実法に依拠する洋風画などの新しい流派があらわれた。浮世絵が錦絵《にしきえ》と呼ばれる多色摺《たしょくずり》木版画として創作されるようになるのも同じ時期のことだ。多くの流派が並び立てば、当然のこと、そこに相互影響が生まれる。画風に変化が生じる。新機軸があらわれる。そうやって、既成の流派が対立、融合、変化、消長をくりかえすのが江戸後期の絵画史だった。そのなかで、絵の作り手と受け手がしだいに拡大し、絵画は文学と並んで上流階層だけでなく普通の人びとの楽しめるものとなった。

そういう大きな流れを踏まえつつ、南画の大成者といわれる池大雅《いけのたいが》と与謝蕪村《よさぶそん》の仕事を見ていきたい。

1

池大雅はのびのびとした大らかな画家であり、書家だといわれる。のびやか、大らかは、大雅を論じる際の決まり文句だといってよい。たしかに、大雅の代表作といわれるどの絵、どの書を見ても、その評言を裏切るものはない。絵のなかの風景も人物も、それを描く筆さばきも、そして書に見てとれる筆の運びや強弱のリズムも、のびやかで大らかだ。

南画は別に文人画ともいう。生活に余裕のある知的エリート（士大夫《したいふ》）を主たる担い手とするところから、中国でそう呼ばれたのだが、画風・書風からするといかにも趣味に生きる知的エリートらしき大雅は、しかし生活の実際は、そんな境遇からほど遠かった。京都北山の農家の子として生まれ、幼くして父が亡くなったあとは、画才を生かして母とともに画扇を売って生計を立てた。二〇代には指頭画《しとうが》（筆ではなく、指や爪先や手のひらを用いて描く画）をたくさん描いたが、それも、大勢の観客の前で注文に応じて描く席画で、そうやって名を売り、実入《みい》りをふやそうとしたのだった。若き大雅は絵を売って暮らす職業画家であり、趣味で絵を嗜《たしな》む人ではなかった。名声を博したあとも扇面画、画帖《がじょう》、画巻、掛軸、屏風絵、襖絵《ふすまえ》と多種多様な形式をこなしたが、そこにも職業画家としての経験が生きていた。

大雅四〇歳ごろの名作に、「山水人物図襖絵（山亭雅会図《さんていがかいず》）」（和歌山・遍照光院《へんじょうこういん》）と「楼閣山水図屏風（酔翁亭《すいおうてい》）」（東京国立博物館）がある。

遍照光院の襖絵は、岩と樹々に囲まれた山荘に風流人が集まって時を過ごすさまを描いた中国風の絵である。墨の黒と絵具の緑を基調とし、ところどころに朱が置かれるという穏やかな山水人物図だ。中国のお手本をもとに描かれたものだろうが、風景にも人物にも異国のものにつきまとう疎遠さや冷たさは感じられない。旅行好きの大雅は、富士山を初めとする日本全国の名所を描いているが、それらの実景図と同質の、親しさと懐しさがこの山水人物図にも感じられる。絵がそれ自体で別世界をなし、見る者を突き放す、というのではなく、絵の場面が現に目の前にあってこちらから近づいていけるように思える。それを図柄に即していえば、風景も人物ものびのびと大らかなすがたをしているということだ。

岩や木の幹はごつごつしている。それは、しかし、厳しさとか荒々しさに通じるものではなく、岩や木の幹はもともとそうしたものといったふうなごつごつだ。実際、岩に施された点描の皴《しゅん》や、木の幹のまわりに広がる厚く柔らかな葉の群れは、ごつごつした岩や幹に背を向けるのでも張り合うのでもなく、それらと折り合うようにして穏やかにそこにある。それ以上に岩や幹の尖《とが》った印象を和らげているのが、襖のむこうへとどこまでものびて行くかのような空間の奥の深さだ。絵の奥行きは主として絵具や墨の濃淡によってもたらされていて、その冴えた技法は驚嘆に値する。濃淡さまざまの黒や緑や青の、無数の細かな点や細い線を追いかけていくのも楽しいが、点が群れをなし線が群れをなして、あちこちに針葉樹や広葉樹の葉の塊《かたまり》が出来るさまをながめるのも、それに劣らぬ楽しさだ。その塊が色の濃淡によって前に出てきたり、背後に退《しりぞ》いたりする。濃淡は何段にも分かれるが、その微妙な変化が目に心地よい。奥深い空間はいささかも濁ることなく、一帯には清涼な空気が流れていると感じられる。

岩と樹々に囲まれた静かな山中に藁葺《わらぶ》きの粗末な山荘が大小二つ。大きな山荘には三人の、小さなほうには一人の老人が描かれる。仕事を離れて別荘にのんびりとくつろいでいる風情だ。小さな小屋の老人は、やかんの載った火鉢のそばで左手にもった箸《はし》でなにかをつまんでいるようだ。斜め前を向いた顔が笑っている。たいして、大きい山荘の三人は四面の襖の中央付近に描かれ、さきの一人が脇役であるのにたいし主役の座をあたえられている。談笑の合間に右上方の遠くに視線をやっているが、空を飛ぶ鳥でも見ているのだろうか。三人とも白っぽいゆるやかな服に身を包み、頭は禿《は》げ上がり、目は垂れて大きく、頬《ほお》骨《ぼね》が出て、鼻は横に広がる団子鼻、口のまわりや顎《あご》には無精ひげが生えている。顔つきも

池大雅　山水人物図襖絵（山亭雅会図）（部分。左頁も）［遍照光院］

風体も中国人だが、さきにいうように、異国人ゆえに警戒心を抱かせるところがいささかもない。三人の作り出すなごやかさが、岩と樹々の風景をなごやかにし、襖絵の前に立つわたしたちの気分をなごやかにする。山水を描いて人物がこれだけの存在感をもつ絵は珍しい。室町の水墨山水画でも、周文、岳翁《がくおう》、雪舟など、風景のなかに人物を描きこむ例は少なくない。が、それらの人物は多少の人間臭が感じられはするものの、風景に負けないだけの力をもって人間としての存在感を示すのではなく、風景に大きく呑みこまれる点景ないし添景としてそこに配されていた。だが、質素な山荘でにこやかに談笑するこの三人を、点景ないし添景ということはできない。

三人のうち、右端の一人は朱色の細い腰帯を締めている。お洒落《しゃれ》といいたくなるような、目に立つ朱色だ。俗をぬけ出ているはずの文人が朱帯を締めている、というその組み合わせがほほえましい。大雅の遊び心のなせる業《わざ》だが、大雅の遊び心が画中の文人の遊び心に通じるのが大らかな絵の徳だ。

朱といえば、山荘の左斜め下の灌木《かんぼく》のなかに朱色の花の塊が見える。こちらも、ちょっと遊んでみましたといった趣きの着色で、それが全体を引き締める要因となっている。二〇年の画業で鍛えられた円熟の技量だ。

同じ頃に描かれた「楼閣山水図屛風（酔翁亭）」は、遍照光院の襖絵とは打って変わって、華やかな絵である。白い和紙に淡い彩色が施される襖絵にたいして、こちらは一面の金箔地に朱、緑青、群青、白がちりばめられる。画面から光が放射されるような絵だ。

しかし、のびやかで大らかな絵であることに変わりはない。さきの襖絵では、岩や樹々の奥深い空間がまずあり、それに囲まれるようにして家があり、人がいるのにたいし、こちらは、岩や樹々と並び立つようにして堂々たる楼閣があり、楼閣内外の人びとは、自然から独立した生活を営んでいるように描かれるが、二十数人に及ぶ人びとの立居振舞に落ち着きとゆとりがあって、それがのびやかで大らかな気分を醸《かも》し出している。

楼閣の広間には朱色の大きなテーブルが置かれ、四人の男がまわりに坐って談笑している。本堂から向かって右奥のほうへと曲がりくねった回廊が伸びていて、その曲線が、堂々たる楼閣の厳《いか》めしさを解きほぐす軽みとなっている。

楼閣の外は、画面手前のすぐそこに、山中にしては幅の広い道が通り、そこに十五、六人の人物が配される。老人と子どもが多く、女の人はいない。多くはのんびりと散歩しているが、腰を下ろして飲食を楽しむ人や、天秤棒《てんびんぼう》に荷を担《かつ》ぐ人もいる。着ている服は大きな布がゆったりと体を包む普段着で、白、緑、青、朱と色とりどりだ。悠々自適の境遇にある人びとがそれぞれに自然を楽しみ、生活を楽しんでいる。

池大雅　楼閣山水図屏風（６曲１双）［東京国立博物館］

楼閣のまわりの空間はここでも岩と樹々によって埋められ、加えて右前方と左前方に川が描かれる。川の水はまるく盛り上がる大きな波となって流れ、右側の川には両岸にまたがる平らな橋が、左側の川には、三つのアーチが川から立ち上がる、重厚な石橋が架かっている。

岩と樹々は左右に大きく広がる形で描かれ、その分、奥行きは深くない。画面下段に横に長く連なる形で人物が配され、それを追って視点を左から右へ、右から左へと動かすと、その動きに沿って岩や樹々が、そして川が、あらわれては消え、消えてはあらわれる。そういう運動感の備わる自然は、遍照光院の襖絵の自然と同様、冷たくも荒々しくもない。岩の形にしても木の形にしても、ごつごつ、ぎすぎす、ざらざらと形容したくなる部分は少なくないが、それらを包む山の空気が明るく穏やかで、画面の全体を親しみをもってながめやることができる。

とはいえ、紙本淡彩の「山水人物図襖絵」と紙本金地着色の「楼閣山水図屏風」は、前に立ったときの印象が大きくちがう。一方は清涼な空気に包まれたありのままの自然のなか、文人たちが質素な山荘にひっそりと暮らす地味な絵であるのにたいし、他方は、山水の自然を賞《め》でつつも、そこに堂々たる楼閣を建て、道路を作り、橋を架け、人びとが小さな共同体らしきものをなす賑やかな絵だ。淡彩と金地着色とのちがいが絵柄のちがいに見事に照応している。朱色の効果一つを取っても、襖絵の朱がうっかりすると見逃しそうなほど控え目であるのにたいして、屏風絵の四つの朱――左端の男の着物の朱、やや右の少年のズボンの朱、中央の大テーブルの朱、ずっと右の天秤棒の荷物の朱――はだれの目にもそれと分かるようにくっきりと描かれ、画面を明るく華やかにしている。俵屋宗達や尾形光琳を思わせる華やかさだ。

が、ここにある賑やかさや華やかさは装飾画のそれではない。デザインの斬新さや形の躍動感や色彩の鮮やかな対比が賑やかさや華やかさを演出しているのではない。人びとの日々の暮らしのなかにある楽しさや喜び、――それが表現されているところからくる賑やかさ、華やかさだ。落ち着きのある賑やかさ、穏やかな華やかさだ。人びとの日々の暮らしは大雅の目に、明るく楽しく、穏やかで落ち着いたものに見えていたにちがいない。中国人であるか日本人であるかを問わない。まわりの暮らしに見てとれる穏やかな落ち着いた楽しさを大雅はどこにでもあるもの、ありうるものと考え、中国の山の暮らしをもそういう世界として表現しているように見える。大雅の描く自然は、見なれてくると、ふるさとの自然のように懐しく思えてくるが、その心事は、大雅における自然と暮らしとの結びつきの深さを示唆している。風景をながめても、そこに人の暮らしを重ねて見ないではいられないのが大雅だ。

襖と屏風に描かれた大画面の作品と並ぶ大雅の名作が、縦横二〇センチ足らずの小さな絵を一〇枚一組とした「十便帖《じゅうべんじょう》」である。それと対《つい》をなす与謝蕪村作の「十宜帖《じゅうぎじょう》」があって、合わせて「十便十宜画帖」（神奈川・川端康成記念會）という。中国の詩人李漁《りぎょ》（李笠翁《りりゅうおう》）がおのれの別荘伊園《いえん》を題材に、隠遁《いんとん》生活にどんな便宜があるかを謳《うた》った二〇篇の詩——人事を主題にした十便詩と自然を主題にした十宜詩——にたいして、大雅と蕪村が一〇枚ずつの絵をもって応じた画帖だ。

「十便帖」の一つにたとえば「釣便図《ちょうべんず》」がある。別荘伊園では釣りをするのに、蓑《みの》も笠も要らず船に乗る必要もない。園内の川のほとりの小屋に坐って釣り糸を垂れれば、魚を釣ることができる。客があれば酒をふるまっていっしょに飲みながら時を過ごす、といったそんな詩をもとに、大雅が遊び心を存分に発揮してユーモラスな楽しい絵を描いている。

別荘の主とおぼしき老人が小屋にこちら向きに胡坐《あぐら》をかき、川に向かって釣り竿を伸ばしている。そのむこうに客人が二人、向かい合ってなにやら楽しそうに話している。ありきたりの暮らしの一齣《ひとこま》だが、隠遁生活のゆったりとした時の流れが、画面の全体から伝わってくる。太い筆で柔らかく引かれた曲線が見る者の気持を解きほぐしてくれる。とりわけ印象的なのが、釣り竿の先から手前にもどる形で竿に巻きつき、竿の真ん中あたりから水の上へと垂れ下がる、釣り糸の曲線と、その釣り糸の先端と接続するように川面に描かれる流水の曲線だ。そのほか、床の板囲いの横の輪郭線、柱の縦の輪郭線、三人の人物の服や頭部の輪郭

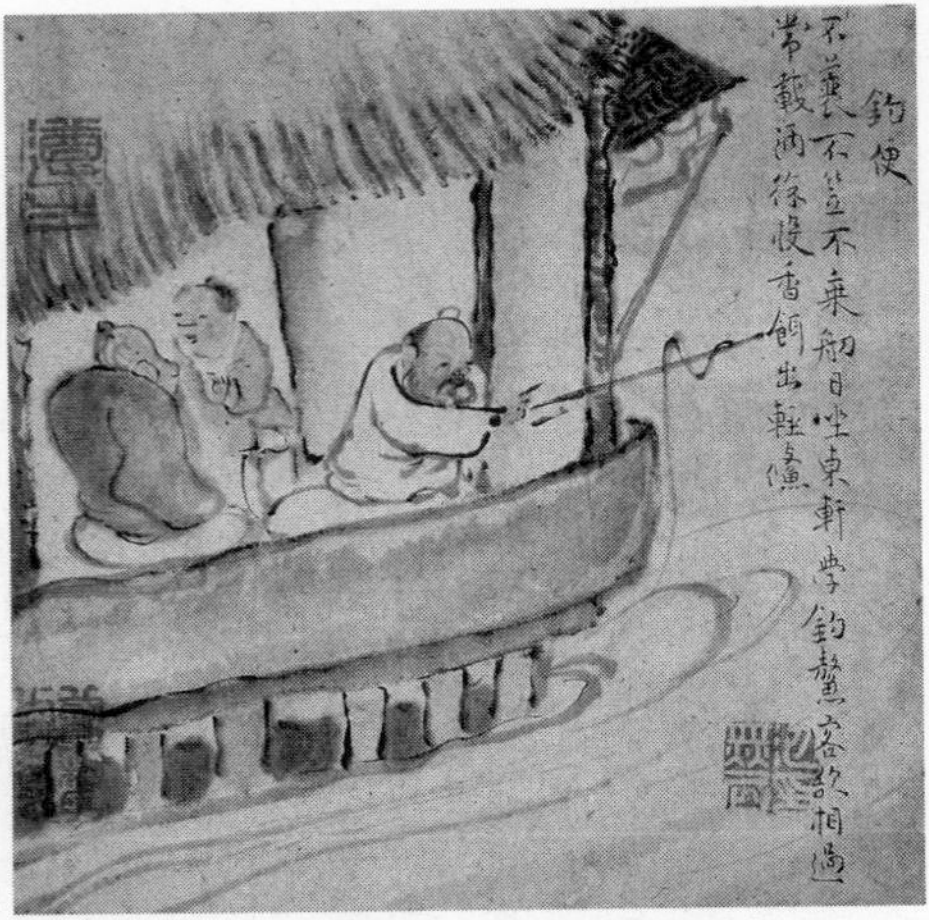

池大雅　十便帖「釣便図」［川端康成記念會］

線など、いずれも思いのままにこだわりなく引かれている。作者もまた、画中の三老人と同じく悠々自適の境地にあるかに思わせる。小さい画面を前に気楽に筆を運ぶという作画の条件が、悠揚せまらぬ気分を誘う要因の一つになってはいようが、それよりなにより、老後の一見無為の暮らしのうちに見出される、ささやかながら新鮮な喜びを、日常生活の一情景として表現する大雅の構想力と技量が、絵にゆとりをあたえている。年を重ねるにつれていよいよ自由度の増すのが大雅の画風なのだ。

「釣便図」とやや趣きを異にするのが「灌園便図《かんえんべんず》」だ。別荘伊園が畑仕事をするのに便利であることをいう絵だ。

点描された木の葉と草の原が画面の大きな部分をびっしりと覆う。手前の畑で老人が腕まくりした両手に如雨露《じょうろ》をもち、大きな葉の育つ畑に水をやっている。作業に励むというより

池大雅　十便帖「灌園便図」［川端康成記念會］

作業を楽しむといったふうで、老人の顔には笑みが浮かんでいる。作物に向かって、よし、よし、よく育ったな、と呼びかけているような笑顔だ。老人の背後には幹がぐっと湾曲し、葉がこんもりと茂る大木が生えているが、そのうねりが老人の腰から肩にかけての前かがみの曲線に寄り添う形を取って、菜園での老人のたたずまいに安定感をあたえている。足元からずっとむこうへと続く草原は、そこらを老人が歩きまわり、ときに立ちどまって周辺をながめやるのにふさわしい、古びた、なだらかな自然の景となっている。

　隠遁の老人が畑に水をやるというのは、これまたありきたりの暮らしの一齣だ。老人は格別の思い入れなどなく、必要あって、あるいは気が向いて、水桶や如雨露を用意し、畑に出かけて水をまく。そんな卑近な行為を題材にして、小さな画面にしあわせな世界を作り上げる。画家が人びとの老後の暮らしに愛情のこもった温かいまなざしを向け、それを絵に描くことを喜びとするのでなければ出来上がりそうのない世界だ。大らかなユーモアを湛《たた》えた、類のない一〇枚の連作は、晩年の大雅がたどりついた類のない心境を映し出すものでもあった。

「十便帖」は絵と書が一枚の紙面に同居するが、書は右脇の小部分を占めるにとどまって、絵の説明書きという域を出ない。絵があくまで主体だ。それが、最晩年の作とされる「東山《とうざん》清音帖《せいいんじょう》」では、書が絵と肩を並べるような存在となっている。紙面の上半分に扇面の枠取りをして絵を描き、下半分には同じく扇面の枠取りのなかに七言絶句の詩を墨書するというのが基本の構成だ。しかも、上半分の扇面画には画題の四文字が中央に、あるいは右寄りに、また左寄りに、大きく墨書され、絵と書の響き合いを強く印象づける紙面となっている。上半分においてまず墨画と四文字の墨書が交響し、次に上半分の扇面画と下半分の扇面墨書（七言絶句）が交響する、といった手のこんだ作りだ。絵と書のそうした対比と交響が、しかも、一見したところ事もなげに飄々《ひょうひょう》となされているところがいかにも大雅らしい。

八面からなる書画帖のうち、「洞庭秋月《どうていしゅうげつ》」と題する一面を例に、画と書の対比と交響のさまを見ておこう。

扇面画の中央に膝を組んで坐り、体を右に傾けて笛を吹く小児が描かれる。そして、小児のまわりには、細い線で右から左へ、左から右へと伸びる幾筋もの波が描かれる。左右に伸びる細い線は四、五十本はあろうか。笛の音に合わせてかすかに震えているかのようだ。描かれるのは小児と波、その二つだけだ。秋の月がどこかに出ているのだろうが、画面には描かれない。

代わりに——と言っていいのかどうか——小児の背後の水面は波の黒い線が消え、月光に照らされるかのように白く光っている。そしてそこに、たっぷり墨をふくんだ筆で太くゆったりと「洞庭秋月」の文字が書かれる。絵の穏やかさからすると、書が出張っている印象は否めないが、といって、笛の音が鳴り響く湖面の静かな夕景を壊すという程ではない。筆の動きに身を委《ゆだ》ねたような悠然たる書きっぷりが、文字を自然の夕景になじませている。文字はまわりの景色から切り離されることなく、景色のなかに浮かぶようにそこにあり、逆に、風景は風景で、そこに文字が浮かんでいてもおかしくないような、半ば幻想的な風景として一つの世界をなしている。絵が左右の動きを主体とし、書が上下の動きを主体とすることからしても、絵は絵であり書は書であるという区別は歴然としてあるが、その区別を認めた上で、絵が書に近づこうとし、書が絵に近づこうとしているのがこの扇面だといいたい気がする。

その扇面に、元末明初の学者・鮑恂《ほうじゅん》の詩を墨書した下段の扇面が対応する。下段の二八文字は上段の四文字「洞庭秋月」と同じ大きさの同じ字体で書かれる。下段も上段と同じ扇面形の枠取りがなされ、文字はその形に合わせて上辺は円形に広がり、下辺はしだいに窄《すぼ》まるように書かれる。扇形に字配りされた書が下段に来ることによって、上段の絵は、波の左右への動きが強調されるとともに、幻想的な雰囲気に少しく安定感がもたらされる。

が、それより興味深いのが、扇形の紙面と書との関係だ。正方形や長方形の場合とちがって字の大きさが不揃《ふぞろ》いになり、字形も右に、あるいは左に傾くことになるが、大雅はそれを苦にする様子はまったくない。悠然たる書きっぷりは上段の四字といささかも変わるところがない。いや、縦二行に型通りに書かれた上段の四文字にたいし、大きさも傾きも区々《まちまち》の文字の並ぶ下段が、それでいて全体として無理なくおさまっているさまは、書における大雅の自在さと大らかさを改めて印象づける。紙面は上下合わせても縦四〇センチ、横五三センチの小さなものだが、上段の四字と下段の二八字のあいだを行ったり来たりするだけでくつろいだ気分になる。

大雅は書においても遊びとゆとりを楽しみつつ、美へと至る道をさぐり当てた人だった。

2

与謝蕪村は大雅より七年早く生まれ、七年遅く死んでいる。大雅五四年にたいして、六八年の生涯である。

「十便十宜画帖」が二人の共作であることはすでにいったが、ときに大雅四九歳、蕪村は五六歳だった。が、年齢とは逆に、悠々自適の老成を感じさせる「十便帖」に比べると、蕪村の「十宜帖」には実直な若さがある。「十便帖」が生活の一齣《ひとこま》を主題とするのにたいして、「十宜帖」は四季、天候などの自然を主題とするから、風景がやや遠くに客観化され、気楽にそこに入りこむというわけにはいかない。たとえば「宜暁図《ぎぎょうず》」の白衣の老人を蕪村その人と見るのはむずかしい。大雅の絵に比べると、作者の思いがおのずと画面に投影された絵とはいいにくい。

「十宜帖」の七年後に蕪村は、絵に「謝寅《しゃいん》」の画号を書き記すようになり、以降、抒情性ゆたかな名作が次々と生まれる。その一つ「竹林茅屋《ちくりんぼうおく》・柳蔭騎路図《りゅういんきろず》屏風」（六曲一双、個人蔵）は、色使いや筆の運びは「十宜帖」とそれほどちがわないが、絵にたいする蕪村の愛着と絵にこめた思いは、格段に深くなっているように感じられる。大雅における人間と自然との大らかでのびのびした交流とはちがった、それぞれに孤独な心をかかえた人間が、しかもなお自然とのあいだに微妙な響き合いを感じているような、そんな交感のさまが清爽な画面に感じとれる。内面の表現に重きを置く南画が大雅と蕪村によって大成されたとする通説は、的を外してはいない。

晩年の蕪村は、中国の南宗画とは趣きを異にする水墨画ふうの作品においても、独自の表現に達した。代表作として「峨嵋露頂図巻《がびろちょうずかん》」（TOREKコレクション）と「夜色楼台図《やしょくろうだいず》」（個人蔵）がある。

「峨嵋露頂図巻」は唐の詩人・李白の「峨眉山月歌《がびさんげつか》」を主題とした絵である。ごつごつした岩山が、高く聳《そび》え低く沈み、右から左へ大小さまざまな凸凹の塊をなす。その峰の連なりが、二四〇センチの長さの巻物に連続して描かれる。空は淡い墨で全面が塗りこめられ、巻物の最後に、低くかかる三日月が白く描かれる。李白の詩は、作者とおぼしき人物が峨眉山をながめながら麓《ふもと》の川を下るさまを詠んだものだが、蕪村の画巻には川も船も描かれない。

描かれるのは、空と連なる山頂と月、それだけだ。

暗くぐもった夜空を背景に、山稜《さんりょう》の線が激しく上下動をくりかえし、それに隈《くま》どられた大小不揃《ふぞろ》いのごつごつした岩山の塊が並ぶのだから、一見、美しいとか心地よいとかいえる風景ではない。気味悪くさえ感じられる。が、その気味悪さには見る者を引きつける力がこもっていて、見ているうちに、これこそが自然のありのままのすがたではないかと思えてくる。速度のある筆の動きが、山の塊にさまざまな墨の線を施していく。紙の上を疾走するかすれた線と、強く押しつけられた濃く太い線。薄い墨が乾かぬうちに濃い墨が重ねられて、にじみの生じた山肌。上下左右、四方八方に行っては帰り、帰っては行く、濃淡・肥《ひ》瘦《そう》・柔剛の墨跡を追っていくと、山の塊が強固な立体感をもってせまってくる。筆を重ねて描かれた斜面や曲面では所によって岩が、砂が、土が、呼吸《いき》をしているように、あるいは生きて動いているように見える。さきにいう気味の悪さも、岩山が生きて動くことから来るものだったと思える。

みずから筆を揮《ふる》う蕪村は、岩山の原始の生命力に動かされていたにちがいない。みずからの筆によって岩山がおぼろげながらすがたをあらわしたとなると、その生命力が画家のほうへと作用を及ぼし、筆を

与謝蕪村　峨嵋露頂図巻（左頁も）［TOREKコレクション］

前へと動かす活力となったかのようだ。躍動する墨線のリズムが、山のリズムであるとともに描く画家の体のリズムでもあるかに思える。川や船や船人が描かれないことで、山のリズムと体のリズムの響き合いはいっそう緊密なものに感じられる。

画巻の最後に月が描かれる。空に低くかかった寝そべるような三日月だ。山のリズムの終わりを告げる終止符になっている。とともに、それは巻頭の「峨嵋露頂　謝寅」の墨書と朱印に対応してもいる。山のリズムに共鳴した画家の体が、この三日月を最後に、現実へと還っていくさまが思われる。絵の流れとしても画家の心の動きとしても、理知的なけじめのつけかたといってよい。

同時期の、同じく水墨画ふうの優品「夜色楼台図」は、気味の悪さや荒々しさをまったく感じさせない穏やかな絵だ。むこうに低い雪山が連なり、手前に雪をかぶった無数の家の屋根が並ぶという、親しみのもてる夜景だ。蕪村が長く住んだ京都の町を描いたものであろう。屋根だけが重なって並ぶなか、ぽつんぽつんと何軒か丈の高い家があって、柱や窓が描かれ、なかに明かりが点《つ》いている。

絵の構図は、上の三分の一が夜の空、中間の三分の一が雪山の連なり、下の三分の一が町の家並《いえな》みといった割りふりだ。夜空は「峨嵋露頂図巻」の夜空よりも色が濃く、それとの対比で雪山の白がくっきりと浮かぶ。太い柔らかな曲線で縁取られた山は、上のほうが白く、途中から淡い灰色が施されて、その灰色はそのまま町の夜景の灰色となっていく。そして、その灰色の基調の上に、雪をかぶった白い屋根と、あちこちの家から洩れる代赭色《たいしゃいろ》の明かりが浮かび出る。屋根や家の濃い輪郭線と、淡い灰色と、代赭色との融合が、雪の夜の町にほんのりとした温かさを添えている。

夜空は群がる暗雲が巻きこむような強い筆触で描かれ、そこだけは「峨嵋露頂図巻」の気味悪さに通じるものがなくはないが、中間の、ゆったりと横に長く奥行きも深い山々がそれをしっかりと受けとめるから、下界の平穏が乱されることはない。しんしんと雪の降るなか、山はいつもと変わらず静かに横たわり、町の家々では昼の仕事を終えた人びとが団欒《だんらん》に時を過ごし、また、静かに休息していると思える。そんな夜の情景が白黒と代赭色の地味な画面に定着されている。

絵が蕪村の見た実景を写生したものかどうかはさだかでないが、こういう夜の世界こそが人びとの住むにふさわしいものだ、と蕪村が感じていたことは確かだ。いうならば、この絵は蕪村のとらえた人びとの暮らしの原風景を表現したものだ。あるいは、人びとの暮らしがこうあってほしいという蕪村の祈りを絵にしたのがこの情景だといってもよい。峨眉山は人の世界のことなど知らぬげに、むきだしの自然としてそこにあったのだが、ここの雪山は人びとの暮らしに親しく寄りそっている。雪山の白さが家々の屋根の白さとなだらかにつながり、ほのかな明かりと穏やかに調和している。画面右半分では山がうしろへと退《ひ》いていくにつれ家々が奥へと張り出していき、左半分では山稜が中央から端へとしだいにせり上がるのに合わせて、家々の広がりも左上に向かって延びていく。暮らしと山とのゆったりとした呼応を示すリズムが心地よい。

こういう安らかな夜景を描きつつあるとき、画家自身も安らかな心境にあったにちがいない。さらにいえば、蕪村は安らかな風景がおのれの心に宿ることに、老齢を生きる喜びを感じていたかもしれない。大雅の絵はその大らかさとのびやかさに画家のしあわせがうかがえるが、蕪村のしあわせは、絵の静けさのうちにうかがうことができるように思う。「夜色楼台図」のむこうには孤独のうちに筆を進める老画家のすがたが思い浮かぶが、孤独な蕪村の心には寂しさだけでなく、人びとの暮らしを思いやる温かな空気もまた流れていたと思う。同じ空気が、寒々とした図柄の傑作「鴉図《からすず》」（京都・北村美術館）を描く蕪村の心にも流れていた。降りしきる雪に耐えて二羽の鴉が木の幹にじっと並んで立つ図だ。

降りしきる雪が「夜色楼台図」のしっとり柔らかい雪とはまるでちがう。右上から左下にかけて淡墨に塗られた空間に舞う雪片は、紙のように乾いていて軽い。はらはら、ひらひらと、舞うように描かれる。淡墨を塗るとき、雪片だけ白く塗りのこして舞い散るさまを表現しているのだが、何百という雪片が、大きさも形も相互の間隔もてんでんばらばらだ。面倒な作業が見事になしとげられ、無数の雪片の舞う空間が出来上がっている。驚くべき構想力と技巧だといわねばならない。

右上から左下へと雪の降りちる空間に、右下から左上へ太い木の幹がぐぐぐっと伸びて

与謝蕪村　鴉図
[国立国会図書館デジタルコレクション]

いる。おもて側は白く雪をかぶり、裏側は淡墨の陰影が施され、幹にまつわりつく枝は濃い黒でくっきりと描かれる。白と灰色と黒の鋭い対比に、冬の情景を画面に定着しないではおかぬ、画家の不抜の意志が感じとれる。大木は冬の寒さに負けることなく、しっかりとそこに立っている。

そして、その大木に足を据えて、二羽の鴉が斜めむこう向きに並んで立つ。枝と同じ濃い黒で描かれた二羽が、画面の中央に雪片の空間をにらむようにして立つ。色の強さといい、立つ位置といい、この二羽が絵の中心だ。

こちら側の鴉は幹にしっかりと据えた二本の足が見えている。寒さと雪に耐えんとする力のこもった足だ。足の見えぬもう一羽の鴉は、同じく寒さと雪に耐えつつ、顔をややこちら側に向け、隣の鴉に話しかけている。こちらの鴉はそれを聞いているのか、いないのか。二羽の鴉は自然のなかにはおさまらず、自然をぬけ出し、自然と対峙する存在となっている。寒さや雪に「耐えている」といった感情移入が可能なのは、そのためだ。二羽は人間的な情感をこめて描き出されている。

そう思って見ると、二羽の関係が興味深い。俳句や書簡に見る蕪村は、俳友その他との人間関係において、孤独を受け容れつつ友を求め、人とのつながりを信じつつ孤独を噛みしめるといったところがあるが、その心情が二羽の鴉のたたずまいに映し出されているかに思える。寄りそう二羽は、寒さと雪にたいしてまずはそれぞれが耐えるしかない。実際、それぞれが足を踏んばり、体を固くして耐えている。しかし、寄りそって二言三言ことばを交わし、意志の疎通を図ることで、寒さと雪に共同で耐えてもいる。自立しているようでつながり、つながっているようで自立しているのが、二羽の関係のありようだ。

それが人間ならぬ鳥の関係として表現されるがゆえに、自立とつながり、孤独と共同の二重性がかえってよく見えてくる。人間同士の関係では、たとえば年齢だの、性格だの、身分だのが関係にまつわりつき、孤独と共同の二重性が見えにくくなることが少なくないからだ。この冬の絵が、一度見たら忘れがたい印象を残すのも、寄りそって立つ二羽の鴉のすがたが、人と人との関係を象徴していることが大きい。そのような人間関係の象徴として二羽のすがたをとらえる蕪村は、画家としても俳人としても生活者としても、人間関係に潜む、自立とつながり、孤独と共同の二重性を、静かに構想ゆたかに受け容れる境地にあったと思われる。それが蕪村の老境だった。

右に述べた三作は、自然の原風景や暮らしの基本のすがたを画面に定着しようとしたものだが、それらとはちがって、肩の力をぬき、気楽に書かれた晩年の作に、俳画——蕪村自身のことばを借りれば、「俳諧ものの草画」——がある。芭蕉の紀行文『奥の細道』や『野ざらし紀行』の全文または一部分を書き写し、あいだにいくつかの挿絵を添えた図巻ないし屏風が代表的なものだ。

芭蕉の旅は、前章で見たように、物見遊山ののんきな旅ではなく、俳諧の真実にせまろうとする求道《ぐどう》の気配が濃いが、蕪村の俳画に描かれるその旅は、人物も風景ものんびりとし、旅を楽しむ気分が漂う。蕪村の生きた時代は、まだ旅は不自由で不如意なものだったが、蕪村の絵に描かれるのは、こんな旅ならしてみたいと思わせるような旅だ。

軽妙で気楽な挿絵のなかに、しかしその一方、芭蕉にたいする蕪村の変わらぬ敬愛の念がはっきりと見てとれる。そして、そのことが俳画の全体を品格のあるものにしている。たとえば、『奥の細道』の後半、加賀国山中で同行の曽良《そら》が腹の病に罹《かか》り、芭蕉と別れて先に友人宅に向かう場面がある。「奥の細道図巻」（東京・平山家）で蕪村がそれに付した挿絵は、旅衣に身を包んで端坐する芭蕉に、首に袋をかけた旅姿の曽良が別れの挨拶をしているという単純な図柄だ。まわりの家具調度はまったく描かれず、なにもない空間に芭蕉と曽良がいるだけだ。が、その芭蕉の表情がなんとも温和で優しい。曽良への気づかいと別れの寂しさがそのまま顔にあらわれている。お辞儀姿の曽良は顔は見えないが、頭の下げかた、腰の曲げかた、手の突きかたに師匠への敬意があらわれている。二人が信頼の糸で結ばれていることは疑いようがなく、その自然な信頼感が挿絵を清楚で格調あるものにしている。

思えば、芭蕉は、曽良の敬愛してやまぬ師匠だったが、蕪村にとっても尊敬せずにはいられない俳諧の師だった。となれば、蕪村は画中の曽良の位置にごく自然に身を置くことができたはずで、描かれた二人のあいだに通う信頼の情は、芭蕉と蕪村のあいだに通うものでもあった。「峨嵋露頂図巻《がびろちょうずかん》」や「夜色楼台図《やしょくろうだいず》」や「鴉図《からすず》」は蕪村がその世界に入れるというものではなかったが、芭蕉にまつわる俳画は、蕪村がどこかにいてもおかしくない世界として描かれている。芭蕉の文章をそのまま書き写すという作業が芭蕉との距離をちぢめることもあったろうが、それ以上に、芭蕉の発句や連句にたいする深い敬愛の念が、芭蕉と同じ世界を生きているという実感を醸成した。俳画に描かれる芭蕉は、九〇年前の過去を生きた人というより、すぐそこにいて声をかければ振りむいてくれそうな人だった。

実際、蕪村は芭蕉に声をかけるかのように、芭蕉の句を踏まえた句をたくさん作った。見やすい例を挙げれば、

五月雨《さみだれ》をあつめて早し最上川

の芭蕉句を踏まえて、

さみだれや大河《たいが》を前に家《いへ》二軒《けん》

と詠み、

此道《このみち》や行人《ゆくひと》なしに秋の暮

にたいして、

門《かど》を出《で》れば我《われ》も行人《ゆくひと》秋のくれ

と詠んでいる。

蕪村の二句とも尊敬すべき先人の句に見事に呼応する句だが、蕪村は自分を捨てて芭蕉に呼応しているのではない。呼応しつつも自分の思いを誠実に表現するのが蕪村の流儀だった。そして、おのれの句風が芭蕉のそれと大きく異なること、呼応がその差異を消すものではなく、差異を踏まえた呼応であることは、蕪村の十分に自覚するところだった。二人の句風のちがいは、前章の2で取り上げた芭蕉の句と、たとえば蕪村の佳句としてよく引用される、左の五句とを比較するだけでも感じとれると思う。

狩衣《かりぎぬ》の袖のうら這《は》ふほたる哉

（薄物《うすもの》の狩衣の袖の裏にとまった蛍の光がぼーっと透《す》けて見える）

鳥羽殿《とばどの》へ五六騎いそぐ野分《のわき》かな

（時は平安末期、政変と台風を重ね合わせた句）

牡丹《ぼたん》散つて打《うち》かさなりぬ二三片

（散り始めた牡丹、花びら二三片が地上に落ちて重なっている）

夕風や水青鷺《あおさぎ》の脛《はぎ》を打つ

（夏の夕《ゆう》べ、風に波立つ水が青鷺の暗緑色の脚を打っている）

月天心《つきてんしん》貧しき町を通りけり

（月が中天にかかる真夜中、貧しい人びとの住む町を通りすぎていった）

最初の二句ははるかな過去の世界に身を移し、一方は雅《みや》びな情景の一齣を、他方は人と自然が激しく動く一景を、絵の一画面のように切りとってみせた句だ。画業においては題材の面でも美意識の面でも中国の古典に赴くことの多かった蕪村だが、俳諧においては、日本の古代や中世にも自由に行き来し、艶《つや》のある美の世界を浮かび上がらせようとしたのだった。

次の二句は目の前の場景をとらえた写生句と見えるが、そういい切っていいものかどうか。写生句というには場景の美しさ、とりわけ色彩の美しさが強くせまって来すぎはしないか。こういう場景を蕪村が、いつか、どこかで目にしていたとしても、その経験から句が出来上がるまでには隔たりがある。構想力や美意識が割りこんで働く隔たりだ。蕪村を写生の名手だというのはやはり不正確な評言といわねばならない。二つの句は場景を写したというより、場景を美しい世界へと構成したものであり、しかも構成の手つきを、いいかえれば、句が人工世界であることを、隠すことのない句だ。

最後の「月天心……」の句は、上五がもとは「名月や」だったのが「月天心」に変えられた。蕪村の構想力の斬新さと果断さを示す変更だ。とともに、句の調べからして蕪村が「貧しき町」に、「夜色楼台図」の町と同様、心安らかな親しみを抱いていそうに思えることをいっておきたい。

以上に述べた句作の姿勢が芭蕉のそれと大きく異なることは明らかだ。芭蕉が課題とした「さび」の追求、大自然への帰入、求道《ぐどう》の精神は、そのまま蕪村の課題ではない。画家でもあった蕪村は、感覚的な世界にゆたかな美を認め、そのむこうになにかを求めるというより、安らかな心境でありのままの世界を受け容れようとした。しかも、そうした彼我のちがいを自覚した上で、蕪村は芭蕉をかけがえのない先達《せんだつ》と考え、心から敬愛した。孤独を感じつつ世界とつながり、世界とつながりつつ孤独だというのが蕪村の生きる流儀だったが、芭蕉との関係においてもそれは変わらなかった。

蕪村辞世の句は、芭蕉の「旅に病《や》んで夢は枯野をかけめぐる」を踏まえてこう詠まれた。

初春

白梅《しらうめ》に明くる夜ばかりとなりにけり

（夜が明ければ白梅のほのかに薫る世界がやってくるのだ）

亡くなったのは十二月二十五日、白梅は蕪村がこよなく愛した早春の花だった。

第三十三章　本居宣長——国学の立場

江戸時代の初期から中期にかけて、漢文で記された中国の儒教思想を学ぶ儒学が、武士や町人や富裕農民のあいだにしだいに広く受け容れられていったのは、「第三十章 江戸の儒学」で見たところだ。そこで取り上げた二人の儒学者、伊藤仁斎と荻生徂徠は、一方が京都の堀川に塾を開いて人びとと身近に接する市井の儒学者、他方が老中格・柳沢吉保に仕え、将軍綱吉に進講する権力がらみの儒学者、というちがいはあったけれど、その現実肯定の思想は、中央集権的な封建体制下の楽天的な世情によく適合し、多くの門人や信奉者を獲得することができ、学問の世界では儒学が主流をなすほどに時代の社会に根づくことになった。

中国古典の読解と研究と応用が学問世界の主流をなすなか、それに並行する傍流として日本の古典の研究もなされた。のちに「国学」の名で呼ばれる学問研究だが、その始まりとされる戸田茂睡《とだもすい》（一六二九―一七〇六）や契沖《けいちゅう》（一六四〇―一七〇一）においては、古典研究が和歌の詠みかたと結びつけて考えられる傾向が強かった。

日本古典の研究に時代を画するような大きな成果を挙げ、その識見がいまなお参照に値する広がりと深まりをもつのが、江戸後期の市井の学者・本居宣長《もとおりのりなが》である。源氏物語論と古事記研究を中心に宣長の国学の思想と方法を見ていきたい。

1

宣長は、一七五七年、二八歳で伊勢松坂《まつさか》で小児科医を開業して以降は、終生、医業と国学研究の二業に励む日々を過ごした。が、それ以前の二〇歳代の五年半ほどは、京都で自由な遊学生活を送った。しかるべき師のもとで儒学を学び、医学を学び、和歌を学び、さらに名所旧跡を訪ね、古今の文化・文物に触れた。そのなかで古典への造詣が深まり、独自の文学観が作り出されていったことは、遊学のさなかか、遊学後まもなく書かれた歌論『排蘆小船《あしわけおぶね》』に照らして明らかである。

左に、冒頭の一節を原文のまま引く。

歌ノ本体、政治ヲタスクルタメニモアラズ、身ヲオサムル為ニモアラズ、タダ心ニ思フ事ヲイフヨリ外ナシ。其内ニ政ノタスケトナル歌モアルベシ、身ノイマシメトナル歌モアルベシ、又国家ノ害トモナルベシ、身ノワザハイトモナルベシ。ミナ其人ノ心ニヨリ出来ル歌ニヨルベシ。悪事ニモ用ヒラレ、善事ニモ用ヒラレ、興ニモ愁ニモ思ニモ喜ニモ怒ニモ、何事ニモ用ラル也。（大野晋・大久保正編集校訂『本居宣長全集　第二巻』筑摩書房、三ページ）

歌とはなにかと問うて、歌の本体は政治・道徳にかかわるところがない、と答える。生涯を通じて変わらぬ宣長の基本思想の高らかな表明である。世の主流をなす儒学が、政治論や道徳論に大きく傾く学問であることを思えば、自分がそれとはちがう道を歩もうとすることを断固として宣言する文言とも読むことができる。

「歌ノ本体」を述べたこの文はそのまま「物語の本体」に重ね合わすことのできるものだった。この文の六、七年後に書かれた『紫文要領《しぶんようりょう》』は、『源氏物語』を主題としつつ広く物語一般のありかたを明快に説くものだが、そこに次のことばが見える。(現代語に訳して引く)

わが国には物語と呼ばれる一群の書物があって、儒家や仏家の書物とは類を異にしている。その物語なるものが、どんなことを書き、なんのために読まれるかといえば、世のありとあらゆる善いこと、悪いこと、珍しいこと、おもしろいこと、心を動かすことをなよと女文字で書き、所々に絵を入れたりもして、退屈しのぎに読んだり、心がふさいで晴れ晴れしないときの慰めにしたりするのである。物語のなかに歌が多くふくまれるのは、わが国独自の流儀であって、歌は心の思いを述べるものだから、歌によって事柄の深みが表現され、一段と心が動かされることになるのである。さて、どの物語を読んでも、男女の仲を語るものがとりわけ多いのだが、それは、歌集に恋の歌が多いのと同じことで、恋ほど人の情感をゆさぶるものはないからだ。(『本居宣長全集 第四巻』筑摩書房、一六ページ)

歌と政治・道徳を峻別《しゅんべつ》した『排蘆小船』の論を受けて、ここでは物語と儒家・仏家の書物とが峻別される。物語は、天下国家を論じたり、一身の行状の善悪を説いたりするものではなく、ありとあらゆる世情・人情のありさまを女文字（平仮名）で書き記し、人の心を動かそうとするものである、と。そして、男女の仲こそは世上もっとも心が動き、動かされるものだから、物語では恋がもっとも多く語られるのだ、と。

宣長は『源氏物語』を精読・熟読するなかからその物語観を得てきたのだったが、『紫文要領』では、紫式部自身がそのような物語観の上に立っていたことを証拠立てる、いくつもの文言が『源氏物語』から引用される。引用箇所の巻名のみを記せば、「蓬生《よもぎう》」「総角《あげまき》」「胡蝶《こちょう》」「若菜《わかな》下」「夕霧《ゆうぎり》」「橋姫《はしひめ》」「宿木《やどりぎ》」「蜻蛉《かげろう》」「手習《てならい》」「夢浮橋《ゆめのうきはし》」「絵合《えあわせ》」といった具合だ。そして、物語に熱中する玉鬘《たまかずら》と光源氏とのあいだで踏みこんだ物語論が交わされる「蛍《ほたる》」の巻については、当該部分の全文を引用して丁寧な読解が示される。高度な文学的感性によってつかみ出された物語本質論が、精緻な文献学的考察によって補強されるという、宣長の方法の力強さが如実に示される場面だ。源氏と玉鬘の会話の表面上の意味と、その底に隠された本心とのあいだを行き来する宣長の記述は煩雑にすぎるから、引用はさしひかえるが、そこから引き出される「ものの哀れ」にかんする議論だけはぜひ引用しておきたい。（現代語訳）

いまの世においても、例のないような珍しく怪しいことを経験したら、自分の心のなかでなんと珍しいことか、なんと怪しいことかと思うだけでは済まされず、経験したことを人に語って聞かせたく思うものだ。人に語ったからといって、自分にも相手にもなにかの利益になるわけではないし、心のうちにおさめておいてなんの不都合もないけれど、これは珍しい、これは恐ろしい、悲しい、おかしい、うれしいと思うことは、心のうちにとどめておくことができず、どうしても人に語って聞かせたくなる。この世で見聞きするすべてについて、心が動きこれはと思うことは、なんでもそうで、歌もそこから生まれる。見聞きするものに心が動いて、珍しい、怪しい、おもしろい、恐ろしい、悲しい、あわれだ、と感じるとき、見聞きしたことを心に思うだけでは済まされず、人に語って聞かせるわけで、語るのも書くのも同じだ。だとすると、見聞きするものについて、あわれだとか悲しいとか思うことが心の動くことであり、心が動くことがものの哀れを知るということだ。となれば、『源氏物語』はものの哀れを知るという以外のものではない。見ただけ聞いただけでは済まぬことを書き記し、読む人にものの哀れを知らしめるのがこの物語の本意なのだ。「蛍」の巻の物語論はそう教えている。（同右、二六―二七ページ）

「ものの哀れ」は、『源氏物語』の核心を宣長が定式化したことばとして世に知られるものだが、ここでは物語を書きつづる表現主体とのかかわりにおいてこのことばが用いられていることに注目したい。

物語とはなにかを語るものだが、宣長は、そのなにかを直接に問題とするのではなく、なにかと心との関係こそを問題とする。心の動きとは心にさまざまな感情が沸き起こることをいい、その感情を列挙すれば、珍しい、怪しい、おもしろい、恐ろしい、悲しい、おかしい、うれしい、あわれだ、となる。以上は右の引用に出てくる思いのすべてを網羅したものだが、ほかにも、くやしい、とか、恥ずかしい、とか、浮き浮きする、とか、歎かわしい、とか、いくつもの追加が可能だ。そういう広範囲の複雑微妙な思いのすべてが、引っくるめて心の動きと総称され、そうした動きを引き起こす事柄が、これまた大づかみにものの哀れと呼ばれる。つづめていえば、さまざまな心の動きのもとになるものがものの哀れだ。が、そうはいっても、ものの哀れからおのずと心の動きが生じる、というものではない。心の動きが生じるには、主体たる心がものの哀れを知らなければならない。宣長自身のいいかたをなぞれば、「心が動くことがものの哀れを知るということ」なのだ。

知るということが心の主体的な働きである以上、当然、そうした働きのない状態、ものの哀れを知らない状態もありうる。そして、その状態にあるとき、心は動かない。ものの哀れを知らないことは心が動かないことにほかならない。では、その動かない心にとってものの哀れは存在するのか、しないのか。どちらともいい切れないように思える。ものの哀れが客観的なものなら、それを知らない心にたいしてもものの哀れは存在するといえるし、主観的なものなら、知る働きのない心にはものの哀れは存在しないといわねばならないだろうが、主観と客観のあわいに立ちのぼる匂いのごときもののの哀れは、客観的なものとも主観的なものとも決めがたいからだ。ということは、ここでの「知る」は主客未分化の「感じる」に限りなく近く、(ものの哀れを)「知らない」と「感じない」と(それが)「存在しない」の三つがたがいに入り混じった状態にあるということだ。言えるのは、ものの哀れを知らない心にはものの哀れが意味をもたない、といった程度のことだ。

ものの哀れなど意味をもたなくてもよい、という考えはなりたちうるが、そうなれば歌や物語は死に瀕《ひん》する、というのが宣長の考えだった。ものの哀れを知り(感じ)、心を強く動かされた人が、その経験を自分の心のうちだけにとどめておくことができず、人に語り、書き記す。ものの哀れが伝わり、人びとの心が動くことを願って。古い時代の歌と物語はそのように歌われ物語られ、人びとの心を動かした。それが宣長の歌論・物語論の根本にある考えだった。さらにいえば、心のうちから溢《あふ》れ出るようにして歌われ物語られたものの哀れの経験は、時代を超えて人びとの心を動かす力をもつと宣長は信じ、現にだれよりも強く心を動かされた者の一人として、その感動を同時代の人びとに伝え、共感の輪を広げようとしたのだった。『源氏物語』を、宣長にならって、ものの哀れを知る(深く感じる)紫式部がその情感を人に知らしめよう(感じさせよう)として書き記したもの、ととらえるなら、宣長の『紫文要領』や『源氏物語玉の小櫛《たまおぐし》』は、紫式部の思いと試みを引き継いで、物語に纏綿《てんめん》するものの哀れを改めて顕彰し、人に知らしめよう(感じさせよう)として書かれたもの、ととらえることができる。『源氏物語』が書かれた時代に作者と読者のあいだに成立した、ものの哀れを核とする情感の共同性が、はるか後代の読者たるおのれと『源氏物語』とのあいだに成立することに感銘を受け、同時代の他の人びとをもその共同性に導こうとしたのが宣長の源氏物語論だった。ものの哀れを母胎として生み出された物語は、時代を超えて人びとの心を動かす力をもつ、というのが宣長流の『源氏物語』の読みかただった。

宣長流の読みかたの特色は、たとえば『源氏物語玉の小櫛』の次のようなほめことばのうちにうかがうことができる。（現代語訳）

> 『源氏物語』は他にぬきん出ている。なにごとにも深く心を入れて書いていて、文章表現のうまさはいうまでもなく、世人の暮らしぶり、四季折々の風景、草木のありさままでがうまく書かれている。が、それにもまして、男女の仲の書きぶりがすぐれている。たくさんの男女の様子と性格を、一人一人丁寧に描き分け、人物を称賛する場合でも当人の様子や気立てに即して細かく描き分け、目の前にその人がいるかのように場面を想像できるのは、並の作家のとうてい及ぶところではない。……そもそも人の心というものは、……深く思いつめるような事柄については、あれやこれやとこだわりが生じ、気弱になり、乱れに乱れて定まらず、隠れてはっきりしないことも色々とあるものだが、『源氏物語』にはそのような曖昧な影の部分の細部に至るまでが、残らず精細に書きあらわされていて、くもりのない鏡に映ったすがたを見ているようだ。人の情《こころ》のありさまを書いたものとして、日本と中国、過去・現在・未来を見わたして、『源氏物語』に匹敵する書物はあるまいと思われる。（同右、二三三―二三四ページ）

最大級の賛辞で、ここまで来ると、かえって作品にたいし批評的位置が取りにくくなりはしないかと思えるほどだ。実際、右の文章は、「世人の暮らしぶり、四季折々の風景、草木のありさま」といったところに具体性への志向がのぞきはするものの、全体として一般論に大きく傾く称賛に終わっている。

そのことは、ここだけでなく宣長の源氏物語論の全体に押しひろげていえることで、『紫文要領』も『源氏物語玉の小櫛』も『源氏物語』から多くの文言が引かれ、その一つ一つについて丁寧な注釈が施されるが、論の実質からすると、批評の書というより共感の書というに近い。思うに、宣長の源氏物語論のなによりの魅力は、この物語にたいする宣長の、いうならば文学的な共感の強さと深さにある。ものの哀れという情感は『源氏物語』の核心をなすものであるとともに、宣長の文学的共感の核心をなす情感でもあった。

さて、ものの哀れを知ること(感じること)が心の動くこと、動かされることであるとして、心のもっとも大きく、強く、多様に動くのが恋においてであることは、宣長の一貫して説くところだった。(現代語訳で引用)

人の情《こころ》を動かすものとして恋にまさるものはない。だから、ものの哀れが外に溢れ出るほどに深いのは、恋の場面にとくに多く、神代以来の各時代の歌においても恋を詠んだものがとくに多く、心にしみる秀歌も恋歌が多い。いまの世でも、身分の低い樵《きこり》の歌に至るまで恋の歌が多いのは当然のことで、人情にかなっている。さて、恋といえば、その形に応じて、いやなこと悲しいこと、恨めしいこと腹立たしいこと、おかしいことうれしいことなどがあって、人の感じるさまざまな情感はおおよそ恋のうちに具わっている。そこで、世の中のものの哀れをできるだけ書きあつめ、読む人に深い感動をあたえようとする『源氏物語』は恋が主体となる。恋の場面でないと人情のこまやかさやものの哀れのすぐれた深い味わいが表現しにくいがゆえに、とくに恋の場面を重視し、恋人たちのそのときどきの行動や心理の心を打つ情趣を、微に入り細にわたって書きあらわし、ものの哀れの極致を提示するのである。時代は下るが、藤原俊成の「恋せずは人は心もなからまし、もののあはれもこれよりぞしる」という歌は、物語の本質を突いている。（同右、二一五ページ）

恋こそはものの哀れのもっとも深く広く味わえる領分だというのが、『源氏物語』から導き出した宣長の根本命題だった。光源氏が物語の主人公たりえたのも源氏が恋に生きる英雄だったからだ。『紫文要領』でも『源氏物語玉の小櫛』でも、宣長は、物語のなかで光源氏が「よき人」と呼ばれることにくりかえし注意を求めているが、宣長によれば、源氏が「よき人」であるのは源氏が恋し恋される恋多き人であり、恋に喜び、悩み、苦しむ人だからであった。

恋こそが物語の主題としてもっともふさわしいとする考えは、江戸時代の文学的好尚にかなうものでもあった。西鶴の好色文学や近松の心中物に始まる、恋を主題とした新たな文学表現の展開は、宣長の時代に洒落本・黄表紙《きびょうし》の流行をもたらし、恋と文学との結びつきは自然なこととして受け容れられていた。むろん、時代の文学的風潮が古代を範とする宣長の物語論にそのまま流れこむことはありえないが、文学の領域において通俗的な形にせよ恋が主題化されて多様な展開を示すことに、宣長はある種の肯定感をもってはいた。さきの引用では男女の仲をいうのにもっぱら「恋」ということばが用いられていたが、『紫文要領』では「好色」「淫事」「色欲」といったことばも出てくる。王朝文学にはあらわれないことばで、雅びの美意識からすればやや品下《しなくだ》ることばといえるだろうが、宣長のものの哀れ論はそういうことばを無理なく受け容れる美意識の上になりたっていて、そこに宣長と時代との近さを見てとることができる。少なくとも、恋、あるいは好色を軸に、王朝の古代といまの世とのあいだを結ぶ情感の交流が可能だと宣長は考えていた。

が、時代を超える恋の普遍性に目を凝らす、宣長のものの哀れ論の奥の深さは認めるとして、その一方、宣長の物語論では恋の情感に光が当てられすぎてはいないかと思えてくる。『源氏物語』が恋の物語であり、光源氏が恋の深さゆえに「よき人」だというのはよい。光源氏亡きあとの物語も、薫大将《かおるだいしょう》と匂宮《におうみや》を中心とする恋の物語といっていい。が、『源氏物語』は多数の人物が登場し、読むのにたっぷり時間のかかる大長篇物語だ。人間関係は錯綜し、語られる出来事は時間的にも空間的にも紆余曲折する。それを恋の物語という形に包摂できるのか、包摂していいのか。恋の情感の広がりの大きさ、奥の深さを認めた上でなお、そういう疑問が沸き上がるのをとどめ難い。

『源氏物語』において男女の間柄が、うまく行く場合も行かない場合も、人びとの心の奥深くをゆさぶるドラマとして美しく細やかに語られていることに疑問の余地はない。また、主だった男女の多くが恋する男あるいは恋する女として物語の世界を生きることにも疑問の余地はない。しかし、たとえばだれかが死ぬという事態や、それが周囲に巻き起こす波紋、あるいは一人の男、また女がしだいに老いていくという時の流れ、あるいはだれかが世を捨てようとする決意やその実行、――そういったものまでを男女の間柄に投げいれ、引っくるめて考えていいのか、という疑問は消えない。恋あるいは男女の間柄という概念の広さ狭さが問題なのではない。いま挙げた死や老いや世捨ては、『源氏物語』において、それ自体が人としてこの世を生きる切実な問題と考えられていて、それらを恋と関係づけるのはその本質から目を逸《そ》らすことになりかねないのだ。死も老いも世捨ても、なにより一個人の経てきた時の積み重なりと深くかかわるもので、それを、どんな深い間柄がそこにあるにせよ、異性との関係に包摂して考えるのは、個としての人間のもつ時間の厚みを崩す方向へと向かいかねない。実際、宣長の源氏物語論は、この世を生きる人間の悲しみや苦しみや喜びが、恋の悲しみや苦しみや喜びに切りつめられる傾きが強く、ために、紫式部の物語世界がその大きさとゆたかさを殺《そ》がれる印象を否定できない。宣長は、登場人物を時間の蓄積としてとらえるよりも、他人との関係のなかで思いや行動がどう展開するかに興味を抱く読者だった。だからこそ、恋ないしは好色の関係を細部にわたって追跡し、多面的に楽しむことができたのだったが。

さて、物語論の最後に、ものの哀れの人間的価値を顕彰し、恋こそがものの哀れを知る（感じる）最高の領分だとするその文学思想が、武士の体現する時代の支配的な思想とは相容れないことを、そしてそのことを宣長が明晰に自覚していたことを確認しておきたい。

（現代語訳で引用）

問い——源氏君《げんじのきみ》を初め、その他のよき人も、その性格は女・子どものようで、なにごとにつけても心弱く未練がましい。男らしくきっとしたところがなく、なよなよと頼りなく愚かなることが多い。どうしてそれをよしとするのか。

答え——一般に人の本当の情《こころ》は女・子どものように未練がましく愚かなものだ。男らしくきっとしているのは真実の情《こころ》ではなく、上辺《うわべ》を飾ったものだ。真実の心の底をさぐってみれば、どんなに賢い人でも女・子どもと変わるところがなく、それを恥じて隠すか隠さぬかがちがうだけだ。……とくに『源氏物語』は表現がこまやかで、くもりのない鏡にものを映したように人情を精確に書きあらわしているから、女・子どものように、はかなく未練がましく愚かなことが多い。とくに、よき人はものの哀れを知っているから、一段と人情が深く、包み隠せないことが多く、だからいよいよ心弱く愚かに思えることが多い。

（同右、九四—九五ページ）

問答形式は処女作『排蘆小船《あしわけおぶね》』以来、宣長の愛用するところで、明快さを求める宣長にふさわしい形式だ。ここでも、宣長の考えはくもりなく表明されている。

恋に身を委《まか》せるのは女々しく、未練がましく、心弱く、愚かなふるまいではないか、と問うのは武士の奉ずる儒教倫理の立場だ。宣長は問いを正面から受けとめ、その通りだ、まことの人情とは未練がましく愚かなものだ、と相手の言い分を認める。が、だからといって、男らしく、きっとしたものがいいとする相手の立場には立たない。男らしく、きっとしたものは、本当の人情ではなく、上辺をつくろったものだと考えるからだ。未練がましく愚かなものをよしとする立場に立ちつづける宣長にとっては、時代の支配的思想に寄りそうよりも、人情の真実に即《つ》くことのほうが大切だった。ものの哀れを知る者の自負だ。立ちつづけることによって、男らしくきっとしたものが虚勢であり虚飾であることが見えてくる。未練がましく愚かなものの奥にある豊饒《ほうじょう》な真実が見えてくる。

宣長にとって、『源氏物語』に親しむことは豊饒な真実を楽しむことにほかならなかった。

2

宣長の『古事記』研究は源氏物語論と同列に扱うことはできない。『古事記』研究を進める宣長の関心は、ものの哀れを知る、知らしめる、といったところから大きく隔たっている。『源氏物語』は宣長にとって自分の心の動きを素直に見つめれば、そこに入りこむことのできる世界だったが、『古事記』の世界はそうではなかった。ものの哀れといった情感の共有が容易になりたちそうもない世界として、それはあった。立ち向かうのに、新たな方法が必要とされた。

『古事記』は、『日本書紀』や『万葉集』と同様、いまだ平仮名も片仮名もない奈良時代（八世紀）に作成された書物である。漢字だけを用いて、しかし日本語の表現を生かすべく、漢文の書きかたとはかなりちがった「変体漢文」で書かれている。稗田阿礼《ひえだのあれ》が口で語るところを太安万侶《おおのやすまろ》が異国の字である漢字を用いて書き記したものが『古事記』だった。

宣長は『古事記』の撰録された八世紀に身を置くようにして、『古事記』がどう語られ、どう書かれたかを明らかにしようとする。別のことばでいえば、古代人の心で『古事記』を理解しようとする。そのために、序と上・中・下の三巻からなる『古事記』の全文について、その訓《よ》みかたを示し、一語一語に注釈を施していったのが、大著『古事記伝』だ。完成に三五年の歳月を費した、文字通りの労作だった。大著の出現以前は『日本書紀』よりも一段も二段も低い歴史書と見なされ、研究も手薄だった『古事記』の、古典としての価値と意味の大きさを人びとに知らしめる画期的な研究だった。

倦《う》まず撓《たゆ》まず『古事記』の本文に取り組んで、前人未踏の高さにまで達した『古事記伝』の偉容を、二〇〇年後にそのあとを追うようにして研鑽を重ね、大著『古事記注釈』（全四巻）を刊行した西郷信綱がこう称揚している。

たんに学問的に周到であるだけでなく、まるで生き物にたいするように「言」というものに近づこうとしている点で、この〔古事記伝の〕右に出る注釈書は、かつても、その後もないということができる。私は以前、古事記伝をほとんど一種の芸術だと評したことがあるが、これは決して過言ではない。……古代の「言」が古代人の経験の結晶であり、世界に刻印されたきらめく存在であった消息を、古事記伝は余すところなく語っている。……自分の目で古事記を読むことと併せて古事記伝をとくと読んでみるならば、それがほとほとわが学問史上の奇蹟に近い著作であることを誰しも認めざるをえないだろう。柄にもなく、そして怖る怖る私がこの仕事にとりかかったのも、古事記伝が無二の伴侶になってくれそうだと分ったのによるところが少くない。（『古事記注釈 第一巻』平凡社、一四―二一ページ）

変体漢文の訓みと意味を明らかにする宣長の格闘がいかなるものであったか。その一端を見るために、いま、上巻の冒頭部分について『古事記伝』の記すところを原文のまま引く。

天地《アメツチノ》初発之時《ハジメノトキ》。於高天原《タカマノハラニ》成《ナリマセル》神《カミノ》名《ミナハ》。天之《アメノ》御中主神《ミナカヌシノカミ》。次高御産巣日神《ツギニタカミムスビノカミ》。次神産巣日神《ツギニカミムスビノカミ》。此三《コノミ》柱《バシラノ》神者《カミハ》。並独神成坐而《ミナヒトリガミナリマシテ》。隠身也《ミミヲカクシタマヒキ》。

天地は、阿米都知《アメツチ》の漢字《カラモジ》にして、天は阿米《アメ》なり。……さて天《アメ》は虚空《ソラ》の上《カミ》に在《リ》て、天《ツ》神たちの坐《マシ》ます御国なり。地は都知《ツチ》なり。……さて都知《ツチ》とは、もと泥《ヒ》土《ヂ》の堅《カタ》まりて、国土《クニ》と成《ナ》れるより云る名なる故に、小《チヒサ》くも大《オホ》きにも言《イヘ》り。小《チヒサ》くはただ一撮《ヒトツマミ》の土《ツチ》をも云《ヒ》、又広く海に対《ムカ》へて陸地《クヌガ》をも云《フ》を、天《アメ》に対《ムカ》へて天地《アメツチ》と云ときは、なほ大きにして、海をも包《カネ》たり。……

○初発之時は、波自米能登伎《ハジメノトキ》と訓《ム》べし。万葉二に、天地之《アメツチノ》初《ハジメノ》時之《トキシ》云々、十に、乾坤之《アメツチノ》初《ハジメノ》時《トキ》従《ユ》云々、書紀孝徳《ノ》御巻に、与《ヨリ》二天地之初《アメツチノハジメ》一云々などある、これら天地《アメツチノ》乃波自米《ハジメ》と云る古言の拠《ヨリドコロ》なり。此《ココ》に発字《ノ》を連《ツラ》ねて書《カケ》るも、ただ初《ハジメ》の意なり。……

○高天原《タカマノハラ》は、すなはち天《アメ》なり。……ただ天《アメ》と云《フ》と、高天《ノ》原と云との差別《ケヂメ》は、如何《イカニ》ぞと云に、まづ天は、天《ツ》神の坐《シ》ます御国なるが故に、山川木草のたぐひ、宮殿《ミアラカ》そのほか万《ヅ》の物も事も、全御《モハラミ》孫命《マノ》の所知看《シロシメス》此御国《ノミクニ》土の如くにして、なほすぐれたる処にしあれば、……大方《オホカタ》のありさまも、神たちの御上《ミウヘ》の万《ヅ》の事も、此国土《ノクニ》に有る事の如くになむあるを、……高天《ノ》原としも云《フ》は、其《ノ》天《アメ》にして有る事《コト》を語《カタ》るときの称《ナ》なり。……さて然称《シカイ》ふ由は、高《タカ》とは、是《レ》も天を云称《フナ》にて、ただに高き意に云るとはいささか異なり。……日の枕詞に高光《タカヒカル》と云も、天照《アマテラス》と同意《ジ》、高御座《タカミクラ》も天《アメ》の御座と云ことにて、是等《レラ》の高《タカ》も同じ。又高行《タカユク》や隼別《ハヤブサワケ》などは、……虚空《ソラ》を高《タカ》と云るなり。……今《ノ》世にも、天《アマ》つ虚空《ソラ》を然言《シカイフ》ことあり。……原《ハラ》とは、広く平《タヒ》らなる処を云《フ》。海原《ウナハラ》野《ヌ》原河《ハラカ》原葦原《ハラアシハラ》などの如し。万葉《ノ》歌には国原《クニハラ》ともあり。かかれば天をも天《ノ》原とは云なり。……さて其《ソレ》に高《タカ》てふ言《ミ》を添《ヘ》て、高天《ノ》原とは、此国土《ノクニ》より云《フ》ことなり。……されば天照大御神の天石屋《ノイハヤ》に隠坐《リ》る処の御言《コト》、……又書紀の須佐之男《ノ》命の天に上《ノボリ》坐《ス》時、又御誓《ミウケヒ》の処の天照大御神の御言、……などには、皆ただ天《ノ》原とあり。其《ソ》は天にして詔《ノタマ》ふ御言なるが故なり。……これらの余《ホカ》、此国土《ノクニ》より云ると
ころになむ、高天《ノ》原とはある。凡て古文《イニシヘノフミコトバ》は、かかることのいと正《タダ》しきなり。(『本居宣長全

集　第九巻』筑摩書房、一二一―一二四ページ)

引用文中、「……」は注釈が細部にわたりすぎると考えて省略したものだが、その省略箇所の分量が引用した部分の五、六倍にはなろうか。「天地」「初発之時」「高天原」というわずか漢字九文字についてそれだけの量の注釈を施すのが『古事記伝』の一貫したやりかただ。西郷信綱が「奇蹟に近い著作」というのも誇張ではない。思考の限り、誠実さの限りを尽くして研究に没頭した三五年の歳月がしのばれるというものだ。

いまの引用は『古事記伝』の三之巻からのものだが、一之巻では、『古事記』の書物としての特質、同類の歴史書『日本書紀』との異同、文体や仮名遣いや思想の一般的特徴が総論ふうに述べられる。宣長の研究は、『古事記』本文の一字一句にこだわり、微に入り細にわたってその訓《よ》みと意味を確定していくものであるとともに、そこから身を引き離して書物の全体を視野におさめ、書物と研究者たるおのれとの関係に思いを及ぼすことをもゆるがせにしないものであった。その一之巻に拠《よ》って、宣長にとって『古事記』とは、『古事記』研究とはなんだったかを見ていきたい。

『日本書紀』との比較という形で『古事記』の特色を明確に述べたものとして、次のことばがある。(以下、引用はすべて現代語訳)

たしかに『日本書紀』は記事の内容が広汎で、年月日なども詳しく、行きとどいた史書であって、『古事記』がそれに及ばないところが多々あるのはいうまでもない。しかし一方、『古事記』のすぐれた点として以下のことがいえる。上代には書物というものはなく、口から口へ言い伝えられるだけだったが、その言い伝えは『日本書紀』の文章とは様子がちがい、『古事記』のことばのようだったと思われる。『日本書紀』は中国風をよしとして文章を飾っているのにたいして、『古事記』は中国風にこだわらず、古いもの言いを生かすことをめざしているのだから。そもそも意《ココロ》と事《コト》と言《コトバ》はたがいに適合しているもので、上代は意も事も言も上代風、後代は意も事も言も後代風、中国は意も事も言も中国風であるわけだが、『日本書紀』は後代の意をもって上代の事を記し、中国の言をもって皇国〔日本〕の意を記しているため、意と事と言がたがいに適合しないことが多い。ところが、『古事記』は中国風の気取りがまったくなく、昔からの言い伝えをそのまま記しているから、意も事も言もたがいに適合して、上代の真実があらわれている。それもこれも昔のもの言いを生かそうとしたからだ。意と事のすべては言によって伝えられるものだから、書物はそこに記されたもの言いこそが本体なのだ。（同右、六ページ）

古いことば、古いもの言いを大切にする心構えが熱く語られている。まさしくその心構えは、『古事記』に向き合う宣長の、血となり肉となった心構えだった。わずか漢字九文字について数千字に及ぶ注釈を施すという刻苦勉励は、その心構えがそのまま形にあらわれたものといってよい。古典を大切にすることが古語を大切にすることと重なるさまは、伊藤仁斎の古義学や荻生徂徠の古文辞学にすでに明確に見られたところだが、宣長の言語観はそれをさらに徹底したものだった。

右の引用文で宣長は、言《コトバ》の大切さを意《ココロ》とのつながり、事《コト》とのつながりにおいて述べている。『古事記』に即していえば、「意《ココロ》」とは、古代人の心の動きと古語の意味とを合わせふくんだものを指し、「事《コト》」とは、文字に記された古代の出来事ないし事柄を指すと考えられるが、その「意《ココロ》」や「事《コト》」と区別されつつ、本質的につながっているのが「言《コトバ》」だ、と宣長はいうのだ。

『古事記』を読み、その一語一語を注解する仕事のただなかで宣長はそのようにいう。となれば、それは客観的な言語観の披露というにとどまらない。『古事記』に取り組む古典研究者の、強固な意志がそこに表明されていると考えねばならない。「言《コトバ》」の探究を通じて古代の「意《ココロ》」と古代の「事《コト》」に行き着くのだ、という強い意志が示されていると考えねばならない。

わたしたちの日常のことばについてみても、ことばと、それにまつわる心の動き・意味（「意《ココロ》」）やそれの指し示す出来事・事柄（「事《コト》」）とは容易に切り離せるものではない。宣長はそれをあえて切り離し、切り離した上で「意《ココロ》」と「事《コト》」と「言《コトバ》」が本質的につながっているという。「言《コトバ》」の可能性を徹底的に究明しようとする態度のあらわれだ。

書斎で『古事記』に向き合う宣長にたいして、『古事記』はまずもって「言《コトバ》」の集積としてあらわれた。逆にいえば、宣長は「言《コトバ》」の集積として『古事記』に立ち向かい、一語一語について、その訓み、その用法、その意味を明らかにしようとした。そうやって一語一語に多面的に光を当てることが、古代の「意《ココロ》」を明らかにし、古代の「事《コト》」を明らかにすることにほかならなかった。「言《コトバ》」を一旦「意《ココロ》」と「事《コト》」から切り離し、それ自体として（西郷信綱のいいかたに倣《なら》えば、「まるで生き物にたいするように」）相手とすることによって、「意《ココロ》」と「事《コト》」の真実にせまることができるという不抜の信念が宣長にはあった。その信念は古事記研究の進展とともにいよいよ確かなものとなっていった。

それとは別に、ことばをことばとして扱う研究は、語句の訓みの確定や意味の追究において言語学的に大きな成果を挙げていて、『古事記伝』がいまなお精密な実証的研究書として研究者にたえず参照される事実をもって、その有力な証左とすることができる。総論ふうの一之巻にあっても、「仮字《カナ》の事」と題する項での、アイウエオに始まり、ワヰヱヲに終わる使用漢字の列記（たとえば「カ」には「加迦訶甲可」、「シ」には「斯志師色紫芝」、「ミ」には「美微弥味」）や、「訓法《ヨミザマ》の事」と題する項での、テニヲハに注意せよ、音の清濁を弁別せよ、アクセントの上下に注意せよ、といった注意書きや、助字の訓みかたの列記（たとえば「之《ノ》」「於《ニ》」「者《ハ》」「而《テ》」「故《ユヱ、ユヱニ、カレ》」等々）に、一語一字の探究の緻密さと目配りの広さが遺憾《いかん》なく示されている。

さて、意《ココロ》と事《コト》と言《コトバ》はたがいに適合している、という言語観の上に立ち、古代日本における意《ココロ》と事《コト》のありさまを同時代の言《コトバ》に依拠して明らかにするのが、宣長の『古事記』研究の基本方針だったのだが、そうした自然な、真率な古典への接近を歪め、妨げるものとして、漢意《カラゴコロ》なるものがあった。

漢意《カラゴコロ》批判はすでに宣長の源氏物語論にはっきり見てとれるものだった。『源氏物語』の本質が「ものの哀れ」にあるとし、歌や物語の理解と評価に道徳論や政治論が入りこむのを峻拒する宣長の立場は、中国風の儒学の対極に位置するものだった。が、源氏物語論においては作品の道徳的解釈や政治的評価といった漠然たるイデオロギー的敵対者としてあらわれた漢意《カラゴコロ》が、『古事記』の論にあっては、『古事記』と肩を並べる史書『日本書紀』の文体および思想という具体的な形であらわれている。明確な敵対者を前に宣長の漢意《カラゴコロ》批判は熱を帯びざるをえない。『古事記』の顕彰が、『日本書紀』を貶《おとし》め、漢意《カラゴコロ》を罵倒する形で進むのが『古事記伝』一之巻の際立つ特色だった。

万事につけ、中国風を基本としてよしあしを判定する世の風潮こそが愚かしいのだ。そんなとき、わが師（賀茂真淵《かものまぶち》）が江戸において古道の復興を唱道され、一〇〇〇年以上ものあいだ人びとの心の底に染みついた漢籍意《カラブミゴコロ》の汚なさを納得する人がようやくあらわれ、『古事記』の尊さが人びとに知られるようになった。……わたしもまたこの師のおかげで古道の大切さを悟るようになり、年とともにいよいよ漢籍意《カラブミゴコロ》の汚ないことを得心し、上代の清らかな真実相がよくよく見えてきたので、『古事記』こそが最上の書だと思い定め、『日本書紀』をその下に置くこととしたのだ。（同右、七ページ）

「漢籍意《カラブミゴコロ》」とは、中国において代々重きをなし、江戸時代の日本でも封建秩序の思想的な柱となった儒教ないし儒学の教えを指す。源氏物語論でも「儒仏の論」といういいかたで「もののの哀れ」を知らない、知ろうとしない漢意が批判されていたが、ここでは批判が一段と調子を強めている。漢籍意《カラブミゴコロ》を汚ないもの（宣長は「穢汚《キタナ》きこと」と表記してもいる）とし、日本の上代を清らかなものとする対比には宣長の敵対心があらわである。

漢籍意《カラブミゴコロ》のどこをつかまえて宣長はそれを汚ないものと断じるのか。これとて汚なさを示す決定的な事実とはいい難いが、たとえば、伊邪那岐《イザナキ》・伊邪那美《イザナミ》の二神を中国風の陰陽五行説をもって解釈する非を難じて、宣長はこういうことをいう。

漢籍意《カラブミゴコロ》をきれいに洗い流してきちんと考えれば、天地はただ天地、男女はただ男女、水火はただ水火であって、それぞれはそれぞれの性質・形状をもつけれども、それはみな神の作ったものであって、そのようになる道理はこの上なく奇怪・玄妙なものだから、人間が推量できるようなものではない。ところが、中国人は利口ぶった心にまかせて万物の道理をむりやり考え出そうとする癖があるため、陰陽といった名称を作り出し、天地万物はすべて陰陽説の支配下にあると説き立てるのだ。（同右、一〇ページ）

神のなすことは人間の理の及ぶところではない、というのは不可知論の一類型といえる。宣長はそういう不可知論の立場に身を置いて、神ならぬ人間の作り出した言《コトバ》に深く分け入って『古事記』の真実を明らかにしようとした。その立場からすれば、神のなすことに陰陽説のごとき人工の道理をもちこむのは道に外れた賢《さか》しらだし、そういう賢しらに染まった『日本書紀』は『古事記』よりも劣った書物ということになろう。

だが、そういう漢籍意《カラブミゴコロ》や『日本書紀』をもって汚なきものとまでいい、たいして、上代日本の意《ココロ》や『古事記』を清らかなものと断じていいものかどうか。ちがいは学問上の方法のちがい、あるいは、ものの見かた、ものの考えかたのちがいだ。二つを目の前に並べられたら、どちらかを採るしかないとしても、採否に絶対的な基準などありそうもない。それぞれに一定の歴史的ないし論理的な存在理由がある、というにとどめるのがまっとうな学問的態度というものだ。

が、学問的態度を保ちかねるほどの敵意が宣長の心には蟠《わだかま》っていた。一之巻の最後の項「直毘霊《ナホビノミタマ》」でその敵意が噴出する。

異国は天照大御神の国ではないから、定まった君主が存在せず、邪神が大手を振って暴れまくり、人心が落ち着かず、世の中が乱れがちだ。国を略取すれば卑賤な者でもたちまち君主となるわけで、上位の者は下位の者に地位を奪われまいとし、下位の者は隙《すき》あらば上の地位を奪おうと策をめぐらし、たがいに敵対するばかりで、古くから国は治まり難くなっている。そういうなかで、威力があり、智恵が深く、人を手なづけ、人の国を奪取し、人に奪われないよう配慮をめぐらして、一定期間よく国を治め、後代の手本となったような人を、中国では聖人という。……加えて、聖人たちが作り上げ、定めおいたものを道というようだが、だとすると、中国において道といわれるものは、つまるところ、人の国を奪うための方法と、人に奪われまいとする方策との二つに尽きることになる。（同右、五〇―五一ページ）

冷静で実証的な宣長に似合わぬ文のつらなりだ。聖人君子といえども政治の世界では醜悪な権力闘争に巻きこまれざるをえない、というリアルな社会観察と、人びとの尊崇する他国を貶《おとし》め、母国に及びもつかぬ劣悪な国と決めつけたい、という偏狭な愛国心とが、ともども見てとれる文章である。前項の「訓法《ヨミザマ》の事」や前々項の「仮字《カナ》の事」とも、後に続く原文に即した詳細きわまる注釈とも、肌合いのまったくちがう文章のつらなるのがこの「直毘霊」だ。一字一句にこだわり、『日本書紀』や『万葉集』の表記法や語法をも広く参照しつつ、精緻に誠実に一語一語の訓《よ》みかたや意味を確定していく宣長はどこに行ったのか。そう呟《つぶや》きたくなるほど前後の章節からかけ離れた、大風呂敷の観念論が提示されるのが「直毘霊」だ。

もう少し文章を追ってみる。

聖人の道は国を治めるために作られたものだが、かえって国を乱すもとともなっている。どういう方面のことでも、大らかに構えて事態がうまく運べば、それこそがいいやりかたなのだ。皇国〔日本〕の古代は面倒な教えなどはなかったけれど、最下層の人びとの暮らしまで乱れることがなく、天下は穏やかに統治され、皇位も遠く長く継承されてきている。中国風にいえば、それこそが最高の道だといえる。実際、道があるからこそ道が言《こと》挙《あ》げされることがなく、道が言挙げされることがないけれど、道はあったのだ。（同右、五二ページ）

「道」という観念は、儒教ないし儒学にとってはもっとも基本的な観念だ。「仁義礼智信」の徳目も「修身斉家治国平天下《しゅうしんせいかちこくへいてんか》」の実践倫理も大きく「道」に包摂される。儒教ないし儒学の思想的特質からして道は政治・道徳に深くかかわるものだから、歌や物語を政治・道徳から切り離し、精神の独自の営みとしてその意味と価値を確立しようとする『排蘆小船《あしわけおぶね》』や『紫文要領』や『源氏物語玉の小櫛』では、宣長は道の議論を忌避する戦略を取った。が、国家が話題となり、権力や統治のありかたが問題となる『古事記伝』では、そうはいかない。道について論じざるをえない。が、『古事記』には漢籍《カラブミ》に出てくるような道の論はない。そこで案出されたのが道なき道という観念であり、道を議論しないところにこそかえって本当の道があるという価値観だった。

レトリックとしては見事だし、『古事記』の読みとして当たっている面もなくはない。しかし、それは一字一句にこだわる厳密な文献学的考証によって確証される観念や価値観ではないし、そこへと還っていくものでもない。では、それはなんのための議論だったのか。答えの少なくとも一つを得る手がかりとなるのが、以下の一文だ。

わが国の天皇は、国を生んだ祖神がみずから授けた皇統を継ぐもので、天地の始めから天皇が国を治めるものと定まっている。天照大御神のことばにも「天皇が悪いときは服従するな」という指示はないのだから、天皇の統治の善悪をまわりから推察するわけにはいかず、天地・日月のあるかぎり、幾万代にわたって天皇の地位は変わらない。だから古語でも当代の天皇を神といっているのであって、本当に神なのだから、統治のよしあしを議論したりせず、ひたすら畏敬し奉仕するのが本当の道というものだ。（同右、五六ページ）

道を説くとき人は道学者になる。かつて道を忌避した宣長も例外ではない。神の代の物語を真実と考えた宣長は、神の代の真実が延々いまの世にまで続いていると考える。「畏敬」「奉仕」といったことばが目を引く。宣長は神である天皇をみずから畏敬するだけではない。それこそが古来の日本の道だとして、人びとにも畏敬・奉仕を求める。道学者の熱意が高まって宗教者に近づくことは珍しいことではない。が、宣長の場合、一方で厳密な実証研究に邁進《まいしん》し、驚くべき業績を挙げた人だけに、割り切れぬものが残る。「直毘霊」の十数ページと、それ以外の二〇〇〇ページに及ぶ注釈と、――『古事記伝』には二人のちがう宣長がいるという印象を拭《ぬぐ》えない。

第三十四章　浮世絵の成立と展開――春信・歌麿・写楽・北斎・広重

江戸時代の絵画のなかで、大衆的な絵と呼ばれるのにもっともふさわしいのが、浮世絵である。

江戸期の絵画としてわたしたちはこれまで俵屋宗達《たわらやそうたつ》、尾形光琳《おがたこうりん》を中心とする装飾画（第二十九章）と池大雅《いけのたいが》、与謝蕪村《よさぶそん》を中心とする南画（第三十二章）を取り上げてきたが、それらが古い文化伝統をもつ上方の地を本拠としたのにたいして、浮世絵は江戸の地を本拠とし、江戸に住む町人大衆に広く迎えいれられたのだった。新興の町に生まれた新興の絵画が浮世絵だった。

浮世絵の元祖とされるのは元禄期に活躍した菱川師宣《ひしかわもろのぶ》だが、師宣は錦絵《にしきえ》と呼ばれる多色摺《たしょくずり》木版画《もくはんが》は制作していない。赤い着物の女性がふと歩みをとめてうしろを振りむく「見返り美人図」が有名だが、この絵は木版画ではなく、肉筆画だ。この絵以外にも師宣は肉筆の美人画や風俗画を数多く描いたが、浮世絵の元祖にふさわしい活動としては、物語の挿絵や、江戸の当世風俗に取材した絵本や艶本《えんぽん》を手がけたことが挙げられる。それらは木版の冊子本に絵が配されるというものだったが、師宣は冊子に絵を付すだけでなく、木版画を一枚絵として独立させ、その何枚かを揃物《そろいもの》として売りに出したりもした。その代表作が一二枚揃《ぞろ》いの

「吉原の躰《てい》」である。「浮世」の代表格として遊里と芝居町があるとすれば、江戸の遊里の風俗を描いた「吉原の躰」は、黒一色の墨摺《すみずり》ではあったが、浮世絵の名にふさわしい絵柄ではあった。

菱川師宣の同時代人に井原西鶴と近松門左衛門がいる。師宣は江戸の人、西鶴と近松は上方の人、というちがいはあるが、三人とも浮世に——遊里と芝居町に——深くかかわる表現者だった。遊里も芝居町もまっとうな社会秩序をはみ出すようなところがあり、そこに漂う安逸と享楽の気分はいかがわしさや危うさをふくむものではあったが、だからこそかえって、表現者たちの心を引きつけてやまなかった。表現者だけではない。遊里や芝居町に足を運び、そこにある安逸と享楽の気分にふれた町の衆や、やや離れてそれをながめやる町の衆たちもまた、遊楽の気風が小説や戯曲や絵画によって主題化され、表現されるのを喜ぶほどに、浮世の世界に引かれていたのだった。

西鶴の好色物も近松の心中物もそうだったが、大衆的な絵画としての浮世絵も、社会をはみ出す要素をあちこちにかかえつつ、その表現を磨き上げていった。

1

菱川師宣の死後、版画の第一人者として活躍したのが、鳥居《とりい》清信《きよのぶ》である。

歌舞伎役者だった父に連れられて大坂から江戸にやってきた清信は、江戸の芝居の看板絵や番付絵などを手がけ、俗に「瓢簞足《ひょうたんあし》みみず描《がき》」といわれる独特の画法を編み出した。筋肉の力強い隆起をあらわすために足を瓢簞のようにくびれさせ、みみずの這《は》うような、肥瘦《ひそう》の変化に富む描線を用いたがゆえの命名だが、歌舞伎役者の誇張した動きを表現するのにいかにもふさわしい画法だった。

看板絵で注目を集めたこの画法を、版画に活かした代表作が「上村吉三郎《うえむらきちさぶろう》の女三《おんなさん》の宮《みや》」である。女形役者上村吉三郎の演じる女三の宮を大判の画面いっぱいに描いたもので、派手な重たい衣裳に身を包んだ女形役者が、衣裳の重さに負けることなく、力強く堂々と演技するさまが躍動感をもって描かれている。首から上と両手だけが衣裳の外に露出するが、その頭部と両手には生きて血が通うなまめかしさがある。両手は紐《ひも》を握っていて、その紐をたどると足元の猫の首へとつながっている。猫の首はうしろ向きにひねり上げられ、上から下を見おろす女三の宮とにらみ合う形になる。芝居の緊張感のこもる絵だ。

また、背景に描かれる柳の木と枝の、何重ものしなやかな曲線と、着物の襟《えり》や袖《そで》や袂《たもと》や裾《すそ》の賑やかな曲線とが、快いリズムを作り出している。役者の晴姿を最大限のふくらみをもって切りとった絵だということができる。

遊里と芝居町が浮世の典型だとして、そこに材を取る絵となれば、まずは美人画と役者絵ということになるが、二つはきわめて近い位置にあった。清信の「上村吉三郎の女三の宮」は題名からすれば役者絵に分類されようが、絵の実質からすれば、美人画としても十分に通用する。実際、清信は同じような画法に拠って美人画「立美人図《たちびじんず》」をも描いている。

役者絵や美人画に新しい画法をもちこんだ清信だったが、その版画は多色摺木版画《たしょくずりもくはんが》——錦《にし》絵《きえ》——ではなく、黒一色の墨摺絵《すみずりえ》か、墨摺絵に簡単な手彩色を施した丹絵《たんえ》や漆絵だった。多色摺木版画——錦絵——が初めて制作されたのは、江戸の半ばを過ぎた頃のことだ。制作に携わったのは浮世絵師鈴木《すずき》春信《はるのぶ》と春信に協力する彫師《ほりし》と摺師《すりし》だった。当時、江戸では暦に絵を付した絵暦《えごよみ》が流行し、好事家《こうずか》のあいだで絵暦交換会が盛んにおこなわれていた。その絵暦の競作に力を尽くしたのが春信で、かれは一七六五年、彫師や摺師の協力のもと、版木を何種類も用意し、七、八通りの色を重ね摺りする試みに出た。墨摺絵に簡単な色を筆で施すそれまでのやりかたとはまったくちがう試みだった。錦絵に先行する色摺木版画として紅や緑を摺り出す紅摺絵《べにずりえ》があったが、画面全体に七、八回も色を摺り出していく、繊細にして開放的な錦絵には比ぶべくもなかった。錦絵の技法が普及するとともに、紅摺絵は自然に消滅していった。何枚もの板を用意し、同じ色の部分だけを——たとえば、櫛、簪《かんざし》、着物の柄、帯を——彫り、そこに色を塗って摺り出すという段取りをくりかえす多色摺木版画（錦絵）では、絵師の色にたいする感覚がことのほか鋭敏となり、画面全体の構図と色の配置に神経が行きとどくようになった。それまで墨摺絵や丹絵や漆絵や紅摺絵を楽しんできた江戸の浮世絵愛好家たちは、錦絵を手にして、画面の隅々にまで行きわたるその色彩の鮮やかさと細やかさに目を瞠《みは》った。「錦絵」（豪華な織物のような絵）という呼称は、人びとの感嘆の念がおのずと生みだしたほめことばだった。

鈴木春信の多色摺木版画（錦絵）は浮世絵の様式と作風を一変させたのだったが、その春信の創生期の代表作が「座敷八景」と題する中判（縦二八センチ、横二一センチ）八枚組の絵である。

八景といえば、漢画の伝統的な画題に「瀟湘《しょうしょう》八景」がある。中国・湖南省・瀟湘の八つの勝景を選んでいうもので、山市晴嵐、漁村夕照、遠浦帰帆、瀟湘夜雨、煙寺晩鐘、洞庭秋月、平沙落雁、江天暮雪の八つがそれだ。人びとが身近に目にする座敷の情景をその八景に見立てて描いたのが「座敷八景」で、座敷と瀟湘とを結びつけるところにすでに遊び心が横《おう》溢《いつ》している。たとえば、遠浦帰帆《えんぽきはん》に対応するのが「手拭《てぬぐい》かけ帰帆」と題される絵だ。縁先で手水《ちょうず》を使う女と室内で縫物をする女とを描くいかにも日常卑近な座敷の情景だが、画面左下の手拭かけの手拭が、風に吹かれて帆船の帆のようにはためくことで「帰帆」になぞらえられるという仕掛けだ。

八枚組の他の一枚「琴路《ことじ》の落雁《らくがん》」は平沙《へいさ》落雁になぞらえた絵だ。

座敷の真ん中、画面の横幅いっぱいに大きな琴が置かれ、それをあいだに挟《はさ》んでむこうに一人、こちらに一人、と二人の女性が坐る。琴路（普通は「琴柱《ことじ》」と表記する）とは、長い胴の真ん中あたりに、弦一本につき琴路一個の割りで置き、もって弦を支え、弦の張りを強くする木製の具だが、十数本の弦を支える十数個の琴路の列なりを落雁に見立てたのがこの絵だ。

二人の女のうち、むこうの上座に坐るのが若い女主人ふうで、紅と黒と灰色の華やかな着物を着、右手の親指に琴爪をはめようとしている。両手がか細く、琴爪を見つめる顔が夢見

鈴木春信　座敷八景「琴路の落雁」
［公益財団法人　平木浮世絵財団］

るようなしおらしさを湛えているのが、いかにも春信らしい。

もう一人、こちら側に坐るのは女主人の侍女といったところか。「琴曲集」と題字された和綴《わと》じの本を開いている。着物は紅の下着に土色の上着を羽織って、女主人より地味なこしらえだ。和綴じの「琴曲集」はもう一冊あって、それは横向きに坐る侍女の膝の前に、本箱から出して置かれている。

こうして、女二人と琴と琴爪と琴曲集の織りなす座敷の情景は、当世の風俗に取材しつつ、遠く王朝の雅びな雰囲気に通じている。そこに春信の絵画的センスの清新さが示されている。とともに、錦絵の最初期に春信の絵が人気を博したことを考えれば、同時代の江戸の町人大衆の絵画センスの高さをも思わないではいられない。

さて、この絵は女二人と琴と琴爪と琴曲集で完結するのではなく、それらを生かす舞台装置もしっかり描かれる。座敷より一段高い床の間、その手前に障子、障子の外に縁側、そして縁の外に咲く萩が、琴や二人の女に劣らずくっきりと描かれる。「座敷八景」は俯瞰《ふかん》・斜傾という大和絵の伝統的な構図法にもとづいて画面が構成されるが、「琴路の落雁」の場合、斜傾がもっぱら床の間の柱や、障子の桟や、縁側の板目によって表現されるから、舞台装置が幾何学的明晰さをもって見る者の目にせまってくる。そして、花と葉と枝の一部がのぞく萩の、規格におさまらぬ自然な形が、幾何学的な直線の堅苦しさを和らげている。つけ加えれば、萩の葉の土色が下座の女の着物の土色に呼応して、画面に静かな落ち着きをあたえている。

色にかんして目につくのは、灰色と黄色が画面の大きな部分を占めていることだ。どちらの色も紙によくなじみ、清潔感のある穏やかな色調となっていて、絵の世界に折目正しい安定感をあたえている。灰色は濃淡の差があったり、なかに模様が描かれたりと多少の変化を示すが、座敷一面と障子紙の黄色は、木版画特有の、筆の跡もとどめない均一な黄色で、それが淡く明るい色調と相俟《あいま》って、琴に向き合う二人の女の世界を清楚にして透明感のあるものにしている。座敷は障子が半分だけ開けられて、縁先と萩の花が見える外の空間からは爽やかな秋風が流れこんでくるかのようだ。

写実的たらんとしながら、縦二八センチ、横二一センチの画面全体をがっちり構築し、要所要所に趣味よく家具・調度を配置した上で、人物のしぐさや表情に夢見るような抒情性を漂わせる、――「座敷八景」はそんな組絵として、多色摺木版画の美の可能性へと人びとの心を開くものだった。

絵暦交換会に多色摺木版画の絵暦が出品されたのが一七六五年、春信が亡くなったのが一

鈴木春信　雪中相合傘

七七〇年だから、春信の錦絵制作はわずか五年間のことにすぎない。が、その五年間に春信は九〇〇点もの作品を精力的に制作し、人びとの期待に応えようとした。もっとも好んだ主題は青春の恋であり、代表作の一つに「雪中相合傘《せっちゅうあいあいがさ》」がある。

直線が縦・横・斜めに走る「座敷八景」と打って変わって、「雪中相合傘」は直線がほとんどなく、柔らかな曲線で人物や風景が縁取られる。一本の唐傘を二人いっしょに握りながら雪道を行く男女を真ん中に、その周囲に雪の積もる地面と雪の空と雪をかぶった樹木が描かれる。が、地面と空と樹木は、もはや、人物と同じ存在感をもっては描かれず、人物を引き立てる背景の位置に退いている。絵の立体感が増し、相合傘の男女が明確に主役の位置をあてがわれている。絵に中心と周辺の区別が生じて、抒情性が集中力のある、濃厚なものとなった。

男女の着物の色の配合が目に鮮やかだ。男は頭巾と上着が黒、帯と裏地や下着にわずかに紅と茶と白がのぞく。女は頭巾も上着も白、帯が黒、わずかにのぞく下着が茶と紅といった具合だ。めだちはするが、けっして華麗とはいえない黒と白の対比が、若い男女の恋心の純粋さと素朴さを思わせる。恋の行くすえは定めがたいが、二人がいま切なくも必死に恋を生きようとしていることは信じられる。黒ずくめの男が女を導くかのようにわずかに先に立って振り返り、白ずくめの女が伏し目がちについて行くという構図が、若い男女の息づかいを伝えている。雪の積もる相合傘と、傘に垂れ下がる木の枝が、恋人たちを外界から守っている。外界は地面も空もにぶい白と灰色に塗られ、しんと静まっている。

春信の恋の絵として、もう一点「かたらい」と題する錦絵を見ておきたい。

画面の構図と描きかたは「雪中相合傘」よりも「座敷八景」に近い。縁側に腰を下ろす若い男に、立て膝で寄りそうやや年配の女がなにやら話しかけている。縁側は障子で仕切られるが、その障子がちょっとだけ開けられ、隙間から紅い着物を着た若い女の顔がわずかにのぞく。紫の上着に黒帯の年増女は右手を若い男の右手首に乗せ、左手は背後から相手の左腕を抱きかかえる。大胆というか馴れ馴れしいというか、そんな姿勢で耳元にささやきかけている。男は左手の閉じた扇子《せんす》を外に突き出すようにしてもち、左足をもち上げ足首と脛《すね》を露出させて話に聞き入っている。男の不安げな顔からしても「かたらい」が恋の語らいであるのが知れるが、障子からのぞく若い

鈴木春信　かたらい（縁先物語）

女の存在が関係を複雑にする。若い女はたまたま行き遭った恋の場面を盗み見しているのか、それとも、若い男と恋仲なのはこの女のほうで、年増女は取りつぎ役、若い女は取りつぎの成否を確かめたくて障子からのぞいているのか。

三人の男女のまわりには手水鉢や、萩の花や、木で編んだ垣根が配されるが、それらの織りなす風景がどこか秘密めかした雰囲気を作り出す。周囲の情景が三人の男女の醸《かも》す恋の情緒にうっすらと染められていくようだ。春信の錦絵における恋の情緒の濃厚さが思われる。井原西鶴が好色物として描き、近松門左衛門が世話物として舞台に乗せ、菱川師宣や鳥居清信が美人画として表現した恋の世界は、恋の楽しさ、おもしろさとともに、恋の危うさ、悩ましさをも人びとに突きつけるものだったが、鈴木春信は、町人社会を主要な場とするそういう表現と享受の伝統を踏まえ、多色摺木版画という大衆的な表現媒体を通じて、澄明な、格調高い恋の情緒を清楚・可憐な版画美の世界に見事に表現しえたといえようか。恋の情緒を庶民の平凡な暮らしにまで追い求めつつ、それが通俗に堕すことなく、普遍的ともいうべき抒情の質を保っていることが、春信の美意識の高さをおのずとものがたっている。

2

春信は中判錦絵の制作において、全体の構図といい、色合いといい、雰囲気といい、春信ならではの様式を確立しつつ四六歳で世を去った。春信の個性と美意識を色濃く反映したその様式は、春信なきあと、そのまま維持されるのはむずかしく、浮世絵は春信以後を第二の出発点とし、さらなる可能性を追求する造形として大きく展開していった。

展開の大きな方向の一つが美人画と呼ばれる領域だ。虚構の世界に遊ぶかのような、優美にして抒情的な「座敷八景」や若き男女の恋の図から、生きた女性の存在を目の前にじかに感じさせるような、華麗な美人画が登場してくる。春信が亡くなって十数年後の天明期に、新たな美人画様式を確立して江戸で人気を博したのが、鳥居《とりい》清長《きよなが》だった。

中判（縦二八センチ、横二一センチ）の絵がほとんどだった春信にたいし、清長は画面を大判（縦三八センチ、横二六センチ）へと拡大し、そこに、すらりと背の伸びた長身の女性を、多く三人一組として描いた。女たちはもはや夢見がちに自分の世界に浸る、虚構の世界の可憐な住人ではない。遊女にせよ、町の女にせよ、人の視線を意識しつつ、自分が自分であることに誇りをもつ自足した女たちである。流麗な描線で描かれる、のびのびとした長身の立ちすがたは、身体的にも堂々としているが、それ以上に、一個の人格として堂々としていた。

その清長の代表作の一つに「大川端夕涼《おおかわばたゆうすずみ》」（東京・平木浮世絵財団）がある。夏の夕方、隅田川の河畔に縁台を出し、近所の女三人がくつろいで夕涼みをする図だ。

色鮮やかな黄色の縁台の右端に腰を下ろす女が一人、あとの二人は縁台のむこう側とこちら側に立ち、その三人が安定した三角形の構図を作っている。三人とも右手遠く、同じ方向に視線を送っているが、そちらで祭りでも催されているのだろうか。

鳥居清長　大川端夕涼
［公益財団法人 平木浮世絵財団］

一日の仕事を終えたあとののんびりした時間が画面に流れている。三人とも柄の浴衣《ゆかた》をゆるめに着こなしているが、だらしない感じはしない。一日一日をしっかり生きているという暮らしの充実感が三人からは——とくに手前に立つすらりとした女からは——感じられて、それが夕涼みの景全体を現実肯定的な明るいものにしている。

三人の寄りそう縁台の、すぐそのむこうには隅田川が川幅広く描かれる。川面は三人の暮らしの安定感に照応するかのように穏やかだ。川のなかには数隻の舟が行き来し、川のむこう岸には大小の家や蔵がずらりと並ぶ。日々の苦労をぬけ出してほっと息のつける、なつかしい遠景だ。江戸の庶民にとっては、前景も遠景も親しみやすい身近な情景だったろうが、それが、そこにある暮らしとともども、力強く描かれる。

流れるようなのびやかな線と、めりはりのきいた明快な色彩をもつ清長の美人画は、女性たちの健全な、前向きのすがたゆえに、画面をいっそう大きく感じさせるが、清長は大判の錦絵を横に二枚続き、三枚続きにすることによって、群像のおもしろさをさらに多彩に表現しようとした。ながめていると、屋内の群像からも屋外の群像からも、人の住むこの世の賑わいが伝わってくる。浮世絵はもともと、この世を憂《う》き世ならぬ浮《う》き世として——享楽の場として——肯定する傾きをもつが、清長は、そこに健康な生命力とでもいうべきものを加味することによって、絵を一段と肯定性の強いものにしているということができる。

浮世絵の美人画において頂点にまで登りつめたのが喜多川歌麿《きたがわうたまろ》である。清長と歌麿は年が一歳しかちがわぬ同時代人だが、美人画家として世に認められるのは清長のほうが早かった。

大きな画面に居並ぶのびのびとした健康な女たちのエネルギーが、明るく開放的な空間を作り出す清長の美人画にたいして、集団から個へ、外形から内面へと力点を移すことによって新しい美人画を生み出したのが歌麿だった。一人の人物の上半身だけを縦長の画面に大きく描くという、役者絵に始まった大首絵《おおくびえ》の形式を美人画に応用し、女性の繊細微妙な表情や、心のゆれと動きを表現しようとした美人大首絵の試みは、歌麿のめざすところをなによりも明確に示すものであった。

その美人大首絵の代表作が「歌撰恋之部《かせんこいのぶ》」と題される大判錦絵のシリーズである。『類題和歌集』の「恋之部」にならって、恋の種々相を女性の表情によって描き分けようとする優雅にして大胆な試みで、いまに残るものとして、「物思ふ恋」「深く忍ぶ恋」「夜毎に逢ふ

喜多川歌麿　歌撰恋之部「物思ふ恋」

恋」「稀に逢ふ恋」「あらはるる恋」の五図がある。

「物思ふ恋」は、髪を大きく島田に結い、水玉模様に翼を広げた小鳥を配した、薄紫の上着を着こなす若妻ふうの女が、けだるそうに頬杖をつき、目を細めて上方を見つめる絵だ。唇と、右の肘からのぞく下着に施された明るい薄紅色が、画面の倦《けん》怠感《たいかん》を高めている。「物思ふ」というが、その物思いは春信の女たちの純情可憐な物思いでもないし、清長の女たちの生活に根ざした前向きの思いでもない。思ってどうなるわけでもないけれど、つい心が引かれ、気がつくと思いに浸っているといった、そんな思いだ。春信から清長へ、清長から歌麿へと時代が進むにつれて、画面に表現される女性の人物像に人間としての複雑さが増し、感情の陰影が濃くなり、けだるさまでが加わっていくように思える。同時代の浮世絵の愛好家たちも、こうした絵の変化を追うなかで、自分たちの女性観や恋愛観を深化させていったにちがいない。

「歌撰恋之部　深く忍ぶ恋」は「物思ふ恋」と年恰好《としかっこう》やすがた形のよく似た女性が、左上方とは逆の、右下方を向く形に描かれる。右手の所作にも変化が生じ、頬を支える右手が長い煙管《キセル》をつまむ右手に変わっている。放心したような物思う女の目つきに比べると、こちらの女性の目つきは焦点が定まって、意志のこもった目だ。薄紅の唇が開いてなかからのぞくお歯黒と煙管を握る手が、恋を忍ばねばならぬ女の色っぽさを表現している。

物思うにしろ恋を忍ぶにしろ、町家の妻らしき女が、いままさに恋を生きているそのさまが、目の前に大きく美しく描き出されているのがなまめかしい。理想化された様式的な美人像なのに、血の通った一人の女がすぐそこで恋を生き、恋に悩んでいるかに思えて、目が離せなくなる。

喜多川歌麿　歌撰恋之部「深く忍ぶ恋」

清長の描く女性も生きる力強さを感じさせたが、歌麿の女性は像に独自の感情が備わるために、個として生きているという感じがいっそう強まる。恋を主体的に生きる女性を見る思いがする。だから、距離を取って外からその美しさを鑑賞するというより、内面へと入りこんで心の動きをさぐってみたくなる。西洋の近代的個人は思想的人格として語られ

喜多川歌麿　歌撰恋之部
「夜毎に逢ふ恋」

ることが多いが、歌麿の描く女性は、恋という情の場面において近代的な個人として立っているように思える。歌麿自身、感情の強くこもる両目や口や手の指の動きを描きつつあるとき、描く女性がいままさに恋を生きていると実感していたのではなかろうか。

「夜毎に逢ふ恋」は、悩ましげではなく、明るく喜ばしげな女性の——遊女の——像だ。恋人からとどけられた巻紙の文を開いてまっすぐ前を見る目に、そして眉に、鼻に、唇に、期待感があふれている。樺色《かばいろ》に雲母摺《きらずり》（背地に雲母《うんも》を使って光沢を出す技法）を施した地《じ》と、大きく結った黒髪、および白く塗られた顔との対比が鮮やかで、恋する女心の明るさと軽やかさが強調される。画面の下方に描かれる巻紙と両手の白さが、顔の白さに対応し、同じく下方の、羽織の幅広の襟《えり》の黒さが、髪の黒さに対応している。

以上、連作「歌撰恋之部」の三図についてやや詳しく見てきたが、歌麿の美人大首絵のなによりの特徴は、女性の美しさを疑う余地なく、明確に、画面に定着していることだ。町人階級を中心とする江戸中期の人びとの美意識は、歌麿の美人画のうちに自分たちの求める美の普遍的な色と形を見出したといえるかもしれない。

しかし、歌麿は普遍的な美しさを形にするだけで満足できる画家ではなかった。美しい女性を描くとなったら、美しい女性の恋心にも目を向け、恋心ともども美しい女性を描きたかった。さらにいえば、恋のゆらぎに細かく分け入り、物思う恋、深く忍ぶ恋、夜毎に逢う恋、稀に逢う恋の複雑微妙な変化をも色と形の変化として表現したかった。恐るべき探究心といってよい。

絵が、たとえば彫刻に比べて、多様で繊細な感情表現に向いていることは一般的にいえることだ。とはいえ、物思う恋と深く忍ぶ恋とを、あるいは夜毎に逢う恋と稀に逢う恋とを、別々の画面に描き分けることは至難の業《わざ》だ。実際、恋の微妙な心理の襞《ひだ》を描き分けようとする画家など、浮世絵においても、浮世絵以外の絵においても、歌麿以前にあらわれたことがなかった。「歌撰恋之部」という標題が絵の世界に由来するものではなく、和歌の世界に由来するものであることが、そのあたりの事情をよくものがたっている。

が、おそらくは歴史上類稀《たぐいまれ》な至難の業に意図的に挑戦するのが、浮世絵師・歌麿の探究心のありようだった。美人を美しい形に描くだけでなく、女それぞれに個性的な感情をもたせ、その感情にゆさぶられつつ美しく生きるすがたを描く。そういう方向へと探究を深めていくのが歌麿の画家としての志だった。改めて「物思ふ恋」と「深く忍ぶ恋」を並べてみる。二枚の絵がちがう心の動きを描こうとしていることははっきり分かる。ともに魅力的な女人像だが、思いに浸る二人は同じ感情に支配されているようには思えない。しかし、一方

喜多川歌麿　ポッピンを吹く女

が物思う恋、もう一方が深く忍ぶ恋だと識別することは、絵を見ているだけでは無理だ。悩ましげな二種の恋というあたりまでは行けるが、それから先は危うい。題名の「物思ふ」と「深く忍ぶ」とをたがいに入れかえても、それはそれで、描かれた女性に寄りそいつつ絵を楽しむことは可能だと思う。

歌麿自身、題名と絵柄の一対一の対応にこだわったとは思えない。それよりも、題名に導かれて恋の種々相を探究することに、もう少し具体的にいえば、世におこなわれる虚実の混じった多種多様な恋のさまを細かく観察し、それをくっきりとした色と形に定着していくことに、情熱を傾けていたと思える。情熱が実を結んだ高度な作品が江戸の大衆に広く受け容《い》れられたことを思うと、改めて、時代を生きる人びとの美意識の高さを思わないではいられない。恋の世界は江戸時代の精神史において、西鶴の浮世草子（好色物）や近松の人形浄瑠璃（心中物）によって格段に深みのある文学的表現に到着することになったが、歌麿の「歌撰恋之部」は、恋を主体的に生きる女性を二次元の平面に造形することによって、恋の奥行きの深さを絵画として表現したのだった。

「歌撰恋之部」と並ぶ美人画の連作に「娘日時計《むすめひどけい》」や「青楼十二時《せいろうじゅうにとき》」や「婦人相学十躰《ふじんそうがくじったい》」がある。「歌撰恋之部」ほど細かな感情の描き分けをねらいとはしないが、日々の暮らしの一場面での女らしい動きを、大判画面に切りとった、趣きのある絵である。庶民的な親しさが感じられて好ましいのが「婦人相学十躰」の組物で、なかでもよく図版に取り上げられるのが「ポッピンを吹く女」と「浮気の相」だ。

ポッピンはガラス製の笛の玩具で、それを吹く若い娘を描いたのが「ポッピンを吹く女」だ。市松模様に桜の花を散らした振袖を着て髪をきちんと結った、改まった恰好の娘が、顔も一見まじめそうに玩具の笛を吹くすがたには、ユーモアらしきものが漂う。娘はそのユーモアを意識しているのかいないのか。一度は吹いてみたかった玩具を手にした満足感がまじめそうな顔に感じとれて、それがこの絵を生き生きしたものにしている。繊細にして微妙な感情のゆらぎを描きとろうと精力を傾ける歌麿が、ここでは、娘といっしょになって玩具遊びを楽しんでいる。絵を手にした江戸の人びとも、笛を吹く女の美しさに心引かれるとともに、遊びのなごやかな気分をともども楽しめたのではないか。庶民的というにふさわしい名作だ。

庶民性が色っぽさへと通じているのが「浮気の相」だ。

湯上がりの女が無造作に緑の単衣《ひとえ》を引っかけ、幅広の黄色い帯を結び、右肩にかけた手拭いを右手に握り、ひょいと左斜めうしろを振り向いたすがたが描かれる。左肩がやや下がったために浴衣《ゆかた》が左にずれ、真ん中から左にかけての胸部が露出している。ふっくらとした乳房とその上にポツンと飛び出た乳首、そして柔らかな曲線を描く左肩の盛り上がりが、なまめかしい。当人がおのれのなまめかしさを意識した上での姿態であろう。顔から胸にかけての白い肌と一筆でのびやかに描かれる輪郭線、対照的に、うるさいほどに波形の線が走り、なかに、対《つい》になって舞う孔雀の紋様が散らされる緑の浴衣。簡と繁の対比に歌麿の周到なデザイン感覚がうかがわれる。

こうして、この浮気な女は画面のうちに生かされ、みずから生きている。浮気であることがなんら負の要素とはならず、女をいっそう女らしくする。そういうふうに生きる力へと通じるのが歌麿の絵の美しさだ。絵を見た庶民は、頬をほころばせながら浮気の気分を楽しんだであろう。人びとの暮らしのなかに生きようとするのが歌麿の浮世絵だった。

歌麿は春画の名手としても知られるが、春画についても同じことがいえると思う。

人間の生きる力の種々相をいかに美しく造形するかに心を砕く歌麿は、春画においても変わらぬ美の探究者だった。主題となるのは性の楽しみであり、性の歓びであるが、それを外からながめて描くのではなく、当の男女に寄りそいつつ、生きる力と歓びのあらわれとして描くのが歌麿の流儀だった。性を人間の、人間的な営みとしてとらえる流儀といってもよい。描かれる男女は、見られるためにそこにあるのではなく、生きた行為者としてそこにいることが強く印象づけられる。それが歌麿の春画だ。性器が大きく描かれ、見るほうもまずそこに目が行く、というのが春画の一般だが、歌麿の絵の場合、やがて画面の全体へと視線が動き、場所柄や、男女の人柄や、たがいの心理にまで思いが及んで、それでようやく絵を見たと思える。春画においても絵の美しさが暮らしと通じていて、だから、一二枚組の名作「歌満《うたま》くら」中の、扇に蛤《はまぐり》の狂歌を書いた夏の図は、性器は描かれないが、まちがいなく性の匂いの漂う春画たりえている。

美人画とも春画ともちがう歌麿晩年の作に山姥《やまんば》と金太郎を主題とする連作がある。かつての美人大首絵の、親しみのある優美繊細な美しさに代わって、野性に生きる荒っぽい母と腕白なやんちゃ坊主との交流を描いたほほえましい絵で、とりわけ、健康で、無邪気で、わがままいっぱいの金太郎のまなざしと動きが新鮮だ。ここにも、歌麿の鋭く的確な観察眼が働いている。

もてる才能を存分に発揮し、名声を恣《ほしいまま》にした歌麿だったが、華美と奢侈《しゃし》を嫌う幕府の取り締まりは歌麿の浮世絵にまで及び、一八〇四年、「太閤五妻洛東遊覧之図《たいこうごさいらくとうゆうらんのず》」（大判錦絵・三枚続き）を理由に入牢三日手鎖《てぐさり》五〇日の刑を受けるに至った。庶民の世界と権力の意向との隔たりを如実に示す出来事だ。ときに歌麿は五二歳。さすがの歌麿にも禁圧に抗して名作を世に送り出すだけの気力はもはやなく、二年後の一八〇六年、その生涯を終えた。

3

美人画と並ぶ浮世絵のもう一つの大きな分野が、役者絵である。

役者絵は、父にともなって大坂から江戸へと移った鳥居清信によって始められた。すでに述べたことだが、父の縁で江戸歌舞伎の劇場付き絵師となった清信は、看板絵や番付絵の作成に従事するとともに、丹絵《たんえ》による役者絵の制作を思い立った。和事《わごと》を中心とした上方の歌舞伎にたいし、江戸では動きの激しい荒事《あらごと》が好まれたから、清信を祖とする鳥居派は荒事芸を効果的に表現する技法として「瓢簞足《ひょうたんあし》みみず描《がき》」と呼ばれる描法を編み出した。

役者絵は長く鳥居派の独占状態が続いたが、一八世紀の後半、錦絵（多色摺木版画）が広くおこなわれるようになる頃から、一筆斎文調《いっぴつさいぶんちょう》や勝川春章《かつかわしゅんしょう》らが、鳥居派の様式とは異なる、写実性を加味した新しい役者絵を作り出し、多くの浮世絵師がそのあとを追うことになって、役者絵は独立の絵として人びとの愛好するところとなった。

文調や春章は役者の体つきや身のこなしの特徴をしっかりととらえ、誇張をも交じえて人気役者の芸を画面に定着したが、そのすがたはほとんどが全身像で、顔だけ、あるいは上半身だけの像はなかった。美人大首絵に相当する役者大首絵の制作は、春章の弟子に当たる勝《かつ》川春好《かわしゅんこう》、勝川春英《かつかわしゅんえい》の登場を俟《ま》たねばならなかった。春好、春英の大首絵は歌麿の美人大首絵が描かれたのと同時期の作品だが、先後は明らかではない。ただ、二つの領域で似たような手法が同時期にあらわれ人びとに好まれたとなれば、大衆向けの絵というその性質からしても、たがいがたがいを意識し、競争心に駆られて制作へと向かったことは、想像に難くない。

美人大首絵の歌麿に張り合うだけの、役者大首絵の描き手を挙げるとなれば、やはり第一に、東洲斎写楽《とうしゅうさいしゃらく》の名を挙げねばならないだろう。謎の多い人物だが、絵の出来栄えは文句なく他にぬきん出ていたのだから。

生没年は不詳、氏素姓も不明という写楽は、一七九四年五月から一七九五年正月にかけての合計一四〇種の作品によって歴史に名を残す浮世絵師だ。わずか一〇ヵ月の制作期間は歌麿の最盛期と重なっている。歌麿を贔屓《ひいき》にし後援した版元・蔦屋重三郎《つたやじゅうざぶろう》が写楽の作品の版元でもあった。

東洲斎写楽　市川鰕蔵の竹村定之進

写楽の代表作の一つに「市川鰕蔵《いちかわえびぞう》の竹村定之進《たけむらさだのしん》」がある。市川鰕蔵（五代目市川団十郎）は当時の江戸歌舞伎の第一人者であり、河原崎《かわらさき》座の座頭である。写楽の描く『恋女房染分手綱《こいにょうぼうそめわけたづな》』の竹村定之進役を演じたときは、五四歳。大写しにされた顔の額と頬に二筋、三筋、皺《しわ》が刻まれている。

しかし、そのすがたに衰えは感じられない。感じられるのは、年を重ねた立役者《たてやくしゃ》の身に具わる貫禄である。一座を率い、大勢の観客を前にして一歩も退《ひ》くことのない気迫が、顔に、体に、あふれている。右と左に大きく吊り上がった眉、かっと見開かれ、はったと前方を見据えるまん丸の目、大きな鷲鼻《わしばな》、力あまって左に歪《ゆが》みの生じた口元。歪んで結びきれなくなった口の左端から、赤く口のなかがのぞく。内面の熱火のごとくだ。

画面の下端ぎりぎりの所で結び合わされた両手が、顔の気迫と見事に呼応する。握った右手の力を、開いた左手の掌《てのひら》が受けとめる形だが、両手のそれぞれにこめられた力と、たがいに押し押される力とが、細い曲線の簡潔な動きによって過不足なく表現される。造形の的確さには舌を巻く。そして、顔と手の緊張感をつなぐ流れとして、藍色と柿色の上着の下に重なる、何枚もの下着の何重もの襟線《えり》が描かれる。上から下へゆったりと流れる太い線が、顔と手の緊張をしっかりと受けとめつつ、役者の体の安定した統一感を表現している。この統一感こそが鰕蔵の貫禄ないし風格の土台をなす。

鰕蔵が竹村定之進を演じた『恋女房染分手綱』について、写楽は合わせて一〇枚の役者絵を描いていて、なかに「市川鰕蔵の竹村定之進」と並ぶ名作「大谷鬼次《おおたにおにじ》の奴江戸兵衛《やっこえどべえ》」がある。大谷鬼次は敵役《かたきやく》を得意とする中堅どころの役者で、奴江戸兵衛も下人どもを語らって公金を奪おうとする悪党である。

顎をぐっと突き出し、両手をぱっと広げていましも羽織を脱ぎすてようとする、いかにも悪人ふうの奴が描かれる。背景の雲母摺《きらずり》も一段と色が黒く、それに髪の黒、着物の襟《えり》の黒が重なり、黒々とした画面の印象が悪党にふさわしい空気を作り出している。とはいえ、黒に引きずられて全体が曖昧になることはなく、顔・胸・両手と続く鮮やかな白が、役者の演技の緊迫感と躍動感を遺憾なく伝える。眉は太く吊り上がりながら曲がりくねり、紅く隈取《くまど》られた目は二つの瞳が内側に寄って藪睨《やぶにら》みとなり、鼻は長く伸びて下へと垂れ下がり、真一文字に結ばれた口が執念の強さを示している。ほつれた髪が顔の右脇に二、三本垂れ下がるのが、悪に向かう奴江戸兵衛の心の昂《たか》ぶりを示して不吉だ。

いかにも芝居がかったこの顔に、これまたいかにも芝居がかった両手の動きが呼応する。右手は手の甲をこちらに見せ、五本の指をいっぱいに開いた形で前へと突き出され、左手は掌をこちらに向けて、これまた指を開いた形で前へと突き出される。手の形だけ見れば、とくに左手は、不自然なまでの歪みかただ。指の不ぞろいや、指と掌との不均衡は、画家の腕

東洲斎写楽　大谷鬼次の奴江戸兵衛

の未熟さを思わせもする。が、未熟と見るのは当たらない。不自然なまでの歪曲《わいきょく》は意図してなされたにちがいない。悪への衝動の噴出を体の異常なねじれとして写楽は表現したかったのだ。内面にふつふつと沸き上がる邪悪な情念が、顔にひやっとするような歪《ゆが》みをもたらし、それが白く彩《いろど》られた首から胸を流れくだって手にまで及び、そこにねじれが生じ

る。そういう誇張表現は歌舞伎のねらいとするところでもあり、写楽の絵は、歌舞伎のそのような志向を役者の瞬間的な動きと形のうちにとらえたものだ。

大衆芸能としての歌舞伎はもともと誇張、歪曲、不自然をおのれの糧として発展してきた演劇活動である。女歌舞伎から若衆《わかしゅ》歌舞伎へ、若衆歌舞伎から野郎歌舞伎へと変わっていく発生期から、京都、大坂、江戸の三都で定期興行のなされるのちの時代に至るまで、人目を驚かす誇張、歪曲、不自然は、歌舞伎にとって欠くことのできぬ大切な表現法だった。男が女役を演じる女形にしても、派手な衣裳にしても、どぎつい化粧にしても、目を欺《あざむ》く仕掛けにしても、誇張、歪曲、不自然の要素をふくまぬものとてなく、それらを大胆に取りこんで、しかもいかに美しく、おもしろく、楽しく見せるかに歌舞伎の歌舞伎たる面目があった。写楽の描く「大谷鬼次の奴江戸兵衛」の誇張、歪曲、不自然は、まさしく歌舞伎のそのような面目に寄りそうものであって、だから、そこにあるのは歌舞伎からの逸脱ではなく、歌舞伎の本質にせまる表現だった。

が、歌舞伎を舞台で演じることと演じる役者を絵にすることとは別のことだ。役者を大判の版画に写しとりつつ、歌舞伎の本質にせまるというのはどういうことか。いいかえれば、役者絵の画家として写楽はどのように歌舞伎を生きようとしたのか。

役者絵の標題という基本に帰って考える。写楽の役者絵の標題は、そのほとんどが「〇〇の□□」という形を取る。「市川鰕蔵の竹村定之進」、「大谷鬼次の奴江戸兵衛」、「市川男女《おめ》蔵《ぞう》の奴一平《やっこいっぺい》」、「四世岩井《いわい》半四郎《はんしろう》の乳人《めのと》重《しげ》の井《い》」といったように。上に来るのが役者の名で、下が演じた役の名だ。演劇では役者は演目ごとにちがう役を演じるのだから、○○が□□を演じたという形の標題はごく自然なものだ。

さて、上下に並ぶ二つの固有名のうちどちらに重きを置くのか。役者や観客にとってそれはなかなかにおもしろい問題だったはずだが、絵師にとってはそれ以上におもしろく、また厄介でもある問題だった。わたしたちの取り上げた写楽の二作についていえば、「市川鰕蔵の竹村定之進」では役者市川鰕蔵に、「大谷鬼次の奴江戸兵衛」では登場人物奴江戸兵衛に重きが置かれている、と取りあえずいえそうだが、そういったとたんに、二つの固有名の軽重で事はおさまらず、むしろ、その先に役者絵の本質的な問題が待ちかまえていると思えてくる。二つの固有名が分裂し対立するさまを目の当《ま》たりにし、その分裂と対立の動きが役者の具体的な演技に体現される過程に目を凝らし、固有名のどちらに重きを置くにせよ、矛盾を孕《はら》んだ演技を一つの統一像として描出するのが役者絵の本領だと思えてくるのだ。

さきの二枚の絵についていえば、役者鰕蔵の風格に支えられた竹村定之進の絵のほうが高度な統一を達成しているのはまちがいない。比べていえば、奴江戸兵衛の絵は分裂と対立がそのまま放り出されているようなところがあって、高度な統一が達成されているとはいい難い。その意味では、なにやら落ち着きのない、騒がしげな絵だ。役者鬼次が奴江戸兵衛をおのれの演技のうちに十分に消化しきれていないようにも見える。

が、見かたを変えれば、統一に綻《ほころ》びが生じそうな、そういう危うさこそが役者絵の役者絵たるゆえんだとも思える。演劇は分裂や対立や葛藤を命の源泉とし、原動力とするものであって、その動態が絵にまで侵入してくるのはけっして否定すべきことではないからだ。そこは同じ大首絵といっても、役者大首絵が美人大首絵とは大きくちがうところだ。

歌麿の美人大首絵は自分の境遇を自分なりに受け容れつつ、前向きに日々を生きるその自然なすがたに魅力があった。女性たちは生きてそこにあり、その確たる存在感が美しさに通じていた。色といい形といい、その美しさは多種多様だったが、落ち着いた自然体をもって生きているという風情は、女性たちに共通する変わらぬ特色だった。

一方、役者たちはといえば、落ち着いた自然体など望むべくもない。落ち着きを瞬時に不安・混沌へと追いやるところに演劇のおもしろさがあり、自然体を打ち破ってどう新しい演技を切り拓くかに役者の力量はかかっている。役者絵は役者のそういう動態を画面に定着しなければならない。

役者は、自分以外のだれかを演じるというそのことだけで、すでに自然体ではいられない。なにほどかの不自然な緊張を強いられる。名優といわれるには、不自然な緊張をばねに自分の体を非日常的な存在の次元へと押し上げ、観客の目を引きつけてやまぬ独自の演技を披露しなければならない。

写楽の役者絵はそういう緊張の極にある役者のすがたをとらえようとする。自然体からこれほど隔たったすがたはそうあるものではない。一定時間舞台にあって演技を続ける役者は、高く、また低く声を発し、大きく、また小さく動き、ときには声も出さず動きもせず、緊張と弛緩《しかん》のリズムを舞台上に刻んでいる。そういう役者の緩急のリズムを丁寧に追いかけながら、写楽は役者の集中力が最高潮に達したときのすがたを目に焼きつけ、その実相を画面に定着すべく絵筆を動かす。

気迫に満ちたそのすがたは役者がもっとも役者らしく、登場人物がもっともその人物らしく見えるときのすがたにほかならない。そういうすがたをとらえ、そのすがたを大判錦絵に表現することが、写楽にとって、歌舞伎を生きることにほかならなかった。役者の緊張に劣らぬ緊張を強いられる生きかただといわねばならない。鳥居清信以来の役者絵の伝統のなかで、顔や体の描きかたに一定の様式が作り上げられていたとしても、大写しにされた上半身に役者の気迫を表現するには、舞台のリズムをおのれのリズムとしうる柔軟にして瑞々しい感受性と、細部にまで行きとどく鋭敏な観察力が必要とされるからだ。

写楽はそういう感受性と観察力を身につけた絵師だったが、その感受性と観察力をもってしても、二つの固有名——役者と登場人物——を安定した統一像として提示するのは至難の業だった。見せるおもしろさの十分に伝わる大首絵の名作にも、完成作というより前のめりの挑戦作と思える絵の多いことがなによりの証拠だ。絵としての安定した統一感を犠牲にしてまでも、演技の気迫や集中力の表現を追いもとめるのが写楽の画法だった。役者と登場人物との容易に統一できない矛盾を舞台上にながめつつ、写楽自身、演劇と絵との容易に統一しがたい矛盾を生きていたように思われる。

写楽の絵についての同時代の唯一の評言として『浮世絵類考』の次の一文がある。原文のまま引用する。

〔写楽は〕歌舞伎役者の似顔をうつせしが、あまり真を画《えが》かんとてあらぬさまにかきなせし故、長く世に行《おこな》はれず、一両年にて止《や》む。（仲田勝之助編校『浮世絵類考』岩波文庫、一一八ページ）

写楽は真実を追求するあまり、あるがままとはちがう絵を描いてしまったという。写楽の絵に人びとの感じた違和感が伝わってくることばだ。同時に、あるがままからの逸脱が真実を追求するあまりに生じたという理由づけは、役者絵に賭ける写楽の情熱に人びとの心がゆさぶられたことをも示唆する。演劇の真実を抉《えぐ》り出そうとする絵師の志は分かる。しかし誇張と逸脱をものともしない絵姿はすんなりとは受け容れられない。写楽の絵を前にしてそんなふうな違和感を人びとは感じたのではなかろうか。いいかえれば、その絵は見る者の心をかき乱す無気味な絵だったのではなかろうか。

同じ時期に別の演目に取材して描かれた役者絵に「松本幸四郎《まつもとこうしろう》の肴屋五郎兵衛《さかなやごろべえ》」と「中山《なかやま》富三郎《とみさぶろう》の宮城野《みやぎの》」がある。一見、絵としてのおさまりはいいが、見ているうちに少しずつ違和感の醸成されてくる絵だ。

幸四郎の五郎兵衛は、太く短かい煙管《キセル》を口から少し離して左手にもち、額《ひたい》と眉間《みけん》と顎《あご》に皺《しわ》を寄せ、顔をややうつむき加減にして考えごとをしている。芝居の一場面を描いたにちがいないが、肴屋五郎兵衛に扮した幸四郎の肖像画としても通用するような、安定感のある絵だ。役者絵は歌舞伎愛好家を相手にブロマイドとして売りに出されもしたというが、これなど幸四郎のファンならつい手が出そうな一枚だ。

ブロマイドとして愛玩するのはファンの自由だが、写楽がブロマイドとしてこの絵を描いたとは思われない。ここでも手の描写の見事さが一際目を引くが、右の袖から出て左の袖の袂《たもと》に差しいれられた白い右手の、横に流れる柔らかな曲線と、その流れを受けつつ左の袖から出てまっすぐ上へと向かう左手の同じく柔らかな曲線、そして親指は見えないが、やや立ち上がって煙管をつかむ人差指と、それより一段低く、波打って下へと下りていく中指と薬指と小指。繊細きわまる創造的な美意識がそこに働いている。両手の柔らかく滑らかな曲線には、黒く太い襟元を肩から胸へと走る左右二本ずつの白く細い曲線が呼応して、息を呑むようなリズムを作り出している。絵柄がおとなしいだけに、かえって画家の美意識と技量の冴えが目に映る。顔も誇張や歪曲は抑えられて、幸四郎の人柄が浮かび出ている。ふっと思いに沈むその顔は老齢の魅力を湛えているが、魅力は肴屋五郎兵衛の、というより役者幸四郎の魅力であるように思える。両手とその周辺のたおやかな色っぽさと老いた顔の人格的な魅力は、ほどよく調和するものではなく、そこにもまた分裂と対立を見てとることができるが、写楽にとってはそのいずれもが演劇的な真実だった。

「中山富三郎の宮城野」は女形の舞台姿を描いた役者絵だ。整った顔立ちと派手な衣裳は美人画に通じるが、写楽は類型的な美人を描こうとしたのではなく、若い女に扮した富三郎を描きたかった。写楽にはほかにも富三郎を描いた絵が何枚かあるが、比べてみると、写楽が写実に意を用い、富三郎らしさを画面に定着しようと努めていたことがよく分かる。ここでも写楽は役者絵師に徹しようとしていたのだ。歌麿の美人大首絵を見なれた者の目には、この女形を素直に美しいとはいいかねる。なにより顔つきや体つきに感じられる角張った男っぽさが気にかかる。が、役者とその演じる役との複合体こそを表現したい写楽が、役者と役の個性を犠牲にして美へと赴くことはありえなかった。描かれる人間は美人である前に舞台に生きる人間でなければならず、美しさは、男っぽさや個性の表現のその先に求められるのでなければならなかった。実際、中山富三郎の演じるこの宮城野は、いわゆる美人ではないが、演技に徹する心意気とゆるぎない自負の念が全身をつらぬく、独特の美に達しているように思われる。

その美しさは、しかし、広く受け容れられるものではなかったかもしれない。絵師としての写楽の活動がわずか一〇ヵ月で終わっているのも、そのことと無関係ではないのかもしれない。ともあれ、写楽が演劇と絵の矛盾を生きぬいた異端の画家であったことは疑いを容れない。写楽が役者絵の世界からすがたを消したあと、大衆の人気は、類型的な美に依拠しつつ役者の形姿に適度の粉飾を施す歌川豊国《うたがわとよくに》の役者絵に集まっていった。

4

美人画や役者絵のあとを追ってあらわれ、人びとに広く愛好されたのが、風景を描いた浮世絵だ。

風景を描いた絵としては、歴史をさかのぼれば、平安・鎌倉時代に屛風や障子に描かれた名所絵がある。歌に詠まれた名所を絵にしたもので、歌と合わせて鑑賞するのが名所絵の楽しみかただった。嵯峨野、吉野山、武蔵野などが代表的な名所だった。

それとは別の系列をなすものとして、中国に由来する山水画があった。禅宗とともに輸入され、禅僧によって描かれることの多かった山水画は、山水のうちに人事を超えた霊的なものを表現しようとする傾向が強かった。室町時代には周文や雪舟があらわれて日本風の山水画へと方向転換がなされ、江戸期の南画にまで至ると、絵に遊びの気分さえ漂うようになるが、しかもなお、宗教的な脱俗の気配がそこに消えずに残っていた。

和歌と結びつく王朝風の雅びとも、宗教的な脱俗とも、きっぱりと手を切り、風景をもっぱら美しい視覚映像として絵にし、人びとの娯楽に供しようとするのが、浮世絵の風景画だった。

風景画が娯楽として大衆的な人気を博するには、時代の社会的条件として、人びとが自由に旅に出かけ、旅先のもの珍しい風物や風景を楽しめることが不可欠だった。街道が整備され、宿場の施設が充実し、身の安全が確保されることと、何日間か家を離れ、仕事を離れられるだけの経済的余裕のあることが、風景画の大衆的受容を可能にする社会的条件だった。旅を主題とする十返舎一九《じっぺんしゃいっく》の滑稽本『東海道中膝栗毛《とうかいどうちゅうひざくりげ》』の初編刊行が一八〇二年だ。本は人気を呼び、人びとの求めに応じて一九は次々と続編を書き足すことになったが、旅を大きな楽しみとする庶民の一般的な生活感覚は、風景画を愛好する趣味とも太くつながるものだった。

そうした時代の空気のなかで風景画家としてぬきん出た力を発揮し、風景画の可能性を大きく切り拓いたのが、葛飾北斎《かつしかほくさい》と歌川広重《うたがわひろしげ》である。

北斎は風景画家の枠にすんなりおさまりそうもない、多才にして貪欲な絵師だった。若いころ勝川春章の弟子となって役者絵や戯作挿絵《げさくさしえ》を描いていたが、それだけでは満足せず、浮世絵とは別系統の狩野派に入門し、勝川一門から追放されている。追放後、狩野派のみならず、琳派、土佐派、洋風画の手法をも摂取し、画号を次々と変えて新しい試みに挑戦した。勝川門での役者絵、戯作挿絵に始まり、その画業は風景画、花鳥画、歴史画、漫画、美人画と幅広い領域にわたっている。

なかで、しかし、もっとも力のこもった北斎らしい名品が、風景画の連作「冨嶽三十六《ふがくさんじゅうろっ》景《けい》」である。雅びな名所絵や宗教的ないし主情的な山水画とはちがう、目を楽しませる風景の並ぶのが「冨嶽三十六景」だ。一八三一年頃からの刊行で北斎の七〇歳代、まさしく円熟期の作といってよい。

冨嶽とは富士山の別名だが、その富士は、江戸の庶民にとって、遠くにあるとはいえ日々見なれた山だった。江戸城やめぼしい神社仏閣以外には、視界をさえぎる大建築などほとんどない時代のこと、江戸のどこからでも富士は望めたし、裾野の大きく広がるその美しさがことさらに目を引く、丘や高台があちこちにあった。まわりからぬけ出して空へと伸びていくその聳《そび》えかたといい、頂上から麓へとゆるやかな斜線を描くその整った形といい、富士が古くから霊山として信仰されたのも、美しい山として目の楽しみとなったのも、ごく自然なことだった。神々しさと美しさを兼ね備えた名山が、人びとの日々目にする親しい対象としてある。江戸の大衆を相手に絵を描く北斎が、富士を題材とする連作を浮世絵にして頒布《はんぷ》しようと考えるのは、そう並外れた思いつきではなかった。が、思いつきのその先に連作となってあらわれた実際の絵は、それまでの風景画の常識を大きく踏みこえ、さらには、人びとが心のうちに抱く富士のイメージを激しくゆさぶる、並外れた、革命的な作品群だった。一枚一枚の絵もそうだが、富士をめぐる一まとまりの連作として全体を見るとき、剛毅《ごうき》な革命性がいっそう強く印象づけられる。

江戸の地から望む富士山が季節や天候や朝・昼・夜のちがいに応じてどの程度の変化を示していたかは、いまとなっては明確には知りがたいが、さまざまな地点から、さまざまな季節の、さまざまな時刻に、さまざまな景物と組み合わせて富士を描きとろうとした北斎が、可能なかぎり多様な、多面的な富士のすがたを表現しようとしていたことは疑いを容れない。旅を楽しめる時代になって、東海道を旅する人の多くは、途上で富士のとりどりのすがたを楽しんだろうが、「冨嶽三十六景」はそういう旅の経験者にも、こんな富士があるのか、と驚嘆の念を起こさせるものだった。現実の富士を描きながら、絵でしか味わえないような美しくおもしろい風景を提供するのが、連作のねらいだった。

連作の妙に近づくために、傾向の似かよった絵をいくつか二枚一組として見ていきたい。

葛飾北斎　冨嶽三十六景「凱風快晴」

まずは、富士が右よりに大きく画面を占め、そのむこうに雲の浮かぶ空が描かれるだけで、人間も人間界もあらわれない「凱風快晴《がいふうかいせい》」と「山下《さんか》白《はく》雨《う》」の二作だ。

高く美しい山をそのまま絵にしたのがこの二作だ。富士山の雄姿とか偉容とかいわれるものがそのまま絵になって目の前にある。二つを比べると、「凱風快晴」のほうがいっそう典型的な富士だといえようか。凱風――初夏の柔らかい南風――の吹く晴れた日の富士が、いつに変わらぬすがたでそこにある。江戸に住む人びとの目に富士がこんなに間近に聳え立つことはなかったろうが、そのかれらにしても、近づけばこんなふうに富士が見え、これこそが本当の富士だと納得できたにちがいない。典型的だというのはそういうことだ。斬新な発想や機智が随所に発揮される連作のなかにあって、「凱風快晴」は奇抜さを抑えた単純明快な構図でもって典型的な富士を浮かび上がらせている。

葛飾北斎　冨嶽三十六景「山下白雨」

快晴とはいうが、空は晴れ上がっているのではなく、長短さまざまな横雲がのんびりと棚引いている。何十本もの雲のその横の流れが、山の頂上付近に残る雪の縦の線と対照をなしつつ、左右にゆるやかな曲線を描いて下降する山の輪郭線とは無理なくつながって、富士がまわりの風景とともにあることを示している。左の下降線の裾野のあたりにぎざぎざの樹々が描かれるのも、赤く描かれた山が麓に来て緑の林野に変わるのも、富士とまわりの自然とのゆったりとした調和を暗示している。この上なく美しい富士が描かれていながら、その美しさは神々しくはなく、親しみのもてる美しさだ。

　さて「山下白雨（白雨は夕立のこと）」だが、富士の形は「凱風快晴」と同じだが、空と裾野のようすは様変わりしている。空には白くかすんだ幅広の靄《もや》がかかり、その下に丸くふくらんだいくつもの雨雲がたゆたっている。画面に雨脚は描かれないが、実際には雨が降っているのであろう。裾野は山腹の途中から黒く塗りつぶされ、そのなかに稲妻の鋭い折れ線が走っている。雨雲と稲妻には富士にたいする攻撃性が感じられ、だから、この富士はまわりの自然と調和し、悠然と落ち着いてそこにあるとはいえない。攻撃にたじろぐことはないが、雨雲や稲妻——とくに稲妻——とのあいだには一定の緊張感があって、緊張感のなかでなお悠然たるすがたを保っているのが、ここでの富士だ。山頂から裾野へと変化していく色の移りゆきを比較すると、黒の勝つ「山下白雨」は、赤から緑へと微妙なグラデーションの施される「凱風快晴」の自然な快さには及ばないと思える。

が、多種多様な富士の雄姿の描出をねらいとする北斎にとって、まわりの自然との穏やかな調和のうちに安らう富士の雄姿は、「凱風快晴」一枚で十分だったのであろう。安らぎのうちにある富士の横には、安らぐとしても緊張感のうちに安らぐ富士が置かれねばならなかった。裾野の稲妻は写実的というより、記号性の混じる戯画的な描きかたになっているが、そこにかえって、斬新さを求める北斎の冒険心が見てとれる。

次に取り上げるのは「神奈川沖浪裏《かながわおきなみうら》」と「甲州石班沢《こうしゅうかじかざわ》」の二作だ。

「神奈川沖浪裏」は太平洋の荒波が画面の左上方に大きく盛り上がって、下を行く船にいましも襲いかかろうとする激しい絵で、一度見たら忘れられない図柄だ。荒波の先端に出来るしぶきが、まるで獰猛《どうもう》な野獣の恐ろしい爪のように生きた攻撃力に満ち、それにねらわれたら、どうあがいても助かる見こみはないかに思われる。海の上には荒波の直下に一艘、やや離れてむこうに一艘、手前に一艘、と三つの船が描かれるが、波の圧倒的な力を前にしては

葛飾北斎　冨嶽三十六景「神奈川沖浪裏」

人力は無に等しい。しかし、見ていて船漕ぐ人びとへの同情心は起こらない。波があまりに強烈なために、見るほうは半ばファンタジーとして場面をながめるようなのだ。襲いくる凶々《まがまが》しい波しぶきが、見方によっては、複雑なリズムに乗ってふしぎな集団ダンスを披露する、小さな運動物体の集まりに見えてくる。白い紙の上に濃い藍と淡い藍の二色だけで波を造形する、という手法が運動の密度を高めている。

さて、荒波が現実を突きぬけるほどに躍動するその画面の奥に、海の騒ぎなど知らぬげに静かに小さく横たわるのが、この絵の富士だ。「凱風快晴」や「山下白雨」の雄大な富士からすると極端につつましく控え目な富士だ。しかも、むこう側に描かれた二艘目の小ぶりの船がそのつつましい富士の裾野を半分以上隠している。荒波をどこまでも強く激しく描こうとした北斎が、富士のほうは目立たぬように画面に置こうとしたのだ。

が、「冨嶽三十六景」中の一作としてこの絵に接する鑑賞者は、むこうに小さく描かれる富士を見のがすことはない。そして、改めて富士に目を留《と》めつつ絵をながめると、控え目な富士が控え目ながらに大切な存在としてそこに置かれていることが分かってくる。

画面左上に荒々しく盛り上がる波しぶきの最高・最先端の一団は、その矛先がちょうど富士へと向かうかに見える。一番高く激しい波しぶきが右斜め下に落ちかかる、ちょうどそこに富士がある。むろん二次元の絵だからそんなことがいえるので、実際の波しぶきは富士ではなく、直下の海や船へと向かうはずだ。それはそうだが、怒濤《どとう》の波と富士との対比がいったん意識にのぼると、波の荒々しい動きに動じない富士の悠然たるすがたが、自然の奥の深さを象徴しているようにも思える。

海の沖に逆巻く波濤があり、はるかかなたに富士が見えるという構図は、画家の目がこの波濤よりもっと沖に出た所にあって情景をとらえていることを示している。現実にはありえない仮構された目だ。仮構された目に映る想像上の情景がこれほどの臨場感をもって見る者にせまってくる。画家のゆたかな想像力と成熟した技量が見事に実を結んだのだ。

大荒れの海より規模は小さいが、川波の荒れるなか、突き出た岩場に立って網を引く漁師のすがたを描いたのが「甲州石班沢」だ。粗末な作業衣に腰から下は蓑《みの》を引っかけ、脚半《きゃはん》に草鞋《わらじ》ばきの漁師が、波に流されそうな漁網をしっかりと引きとめている。そばに連れの男の子がうしろ向きに坐り魚籠《びく》をのぞきこんでいる。川の水は激しく波立ち、岸辺のごつごつした岩壁にぶち当たっている。が、その激しさは海の荒波には比ぶべくもなく、波に翻弄された神奈川沖の船や船人とちがって、画面中央の岩の突端で漁網の四本の綱を引っぱる漁師は、岩を踏みしめた前かがみの姿勢で波の動きにどうにか拮抗しえている。川の情景が画面の下半分を占め、高く伸びた岩の突端に立つ漁師のすがただけが上半分へと入りこむが、その上半分を大きく占めるのは白くけぶる靄《もや》と、その上方に頭を出す富士のすがただ。画面の中央やや右よりの頂上から左に下降する山の輪郭線は、引かれてすぐに靄に隠れ、右方向の輪郭線は靄を透かして画面右端まで長く、くっきりと描かれる。漁師の握る四本の綱がぴんと伸びて右四〇度に下降するのにたいして、富士の斜線はそれより浅い角度で、わずかに湾曲して下降する。その柔らかい線が、寄りそう淡い藍色の影とともども、ほーっと溜息の出る美しさだ。彫師《ほりし》と摺師《すりし》の練達の技量に支えられた美しさであるのはいうまでもない。

葛飾北斎　冨嶽三十六景「甲州石班沢」

　人事を排した富士の雄姿と、荒れ狂う海や川と富士との対比を見たあとに、しめくくりの二作として街道筋から見える富士を描いた絵を見ておきたい。「東海道程ヶ谷《ほどがや》」と「遠江《とおとうみ》山中《さんちゅう》」の二作だ。

「東海道程ヶ谷」は手前の道に三組の旅人が描かれる。駕籠《かご》を地面に置いて一休みする駕籠舁《かごか》き二人と駕籠に乗る客の三人一組、馬子と馬上の客の二人一組、反対方向に一人で行く深編笠の虚無《こむ》僧《そう》の三組だ。のんびりした旅人たちが松並木の道で休んだり歩を進めたりするなか、左右に四本ずつ上へと伸びる松の、やや間隔の開いた真ん中の空間に、半分ほど雪をかぶった富士が横たわる。旅ののんびり気分に呼応するかのように、松と松のあいだにおさまる富士が遠くのほうにのんびりとある。絵を描く北斎も、旅人の気分に同化してのんびりと富士をながめやっているように思える。画面全体にゆったりとした空気が流れ、連作のなかでは奇を衒《てら》うことからもっとも遠い作品の一つということができる。多種多様な富士の一つとしてこういう並一通りの風景をも提示できるところに、北斎の知的冷静さの一面を見てとれるのかもしれない。

比べれば、「遠江山中」は、構図の奇抜さが目を引く絵だ。画面を左上から右下へと対角線状に横切って長大な角材が描かれる。切り口の縦横がそれぞれ一メートル、長さが一五メートルはあろうかという太く長い角材が、三角形をした高い木組と低い木組に支えられて大きなすべり台のように絵の正面にでんと位置を占める。人の意表を突く配置だ。

角材の上には一人の男が乗り、大きな鋸《のこぎり》を両手に握って上から下へと角材を切りすすんでいる。全身の動きが鋸へと集中した、力のこもるすがただ。挿絵や北斎漫画その他で暮らしのなかの人びとの動きの百態を観察し描写してきた習練が、ここにこういう形で生きている。頭のてっぺんから足の先まで無駄なく力の行きわたった動きが美しい。

それとは別に鋸を引く男が、角材の下に描かれる。地面に両膝を突き、体をうしろに反らせ、上向きになって切りすすむ男だ。上向きの不自然な姿勢だけに力のこもりかたがやや弱い。その男から少し離れた所にもう一人の男が坐り、木の切り株の溝に差しこんだ鋸の、目立てをしている。三本目の鋸だ。鋸を扱う男たちの三種三様の動きが山村の風景によくなじんで、見ていて心がなごむ。人物としてはもう二人、赤ん坊を背負って目立ての男にことばをかける姉《あね》さん被《かぶ》りの主婦と、奥で焚火をするうしろ向きの男が描かれるが、この二人もその場に自然に融けこんでいる。

さて、親愛の情をこめて山村の暮らしを描いた北斎は、遠くの富士を三角形の木組のあいだからのぞく形に描きとる。これまた人の意表を突く配置だ。おや、こんな所に富士が、と思わせるおもしろい図柄だが、とともに、こんなふうに富士が見えることは普通にはなく、図柄に絵師の作為が強く感じとれる。が、その作為が嫌みではなく、ということは人びとにとって富士がそれほど慣れ親しい存在であることが暗に示すもので、そういう富士もまた好ましい。江戸の大衆も、意表を突かれつつ、こういう富士のすがたを山村の暮らしともども楽しんだのではなかろうか。

雄大な富士から無意識に近い富士まで、見なれた富士から見たことのない富士まで、北斎はおのれの構想力の赴くままに、多種多様な富士を横長の大判画面に描きとっていった。富士の多種多様は富士を取りこんだ風景の多種多様にほかならず、それが同時代の人びとに好まれ愛されることによって、風景画の世界は格段の広がりを獲得することになった。

浮世絵師の最後に、葛飾北斎とは趣きのちがう風景画で世評を博した、歌川広重を取り上げる。

5

江戸の定火消同心《じょうびけしどうしん》の子として生まれた広重だったが、絵への志が強く、一五歳で浮世絵師歌川豊広の門下生となっている。入門当初は美人画と役者絵を描いていたが、やがて風景画にも手を染めるようになり、北斎の「冨嶽三十六景」とほぼ同じ頃に江戸の名所を描いた風景画の連作（一〇枚揃い）「東都名所」を世に問うている。三〇代半ばのことだ。構図その他に北斎の影響が見てとれる連作である。

北斎の影響を脱して広重独自の風景画へと大きく転じたのが、数年後の「東海道五十三次」だ。一八三二年に広重は幕府の御馬進献《おうましんけん》の行列に随行して、東海道を京へ上る旅に出たのだが、そのときのスケッチをもとに、一八三三年から三四年にかけて五五枚の連作として刊行したのが「東海道五十三次」だ。抒情味ゆたかな風物や人の暮らしをさまざまな絵柄に写しとった、郷愁を誘うシリーズである。

連作中に、珍しく朝まだきの情景を描いた「三島」と題する絵がある。中央の六人の人物からなる一団と、右手前面の大小五本の木だけにくっきりとした彩色がなされ、それ以外の部分は影絵のようなぼかし摺《ずり》になっている。夜の明けやらぬ朝靄の世界だ。六人のうち三人

歌川広重　東海道五十三次「三島」

は駕籠《かご》と徒歩と馬で旅する旅人で、いずれも編笠に顔を隠している。朝の寒さがこたえるのであろうか。残りの駕籠舁《かごか》き二人と馬子一人は顔が見えるが、寒さと眠さで視線が定まらぬふうだ。一団の後方には、反対方向に歩む二人連れの旅人と、やや遅れて後を追う巡礼のすがたが影絵として描かれる。下うつむいて歩くすがたが寂しげだ。

　影絵の三人の歩く街道には、同じく影絵で描かれる家々が立ちならび、その背後には画面の奥に向かって樹々や丘がこれまた影絵で描かれる。影絵は淡い茶と藍の二色で描かれ、かすんだ世界に立体感があたえられる。図柄として印象的なのは画面右手、濃い黒の木のむこうに淡い藍で描かれた神社の鳥居と灯籠《とうろう》と柵だ。普段は人目に立つ建造物が、影薄く描かれることでかえってそこに注意が行く。ここに神社があると見定めることで、影絵の世界に安定感があたえられ、それが心地よい。

　御馬進献に随行した広重は、三島で実際にこん

歌川広重　東海道五十三次「沼津」

な早朝の光景を見たのだろうか。スケッチ帳でも残っていなければそれは確かめようがないが、鳥居を中心とした神社とその周辺の雰囲気は、見たにちがいないと思わせるようなリアリティがある。冷え冷えとした早朝に、しかも旅の途上でそこを通らなければ、神社の一角がこんなふうに見えることはあるまい、と思わせる旅情ゆたかなリアリティだ。影として、あるいは背景として描かれた部分に、旅する絵師の思いがおのずと表出された風景画の優品、それが「三島」だといえよう。

三島の隣の宿駅の絵「沼津」は、夕景が描かれる。早朝の旅立ちの図のあとに、一日の旅が終わって宿に着く夕方の図が来るという次第だ。

曲がりくねった川沿いの道に、重そうに足を運ぶ三人の旅人のうしろ姿が描かれる。前を行くのが二人連れの巡礼の母子で、あとに続くのが箱に入った大きな天狗《てんぐ》の面を背負う金毘羅参《こんぴらまいり》の男だ。夕刻の薄暗い一帯をギョロ目でにらむ長い鼻の赤い大天狗面。それが心細い道中を見守ってくれるかのようだ。川の対岸には数十本の杉が密集する黒っぽい林が見え、同じ杉がぽつんぽつんと立つこちら側の曲がりくねった道は、行く手に太鼓橋がかかり、橋を渡った先には家々の立ちならぶ沼津の町が見える。町のむこうには海が広がり、海の真ん中に満月が出ている。といっても、まん丸な月が皓々《こうこう》と下界を照らしているのではない。杉の大木の葉叢《はむら》に月面の半分以上が覆われ、月はむしろ寂しげにそこに置かれている。手前の三人の男女の疲れた重い足どりに呼応すべく、広重はあえてそういう月にしたのだろうか。

月は白く描かれる。ほかに、家の白壁、母子の編笠から垂れる頭巾、男の装束が白で、道の淡い茶色とともに、そこだけはほのかな明るさを保っている。が、この明るさもそう長く続きそうにない。三人の旅人も宿に入ってくつろぎ、空腹を満たし、ゆっくり眠るしかない。静かな夕景がそんなことを告げている。

静けさに落ち着きをあたえているのが、濃淡の藍色で彩られる川と海と空の風景だ。川も海も空も動きはほとんどないが、色の微妙な濃淡によってかすかながら命の息吹のようなものが感じられる。その息吹は一日の旅を終えた三人の旅人の思いとも、沼津の町に住む人びとの日々の思いとも通じ合うようで、そういう色使いに「東海道五十三次」の抒情性が匂い出ているように思う。

満月の出る夕景というと、「東海道五十三次」の次に出た「木曽街道六十九次」中の傑作「洗馬《せば》」について一言せざるをえない。美人画を得意とする渓斎英泉《けいさいえいせん》が版元保永堂《ほうえいどう》と組んで企画したものの、英泉が途中で放棄したため、広重が代わって描き継いで完成させたという曰《いわ》くつきの連作だが、いまいう「洗馬」は川と野原と月の出る空を描いて、旅の寂寥《せきりょう》が見る者の胸にせまる名作である。広重も寂寥感を胸に風景をながめたにちがいないが、寂寥感に浸っていては絵は描けない。寂寥感に耐えて風景の細部にしっかりと目をやる。そうやって旅人であることと絵描きであることの矛盾を心の奥底で生きている一人の人間の、世俗をぬけ出した境地を映し出したのがこの風景画だ。なにより夕刻の光の表現の、閑寂な美しさが目を引く。陽が傾いて一帯が少しずつかげりを帯びてくるなか、光の残っているあちらこちらが、淡い光ながらふっと浮き上がるように明るく見えてくるのが、ほかの時刻にはない夕方の明暗のおもしろさだが、「洗馬」はそのおもしろさを見事にとらえている。こんもりと薪を積んだ船の船縁《ふなべり》、船と筏《いかだ》のあいだの川面、川岸からやや離れた野原、むこうに五軒ほど見える家、右方の空に棚引く雲、等々に消えずに残る明るさは、夕刻の淡く穏やかな光の輝きそのものだ。そのような明るさのなかに、これもまた淡い光を放って満月がある。船を漕ぐ男と筏を漕ぐ男は二人ともうしろ姿に描かれるが、船や筏ともども風景によくなじんでいる。日暮れのときはかれらの活動の終わるときで、そのすがたには一日を無事に終えた安堵感が見てとれる。

さて、「東海道五十三次」にもどって、次は「蒲原《かんばら》」の雪の絵だ。

絵の上で季節が秋から冬へと移りゆき、ここに雪景色が描かれる、というのではない。宿駅から宿駅への移動と季節の移りゆきとが並行して進むように、という構想は広重にはなかった。宿駅はさきの天狗の面の沼津から原、吉原を経て蒲原に着き、そのあと、由比《ゆい》、興《おき》

歌川広重　東海道五十三次「蒲原」

津《つ》、江尻《えじり》と続くが、雪は「蒲原」だけに降って、前後の宿駅には降っていない。(ずっと離れた「亀山」の絵にもう一度雪景色があらわれる。)

「蒲原」はいきなりの雪景色だが、小高い丘や、家々の屋根や、木の枝や、むこうの山々に積る雪が、一帯に沈黙の世界を作り出している。町のむこうには黒い海が広がり、海には白い雪片が音もなく舞っている。こちら側の丘の斜面には三人の男が描かれる。右手の二人は笠をかぶり、一人は合羽《カッパ》を、もう一人は蓑を着て、雪に足を取られながら斜面を上ろうとしている。この二人から離れて反対方向を向くもう一人は唐傘《からかさ》をすぼめて差し、右手に杖を突き、佇《たたず》んで動く気配がない。見ればば足元には点々と下駄の跡があり、右足がわずかに前に出てもいるから、この男は斜面を反対側に下ろうとしているのだろうが、沈黙の支配する雪の世界では、じっと佇む男の存在はさほど不自然ではない。その意味では幻想へと一歩踏みこもうとする風景画といえるかもしれない。

静の極みともいうべき「蒲原」にたいして、動の情景を滑稽味をも混じえて描こうとしたのが「四日市」だ。

場面は三重川《みえがわ》のほとりで海が近い。画面中央を水平に切る防波堤のむこうには海と海辺の町が遠く広がり、こちら側は川が流れる。川には大きく突堤が張り出し、突堤の先端に右方向に木の橋が据えられている。突堤の左脇には太い柳の木が一本立ち、右脇の川には舫《もや》い船の一部が見える。

突堤の上に男が一人、滑稽なすがたで描かれる。海から吹いてくる強風に編笠を飛ばされ、地面を転がる笠をあわてふためいて追いかける旅の男だ。大きな荷物を背中に負い、膝を曲げ、身を低くして笠を追うそのすがたは、いまにもつんのめりそうだ。広重が珍しく笑いながら描いたと思わせるようなしぐさだ。もう一人、木の橋の上に立つ男は、強風で合羽《カッパ》が吹き飛ばされそうになるのを必死にもちこたえている。こちらはうしろ姿ということもあって、滑稽感はない。むしろ、風に大きくふくらむ合羽にたいし、編笠と杖と両脚が強風に耐えておのれを持している対比のさまには、芝居ふうの恰好のよさがあるといえる。芝居ふうといえば、転がる笠を追う男の滑稽さも芝居がかっていて、そう思って見ると、幅広の白っぽい突堤と、三枚の板を並べただけの細長い木橋は、それぞれに芝居の舞台装置と見えなくはない。ということは、絵の風景としては難があるということで、実際、画面中央の柳の大木を別として、風景は全体として静かに整いすぎている。風景が静かに整っているのは、たとえば北斎の風景画と比べたときだれしもが認める広重の風景画の特色で、絵が郷愁を呼び起こす要因の一つもそこにあるが、「四日市」では静かに整ったその佇《たたず》まいと強風との反《そ》りが合わないのだ。動きのある風物としては柳の木と水辺の草の群れがあるが、草の群れの動きは穏やかに全体が脈打つといったもので、強風下の動きとは思えない。柳の枝の動きだけはたしかに激しく、柳のしなやかさが鮮やかに表現されて美しいが、動の激しさゆえにかえってまわりの風景からは浮き上がり、二人の人物の動きを助長する芝居の大道具と見えかねない。というわけで、この絵は広重の上乗の作とはいえないように思う。

静の名作の多い「東海道五十三次」だが、では動を描いて上乗といえる作品はどれか。その問いには、雨の景を描いた「庄野《しょうの》」がそれだと答えることができる。

題名の「庄野」の横に「白雨」と書いた朱印が押してある。夏の夕立が白雨だ。画面全体に横なぐりの雨が激しく降るなか、山道を左方向に三人（駕籠《かご》の客を加えると四人）、右方向に二人の男が、雨に打たれつつ先を急いでいる。画面やや下方を斜めに横切る山道のむこうは、竹林がずっと奥まで続き、それが手前から順に黒、濃い灰色、淡い灰色、と三段階の濃淡をもって描かれる。二段目と三段目の竹は影絵の形で描かれるが、一番手前の黒い竹は葉の一枚一枚が分かる描きかただ。その黒い竹林のなかに五軒の藁屋根《わらやね》が見える。

五軒の家は画面右下にたがいに寄りそうように静かにあるが、三段の竹林はそのいずれもが雨に打たれ、風にあおられて、大きく揺らいでいる。白雨というから、つい先ほどから風

歌川広重　東海道五十三次「庄野」

が吹き、雨が降り始めたのだろうが、その風と雨が広い空間を揺るがしていることが竹林の動きから知れる。竹の群れは風と雨に抗《あらが》いつつこれと一体化し、一体化しつつこれと対立している。そんな風と雨と竹林のありさまは、これこそが自然そのままの動きだと思わせる。

　こちら側の五人の道行く男たちも雨と風に負けてはいない。左方向に向かう三人のうち、編笠をかぶり蓑を着た先頭の男は左足をうしろに跳ね上げた前かがみの姿勢で前へと急ぎ、後に続く二人は駕籠の長柄《ながえ》の前とうしろをしっかりと右肩に担い、両足を踏みしめて一歩一歩前へと向かっている。駕籠の屋根には雨よけの覆いがかぶせられ、風でめくれ上がった隙間《すきま》に駕籠の客のむき出しの左手がのぞく。

　反対方向に向かうのは二人。こちらは下り方向で、走る一人は、勢いがつきすぎるのを踏んばった右足で抑えている。編笠に蓑の恰好は上り道を急ぐ男と同じだ。そのすぐ隣には傘をさして歩く男がいる。こちらは急ぐ気配がなく、隣を走る男の引き立て役といったところだ。

五人の男はいずれも顔が見えない。見せる必要がないということだろう。風雨のなかでの動きこそが眼目だからだ。左方向に三人、右方向に二人という人物の配置も、動きを強く印象づけるための工夫かと思える。左へ右へと対立する動きが描かれることで、動きの勢いが増すとともに、自然と人間との対比が強くおもてに出てくる。道が坂になって斜めに画面を横切ることが、動きを加速する要素となっている。

街道があり竹林がある山中に端から端まで細い雨が降りそそぐ。雨は無数の細く淡い直線で描かれ、画面を覆う薄い膜となっている。膜をかけられることによって、ほんの少し風景のもの寂しさが増し、郷愁が深くなる。風景と雨の濃淡の配合が絶妙で、それのもたらす空間のふくらみゆえに、「庄野」は潤いのある動の風景となった。画家は糸のような雨の線を一本一本楽しみながら引いていったように思われる。

広重には雨の絵が多いが、なかでも名の高いのが「名所江戸百景」中の秀作「大《おお》はしあたけの夕立《ゆうだち》」である。広重晩年の作だ。旅の風景画ではなく、住みなれた江戸の一情景を描いたもので、風景の穏やかな美しさと、風景に包まれた人びとのつつましい暮らしが抒情ゆたかにとらえられた絵だ。近景の大橋、川のなかの筏、遠景の影絵のような建物と森、それらが雨に降りこめられて落ち着いた奥行きのある世界を作り出している。広重の生涯変わらぬ風景へのまなざしが感じられる。

歌川広重　名所江戸百景
「大はしあたけの夕立」

珍しいのは、横長の画面がほとんどの広重の風景画のなかで、この絵が縦長の絵であることだ。が、広重には縦長を苦にするようすはまったくない。画面下部には川にしっかりと根を張った頑丈な木組とその上に架かる堂々たる大橋が描かれて画面の堅固な支えとなり、それが、むこうに見える筏、そのまたむこうの蔵や森と見事な均衡をなすし、縦長ゆえに長く伸びる雨足によって、雨の懐しさとやるせなさがいっそう強く見る者にせまってくる。

「東海道五十三次」で確立した広重の風景画の人気は、衰えることなく続き、版元からの注文は引きも切らなかった。注文に応じて次々と都鄙《とひ》の名所を大判の浮世絵にしていくなかで、人びとの暮らしとともにある自然の美しさを表現するという広重の画風は、揺るぎないものとなった。江戸後期の人びとの美意識に支えられて完成の域にまで達したその風景画は、逆に、同時代の、また後代の人びとの美意識を鍛え上げ磨き上げる、すぐれた造形美術となった。多色摺木版画技法の開発によって江戸の人びとに広く愛好された浮世絵は、美人画・春画・役者絵・風景画としだいにその領域を拡大していき、広重の抒情的な風景画において発展の旅の終点に達したのだった。

第三十五章　鶴屋南北『東海道四谷怪談』――悪の魅力

『東海道四谷怪談《とうかいどうよつやかいだん》』が江戸・中村座で初めて上演されたのは、明治維新の四〇年ほど前、一八二五年のことだった。葛飾北斎の「冨嶽三十六景」や歌川広重の「東海道五十三次」が世に出る少し前のことだ。

が、富士の多様なすがたを奇抜な構図のうちに描きとる「冨嶽三十六景」や、江戸と上方を結ぶ街道の宿駅の四季折々の情景を旅情ゆたかに表現する「東海道五十三次」とは、まったく趣きを異にするのが鶴屋南北《つるやなんぼく》の『東海道四谷怪談』である。生活の労苦や煩わしさを離れてほっと息をつき、呑気に美の世界に遊ぶといったつきあいを許さないのが、『東海道四谷怪談』だ。悪に取りつかれた人間たちの残忍きわまる悪行が、次々と舞台上にくりひろげられる。あるのは風景画の洗練された、秩序立った、知的な美しさではなく、悪と醜に深く染まった、どぎつく、どす黒い地獄図絵だ。浮世絵を気軽に楽しむ江戸の大衆は、同時に、劇場に足を運んで悪の地獄図絵を楽しむ大衆でもあった。既成の秩序と規範が崩れつつある時代にあって、人びとの心にわだかまる不安の意識に目を据え、悪逆非道の演劇という新しい表現領域へと突き進んでいったのが鶴屋南北であり、その最高の成果が『東海道四谷怪談』だった。

南北の台本をそのまま通しで上演すれば五、六時間はかかりそうな『東海道四谷怪談』は、登場人物が数十名、いくつもの筋が複雑にからんで、全体を統一的な視野の下におさめるのが容易ではない。作者南北が全体の見通しをもたなかったはずはないが、見通した上で、見せ場と思えるところでは場の緊張感を高めるべく筆の勢いにまかせて思い切り過激な道へと踏みこむような、そんな書きかたがなされている。話の展開についていくのはさほどむずかしくはないが、幕が下りたあと、振りかえってどんな芝居だったかと考えると、統一的なイメージが容易に浮かばない。拡散し逸脱する五幕芝居という印象が強い。

主軸となる筋が、浪人・民谷《たみや》伊右衛門《いえもん》とその妻お岩との関係にあるのは、はっきりしている。貧乏暮らしの伊右衛門に金持ちの娘お梅が恋い焦がれ、金持ち一家は娘の思いをかなえるべく、伊右衛門とお岩を離縁に追いこもうと画策する。一家の主《あるじ》は産後の床にあるお岩に、血の道の薬だと偽《いつわ》って顔面が醜く変形する毒薬を贈る。毒薬を服んだお岩は醜い顔で部屋をうろつくうち、柱にささっていた刀に喉を突かれて悶《もだ》え死ぬ。金を積まれてお梅を新妻に迎える気になった伊右衛門は、雇われの身で盗みを働いた小仏小平《こぼとけこへい》をお岩の間男《まおとこ》に仕立て上げ、小平を殺した上で、悶死したお岩ともども戸板の表裏に打ちつけて川へ流し、すぐそのあとにお梅と祝言《しゅうげん》の式を挙げる。死んだお岩は醜い顔の幽霊となって、まず伊右衛門とお梅の初夜の床にあらわれる。伊右衛門はぬいた刀で幽霊のお岩を殺すつもりで、お梅を殺してしまう。お岩の幽霊はその後も醜い顔で、また子年《ねどし》生まれに因《ちな》む鼠に変身して、しつこく伊右衛門につきまとい、最終五幕の幕切れでついに伊右衛門を打ちたおす。

それが全篇をつらぬく太い糸で、それと並ぶ副筋としてお岩の妹お袖と直助のからみ合いがある。一幕で父と夫の二人を同時に殺されたお袖は、敵討《かたきう》ちに男手が必要だと考えて直助と夫婦になる（直助はお袖の実の兄だ）。が、殺されたと思った夫（与茂七《よもしち》）は実は死んではおらず、与茂七だと思って別人（庄三郎）を殺した下手人が新夫の直助だったと、こちらもこちらで波乱の展開だ。みずから与茂七を殺しておいて（実は別人だが、直助は別人だとは知らない）与茂七の敵を討ってやろうとだまして与茂七の後釜に座る直助も相当の悪党だが、しかし、この悪党は伊右衛門ほど強くはない。普段の暮らしでは人情味をのぞかせたり弱みを見せたりもする。さて、形ばかりで共寝をしなかった夫婦だが、お岩の死を知らされて弱気になり、直助への依頼心を強めたお袖が初めて肌を許したその直後に、死んだはずの与茂七が二人の前にすがたをあらわす。事情を知ったお袖は与茂七への操《みさお》を守らなかったことを悔い、みずから仕組んで二人に討たれて死ぬ。死ぬ間際のお袖から手渡された書状から、自分が主殺《しゅうごろ》しと兄妹相姦の大罪を犯したと知った直助は、その場で自害して果てる。

これがお袖と直助の関係の筋書だ。さらに、もう一つ別筋として忠義の士・小塩田又之丞《おしおだまたのじょう》の話があるが、そこまで視野を広げて考えることはないだろう。

さて、お岩・伊右衛門にまつわる主筋も、お袖・直助にまつわる副筋も、悪と醜に深く染まり、凶器が舞い、血の飛びちる、怨念《おんねん》と恐怖と猜疑《さいぎ》の暗黒世界であることは筋書だけからも知られよう。作者はそういう世界を、一つの華麗な、魅力的な場面として舞台上に出現させようとした。それが南北の得意とする作劇法だった。

が、そういうおどろおどろしい場面を連ねるだけでは、人を引きつけるすぐれた劇はなりたたない。いや、そもそも劇として体《たい》をなさない。そんな場面だけが続けば、観客は食傷し、そっぽを向く。悪の残忍さ、苛酷さを強く印象づけるためには、他方で、悪にも善にも傾かぬ平々凡々たる日常の世界をしっかりと表現しなければならない。南北はそんな日常生活の表現においてもすぐれた手腕を示す作家だった。

一幕の幕開きが、ありきたりの日常風景だ。浅草寺《せんそうじ》の境内が舞台で、茶店と楊枝店《ようじみせ》の並ぶ境内の一角を雑多な人間が三々五々たわいのない会話を交わしながら通りすぎる。遊び人、商家の手代、ならず者、薬売り、酒屋の小僧、お大尽の一家、下人、もの乞い、浪人、等々。主役、準主役の面々も混じるが、かれらとてここでは、たまたま通りかかった大勢のなかの一人にすぎない。焦点の定まらぬ会話と人物の動きが、あらわれては消え、消えてはあらわれ、それが人だかりのする名所の賑わいの雰囲気を醸し出す。観客もまずはくつろいだ気分で舞台の進行を追いかけることができる。

なかのほんの一齣《ひとこま》を以下に引用する。あらかじめ人物を紹介しておくと、喜兵（衛）は格式ある羽織・袴に両刀を帯した金持ちの老人。お梅はその孫娘で、振袖姿。お槇《まき》は付き添いの乳母。尾扇《びせん》は病気がちのお梅に付き添う医者。お政は茶店のおかみ。桃助と石はそこらをぶらつく遊び人。原文のまま引用し、〔　〕内に注解を施す。

喜兵　コリヤお梅。今日《けふ》はだいぶ気合ひ〔気分〕がよささうなが、あまりおして〔無理し

お梅　て〕歩行致すにも及ばぬ事ぢや。駕《かご》など申し遣《つか》はさうか。

お槇　イエイエ、私はやはりこれが〔歩くのが〕よろしうござりますれど、あなたがさぞ御気まだるう〔もどかしく〕思《おぼ》し召しませうと存じまして。

尾扇　サア、何事にもそのやうにお気遣ひ遊ばすが、それがやつぱりあなたの御持病。今日《こんにち》は御保養がてらの御参詣。お気ままにおひろひ遊ばし〔お歩きになり〕、御下向には〔お帰りの際には〕またなんぞ、御気に入りましたお人形でも、大旦那様へおねだり遊ばしませ。

喜兵　さやうさやう。とかくにその御病症《ごびやうしやう》には、御鬱散《ごうつさん》が〔気晴らしが〕肝要でございます。チトあれにて、御休息遊ばしまするが、よろしうござりませう。

お政　いかさま、さやう致さう。ササ、来やれ来やれ。

ト……皆々本舞台へ来《きた》り、床几《しやうぎ》へ掛ける。

お槇　お出《い》でなされまし。

ト茶、煙草盆《たばこぼん》を出す。

お梅　御覧遊ばしませ。このやうにも御参詣の、たえず群集《ぐんじゆ》致しまする〔人の集まる〕観音様はござりませぬ。今日は私もともどもに御願《ごぐわん》がけ致しまするほどに、あなた様にも、かのお方に早う。サア早う御利益《ごりやく》にて、御本復《ごほんぷく》遊ばすやうに〔全快なさるやうに〕御信心遊ばしませ。

こちらがこれほど思うてゐても、あなたの方には〔あちら様は〕余所外《よそほか》に、またど

お槙　のやうな。お鬮《みくじ》など取つて見やいなう〔引いてごらん〕。
畏《かしこま》りました。私がのみ込んでをりまする。
尾扇　イイヤまた、あまたの医書をも見開いたる尾扇なれども、娘ツ子の病症を見定むるには乳母《おんば》にはしかずと、千金方《せんきんはう》〔中国の医書の名〕にも論じてござるて。まつたくこれは恋煩《こひわづら》ひと相見えまするて。
トお梅、恥づかしき思ひ入れ、
お槙　また尾扇さんの、そのやうな事を。おほかた手めへを思つてゐるのぢやアねへか。
桃助　石や、聞いたか。あのお嬢様は恋煩ひだとよ。
石　うさアねへ〔そのとおりだ〕。恋の煩ひなら、滝に打たせてみればいい〔「恋」と「鯉」を掛け、鯉の滝登りと洒落《しゃれ》た〕。（新潮日本古典集成『東海道四谷怪談』一一八―一二〇ページ）

話手が次々と入れかわり、話の内容も脇道にそれたり大きく飛んだりだが、それでいてことばは滑らかにつながり、日常会話の穏やかで親しげな雰囲気が出ている。最後の桃助と石の冗談口は、それ以前の会話をやや離れた所で聞いていた二人が内々に交わすせりふだが、即《つ》かず離れずのそのせりふによって、観客の視線は軽やかに移動し、盛り場の賑わいにくつろいで接することができる。南北は七一歳でこの作品を書いたというが、集団の外にまで及ぶちょっとしたせりふの受け渡しの機微に、長い人生経験が生きているかに思われる。

こういうさりげない日常世界に、ふっと悪が、悪意が、まぎれこんでくる。南北の劇の、おもしろくもあり恐ろしくもある話の進めかただ。一幕の浅草寺境内の場でも伊右衛門の義父（お岩の実父）四谷《よつや》左《さ》門《もん》が下人やもの乞いにいたぶられたり、伊右衛門が左門殺害を決意するくだりにそれがうかがえるが、ここでは、場面を変えて二幕の雑司《ぞうし》ケ谷《がや》四谷町の場の一節を引く。

伊右衛門に雇われたばかりの小仏小平が、難病を患う旧主の、その難病に効く薬が伊右衛門宅にあるのを見つけ、盗んで逃亡する。伊右衛門の仲間の長兵《ちょうべ》（衛《え》）、官蔵《かんぞう》、伴助《ばんすけ》が小平をつかまえてきて伊右衛門の前に差し出す。小平が、薬を盗んだのは忠義から出た出来心だった、と伊右（衛門）に弁解したあとに、以下のやりとりが来る。

伊右　出来心であらうが忠義であらうが、人の物を盗まば盗人。忠義で致す泥坊は、命は助かるといふ天下の掟があるか。たはけづらめ。一薬も取り返し、取替の金子さへつぐのはば助けてはやらうが、そのかはりおのれが指は一本づつ折つてしまふハ。
長兵　これはよい慰みでござらう。しからば十本の指を、残らず折つてみませうか。
官蔵　命のかはりが指十本。イヤ、安いものでござるナ。
伴助　私も稽古の為に、折つてみませう。
伊右　サア手伝へ手伝へ。

　　ト皆々、小平へ立ちかかるを、宅悦《たくえつ》、捨て台詞にて止める。小平、思ひ入れあつて、

小平　アアモシモシ、このうへ指を折られまして、手が不自由では、主親をはごくみまする事とても〔主人や親を養うことができません〕。

三人　それをおいらが知るものか。

小平　お慈悲でござります。お情けでござりまする。どうぞその儀を〔お許しを〕。

伊右　エエやかましい。猿轡《さるぐつわ》でもかけさつしやい。

三人　合点だ合点だ。

　　ト三人、立ちかかり、伴助、手拭を取つて、小平が口をゆはへて、

伴助　これでようござります。

官蔵　指のこころみに〔予行演習として〕、鬢《びん》の毛から抜きませう。

長兵　こいつはよからう。

　　ト立ちかかつて、小平の小鬢の毛を、皆々抜いて、たばこ吹きかけ、いろいろさいなむ。……（同右、一三三―一三五ページ）

こういう懲《こら》しめやいじめが日常茶飯事としておこなわれるのが南北の芝居だ。伊右衛門は別として、長兵衛も官蔵も伴助もとりわけて悪党というわけではなく、普通に世を渡る有象《うぞう》無象《むぞう》といっていいが、かれらが日常の時間の流れのなかでなんのこだわりもなく人を傷つけ

苦しめ、そのことに喜びを見出す。そんな場面が観客に受け容れられていたとすれば、そこには、人びとが暴力や悪をけっして日常から遠いものとは感じていなかった世相が反映していよう。そして、南北はそういう世相のうちに悪を突きつめていく演劇の可能性を見出し、徹底した悪事・悪行の構築と、悪の人物像の造形によって、これまでにない演劇美の世界を創ろうとしたのだった。

長兵衛たちが小平をいたぶっているところへ、ご近所の伊藤喜兵衛方から使いの者がやってきて、小平虐待は中断される。伊藤家の使いは、民谷家の新生児誕生を祝う数々の品を運びこんだ上に、もう一品、産婦お岩のために血の道の妙薬を進呈する。下心あっての贈品だ。伊藤家のお梅が妻ある伊右衛門を恋い慕うのをあわれんで、伊右衛門夫婦の仲を割《さ》き、お梅を伊右衛門に添わせようとの魂胆だ。中断された小平虐待に代わって、お岩の虐待が始まる。

過分な祝儀のお礼に、伊右衛門が長兵衛たちをつれて伊藤家を訪問するところから事態は大きく動く。伊藤家の面々と伊右衛門とのあいだに、悪の共同性とでもいうべきものが作り上げられていく。

むろん伊右衛門はお梅との結婚を二つ返事で承諾はできないし、しない。するとお梅は、着物の帯のあいだから剃刀《かみそり》を取り出し、念仏を唱えて死のうとして、皆にとめられる。仲間の長兵衛がお岩を捨ててお梅に乗りかえる利を説くが、伊右衛門は聞きいれない。ときに伊藤家の主《あるじ》喜兵衛が手箱の金を残らず出し、伊右衛門の前に置いていう。

喜兵　サ、伊右衛門殿、殺して下され。この喜兵衛めを殺して下さい、殺して下さい。

　トせいて言ふ。伊右衛門、思ひ入れあつて、

伊右　お年寄りのつきつめた様子、この相談がととのはねば、なぜまた殺せとおほせらるナ。

喜兵　ササ、そこでござる。孫〔お梅〕めが事が不憫《ふびん》に存じ、聟《むこ》に取らうも〔そなたは〕女房持ち。アアどうがなと工夫をこらし、お弓〔お梅の母〕にも知らさず、身が覚えをる面体《めんてい》崩るる秘方の薬〔顔つきの変わる秘薬〕。お岩殿に呑ませなば、たちまち相好《さうがう》かはるは自定〔確かなこと〕。その時こそは、こなたが女房に愛想《あいそ》がつき、別れ引き〔離婚沙汰〕にもなつたなら、跡へ持たせるこの孫と〔孫娘を後妻に据えようと〕、悪い心が出たゆゑに、口外せねど、さつきにこなたへ〔さきほどあなたの家へ〕血の道薬と、乳母《うば》に持たせて遣《つか》はしたるは、面体かはる毒薬同前。しかし命に別条なし。そればかりを取得《とりえ》にして、よもや罪にもなるまいと、お岩のところへやつたるが、事叶《かな》はねば身の懺悔《さんげ》〔孫娘が結婚できないなら、懺悔して死ぬほかない〕。それだによつて殺して下さい。

お弓　スリヤそのやうな恐ろしい、工《たく》みの元《もと》もこの子ゆゑ。

お梅　逆罰《さかばち》あたるはそりや眼前〔すぐにも罰が当たりましょう〕。

喜兵　こなたが得心ある時は〔あなたが承諾してくれるなら〕、家のあり金《がね》残らずこなた

へ。

長兵　その据膳《すゑぜん》を、食はぬはこなたの了簡違ひ。

喜兵　腹が立つなら殺して下さい。

お弓　ぢやと申しても、あなたをここで。

お梅　いつそわたしが。

　　ト死なうとする。お弓、止める。

喜兵　承知はないか。

伊右　サ、それは

お弓　死ぬるこの子をどうぞ助けて。

伊右　ぢやと申しても。

喜兵　しからば身どもを。

伊右　サ、それは。

お弓　サア。

喜兵　サア。

伊右　サア。

三人　サアサアサアサア。

喜兵　よこしまながら〔道に外れてはいるが〕。

お弓　御返事を。

　　トきつと言ふ。伊右衛門、思ひ入れあつて、

伊右　承知しました。お岩を去っても娘御〔お梅〕を、申し請けう。
喜兵　スリヤ御得心下されて。
お弓　さすればこの子の。
長兵　願ひも叶うて。
……
お弓　思ひ立つ日の今宵《こよひ》が吉日。
喜兵　内祝言《ないしうげん》もすぐに今晩。承知でござるか。
伊右　いかにも致さう。……（同右、一五九―一六三ページ）

たくらみの中心に立っているのは喜兵衛だ。その喜兵衛が「悪い心が出たゆゑに」とか「よこしまながら」といったせりふを吐くのだから、良心のうずきというか、悪の自覚というか、そういうものがまったくないわけではなかろう。が、そういう心のわだかまりを置き去りにして、事態はどんどん進んでいく。喜兵衛自身が自分を励ますように悪の道をひた走るし、それに引っ張られて喜兵衛の孫娘・お梅も、お梅の母・お弓も同じ道を進んでいく。途中でお梅が剃刀《かみそり》をもち出して自害しようとするのは、演技なのか本心なのか。どちらとも取れるように台本は書かれているが、そのあとの展開は、お梅のそのふるまいを悪の奔流へと流しいれ、悪の流れをいっそう勢いづけるように進んでいく。伊右衛門の抵抗も悪の勢いをいっそう盛り上げるための抵抗としか思えない。せまってくるのは悪のすさまじいエネルギーギーであり、エネルギーがリズムに乗ってぐんぐんと大きくなっていく動きの高揚感だ。伊右衛門がお梅との結婚を承諾したとたん、喜兵衛が「内祝言もすぐに今晩」と畳みかけるのも、喜兵衛の悪知恵のしたたかなあらわれというより、舞台いっぱいに充満した悪のエネルギーが喜兵衛の口を借りて噴出したというに近い。このエネルギーはもはや登場人物のだれかれの手に負えるものではなく、舞台の転換によっておさめるほかはないかのごとくだ。

舞台が変わると、伊右衛門宅。毒薬を服《の》んで面体《めんてい》の醜く変わったお岩が床に伏せって顔のほてりに苦しんでいる。そこへ伊右衛門が帰ってくる。お岩を捨て、お梅を新妻に迎えると伊藤家で確約した伊右衛門は、悪の性根が座っている。すでに義父の左門を切り殺し、雇い人の小平の指を折るよう命じた伊右衛門のこと、果断な悪党であることは明らかだが、伊藤家から帰って病弱なお岩と向き合う場面では、底意地の悪い内面がむき出しになる。そこまで言わなくても、というせりふが次々に飛び出してくる。その一つ一つがお岩の心を傷つけ、痛めつける。

毒薬が効いて息も絶え絶えのお岩が、わたしが死んでも当分は後妻をもたないでしょうね、という。それにたいする返答から始めて、長い二人のやりとりを引用する。

伊右　女房ならばぢきに持つ。しかもりつぱな女房を、おらア持つ気だ。持つたらどうする。世間にいくらも手本があるわへ。

トずつかり〔ずばりと〕言ふ。お岩、あきれし思ひ入れにて、

お岩　コレ伊右衛門殿、常からおまへは情けを知らぬ、邪慳《じゃけん》な生れ。さういふお方を合点で〔そういう人だと承知の上で〕、添うてゐるのも、

伊右　親父の敵《かたき》を頼む気か。コレ、いやだの。今時分、親の敵もあんまり古風だ。よしにしやれヨ〔やめておけよ〕。おれはいやだ。助太刀しようと請け合うたが、いやになつたの。

お岩　エ、そんならいまさら、アノおまへは。

伊右　オオ、いやになつた。いやならどうする。それで気に入らずばこの内を出て行けヨ。外《ほか》の亭主を持つて、助太刀をして貰ふがいい。こればかりはいやだの。

お岩　おまへがいやと言はんしても、外《ほか》へ頼まん便りもなう、女の手一つ。さすれば願ひも叶はぬ道理。さりながらわたしにここを出て行けなら、なるほど出ても参りませうが、跡でおまへは継母《ままはは》に、あの子をかける心かいの、心かいの〔赤ん坊を育てさせるつもりですか〕。

伊右　コレコレ、継母《ままはは》にかけるがいやなら、あの餓鬼をつれて行け。まだ水子《みづこ》のあの餓鬼と、新規にはいる女房と、一口に言へるものかへ〔どっちを取るかはいうまでもない〕。

お岩　スリヤこなさんは、女には実の我が子も〔女のためには実の子も〕、

伊右　見替へねへでどうするものだ。我もおれを見替へたから、おれも我を見替へるが、それがどうした。

お岩　エエ、なんでわたしがアノおまへを、誰に見替へましたぞいナ。
伊右　サ、その見替へた男は、アノ、
お岩　誰でござんす、誰でござんす。
伊右　オオそれそれ、あの按摩坊主《あんまばうず》に見替へた。わりやアあいつと間男《まをとこ》をしてゐるな、間男をしてゐるな。
お岩　エエなにを言はしやんす。いかにわたしがやうな者ぢやというて、なんでマア不義間男をせうぞいナ。
伊右　わりやアしまいが、おれがまた、外《ほか》で色事をしたらどうする。
お岩　サ、そりや男の名聞《みやうもん》。どのやうな事さんせうが、願うておいた敵討《かたきうち》、力になつて下さらば、なんのどのやうな事あつても、
伊右　かまはぬと言ふ代りには、敵討を頼むのか。品によつたら〔事によっては〕餓鬼まで出来た女房だから、助《す》けてもやらうが、知つてのとほり工面が悪い〔金まわりが悪い〕。コレ、なんぞ貸してくれヨ。急にいる事がある、と言うてなにも質草《しちぐさ》が、
　　トあたり見廻し、落ちてある櫛《くし》を見つけ、
コレ、これを借りよう。
　　ト取り上げる。その手に取りつき、
お岩　アアそりやかかさんの形身の櫛。外《ほか》へやつては、
伊右　ならねへのか。コレ、ありやうはナ、おれが色の女が、普段さす櫛が無い、買つて

くれと言ふから、これをやらうと思ふが悪いか。

お岩　こればかりはどうぞゆるして。

伊右　そんなら櫛を買ふだけのものを貸せ。まだその上にナ、おれも今夜は身の廻りがいるから、入替物でも工面せねばならぬ〔必要な品を質から出すため、代わりに入れるものを算段しなければならん〕。なんぞ貸せ。サ、早く貸しやアがれ。

ト手荒く突き飛ばす。お岩、思ひ入れあつて、

お岩　なんというても品もなし、いつそわたしが。

ト着る物をぬぎ、下着ばかりになり、

病気ながらもおまへの頼み、これ持つて行かしやんせ。

ト差し出す。伊右衛門、取つてよくよく見て、

伊右　これでは足りねへ。もつと貸してくれろ。なにもねへか。オオ、あの蚊屋を持つて行かう。

トかけ寄つて、釣りかけある蚊屋を取つて、行かうとする。お岩、すがつて、

お岩　アアモシ、この蚊屋がないとナ、あの子が夜ひどい蚊にせめられて。

ト蚊屋に取りつく。

伊右　蚊が食はば親の役だ、追うてやれ。サ、はなせ、はなせ、エエはなしやアがれ、はなしやアがれ。

ト手荒く引つたくる。お岩、これに引かれ、たじたじとして、蚊屋をはなすと

て、指の爪、蚊屋に残り、手先は血になり、どうと倒るる。伊右衛門、ふり返り、

伊右　それ見たか。エエ、いけあたぢけねへ〔けちんぼめ〕。しかしこれでも不足であらうが。

ト唄、時の鐘、蚊屋と小袖をかかへ、値打をしながら、向ふへはいる〔品物を値ぶみしながら花道に入る〕。……（同右、一七〇―一七四ページ）

歌舞伎独特の劇的誇張は割り引いて考えねばならないが、それにしても、手を替え品を替えてお岩を痛めつける伊右衛門の悪辣《あくらつ》さは、目を瞠《みは》らせるものがある。次々と話題の移るせりふのテンポの軽快さと、二人の動きの、とりわけ伊右衛門の動きの起伏・緩急の大きさからしても、この場面はまさしく類稀《たぐいまれ》な悪の名舞台ということができる。新規の女房の話に始まって、親の敵討の放棄、離縁後の赤児の世話、お岩の不義間男、伊右衛門の色事、質草の櫛《くし》、質草の小袖、質草の蚊屋の奪い合い、と話はめまぐるしく展開し、伊右衛門は一目散に悪の道を進んでいく。これほど多面的に、しかも明瞭に、簡潔に、悪のすがたを見せつける場面は、悪を好餌とする歌舞伎芝居においてもそうあるものではない。歌舞伎《かぶき》が「傾《かぶ》く」を語源とする演劇で、傾《かぶ》くが「常軌を逸する」「勝手なふるまいをする」といった意味をもつことからすると、道を外れた異常さに慣れ親しんだ歌舞伎の観客は、悪の加速する残忍な右の場面をも胸をドキドキさせながら楽しんだのではなかろうか。

思うに、一つ前の引用の、伊藤家における悪の共同性のなりたつ場面といい、それを受けた最前引用の、伊右衛門がお岩をいじめぬく場面といい、悪の増殖と進撃こそが劇の原動力をなし、おもしろさの要《かなめ》をなす。早い話、伊右衛門宅の場面について、伊右衛門とお岩のどちらが魅力的かといえば、まちがいなく悪に徹した伊右衛門の側に軍配が上がる。お岩の哀れさ、いじらしさは同情を集めはする。しかし、静的な忍従の域をぬけ出さぬそのふるまいは、劇的行動としてもの足りなさが感じられるのだ。

お岩の死は近い。お岩自身そのことを自覚しているし、観客にも死の近いことは察しられる。お岩はどのようにして死ぬのか。

南北はもの足りないままのお岩で死なせる気はなかった。死によって悪のエネルギーがさらに高まるようにお岩を死なせたかった。着ている小袖を質草にと伊右衛門に渡し、さらには、指に血を流してまで奪われまいとした、赤児のための蚊屋も奪いとられたお岩は、その惨めな、哀れな状態のままで死を迎えはしない。

「按摩」の宅悦から、喜兵衛の策略で醜い顔にされたと知らされたお岩は、鏡を取って自分の顔をとくとながめ、そのあと、乱れた髪を梳《す》き整えて喜兵衛親子に面会し、恨みのことばを投げつけようと決意する。が、髪は整わず、櫛を当てるとばさっ、ばさっとぬけおちる。

ト……お岩は梳き上げし落ち毛、前へ山のごとくにたまるを見て、櫛《くし》も一ツに持つて〔落ち毛と櫛をいっしょにもって〕、

お岩　今をも知れぬこの岩が、死なば正《まさ》しくその娘〔お梅のこと〕、祝言さするはコレ眼前〔すぐに結婚祝いをするはず〕、ただ恨めしき伊右衛門殿、喜兵衛一家の者どもも、なに安穏におくべきや〔そのままにしておくものか〕。思へば思へば、エエ恨めしい。

ト持つたる落ち毛、櫛もろとも一ツにつかみ、きつとねぢ切る。髪の内より、血、たらたらと落ちて、前なる倒れし白地の衝立《ついたて》へその血かかるを、宅悦、見て、

宅悦　ヤヤヤヤヤ。あの落ち毛からしたたる生血《なまち》は。

トふるへ出す。

お岩　一念とほさでおくべきか。

トよろよろと立ち上がり、向ふ〔花道〕を見つめて、立ちながら息引き取る思ひ入れ。宅悦、子を抱き、かけ寄つて、

宅悦　コレお岩様。お岩様、モシモシ。

ト思はずお岩の立ち身へ手をかけてゆすると、その体、よろよろとして、上の屋体へばつたり倒るる。そのはずみに、最前投げたる白刃《しらは》、程よきやうに立ちかかりゐて〔うまい位置に突きささっていて〕、お岩の喉《のんど》のあたりをつらぬきし体《てい》にて、顔へ血のはねかかりし体にて、よろよろと屏風《びやうぶ》の間をよろめき出て、よきところへ倒れ、うめいて落ち入る〔死ぬ〕。宅悦、うろたへ、すかし

宅悦　見て、

ヤアヤア、あの小平めが白刃《しらは》があつて、思はず止《と》めもコリヤ同前〔思いがけず喉にとどめを刺したようなものだ〕。サアサア、大変、大変、大変。

トうろたへる。この内、すごき合方《あひかた》〔不気味な三味線音楽〕、捨鐘《すてがね》。この時、誂《あつらへ》の猫一疋《いっぴき》出て、幕明きの切溜《きりだめ》の肴《さかな》へかかる。宅悦、見て、

この畜生め、死人に猫は禁物だハ。シイシイシイ。

ト追ひ廻す。猫逃げて障子の内へかけ込む。宅悦、追うて行く。この時、薄ドロドロにて〔大太鼓を弱く連打する怪奇な音とともに〕、障子へたらたらと血かかる。とたんに、欄間《らんま》よきあたりへ〔欄間の適当な所に〕、猫の大きさなる鼠一疋、件《くだん》の猫をくはへ走り出る。猫は死んで落ちる。宅悦、ふるへふるへ見る事。この時、鼠はドロドロにて心火《しんくわ》〔ひとだま〕となつて消える。（同右、一八三—一八五ページ）

伊右衛門と伊藤一家への恨みをこめて、お岩がぬけ毛と櫛とをいっしょにして「きつとねぢ切る」と、血がたらたらと落ちてくる。執念のこもった恨みの血だ。そして「一念とほさでおくべきか」という激しいせりふ。お岩は、もはや、哀れな、いじらしいお岩ではない。まさに死なんとする間際に、全身これ恨みに満ち、復讐の鬼と化した、激越な、攻撃的な女へと変身したのだ。しかし、弱った体は、激越な恨みの感情や、炎となった復讐の意志には

耐えられない。よろよろとあたりを歩きまわっているうちに障子屋体に倒れかかり、たまたま柱にささっていた白刃に喉をさしつらぬかれて息絶える。偶然の死だが、元をただせば伊藤一家と伊右衛門の悪だくみに乗せられた死だ。が、間際の激越な怨念と執念を思うと、死はたんなる受身の死とは受けとれない。燃え立つ怨念と執念がお岩を死へ追いやったという思いを打ち消すことができない。死ぬ間際のお岩は、わが身を滅ぼしかねないほどに行動的・攻撃的なすがたを取ってわたしたちの前にある。哀れな死というイメージはそのすがたに似合わない。

息絶えてお岩の肉体は滅びたが、怨念は滅びない。南北が滅びさせない。非業の死を遂げたものの魂は容易に鎮《しず》まらない、という日本古来の共同幻想が、南北の作劇法を支える。死んだお岩の恨みに満ちた魂は、子年《ねどし》生まれのお岩に因んで鼠のすがたを取って舞台にあらわれ、猫を食い殺すという尋常ならざる行為によって怨念の激しさを見せつけたのち、青白い心火（ひとだま）となって消える。が、まわりの登場人物たちにとっても観客にとっても、消えて一件落着とは行かない。怨念のあるかぎり、魂がいつ鼠となって、あるいは心火となってあらわれるやも知れず、そして、お岩の怨念は容易におさまりそうもないのだから。

こうしてお岩は哀れな、痛めつけられる女から、執念深い、攻撃的な女に変身する。悪意と暴力を一方的に受けつづけていた女が、悪と対抗すべく、みずから悪意と暴力を身につけるに至ったのだ。そこに『東海道四谷怪談』のおもしろさと恐ろしさの核心がある。悪の増殖と拡充がむこう側の人物にも悪のエネルギーを吹きこんでいくおもしろさであり、恐ろしさだ。

お岩が死に、伊右衛門が小平を切り殺したそのすぐあとに、その同じ場で、伊右衛門とお梅の婚礼の小宴が開かれる。陰から陽へのめざましい場面転換だ。そして、小宴のあと、さきほどまでお岩と乳呑児が蚊屋のなかで寝ていた、その同じ部屋で伊右衛門とお梅の新枕《にいまくら》の運びになったとき、そこにお岩の顔があらわれ、伊右衛門を見つめてけらけらと笑う。驚愕した伊右衛門が近くの刀を取って切りつける。お岩ならぬお梅の首が飛ぶ。思いまどう伊右衛門が別の部屋で赤児に添い寝する喜兵衛のもとへふらふら行くと、死んだ小平の、赤児を食い殺して口が血だらけの顔があらわれる。またも刀を振りおろすと、小平ならぬ喜兵衛の首が飛ぶ。

この場面では、お岩も小平も伊右衛門に負けてはいない。伊右衛門と十分に張り合える強い存在となっている。しかもその強さは善の強さ——たとえば、お岩なら貞淑さからくる強さ、小平なら忠義ゆえの強さ——ではない。悪に染まった強さとまでいうのはいいすぎだとしても、お岩の出現がお梅の死を誘い出し、小平の出現が赤児と喜兵衛の死にかかわることからすれば、悪を辞さない強さだとはいえる。伊右衛門は血と肉の具わった現実の存在、お岩と小平は幻想的な存在というちがいはあっても、かれらは悪と暴力の影を負う同じ一つの世界において、その強さを競っている。

このあとの三幕、十万坪隠亡堀《おんぼうぼり》の場での有名な戸板返しの場面でも、事情は変わらない。戸板の表裏に打ちつけられたお岩の死骸と小平の死骸は、ともに両目を見開き、じろりとにらんで伊右衛門をぎょっとさせるのだ。お岩も小平も、同じ土俵で伊右衛門をねじふせようとする気合い十分だ。

そして、全五幕の幕切れに伊右衛門とお岩の最後の対決があり、お岩を助太刀する与茂七に伊右衛門が切られて、勝負に決着がつく。

しかし、この決着は善が悪に勝ったと割り切れるようなものではない。劇の終わった解放感はあるが、それは善なる秩序が取りもどされてめでたしめでたしという解放感ではない。伊右衛門を切った与茂七はお岩にむかって「これにて成仏得脱《じゃうぶつとくだつ》の」と、最後の決まり文句を口にするが、華麗にして醜悪な惨劇を追ってきた観客には、それをもってお岩が成仏したとは思いにくい。「成仏得脱の」というせりふがわたしたちに呼び起こすのは、かえって、お岩は本当に成仏を求めたのだろうか、という疑問だ。お岩が伊右衛門の死を求めたのは確かだが、人の死を求めることは、たとえそれが大悪人の死であっても、成仏とは相反する志向だからだ。悪の増殖と拡充は貞淑で実直なお岩をも包みこむほどに進展し、お岩は、成仏とは方向のちがう、あえていえば地獄的な強さと攻撃性を手に入れたといわねばならない。

そういう悪の増殖・拡充の果てに悪の主軸をなす伊右衛門が死に至る結末は、悪の自己解体というにふさわしい光景のように思える。伊藤一家と伊右衛門が手を結ぶことで、一挙に広がりと深まりを獲得した悪の潮流は、一人一人の思いや行動を超えて、おのれの必然性によって動く生きた主体のように思える。だれかがそれを統御するというより、だれかれなくなかに取りこみ、人びとをさらなる悪へと向かわせる生きもののように思える。流れの外にあったお岩や小平も、やがてその流れに巻きこまれ、ときには流れを積極的に前へと進める存在にすらなる。悪が悪を呼び、死が死を呼ぶ流れだ。左門が死に、庄三郎が死に、お岩が死に、小平が死に、お梅が死に、喜兵衛が死に、最後に伊右衛門が死ぬ。悪の連鎖であり、死の連鎖だ。伊右衛門の死が鎖の最終項であるのは確かだが、連鎖の終わりに感じられるのは成仏得脱の救いではない。自己増殖しつづけた悪がついに自己解体し、あとには冷たい死の事実だけが残るという虚無の情景だ。

南北は時代と重ねるようにしてそういう虚無の情景を見ていたように思われる。幕藩体制のあちこちに綻《ほころ》びが生じ、どこかに常軌を逸した激しい行動や企てがあれば、それが悪へと転化し、悪の連鎖を生みだしかねない。そういう不安定さにつきまとわれた時代に南北は生きていた。同じ時代を生きた北斎や広重は、人間世界を大きく包みこむ自然の美しさを風景画として表現したのだが、劇作家たる南北は、時代の可能性としてある悪の連鎖に、人間の生のふしぎさと対立・葛藤の美しさを見てとったのだった。悪のふしぎさであり美しさである以上、それは暗くくぐもったふしぎさであり美しさであるほかなかったが、南北はそのふしぎさと美しさの表現に劇作家としての情熱とエネルギーを注ぎこんだ。注ぎこんで虚無の終末へとたどりついた。

虚無の先に南北はなにを見ていたのだろうか。虚無のあとになお残るものとしては、善悪を超えた自然と日々の暮らしがあるのだろうが、南北にはたして自然へと、日常へと回帰していこうとする思いがあったかどうか。

さらにいえば、南北の時代からすでに二〇〇年近くを経過した現代のわたしたちの目には、虚無のあとに近代の名で呼ばれる文化と精神のすがたが見えてくるが、南北や同時代の人びとにそれが見えていたのかどうか。

時代は大きく変わろうとしていた。

（了）

主要参考文献

辞典・年表・図録

国史大辞典編集委員会編『国史大辞典』（全十五巻）吉川弘文館、一九七九―九七年
新村出編『広辞苑　第四版』岩波書店、一九九一年
日本国語大辞典第二版編集委員会・小学館国語辞典編集部編『日本国語大辞典　第二版』（全十三巻）小学館、二〇〇〇―〇二年
大野晋・佐竹昭広・前田金五郎編『岩波古語辞典』岩波書店、一九七四年
諸橋轍次『大漢和辞典　縮写版』（全十二巻）大修館書店、一九六六―六八年
白川静『字通』平凡社、一九九六年
『新潮世界美術辞典』新潮社、一九八五年
大島建彦・薗田稔・圭室文雄・山本節編『日本の神仏の辞典』大修館書店、二〇〇一年
児玉幸多編『日本史年表・地図』吉川弘文館、一九九五年
加藤友康・瀬野精一郎・鳥海靖・丸山雍成編『日本史総合年表』吉川弘文館、二〇〇一年
詳説日本史図録編集委員会編『詳説日本史図録　第3版』山川出版社、二〇一〇年
滝沢博和・橋詰洋司・馬場信義・桃林聖一編『日本史総覧』東京法令出版、一九九五年

第一章　三内丸山遺跡――巨大さに向かう共同意識

岡田康博『遥かなる縄文の声――三内丸山を掘る』ＮＨＫブックス、二〇〇〇年
岡田康博・小山修三編『縄文鼎談　三内丸山の世界』山川出版社、一九九六年
小林達雄『縄文人追跡』ちくま文庫、二〇〇八年

佐々木高明『縄文文化と日本人――日本基層文化の形成と継承――』講談社学術文庫、二〇〇一年

第二章　火炎土器と土偶――土にこめられた美と祈り

加藤周一『日本その心とかたち』スタジオジブリ、二〇〇五年
佐々木高明『稲作以前』NHKブックス、一九七一年
佐々木高明『日本史誕生』集英社、一九九一年
東京国立博物館編『土器の造形――縄文の動・弥生の静――』東京国立博物館、二〇〇一年
藤尾慎一郎『縄文論争』講談社選書メチエ、二〇〇二年
文化庁・東京国立博物館・NHK・NHKプロモーション編『国宝　土偶展』NHK・NHKプロモーション・毎日新聞社、二〇〇九年
益田勝実『火山列島の思想』筑摩書房、一九六八年［益田勝実『火山列島の思想』講談社学術文庫、二〇一五年］
松木武彦『全集　日本の歴史1　列島創世記』小学館、二〇〇七年

第三章　銅鐸――弥生人の共同性

加茂町教育委員会編『加茂岩倉遺跡発掘調査概報1』加茂町教育委員会、一九九七年
国立歴史民俗博物館監修『歴博万華鏡』朝倉書店、二〇〇〇年
小林行雄『国民の歴史1　女王国の出現』文英堂、一九六七年
斎藤忠・吉川逸治『原色日本の美術1　原始美術』小学館、一九七〇年
森浩一編『日本の古代4　縄文・弥生の生活』中央公論社、一九八六年［森浩一編『日本の古代4　縄文・弥生の生活』中公文庫、一九九六年］

第四章　古墳――国王の威信

石原道博編訳『新訂　魏志倭人伝　他三篇』岩波文庫、一九八五年

小林行雄『古墳の話』岩波新書、一九五九年

坂本太郎・家永三郎・井上光貞・大野晋校注『日本書紀　上・下』岩波・日本古典文学大系67・68、一九六五―六七年

笹山晴生『日本古代史講義』東京大学出版会、一九七七年

寺沢薫『日本の歴史02　王権誕生』講談社学術文庫、二〇〇八年

松木武彦『全集　日本の歴史1　列島創世記』小学館、二〇〇七年

森浩一編『日本の古代5　前方後円墳の世紀』中央公論社、一九八六年［森浩一編『日本の古代5　前方後円墳の世紀』中公文庫、一九九六年］

湯浅泰雄『神々の誕生――日本神話の思想史的研究』以文社、一九七二年

第五章　仏教の受容――霊《たま》信仰と仏像崇拝

上田正昭『神と仏の古代史』吉川弘文館、二〇〇九年

太田博太郎『日本の建築――歴史と伝統――』筑摩叢書、一九六八年［太田博太郎『日本の建築――歴史と伝統』ちくま学芸文庫、二〇一三年］

大野晋・大久保正編集校訂『本居宣長全集　第九巻』筑摩書房、一九六八年

『折口信夫全集　第二十巻』中央公論社、一九六七年［『折口信夫全集　第二十巻』中公文庫、一九七六年］

亀井勝一郎『古代智識階級の形成――日本人の精神史研究――』文藝春秋新社、一九六〇年［亀井

勝一郎『古代知識階級の形成』講談社学術文庫、一九八五年〕
西郷信綱『古事記の世界』岩波新書、一九六七年
坂本太郎・家永三郎・井上光貞・大野晋校注『日本書紀 下』岩波・日本古典文学大系68、一九六五年
桜井徳太郎『民間信仰』塙書房、一九六六年〔桜井徳太郎『民間信仰』ちくま学芸文庫、二〇二〇年〕
桜井徳太郎・萩原龍夫・宮田登校注『寺社縁起』岩波・日本思想大系20、一九七五年
田村圓澄『仏教伝来と古代日本』講談社学術文庫、一九八六年
田村圓澄『飛鳥・白鳳仏教史 上・下』吉川弘文館、一九九四年
辻善之助『日本仏教史 第一巻 上世篇』岩波書店、一九四四年
原田敏明『日本宗教交渉史論』中央公論社、一九四九年
堀一郎『民間信仰』岩波全書、一九七七年
益田勝実『火山列島の思想』筑摩書房、一九六八年〔益田勝実『火山列島の思想』講談社学術文庫、二〇一五年〕
柳田国男『定本 柳田國男集 第十巻』筑摩書房、一九六九年
吉田一彦『古代仏教をよみなおす』吉川弘文館、二〇〇六年
『岩波講座 東洋思想 第一五・一六巻 日本思想1・2』岩波書店、一九八九年
『国宝と歴史の旅1 飛鳥のほとけ 天平のほとけ』朝日百科・日本の国宝 別冊、一九九九年

第六章　『古事記』――その文学性と思想性

青木和夫・石母田正・小林芳規・佐伯有清校注『古事記』岩波・日本思想大系1、一九八二年

石母田正『日本古代国家論 第二部』岩波書店、一九七三年
大隅和雄『日本史のエクリチュール』弘文堂、一九八七年
大野晋・大久保正編集校訂『本居宣長全集 第九・十・十一・十二巻』筑摩書房、一九六八—七四年
加藤周一『日本文学史序説 上』ちくま学芸文庫、一九九九年
亀井孝『亀井孝論文集4 日本語のすがたとこころ—(二)訓詁と語彙—』吉川弘文館、一九八五年
岸俊男編『日本の古代9 都城の生態』中央公論社、一九八七年［岸俊男編『日本の古代9 都城の生態』中公文庫、一九九六年］
神野志隆光『古事記と日本書紀——「天皇神話」の歴史』講談社現代新書、一九九九年
神野志隆光『古代天皇神話論』若草書房、一九九九年
小西甚一『日本文藝史 I』講談社、一九八五年
西郷信綱『古事記の世界』岩波新書、一九六七年
西郷信綱『古事記研究』未來社、一九七三年
西郷信綱『古事記注釈』（全四巻）平凡社、一九七五—八九年［西郷信綱『古事記注釈』（全八巻）ちくま学芸文庫、二〇〇五—〇六年］
笹山晴生『日本古代史講義』東京大学出版会、一九七七年
西宮一民校注『古事記』新潮日本古典集成、一九七九年
林屋辰三郎『日本の古代文化』岩波書店・日本歴史叢書、一九七一年［林屋辰三郎『日本の古代文化』岩波現代文庫、二〇〇六年］
山口佳紀・神野志隆光校注・訳『古事記』小学館・新編日本古典文学全集1、一九九七年

第七章　写経――漢字を尊ぶ

石川九楊『日本書史』名古屋大学出版会、二〇〇一年
岸俊男編『日本の古代14　ことばと文字』中央公論社、一九八八年［岸俊男編『日本の古代14　ことばと文字』中公文庫、一九九六年］
西條勉『古事記の文字法』笠間書院、一九九八年
寿岳文章『日本の紙』吉川弘文館・日本歴史叢書、一九六七年
堀江知彦『原色日本の美術22　書』小学館、一九七〇年
吉田一彦『日本古代社会と仏教』吉川弘文館、一九九五年

第八章　『万葉集』――多様な主題、多様な表現

澤瀉久孝『万葉集注釈』（全二十巻）中央公論社、一九五七―六八年
加藤周一『日本文学史序説　上』ちくま学芸文庫、一九九九年
川崎庸之『記紀万葉の世界』御茶の水書房、一九五二年
北山茂夫『万葉の世紀』東京大学出版会、一九五三年
北山茂夫『大伴家持』平凡社、一九七一年［北山茂夫『大伴家持』平凡社ライブラリー、二〇〇九年］
北山茂夫『続万葉の世紀』東京大学出版会、一九七五年
北山茂夫『万葉群像』岩波新書、一九八〇年
小西甚一『日本文藝史　I』講談社、一九八五年
五味智英『万葉集の作家と作品』岩波書店、一九八二年

西郷信綱『万葉私記』未來社、一九七〇年
斎藤茂吉『万葉秀歌 上・下』岩波新書、一九三八年
阪下圭八『初期万葉』平凡社選書、一九七八年
白川静『初期万葉論』中央公論社、一九七九年［白川静『初期万葉論』中公文庫、二〇〇二年］
高木市之助『吉野の鮎――記紀万葉雑攷――』岩波書店、一九四一年
高木市之助・五味智英・大野晋校注『万葉集 一・二・三・四』岩波・日本古典文学大系4・5・6・7、一九五七―六二年
寺田透『万葉の女流歌人』岩波新書、一九七五年
古橋信孝『万葉歌の成立』講談社学術文庫、一九九三年
古橋信孝・森朝男『万葉集百歌』青灯社、二〇〇八年

第九章　阿修羅像と鑑真和上像――天平彫刻二体

浅井和春『新編 名宝日本の美術6 唐招提寺』小学館ギャラリー、一九九〇年
浅井和春『天平の彫刻 日本彫刻の古典』至文堂・日本の美術第456号、二〇〇四年
安藤更生『鑑真』吉川弘文館・人物叢書、一九六七年
亀井勝一郎『古代智識階級の形成――日本人の精神史研究――』文藝春秋新社、一九六〇年［亀井勝一郎『古代知識階級の形成』講談社学術文庫、一九八五年］
小林剛『肖像彫刻』吉川弘文館・日本歴史叢書、一九六九年
東野治之『鑑真』岩波新書、二〇〇九年
奈良六大寺大観刊行会編『奈良六大寺大観 第七巻 興福寺一』岩波書店、一九九九年
水野敬三郎・岡田英男・浅井和春編著『東大寺と平城京――奈良の建築・彫刻』講談社・日本美術

全集4、一九九〇年

第十章　最澄と空海と『日本霊異記』——求道と霊験

安藤俊雄・薗田香融校注『最澄』岩波・日本思想大系4、一九七四年
上田篤『日本人の心と建築の歴史』鹿島出版会、二〇〇六年
遠藤嘉基・春日和男校注『日本霊異記』岩波・日本古典文学大系70、一九六七年
金岡秀友訳・解説『空海　即身成仏義』太陽出版、一九八五年
亀井勝一郎『王朝の求道と色好み——日本人の精神史研究——』文藝春秋新社、一九六二年［亀井勝一郎『日本人の精神史——第二部・王朝の求道と色好み』講談社文庫、一九七五年］
川崎庸之校注『空海』岩波・日本思想大系5、一九七五年
小西甚一『日本文藝史　Ⅱ』講談社、一九八五年
末木文美士『日本仏教史——思想史としてのアプローチ』新潮社、一九九二年［末木文美士『日本仏教史——思想史としてのアプローチ』新潮文庫、一九九六年］
立川武蔵『最澄と空海——日本仏教思想の誕生』講談社選書メチエ、一九九八年［立川武蔵『最澄と空海——日本仏教思想の誕生』角川ソフィア文庫、二〇一六年］
田村晃祐『最澄』吉川弘文館・人物叢書、一九八八年
辻善之助『日本仏教史　第一巻　上世篇』岩波書店、一九四四年
吉田一彦『日本古代社会と仏教』吉川弘文館、一九九五年
吉田一彦『民衆の古代史——『日本霊異記』に見るもう一つの古代』風媒社、二〇〇六年
渡邊照宏・宮坂宥勝校注『三教指帰　性霊集』岩波・日本古典文学大系71、一九六五年

第十一章　『古今和歌集』と『伊勢物語』――王朝の雅び

大岡信『紀貫之』筑摩書房・日本詩人選7、一九七一年［大岡信『紀貫之』ちくま学芸文庫、二〇一八年］
加藤周一『日本文学史序説　上』ちくま学芸文庫、一九九九年
亀井勝一郎『王朝の求道と色好み――日本人の精神史研究――』文藝春秋新社、一九六二年［亀井勝一郎『日本人の精神史――第二部・王朝の求道と色好み』講談社文庫、一九七五年］
唐木順三『無用者の系譜』筑摩叢書、一九六四年
小松茂美『かな――その成立と変遷――』岩波新書、一九六八年
佐伯梅友校注『古今和歌集』岩波・日本古典文学大系8、一九五八年
阪倉篤義・大津有一・築島裕・阿部俊子・今井源衛校注『竹取物語　伊勢物語　大和物語』岩波・日本古典文学大系9、一九五七年
相良亨・尾藤正英・秋山虔編『講座　日本思想2　知性』東京大学出版会、一九八三年
相良亨・尾藤正英・秋山虔編『講座　日本思想5　美』東京大学出版会、一九八四年
萩谷朴・谷山茂校注『歌合集』岩波・日本古典文学大系74、一九六五年
目崎徳衛『紀貫之』吉川弘文館・人物叢書、一九六一年
山口仲美『日本語の歴史』岩波新書、二〇〇六年
渡辺実校注『伊勢物語』新潮日本古典集成、一九七六年

第十二章　浄土思想の形成――仏を念じて極楽に往生する

石田瑞麿校注『源信』岩波・日本思想大系6、一九七〇年
井上光貞・大曾根章介校注『往生伝　法華験記』岩波・日本思想大系7、一九七四年

北山茂夫『藤原道長』岩波新書、一九七〇年
工藤圭章・西川新次『原色日本の美術6　阿弥陀堂と藤原彫刻』小学館、一九六九年
末木文美士『日本仏教史――思想史としてのアプローチ』新潮社、一九九二年［末木文美士『日本仏教史――思想史としてのアプローチ』新潮文庫、一九九六年］
高田修・柳沢孝『原色日本の美術7　仏画』小学館、一九六九年
辻善之助『日本仏教史　第一巻　上世篇』岩波書店、一九四四年
中村元・早島鏡正・紀野一義訳註『浄土三部経（改訳）上・下』岩波文庫、一九九〇年
松村博司校注『大鏡』岩波・日本古典文学大系21、一九六〇年
松村博司・山中裕校注『栄花物語　上・下』岩波・日本古典文学大系75・76、一九六四―六五年

第十三章『枕草子』と『源氏物語』――平安朝文学の表現意識

秋山虔『源氏物語』岩波新書、一九六八年
池田亀鑑・岸上慎二・秋山虔校注『枕草子　紫式部日記』岩波・日本古典文学大系19、一九五八年
今井源衛『紫式部』吉川弘文館・人物叢書、一九六六年
大野晋『源氏物語』岩波書店・古典を読む14、一九八四年
加藤周一『日本文学史序説　上』ちくま学芸文庫、一九九九年
亀井勝一郎『王朝の求道と色好み――日本人の精神史研究――』文藝春秋新社、一九六二年［亀井勝一郎『日本人の精神史――第二部・王朝の求道と色好み』講談社文庫、一九七五年］
岸上慎二『清少納言』吉川弘文館・人物叢書、一九六二年
西郷信綱『源氏物語を読むために』平凡社、一九八三年［西郷信綱『源氏物語を読むために』平凡社ライブラリー、二〇〇五年］

清水好子『紫式部』岩波新書、一九七三年
鈴木日出男監修・執筆『王朝の雅 源氏物語の世界』平凡社「別冊 太陽 日本のこころ140」二〇〇六年
谷崎潤一郎訳『源氏物語 巻一・二・三・四・五』中央公論社、一九六一―六二年
寺田透『源氏物語一面――平安文学覚書』東京大学出版会、一九七三年
萩谷朴校注『枕草子 上・下』新潮日本古典集成、一九七七年
柳井滋・室伏信助・大朝雄二・鈴木日出男・藤井貞和・今西祐一郎校注『源氏物語 一・二・三・四・五』岩波・新日本古典文学大系19・20・21・22・23、一九九三―九七年
山岸徳平校注『源氏物語 一・二・三・四・五』岩波・日本古典文学大系14・15・16・17・18、一九五八―六三年
与謝野晶子訳『源氏物語 上・下』河出書房新社・国民の文学3・4、一九六三年
渡辺実校注『枕草子』岩波・新日本古典文学大系25、一九九一年

第十四章 『今昔物語集』と絵巻物――庶民の世界へのまなざし

秋山光和『原色日本の美術8 絵巻物』小学館、一九六八年
池上洵一『『今昔物語集』の世界――中世のあけぼの』筑摩書房、一九八三年
加藤周一『日本文学史序説 上』ちくま学芸文庫、一九九九年
小西甚一『日本文藝史 Ⅲ』講談社、一九八六年
小松茂美『伴大納言絵詞』中央公論社・日本絵巻大成2、一九七七年
西郷信綱『日本古代文学史』岩波全書、一九五一年［西郷信綱『日本古代文学史』岩波現代文庫、二〇〇五年］

佐和隆研『信貴山縁起』中央公論社・日本絵巻大成4、一九七七年
永積安明『中世文学論』同心社、一九五三年
馬淵和夫・国東文麿・今野達校注・訳『今昔物語集 一・二・三・四』小学館・日本古典文学全集21・22・23・24、一九七一―七六年
山田孝雄・山田忠雄・山田英雄・山田俊雄校注『今昔物語集 一・二・三・四・五』岩波・日本古典文学大系22・23・24・25・26、一九五九―六三年
渡邊綱也・西尾光一校注『宇治拾遺物語』岩波・日本古典文学大系27、一九六〇年
『新訂増補国史大系 日本三代実録 前篇・後篇』吉川弘文館、一九八一―八三年

第十五章　東大寺の焼亡と再建――乱世を生きぬく行動力

石母田正『古代末期政治史序説――古代末期の政治過程および政治形態』未來社、一九六四年
岡見正雄・赤松俊秀校注『愚管抄』岩波・日本古典文学大系86、一九六七年
国書刊行会編『吾妻鏡 第一』名著刊行会、一九七三年
高木市之助・小澤正夫・渥美かをる・金田一春彦校注『平家物語 上』岩波・日本古典文学大系32、一九五九年
辻善之助『日本仏教史 第一巻 上世篇』岩波書店、一九四四年
辻善之助『日本仏教史 第二巻 中世篇之一』岩波書店、一九四七年
中尾堯編『旅の勧進聖 重源』吉川弘文館、二〇〇四年
西尾実校注『方丈記 徒然草』岩波・日本古典文学大系30、一九五七年
藤原兼実『玉葉 中巻』すみや書房、一九六六年
堀田善衛『定家明月記私抄（全）』新潮社、一九九三年［堀田善衛『定家明月記私抄』『定家明月記

私抄 続篇』ちくま学芸文庫、一九九六年」
『岩波講座 日本歴史5 中世1』岩波書店、一九六二年

第十六章 仏師・運慶――その新しい造形意識

伊藤延男・小林剛『原色日本の美術9 中世寺院と鎌倉彫刻』小学館、一九六八年
亀田孜・田辺三郎助・永井信一・宮次男『原色日本の美術23 面と肖像』小学館、一九七一年
副島弘道『運慶 その人と芸術』吉川弘文館・歴史文化ライブラリー、二〇〇〇年
根立研介『運慶――天下復夕彫刻ナシ――』ミネルヴァ書房、二〇〇九年
林屋辰三郎『中世文化の基調』東京大学出版会、一九五三年
山本勉『大日如来像』至文堂・日本の美術第374号、一九九七年

第十七章 法然と親鸞――万人救済の論理

赤松俊秀『親鸞』吉川弘文館・人物叢書、一九六一年
大隅和雄『中世仏教の思想と社会』名著刊行会、二〇〇五年
大橋俊雄校注『法然 一遍』岩波・日本思想大系10、一九七一年
大橋俊雄校注『法然上人絵伝 上・下』岩波文庫、二〇〇二年
岡見正雄・赤松俊秀校注『愚管抄』岩波・日本古典文学大系86、一九六七年
梶村昇『法然』角川選書、一九七〇年
加藤周一『日本その心とかたち』スタジオジブリ、二〇〇五年
金子大栄校注『歎異抄』岩波文庫、一九八一年
鎌田茂雄・田中久夫校注『鎌倉旧仏教』岩波・日本思想大系15、一九七一年

亀井勝一郎『中世の生死と宗教観――日本人の精神史研究――』文藝春秋新社、一九六四年［亀井勝一郎『日本人の精神史――第三部・中世の生死と宗教観』講談社文庫、一九七五年］
唐木順三『無常』筑摩叢書、一九六五年［唐木順三『無常』ちくま学芸文庫、一九九八年］
黒田俊雄『日本中世の国家と宗教』岩波書店、一九七五年
末木文美士『日本仏教史――思想史としてのアプローチ』新潮社、一九九二年［末木文美士『日本仏教史――思想史としてのアプローチ』新潮文庫、一九九六年］
高木豊『鎌倉仏教史研究』岩波書店、一九八二年
田中久夫『鎌倉仏教』講談社学術文庫、二〇〇九年
田村圓澄『法然』吉川弘文館・人物叢書、一九五九年
辻善之助『日本仏教史　第三巻　中世篇之二』岩波書店、一九四七年
永積安明『中世文学の可能性』岩波書店、一九七七年
中村元・早島鏡正・紀野一義訳註『浄土三部経（改訳）上・下』岩波文庫、一九九〇年
名畑応順・多屋頼俊・兜木正亨・新間進一校注『親鸞集　日蓮集』岩波・日本古典文学大系82、一九六四年
西尾実『日本文芸史における　中世的なものとその展開』岩波書店、一九六一年
星野元豊・石田充之・家永三郎校注『親鸞』岩波・日本思想大系11、一九七一年

第十八章　『正法眼蔵』――存在の輝き

石井恭二注釈・現代訳『正法眼蔵　1・2・3・4』河出書房新社、一九九六年［石井恭二訳『現代文訳　正法眼蔵　1・2・3・4・5』河出文庫、二〇〇四年］
衛藤即応校註『正法眼蔵　上・中・下』岩波文庫、一九三九―四三年

衛藤即応『正法眼蔵序説』岩波書店、一九五九年
大久保道舟『道元禅師伝の研究』岩波書店、一九五三年
篠原壽雄『永平大清規――道元の修道規範』大東出版社、一九八〇年
寺田透『道元の言語宇宙』岩波書店、一九七四年
寺田透・水野弥穂子校注『道元 上・下』岩波・日本思想大系12・13、一九七〇―七二年
永積安明『中世文学の可能性』岩波書店、一九七七年
西尾実『中世文学の成立』岩波書店、一九六三年
西尾実『日本文芸史における中世的なものとその展開』岩波書店、一九六一年
西尾実・鏡島元隆・酒井得元・水野弥穂子校注『正法眼蔵 正法眼蔵随聞記』岩波・日本古典文学大系81、一九六五年

第十九章 『新古今和歌集』と『愚管抄』――乱世を生きる貴族の誇り

安東次男『藤原定家』筑摩書房・日本詩人選11、一九七七年［安東次男『藤原定家――拾遺愚草抄出義解』講談社学術文庫、一九九二年］
大隅和雄『愚管抄を読む』講談社学術文庫、一九九九年
岡見正雄・赤松俊秀校注『愚管抄』岩波・日本古典文学大系86、一九六七年
風巻景次郎『中世の文学伝統』岩波文庫、一九八五年
加藤周一『日本文学史序説 上』ちくま学芸文庫、一九九九年
亀井勝一郎『中世の生死と宗教観――日本人の精神史研究――』文藝春秋新社、一九六四年［亀井勝一郎『日本人の精神史――第三部・中世の生死と宗教観』講談社文庫、一九七五年］
久保田淳校注『新古今和歌集 上・下』新潮日本古典集成、一九七九年

黒田俊雄『王法と仏法――中世史の構図』法藏館、二〇〇一年［黒田俊雄『王法と仏法――中世史の構図』法蔵館文庫、二〇二〇年］
小西甚一『日本文藝史 Ⅲ』講談社、一九八六年
相良亨・尾藤正英・秋山虔編『講座 日本思想3 秩序』東京大学出版会、一九八三年
久松潜一・西尾実校注『歌論集 能楽論集』岩波・日本古典文学大系65、一九六一年
久松潜一・山崎敏夫・後藤重郎校注『新古今和歌集』岩波・日本古典文学大系28、一九五八年
藤原定家『明月記 第一・第二・第三』国書刊行会、一九七三年
堀田善衛『定家明月記私抄（全）』新潮社、一九九三年［堀田善衛『定家明月記私抄』『定家明月記私抄 続篇』ちくま学芸文庫、一九九六年］

第二十章『平家物語』――戦乱と滅びの文学

石母田正『平家物語』岩波新書、一九五七年
亀井勝一郎『中世の生死と宗教観――日本人の精神史研究――』文藝春秋新社、一九六四年［亀井勝一郎『日本人の精神史――第三部・中世の生死と宗教観』講談社文庫、一九七五年］
唐木順三『無常』筑摩叢書、一九六五年［唐木順三『無常』ちくま学芸文庫、一九九八年］
木下順二『平家物語』岩波書店・古典を読む18、一九八五年
高木市之助・小澤正夫・渥美かをる・金田一春彦校注『平家物語 上・下』岩波・日本古典文学大系32・33、一九五九―六〇年
高橋貞一校注『平家物語 上・下』講談社文庫、一九七二年
永積安明『中世文学の成立』岩波書店、一九六三年
永積安明『中世文学の可能性』岩波書店、一九七七年

永積安明『軍記物語の世界』岩波現代文庫、二〇〇二年
益田勝実『火山列島の思想』筑摩書房、一九六八年［益田勝実『火山列島の思想』講談社学術文庫、二〇一五年］
水原一校注『平家物語 上・中・下』新潮日本古典集成、一九七九―八一年

第二十一章 御成敗式目――新興武士の合理性

石井進『日本の歴史7 鎌倉幕府』中央公論社、一九六五年［石井進『日本の歴史7 鎌倉幕府』中公文庫、二〇〇四年］
石井進・石母田正・笠松宏至・勝俣鎮夫・佐藤進一校注『中世政治社会思想 上』岩波・日本思想大系21、一九七二年
石母田正・佐藤進一編『中世の法と国家』東京大学出版会、一九六〇年
上横手雅敬『北条泰時』吉川弘文館・人物叢書、一九五八年
黒田俊雄『日本中世の国家と宗教』岩波書店、一九七五年
相良亨・尾藤正英・秋山虔編『講座 日本思想3 秩序』東京大学出版会、一九八三年
佐藤進一『日本の中世国家』岩波書店・日本歴史叢書、一九八三年［佐藤進一『日本の中世国家』岩波文庫、二〇二〇年］
佐藤進一『日本中世史論集』岩波書店、一九九〇年
堀田善衞『定家明月記私抄（全）』新潮社、一九九三年［堀田善衞『定家明月記私抄』『定家明月記私抄 続篇』ちくま学芸文庫、一九九六年］
『丸山眞男講義録 第五冊 日本政治思想史 一九六五』東京大学出版会、一九九九年

第二十二章　「一遍聖絵」と「蒙古襲来絵詞」――遊行と死と戦闘

石井進『鎌倉武士の実像――合戦と暮しのおきて――』平凡社選書、一九八七年［石井進『鎌倉武士の実像――合戦と暮しのおきて』平凡社ライブラリー、二〇〇二年］
石井進・石母田正・笠松宏至・勝俣鎮夫、佐藤進一校注『中世政治社会思想　上』岩波・日本思想大系21、一九七二年
大橋俊雄校注『法然　一遍』岩波・日本思想大系10、一九七一年
大橋俊雄校注『一遍聖絵』岩波文庫、二〇〇〇年
栗田勇『一遍上人――旅の思索者――』新潮社、一九七七年［栗田勇『一遍上人――旅の思索者』新潮文庫、二〇〇〇年］
黒田俊雄『日本の歴史8　蒙古襲来』中央公論社、一九六五年［黒田俊雄『日本の歴史8　蒙古襲来』中公文庫、二〇〇四年］
小松茂美編集・解説『一遍上人絵伝』中央公論社・日本の絵巻20、一九八八年
小松茂美・松原茂・日下力『平治物語絵詞』中央公論社・日本絵巻大成13、一九七七年
小松茂美・源豊宗・荻野三七彦『蒙古襲来絵詞』中央公論社・日本絵巻大成14、一九七八年
澁澤敬三・神奈川大学日本常民文化研究所編『新版　絵巻物による　日本常民生活絵引　第二巻』平凡社、一九八四年
辻善之助『日本仏教史　第二巻　中世篇之一』岩波書店、一九四七年
林屋辰三郎『中世文化の基調』東京大学出版会、一九五三年
柳宗悦『南無阿弥陀仏』岩波文庫、一九八六年

第二十三章 『徒然草』――内省と明察と無常観

加藤周一『日本文学史序説 上』ちくま学芸文庫、一九九九年
亀井勝一郎『中世の生死と宗教観――日本人の精神史研究――』文藝春秋新社、一九六四年［亀井勝一郎『日本人の精神史――第三部・中世の生死と宗教観』講談社文庫、一九七五年］
唐木順三『中世の文学』筑摩叢書、一九六五年
神田秀夫・永積安明・安良岡康作校注・訳『方丈記 徒然草 正法眼蔵随聞記 歎異抄』小学館・日本古典文学全集27、一九七一年
佐竹昭広・久保田淳校注『方丈記 徒然草』岩波・新日本古典文学大系39、一九八九年
杉本秀太郎『徒然草』岩波書店・古典を読む25、一九八七年
冨倉徳次郎『卜部兼好』吉川弘文館・人物叢書、一九六四年
永積安明『中世文学論』同心社、一九五三年
永積安明『中世文学の成立』岩波書店、一九六三年
永積安明『中世文学の可能性』岩波書店、一九七七年
永積安明『徒然草を読む』岩波新書、一九八二年
西尾実校注『方丈記 徒然草』岩波・日本古典文学大系30、一九五七年
西尾実『日本文芸史における中世的なものとその展開』岩波書店、一九六一年
西尾実・安良岡康作校注『新訂 徒然草』岩波文庫、一九八五年

第二十四章 『神皇正統記』――敗北の書のリアリズム

岩佐正・時枝誠記・木藤才蔵校注『神皇正統記 増鏡』岩波・日本古典文学大系87、一九六五年
相良亨・尾藤正英・秋山虔編『講座 日本思想4 時間』東京大学出版会、一九八四年

佐藤進一『日本の歴史9 南北朝の動乱』中央公論社、一九六五年［佐藤進一『日本の歴史9 南北朝の動乱』中公文庫、二〇〇五年］
『丸山眞男講義録 第五冊 日本政治思想史 一九六五』東京大学出版会、一九九九年
和辻哲郎『日本倫理思想史 下巻』岩波書店、一九五二年
『岩波講座 日本歴史22 別巻1』岩波書店、一九六三年

第二十五章 能と狂言――幽玄と笑い

市村宏全訳注『風姿花伝』講談社学術文庫、二〇一一年
表章監修『特集 能・世阿弥の生涯』平凡社「太陽」一九七六年三月号
表章・加藤周一校注『世阿弥 禅竹』岩波・日本思想大系24、一九七四年
加藤周一『日本文学史序説 上』ちくま学芸文庫、一九九九年
亀井勝一郎『室町芸術と民衆の心――日本人の精神史研究――』文藝春秋、一九六六年［亀井勝一郎『日本人の精神史――第四部・室町芸術と民衆の心』講談社文庫、一九七五年］
唐木順三『中世の文学』筑摩叢書、一九六五年
河竹繁俊『概説日本演劇史』岩波書店、一九六六年
ドナルド・キーン『能・文楽・歌舞伎』（吉田健一・松宮史朗訳）講談社学術文庫、二〇〇一年
小西甚一『日本文藝史 Ⅲ』講談社、一九八六年
小山弘志校注『狂言集 上・下』岩波・日本古典文学大系42・43、一九六〇―六一年
佐竹昭広『下剋上の文学』筑摩書房、一九六七年［佐竹昭広『下剋上の文学』ちくま学芸文庫、一九九三年］
茂山千之丞『狂言役者――ひねくれ半代記』岩波新書、一九八七年

高野敏夫『世阿弥――〈まなざし〉の超克』河出書房新社、一九八六年
戸井田道三『観阿弥と世阿弥』岩波新書、一九六九年
能勢朝次『世阿弥十六部集評釈　上・下』岩波書店、一九四〇―四四年
横道万里雄・表章校注『謡曲集　上・下』岩波・日本古典文学大系40・41、一九六〇―六三年

第二十六章　禅の造形美――鹿苑寺金閣と慈照寺銀閣と龍安寺石庭

上田篤『日本人の心と建築の歴史』鹿島出版会、二〇〇六年
太田博太郎『日本の建築――歴史と伝統――』筑摩叢書、一九六八年［太田博太郎『日本の建築――歴史と伝統』ちくま学芸文庫、二〇一三年］
太田博太郎・松下隆章・田中正大『原色日本の美術10　禅寺と石庭』小学館、一九六七年
亀井勝一郎『室町芸術と民衆の心――日本人の精神史研究――』文藝春秋、一九六六年［亀井勝一郎『日本人の精神史――第四部・室町芸術と民衆の心』講談社文庫、一九七五年］
佐藤進一『足利義満――中世王権への挑戦』平凡社ライブラリー、一九九四年
林屋辰三郎『歌舞伎以前』岩波新書、一九五四年
林屋辰三郎校注『古代中世芸術論』岩波・日本思想大系23、一九七三年
林屋辰三郎『日本史論聚1　日本文化史』岩波書店、一九八八年

第二十七章　山水画に宿る霊気――「那智滝図」と雪舟と「松林図屛風」

伊藤信吉編『高村光太郎詩集』新潮文庫、二〇〇五年
高田修・柳沢孝『原色日本の美術7　仏画』小学館、一九六九年
武田恒夫『原色日本の美術13　障屛画』小学館、一九六七年

田中一松・米沢嘉圃『原色日本の美術11 水墨画』小学館、一九七〇年
辻惟雄『日本美術の歴史』東京大学出版会、二〇〇五年
寺田透『わが中世』現代思潮社、一九六七年
東京国立博物館・京都国立博物館編『没後五〇〇年 特別展 雪舟』毎日新聞社、二〇〇二年
宮家準『熊野修験』吉川弘文館・日本歴史叢書、一九九二年
山本健吉『いのちとかたち――日本美の源を探る――』新潮社、一九八一年［山本健吉『いのちとかたち――日本美の源を探る』角川文庫、一九九七年］
『岩波講座 日本歴史9 近世1』岩波書店、一九六三年
『国宝と歴史の旅9 客殿と障壁画』朝日百科・日本の国宝 別冊、二〇〇〇年
『国宝と歴史の旅11「天橋立図」を旅する――雪舟の記憶』朝日百科・日本の国宝 別冊、二〇〇一年
『美術特集 日本の山水画展』朝日新聞社「アサヒグラフ」増刊、一九七七年

第二十八章　茶の湯――わびの美学

岡倉覚三『茶の本』(村岡博訳) 岩波文庫、一九六一年
岡本良一『国民の歴史12 天下人』文英堂、一九六九年
加藤周一『日本その心とかたち』スタジオジブリ、二〇〇五年
亀井勝一郎『室町芸術と民衆の心――日本人の精神史研究――』文藝春秋、一九六六年［亀井勝一郎『日本人の精神史――第四部・室町芸術と民衆の心』講談社文庫、一九七五年］
唐木順三『中世から近世へ』筑摩書房、一九六一年
唐木順三『千利休』筑摩叢書、一九六三年

熊倉功夫編『柳宗悦茶道論集』岩波文庫、一九八七年
野上弥生子『秀吉と利休』新潮文庫、一九六九年
芳賀幸四郎『千利休』吉川弘文館・人物叢書、一九六三年
林屋辰三郎校注『古代中世芸術論』岩波・日本思想大系23、一九七三年
林屋辰三郎・横井清・楢林忠男編注『日本の茶書 1・2』平凡社・東洋文庫201・206、一九七一―七二年
久松真一『茶道の哲学』講談社学術文庫、一九八七年
山本健吉『いのちとかたち――日本美の源を探る――』新潮社、一九八一年［山本健吉『いのちとかたち――日本美の源を探る』角川文庫、一九九七年］

第二十九章　装飾芸術の拡大と洗練――宗達と光琳

石川九楊『日本書史』名古屋大学出版会、二〇〇一年
加藤周一『日本その心とかたち』スタジオジブリ、二〇〇五年
千沢楨治編『宗達』至文堂・日本の美術第31号、一九六八年
千沢楨治編『光琳』至文堂・日本の美術第53号、一九七〇年
辻惟雄『日本美術の歴史』東京大学出版会、二〇〇五年
林屋晴三編『光悦』至文堂・日本の美術第101号、一九七四年
水尾比呂志『日本美術史――用と美の造型』筑摩書房、一九七〇年
山根有三『原色日本の美術14　宗達と光琳』小学館、一九六九年

第三十章　江戸の儒学――伊藤仁斎・荻生徂徠を中心に

家永三郎・清水茂・大久保正・小高敏郎・石濱純太郎・尾藤正英校注『近世思想家文集』岩波・日本古典文学大系97、一九六六年
石田一良『伊藤仁斎』吉川弘文館・人物叢書、一九六〇年
石田一良・金谷治校注『藤原惺窩 林羅山』岩波・日本思想大系28、一九七五年
中村幸彦校注『近世文学論集』岩波・日本古典文学大系94、一九六六年
野口武彦『荻生徂徠――江戸のドン・キホーテ』中公新書、一九九三年
日野龍夫『江戸人とユートピア』岩波現代文庫、二〇〇四年
丸山眞男『日本政治思想史研究』東京大学出版会、一九五二年
吉川幸次郎『仁斎・徂徠・宣長』岩波書店、一九七五年
吉川幸次郎・清水茂校注『伊藤仁斎 伊藤東涯』岩波・日本思想大系33、一九七一年
吉川幸次郎・丸山真男・西田太一郎・辻達也校注『荻生徂徠』岩波・日本思想大系36、一九七三年
渡辺浩『日本政治思想史［十七〜十九世紀］』東京大学出版会、二〇一〇年

第三十一章　元禄文化の遊戯とさびと人情――西鶴・芭蕉・近松

麻生磯次・板坂元・堤精二校注『西鶴集 上』岩波・日本古典文学大系47、一九五七年
上野洋三『芭蕉論』筑摩書房、一九八六年
上野洋三『芭蕉、旅へ』岩波新書、一九八九年
氏家幹人『江戸の性風俗――笑いと情死のエロス』講談社現代新書、一九九八年
大谷篤蔵・中村俊定校注『芭蕉句集』岩波・日本古典文学大系45、一九六二年
尾形仂『松尾芭蕉』筑摩書房・日本詩人選17、一九七一年［尾形仂『松尾芭蕉』ちくま文庫、一九八九年］

尾形仂『座の文学――連衆心と俳諧の成立』講談社学術文庫、一九九七年
尾形仂『芭蕉・蕪村』岩波現代文庫、二〇〇〇年
加藤周一『日本文学史序説 上』ちくま学芸文庫、一九九九年
ドナルド・キーン『能・文楽・歌舞伎』(吉田健一・松宮史朗訳)講談社学術文庫、二〇〇一年
小西甚一『日本文藝史 Ⅳ』講談社、一九八六年
小西甚一『俳句の世界――発生から現代まで』講談社学術文庫、一九九五年
相良亨・尾藤正英・秋山虔編『講座 日本思想3 秩序』東京大学出版会、一九八三年
佐竹昭広『絵入 本朝二十不孝』岩波書店・古典を読む26、一九九〇年
重友毅校注『近松浄瑠璃集 上』岩波・日本古典文学大系49、一九五八年
信多純一校注『近松門左衛門集』新潮日本古典集成、一九八六年
守随憲治・大久保忠国校注『近松浄瑠璃集 下』岩波・日本古典文学大系50、一九五九年
白石悌三・上野洋三校注『芭蕉七部集』岩波・新日本古典文学大系70、一九九〇年
杉浦正一郎・宮本三郎・荻野清校注『芭蕉文集』岩波・日本古典文学大系46、一九五九年
諏訪春雄訳注『曾根崎心中 冥途の飛脚 心中天の網島』角川ソフィア文庫、二〇〇七年
野崎守英『芭蕉という精神』中央大学出版部、二〇〇六年
野間光辰校注『西鶴集 下』岩波・日本古典文学大系48、一九六〇年
萩原恭男校注『おくのほそ道 付 曾良旅日記・奥細道菅菰抄』岩波文庫、一九七九年
日野龍夫『江戸人とユートピア』岩波現代文庫、二〇〇四年
廣末保『増補 近松序説――近世悲劇の研究』未來社、一九六三年
廣末保『元禄期の文学と俗』未來社、一九七九年
廣末保『西鶴の小説――時空意識の転換をめぐって』平凡社選書、一九八二年

廣末保『古典を読む　心中天の網島』岩波・同時代ライブラリー、一九九七年
松崎仁・原道生・井口洋・大橋正叔校注『近松浄瑠璃集　上・下』岩波・新日本古典文学大系91・92、一九九三―九五年
源了圓『義理と人情――日本的心情の一考察』中公新書、一九六九年［源了圓『義理と人情――日本的心情の一考察』中公文庫、二〇一三年］
森銑三『井原西鶴』吉川弘文館・人物叢書、一九五八年
山本健吉『芭蕉全発句』講談社学術文庫、二〇一二年
祐田善雄校注『曾根崎心中・冥途の飛脚　他五篇』岩波文庫、一九七七年
渡辺保『江戸演劇史　上』講談社、二〇〇九年

第三十二章　南画とその周辺――池大雅と与謝蕪村

安東次男『与謝蕪村』筑摩書房・日本詩人選18、一九七〇年［安東次男『与謝蕪村』講談社学術文庫、一九九一年］
石川九楊『日本書史』名古屋大学出版会、二〇〇一年
尾形仂『古典を読む　蕪村の世界』岩波・同時代ライブラリー、一九九七年
尾形仂『座の文学――連衆心と俳諧の成立』講談社学術文庫、一九九七年
小西甚一『俳句の世界――発生から現代まで』講談社学術文庫、一九九五年
佐々木丞平編『与謝蕪村』至文堂・日本の美術第109号、一九七五年
鈴木進編『池大雅』至文堂・日本の美術第114号、一九七五年
辻惟雄『日本美術の歴史』東京大学出版会、二〇〇五年
暉峻康隆・川島つゆ校注『蕪村集　一茶集』岩波・日本古典文学大系58、一九五九年

山本健吉『与謝蕪村』講談社、一九八七年
吉沢忠・山川武『原色日本の美術18 南画と写生画』小学館、一九六九年
『美術特集 日本の山水画展』朝日新聞社「アサヒグラフ」増刊、一九七七年

第三十三章　本居宣長――国学の立場

家永三郎・清水茂・大久保正・小高敏郎・石濱純太郎・尾藤正英校注『近世思想家文集』岩波・日本古典文学大系97、一九六六年
大野晋・大久保正編集校訂『本居宣長全集』(全二十巻) 筑摩書房、一九六八―七五年
小林秀雄『本居宣長』新潮社、一九七七年 [小林秀雄『本居宣長 上・下』新潮文庫、一九九二年]
小林秀雄『本居宣長 補記』新潮社、一九八二年
西郷信綱『国学の批判――方法に関する覚えがき――』未來社、一九六五年
西郷信綱『古事記注釈』(全四巻) 平凡社、一九七五―八九年 [西郷信綱『古事記注釈』(全八巻) ちくま学芸文庫、二〇〇五―〇六年]
相良亨・尾藤正英・秋山虔編『講座 日本思想4 時間』東京大学出版会、一九八四年
平重道・阿部秋生校注『近世神道論 前期国学』岩波・日本思想大系39、一九七二年
村岡典嗣『本居宣長』岩波書店、一九二八年
村岡典嗣『新編 日本思想史研究――村岡典嗣論文選』平凡社・東洋文庫726、二〇〇四年
吉川幸次郎『仁斎・徂徠・宣長』岩波書店、一九七五年
吉川幸次郎・佐竹昭広・日野龍夫校注『本居宣長』岩波・日本思想大系40、一九七八年

第三十四章　浮世絵の成立と展開――春信・歌麿・写楽・北斎・広重

加藤周一『日本その心とかたち』スタジオジブリ、二〇〇五年
菊地貞夫『原色日本の美術17　浮世絵』小学館、一九六八年
菊地貞夫編『北斎』至文堂・日本の美術第74号、一九七二年
相良亨・尾藤正英・秋山虔編『講座　日本思想5　美』東京大学出版会、一九八四年
タイモン・スクリーチ『春画――片手で読む江戸の絵』（高山宏訳）講談社選書メチエ、一九九八年［タイモン・スクリーチ『春画――片手で読む江戸の絵』（高山宏訳）講談社学術文庫、二〇一〇年］
田中優子『春画のからくり』ちくま文庫、二〇〇九年
辻惟雄『日本美術の歴史』東京大学出版会、二〇〇五年
永井荷風『江戸芸術論』岩波文庫、二〇〇〇年
仲田勝之助編校『浮世絵類考』岩波文庫、一九四一年
楢崎宗重編『広重』至文堂・日本の美術第104号、一九七五年
山根有三・鈴木重三・辻惟雄・小林忠・池上忠治『原色日本の美術24　風俗画と浮世絵師』小学館、一九七一年
渡辺保『東洲斎写楽』講談社、一九八七年［渡辺保『東洲斎写楽』講談社文庫、一九九〇年］
渡辺保『江戸演劇史　下』講談社、二〇〇九年

第三十五章　鶴屋南北『東海道四谷怪談』――悪の魅力

加藤周一『日本文学史序説　下』ちくま学芸文庫、一九九九年
河竹繁俊校訂『東海道四谷怪談』岩波文庫、一九五六年
河竹繁俊『概説日本演劇史』岩波書店、一九六六年

郡司正勝校注『東海道四谷怪談』新潮日本古典集成、一九八一年
相良亨・尾藤正英・秋山虔編『講座 日本思想5 美』東京大学出版会、一九八四年
廣末保『四谷怪談――悪意と笑い――』岩波新書、一九八四年
渡辺保『江戸演劇史 下』講談社、二〇〇九年

原本あとがき

三内丸山の縄文遺跡から江戸時代末期の『東海道四谷怪談』に至る日本精神史の旅、——数千年に及ぶ長い旅をなんとか終えることができて、ほっとする思いだ。

一通り原稿が出来上がったあとも、疑問に思える条《くだり》、記述の不正確な箇所、論じ足りない所が次々と目について、初校、二校と骨の折れる修正作業が続いた。図版がたくさん入るのはわたしの著作としては初めてのことで、その選択とレイアウトには楽しみながら神経を尖《とが》らせることにもなった。

旅の途上でも精神のゆたかさといったことをなんども思ったが、旅を終わったいまも同じ思いが確かなものとしてわたしのうちにある。長い旅はわたしの精神をも解き放ってくれるようなゆたかさをもっていたと思う。ただ、そのゆたかさは、日本精神が他の精神と比べてゆたかだというのとはちがう。そういう比較を超えて、人間の、人びとの、精神そのものがゆたかだというのがわたしの実感だ。縄文の昔から江戸の終わりまでの日本精神の流れをたどってみようと思い立ったとき、その流れがゆたかなものであるとの予感と予想はすでにしてわたしのうちにあったのだが、書きすすむにつれてそのゆたかさがわたしの筆を前へと進める大きな力となっていることが自覚され、ひるがえって、自分の相手としている精神は一国や一地域の精神を超えた、普遍的な精神であるとの思いが育《はぐく》まれたといえるのかもしれない。道に踏み迷ったり、思いがけぬ風景に出会ったり、自分の情念の昂《たか》ぶりにとまどったり、と、歩みの滞《とどこお》る場面は少なくなかったが、そうした場面でも精神のゆたかさの実感が、崩れそうになる姿勢を支えてくれたと思う。

日本精神史を江戸の終わりまでたどったとなれば、当然、そのあとの日本近代の精神史はどうなるかが問われよう。すでに老境にある身だが、気力と体力が許せば、近い過去の精神の流れをも跡づけてみたい。

十数年の研究の日々、まわりの多くの人びとの助力と励ましを得た。とくに、原稿が少しずつ出来上がる過程では、友人・知人に生原稿や校正刷りのコピーを読んでもらって厳しい批判のことばと温かい励ましのことばを頂いた。丁寧に読んで大小の問題点を率直に指摘してくれた美学の会の仲間や読書会の仲間には、心からありがとうと言いたい。

最後に、講談社編集部の上田哲之さんにお礼を言わねばならない。最初の約束では「日本思想史」を、ということだったが、別稿として書いていた「日本精神史」が暗礁に乗り上げ、想を新たに美術と思想と文学を合わせ論じるという形で稿を完結させることができた。長く待って頂いた上に、編集の苦労は大変なものだったと思う。感謝のことばもない。

二〇一五年七月三日

長谷川　宏

KODANSHA

本書の原本は、小社より、二〇一五年九月に刊行されました。

長谷川　宏（はせがわ　ひろし）

1940年生まれ。東京大学大学院哲学科博士課程修了。大学闘争に参加後アカデミズムを離れ，在野の哲学者として活躍。とくにヘーゲルの明快な翻訳で高く評価される。主な著書に，『ヘーゲルの歴史意識』『同時代人サルトル』『ことばへの道』『新しいヘーゲル』『丸山眞男をどう読むか』『初期マルクスを読む』など。またヘーゲルの翻訳として，『哲学史講義』『美学講義』『精神現象学』（レッシング翻訳賞，日本翻訳大賞）『法哲学講義』などがある。

講談社学術文庫

定価はカバーに表示してあります。

日本精神史《にほんせいしんし》（下《げ》）

長谷川《はせがわ》　宏《ひろし》

2023年10月10日　第1刷発行

発行者　髙橋明男

発行所　株式会社講談社

東京都文京区音羽 2-12-21 〒112-8001

電話　編集（03）5395-3512

販売（03）5395-5817

業務（03）5395-3615

装　幀　蟹江征治

印　刷　株式会社ＫＰＳプロダクツ

製　本　株式会社国宝社

本文データ制作　講談社デジタル製作

ISBN978-4-06-530304-7

#「講談社学術文庫」の刊行に当たって

これは、学術をポケットに入れることをモットーとして生まれた文庫である。学術は少年の心を養い、成年の心を満たす。その学術がポケットにはいる形で、万人のものになることは、生涯教育をうたう現代の理想である。

こうした考え方は、学術を巨大な城のように見る世間の常識に反するかもしれない。また、一部の人たちからは、学術の権威をおとすものと非難されるかもしれない。しかし、それはいずれも学術の新しい在り方を解しないものといわざるをえない。

学術は、まず魔術への挑戦から始まった。やがて、いわゆる常識をつぎつぎに改めていった。学術の権威は、幾百年、幾千年にわたる、苦しい戦いの成果である。こうしてきずきあげられた城が、一見して近づきがたいものにうつるのは、そのためである。しかし、学術の権威を、その形の上だけで判断してはならない。その生成のあとをかえりみれば、その根は常に人々の生活の中にあった。学術が大きな力たりうるのはそのためであって、生活をはなれた学術は、どこにもない。

開かれた社会といわれる現代にとって、これはまったく自明である。生活と学術との間に、もし距離があるとすれば、何をおいてもこれを埋めねばならない。もしこの距離が形の上の迷信からきているとすれば、その迷信をうち破らねばならぬ。

学術文庫は、内外の迷信を打破し、学術のために新しい天地をひらく意図をもって生まれた。文庫という小さい形と、学術という壮大な城とが、完全に両立するためには、なおいくらかの時を必要とするであろう。しかし、学術をポケットにした社会が、人間の生活にとってより豊かな社会であることは、たしかである。そうした社会の実現のために、文庫の世界に新しいジャンルを加えることができれば幸いである。

一九七六年六月

野間省一

哲学・思想・心理

574

諸橋轍次《もろはしてつじ》著

孔子・老子・釈迦「三聖会談」

孔子・老子・釈迦の三聖が一堂に会し、自らの哲学を語り合うという奇想天外な空想鼎談。三聖の世界観や人間観、また根本思想や実際行動が、比較対照的に鮮やかに語られる。東洋思想のユニークな入門書。

787

今道友信《いまみちとものぶ》

西洋哲学史

西洋思想の流れを人物中心に描いた哲学通史。古代ギリシアに始まり、中世・近世・近代・現代に至る西洋の哲人たちは、人間の魂の世話の仕方をいかに主張したか。初心者のために書き下ろした興味深い入門書。

811

河合隼雄《かわいはやお》著（解説・遠藤周作）

影の現象学

意識を裏切る無意識の深層をユング心理学の視点から掘り下げ、新しい光を投げかける。心の影の自覚は人間関係の問題を考える上でも重要である。心の影の世界を鋭く探究した、いま必読の深遠なる名著。 電

848

諸橋轍次著

荘子《そうじ》物語

五倫五常を重んじ、秩序・身分を固定する孔孟の教えに対し、自由・無差別・無為自然を根本とする老荘の哲学。昭和の大儒諸橋博士が、その老荘思想を縦横に語り尽くし、わかりやすく説いた必読の名著。

900

廣松《ひろまつ》　渉《わたる》著（解説・柄谷行人）

〈近代の超克《ちょうこく》〉論

昭和思想史への一視角

太平洋戦争中、各界知識人を糾合し企てられた一大座談会があった。題して「近代の超克」――。京都学派の哲学に焦点をあて、本書はその試みの歴史的意義と限界を剔抉する。我々は近代を〈超克〉しえたのか。

920

R・カイヨワ著／多田道太郎・塚崎幹夫訳

遊びと人間

超現実の魅惑の世界を創る遊び。その遊びのすべてに通じる不変の性質として、カイヨワは競争、運、模擬、眩暈を提示し、これを基点に文化の発達を解明した。遊びの純粋なイメージを描く遊戯論の名著である。 電 P

《講談社学術文庫　既刊より》

哲学・思想・心理

927
身体論　東洋的心身論と現代
湯浅泰雄《ゆあさやすお》著（解説・T・P・カスリス）

西洋近代の〈知〉の枠組を、東洋からの衝撃が揺るがしつつある。仏教、芸道の修行にみられる〝身心一如〟の実践哲学を、M＝ポンティらの身体観や生理心理学の新潮流が切り結ぶ地平で捉え直す意欲的論考。

931
マルクスその可能性の中心
柄谷行人著（解説・小森陽一）

あらゆる問題を考えるために必要な一つの問題として、柄谷行人は〈マルクス〉をとりあげた。価値形態論において「まだ思惟されていないもの」を読んだ話題の力作。文学と哲学を縦横に通底した至高の柄谷理論。

934
ウパニシャッド
辻　直四郎著（解説・原　實）

人類最古の偉大な哲学宗教遺産は何を語るのか。紀元前十五世紀に遡るインド古代文化の精華ヴェーダ。その極致であり後の人類文化の源泉ともいえるウパニシャッドの全体像と中核思想を平明に解説した名著。

946
エコエティカ　生圏倫理学入門
今道友信著

人類の生息圏規模で考える新倫理学の誕生。今日の高度技術社会の中で、生命倫理や医の倫理などすべての分野で倫理が問い直されている。今こそ人間の生き方に関わる倫理の復権が急務と説く注目の書き下ろし。

968
現代の哲学
木田　元著

現代哲学の基本的動向からさぐる人間存在。激動する二十世紀の知的状況の中で、フッサール、メルロ＝ポンティ、レヴィ＝ストロースら現代の哲学者達が負った共通の課題とは？　人間の存在を問う現代哲学の書。電

1014
淮南子《えなんじ》の思想　老荘的世界
金谷　治著（解説・楠山春樹）

無為自然を道徳の規範とする老荘の説を中心に、周末以来の儒家、兵家などの思想をとり入れ、処世や政治、天文地理から神話伝説まで集合した淮南子の人生哲学の書。諸子から戦国時代までを網羅した中国思想史。

1015・1120
柄谷行人著（解説・野家啓一）
探究Ⅰ・Ⅱ

闘争する思想家・柄谷行人の意欲的批評集。本書は《他者》あるいは《外部》に関する探究である。著者自身をふくむこれまでの思考に対する「態度の変更」を意味すると同時に知の領域の転回までも促す問題作。

1019
市川　浩著（解説・中村雄二郎）
精神としての身体

人間の現実存在は、抽象的な身体でなく、生きた身体を離れてはありえない。身体をポジティヴなものとして把え、心身合一の具体的身体の基底からの理解をめざす。身体は人間の現実存在と説く身体論の名著。

1035
新田義弘著（解説・鷲田清一）
現象学とは何か

《客観的》とは何か。例えばハエもヒトも客観的に同一の世界に生きているのか。そのような自然主義的態度を根本から疑ったフッサールの方法論的改革の営為を追究。危機に瀕する実在論的近代思想の根本的革新。

1071
市川　浩著（解説・河合隼雄）
〈身《み》〉の構造　身体論を超えて

空間がしだいに均質化して、「身体は宇宙を内蔵する」という身体と宇宙との幸福な入れ子構造が解体してゆく今日、我々にはどのようなコスモロジーが可能かを問う。身体を超えた錯綜体としての〈身〉を追究。

1092
G・ル・ボン著／櫻井成夫訳（解説・穐山貞登）
群衆心理

民主主義の進展により群衆の時代となった今日、個人の理性とは異質な「群衆」が歴史を動かしている。その群衆心理の特徴と功罪を心理学の視点から鋭く分析する。史実に基づき群衆心理を解明した古典的名著。電Ｐ

1157
森　三樹三郎著
老子・荘子

東洋の理法の道の精髄を集成した老荘思想。無為自然に宇宙の在り方に従って生きることの意義を説いた老荘。彼らは人性の根源を探究した。仏教や西洋哲学にも多大な影響を与えた世界的思想の全貌を知る好著。

1267

加藤尚武《ひさたけ》著

現代倫理学入門

現代世界における倫理学の新たな問いかけ。臓器移植や環境問題など現代の日常生活で起きる道徳的難問に、倫理学はどう対処し得るのか。現代倫理学の基本原理を明らかにし、その有効性を問う必読の入門書。

1276

プラトン著／三嶋輝夫訳

プラトン対話篇　ラケス　勇気について

プラトン初期対話篇の代表的作品、新訳成る。「勇気とは何か」「言と行の関係はどうあるべきか」を主題に展開される問答。ソクラテスの徳の定義探求の好例とされ、構成美にもすぐれたプラトン初学者必読の書。

1278

金谷　治著

老子　無知無欲のすすめ

無知無欲をすすめる中国古典の代表作『老子』。無為自然を尊ぶ老子は、人間が作りあげた文化や文明に懐疑を抱き、鋭く批判する。「文化とは何か」というその本質を探り、自然思想を説く老子を論じた意欲作。

1283

浅野裕一著

孫子

人間界の洞察の書『孫子』を最古史料で精読。春秋時代末期に書かれ、兵法の書、人間への鋭い洞察の書として名高い『孫子』を新発見の前漢末の竹簡文をもとに解読。組織の統率法や人間心理の綾など詳細に説く。

1302

鷲田清一著

現象学の視線　分散する理性

生とは、経験とは、現象学的思考とは何か。〈経験〉を運動として捉えたフッサール、変換として捉えたメルロ＝ポンティ。現代思想の出発点となった現象学の核心を読み解き、新たなる可能性をも展望した好著。

1306

廣川洋一著

ソクラテス以前の哲学者

ヘシオドス、タレス、ヘラクレイトス……。ソクラテス以前の哲学は、さまざまな哲学者の個性的な思想に彩られていた。今日に伝わる「断片」の真正の言葉のうちに、多彩な哲学思想の真実の姿を明らかにする。